全 世 界 无 产 者 ， 联 合 起 来 ！

列宁全集

第二版增订版

第五十六卷

土地问题笔记

1901—1915年

中共中央 马克思 恩格斯 列宁 斯大林 著作编译局编译

人民出版社

《列宁全集》第二版是根据
中国共产党中央委员会的决定，
由中共中央马克思恩格斯列宁
斯大林著作编译局编译的。

凡　　例

1. 笔记卷的文献编排，根据各卷的具体情况，采取不同方式：有的卷系按时间顺序排列，有的卷分类后各按时间顺序排列，而另一些卷则保持列宁原笔记本的顺序。

2. 文献标题下括号内的日期是编者加的。编者加的日期，公历和俄历并用时，俄历在前，公历在后。

3. 1918 年 2 月 14 日以前俄国通用俄历，这以后改用公历。两种历法所标日期，在 1900 年 2 月以前相差 12 天（如俄历为 1 日，公历为 13 日），从 1900 年 3 月起，相差 13 天。

4. 列宁笔记原稿中使用的各种符号，本版系根据俄文版本照录。原稿中的不同着重标记，在俄文版本中用多种字体表示，本版则简化为黑体或黑体加着重号。

5. 笔记卷中列宁作批注的非俄文书籍、报刊以及其他文献的摘录或全文，本版系根据俄译文译出，有的参考了原文。

6. 在引文中尖括号〈　〉内的文字和标点符号是列宁加的。

7. 未说明是编者加的脚注为列宁的原注。

8.《人名索引》、《文献索引》条目按汉语拼音字母顺序排列。在《人名索引》条头括号内用黑体字排的是真姓名；在《文献索引》中，带方括号〔　〕的作者名、篇名、日期、地点等等，是编者加的。

目　录

一

关于土地问题的著作大纲和报告要点

二

对土地问题著作和农业统计资料的评析

三

欧美资本主义农业研究资料

插　图

前　　言

本卷收载列宁 1901—1915 年间作的《土地问题笔记》。

马克思主义关于土地问题的理论是无产阶级政党在革命时期制定土地纲领和有关的革命策略的理论依据。随着工人运动和革命形势的发展,各国无产阶级同农民的关系问题愈来愈重要。在资本主义迅速发展的许多西欧国家中,农民仍占人口多数或相当大一部分,革命的命运在很大程度上取决于无产阶级能否正确解决土地问题,使农民成为自己的同盟军。在小农占优势,资本主义畸形发展,既有垄断资本主义特征,又保留着大量农奴制残余的沙皇俄国,土地关系更是无产阶级必须重视的问题。列宁认为,"农民问题在俄国社会中和俄国革命运动中不论过去和现在都占有重要的地位"(见本版全集第 4 卷第 206 页),"土地问题是俄国资产阶级革命的根本问题,它决定了这场革命的民族特点"(见本版全集第 16 卷第 387—388 页)。

19 世纪末 20 世纪初,列宁注意到资产阶级和小资产阶级经济学家以及社会民主党内的机会主义者对马克思经济学说的歪曲和攻击。他在致力于创建俄国无产阶级新型革命政党的同时,就开始了同土地问题上的反马克思主义观点进行不调和的斗争。列宁深入研究欧美各国有关土地问题的著述和文献资料,写了《土地问题和"马克思的批评家"》、《社会民主党在 1905 — 1907 年俄国第一次革命中的土地纲领》和《关于农业中资本主义发展规律的新材料》等一系列著作。在这些著作中,列宁坚决维护马克思主义关于土地问题的理论,彻底批驳了俄国的谢·尼·布尔加柯夫、维·米·切尔诺夫,德国的爱·大卫、弗·奥·赫茨等人的错误观点。列宁坚持以马克思的理论为指导来具体分析俄国的现实,解决俄国的土地问题,在革命实践中进一步发展马克思主义的土地问题理论。

《土地问题笔记》是列宁在这一过程中阅读和研究土地问题有关著作和文献资料时所作的摘录、评注和提纲,是他的土地问题著述的准备材料。虽然这些笔记大多只是要点,观点没有展开,表述常常不完整,但对于研究列宁的思想,研究列宁的立场、观点、方法,研究列宁的治学态度和精神,无疑是很有科学价值的。

《土地问题笔记》分三个部分。

第一部分是列宁土地问题著作和专题报告的一些大纲和提纲。为撰写《土地问题和"马克思的批评家"》一书而准备的四个大纲,由略及详,反映了列宁对该书的构思过程。从大纲中还可以看到,为了反对布尔加柯夫等人对马克思地租理论的攻击,反驳他们的理论基石——"土地肥力递减规律",批判小农经济稳固论和关于劳动者贫困根源的庸俗观点,列宁广泛使用了他在笔记中摘录的资产阶级和机会主义著作的大量具体资料。列宁在大纲中写道:要"用布尔加柯夫自己的资料来反驳"土地肥力递减"这一规律"。

《对欧洲和俄国的土地问题的马克思主义观点》和《社会革命党人和社会民主党人的土地纲领》两个讲演要点反映了列宁为制定和论证俄国马克思主义工人政党的土地纲领和革命策略,为反对社会革命党人和社会民主党内机会主义者而进行的斗争。列宁把马克思主义土地问题理论的研究同工人阶级革命斗争的实践紧密联系起来，特别强调理论对于制定党的纲领的重要意义。他在批评社会革命党人的纲领时指出，"为了对他们的纲领进行比较和评价，应当考察一下纲领所依据的**原则**和理论"（见本卷第36页）。列宁认为，民粹主义是在土地问题上旧的社会主义观点的全部总和，俄国社会主义思想在土地问题上的全部历史就是民粹主义及其同马克思主义斗争的历史。他指出，社会革命党人不了解民粹主义的历史意义，羞羞答答地掩饰民粹主义，他们不了解俄国整个历史与经济的演进，不了解俄国农奴制-宗法式的和资本主义的两种生活方式的整个交替情况，不了解并掩盖阶级斗争，不了解俄国革命；而不弄清对农奴制残余、对整个"更替"和对整个改革后经济演进的态度，就什么也理解不了。

资产阶级民主革命时期的土地纲领的主要任务是确定那些符合农民利益的具体要求，以便吸引农民使之成为无产阶级在反对专制制度和地主的斗争中的同盟者。列宁指出："我们的土地纲领的**意义**：俄国无产阶级（包括农村无产阶级）应当支持农民同农奴制作斗争"（见本卷第48页）。列宁批评社会革命党人的土地纲领是各种"土地社会化"方案的混合物，其中实际上毫无社会主义的东西。他认为，理论上的无原则性和折中主义导致社会革命党人否认农民的阶级分化和农村中的阶级斗争；他们的错误的根源在于把民主主义任务同社会主义任务相混淆，把民主主义阶级因素同社会主义阶级因素相混淆，把运动的民主主义内容同社会主义内容相混淆。

第一部分最末一篇是《农民与社会民主党》一文的两个提纲。

列宁打算以此为题写一篇文章,专门总结对土地问题的研究成果和外国社会民主党在制定土地纲领方面的经验,论证俄国社会民主党对待农民的政策。这篇文章是否写成了,现在还不能断定。在提纲中列宁提到"土地问题在可以预见的不久的将来的实际意义",指出俄国农村阶级关系的特点,农村无产阶级在反对地主和农奴制残余、反对资产阶级两条战线上进行斗争的必要性。列宁写道:农村无产阶级应当"同农民资产阶级一起反对地主等","同城市无产阶级一起反对资产阶级"(见本卷第59页)。

本卷第二部分是列宁对非马克思主义的土地问题著作和官方文献资料的摘录和评析。为考察资本主义国家中的土地关系问题,列宁阅读了大量有关著作和资料,对其中的主要观点和实际材料作了摘录和科学分析,对有些统计资料重新进行了验算。

在笔记中,列宁批评布尔加柯夫、赫茨、莫·黑希特、卡·克拉夫基等人的著作有意低估大农户的优越性,侈谈小农户对大农户的优越性;揭露他们在计算上弄虚作假的手段。列宁批评赫茨《土地问题及其同社会主义的关系》一书中"问题的特有提法(缺乏历史观点、含糊不清、偏重细节)"(见本卷第88页),在给资本主义下定义时"忘记了商品生产和雇佣劳动!!"(见本卷第89页)。对有的著作列宁写了非常尖锐的评语。他认为昂·博德里亚尔《法国农业人口》一书"对农业的描述非常肤浅","独特之处是它的极端枯燥、单调、乏味和**毫无内容**。这位'著名的老家伙'的废话既叫人读不下去,也没有必要去读,只有像布尔加柯夫那样的'批评家'才会认真对待这样的著作家"(见本卷第365、366页)。关于保·蒂罗《1866—1870年农业调查》一书,列宁写道:"虽然他的著作'荣获'金质奖章,但质量是极其低劣的。……难怪该书(在英国博物

馆)始终无人问津。"(见本卷第 364 页)

列宁特别尖锐地批评当时土地问题的主要修正主义著作——爱·大卫的《社会主义和农业》一书。在批注中,列宁指出大卫是"机会主义者典型的鼠目寸光",他不是从理论分析开始,而是从国际的决议开始来研究问题。针对大卫夸大农民村社对资本主义大生产具有"优越性"的观点,列宁作了"胡说!!"、"支吾搪塞的例子!"等批语。列宁批驳大卫贬低农业机器作用的论点,指出这是"可怜的狡辩!"、"脑筋有点愚钝"、是"一系列**骗术**"。列宁进一步揭露说,大卫贬低农业机器的作用是因为"奴隶便宜"。列宁还批评大卫在经济和技术问题上无知、冒充内行,指出"**这蠢货是生吞活剥地**"把"**加工厂的数字**""**抄下来**了"。大卫在书中说马克思的《资本论》第 3 卷下册有一处自相矛盾。对此列宁写下了:"大卫这头蠢驴"的批语予以痛斥。(见本卷第 372—385 页)

在评述大卫《农村的野蛮人》一文时,列宁指出这"是在小农这一概念上胡言乱语的一个典型例子",大卫的观点"只能表明他自己是一个地地道道的小资产者"(见本卷第 105、106 页)。

这部分笔记还反映了列宁对资产阶级文献资料作科学分析的实事求是态度,对其中有分量的材料和某些正确的观点给以充分的肯定,同时也批评作者的错误方法和结论。

在对胡·奥哈根《农业中的大生产和小生产》一文的材料所作的分析中,列宁认为所提供的材料是"极好的例子"。他对奥哈根的材料重新作了仔细计算,纠正了该文的计算错误,并作出自己的总结:小农的土地管理较差,牲畜饲养较差,农具维修较差,劳动生产率较低,它给土地和产业的"滋养"较少,它干的活较重。

关于埃·施图姆普费《小地产和粮食价格》一书,列宁认为该书对德国各地区的小农户的内容相当丰富的家庭收支资料"作了一番颇有意思的综述,但**只**限于这些农户买卖**农**产品的问题",作者的荒谬计算方法"严重地损害了全书"(见本卷第 315 页)。

列宁肯定了《手工劳动和机器劳动》一书,认为这是"一部很有意思的有独创性的著作……可惜资料过于零散,而且没有试图加以总结,或者说没有试图作出用数字表示的、哪怕是大致的一般性结论"(见本卷第 389 页)。总的来说,"这纯粹是原始材料,不作加工几乎是没有用的(除非用来作个别查询)"。针对这一缺陷,列宁认为"指出下面这点非常重要:为了**十分准确地**比较各种生产系统的技术水平,必须**按照工序加以分解**。这是唯一科学的方法。如采用在农业上,收获该有多大!"(见本卷第 391 页)

列宁对卡·克拉夫基《论农业小生产的竞争能力》一文的批注也很有意义。列宁认为作者列举的机器一览表正好驳斥了作者自己关于机器在农业中没有这么大作用的论断。列宁详细分析并重新计算克拉夫基的材料,揭露作者对各种农户每摩尔根土地收入计算的实质性错误。在《土地问题和"马克思的批评家"》一书中,列宁指出,"只要把克拉夫基比较中的**这一**错误……纠正过来,小农的**一切**'优越性'就化为乌有了"(见本版全集第 5 卷第 155 页)。

列宁非常重视对实际材料和统计资料的科学分析和综合研究,他批评资产阶级统计学家对丰富的资料作了不正确的分类和综合,从而降低或破坏了资料的价值,把它变成了没有思想的数字表格、数字统计游戏。列宁研究了《对巴登大公国农业状况的调查》资料,认为"整个巴登调查是对 37 个典型村庄的研究。总起来说,有一些**极为详尽的**、详尽得难以置信的收支表",但"引人注目的是结论笼统","处处都是'泛泛而论'"(见本卷第 190、191 页)。

列宁对德国农业统计资料的整理是科学分析统计资料的一个范例。他对德国农业统计资料进行批判性的分析和整理,从而驳斥了布尔加柯夫等人关于大农业被中小农户排挤的论断,论证了"农业正是而且完全是按照**资本主义**方向发展的"(见本卷第238页)。

本卷第三部分是1910—1915年对欧美农业调查材料的摘录和评析。

列宁不厌其烦地摘录各种农业统计资料,进行真正的科学分析,用马克思主义方法重新加以核算和编制,从中得出自己的正确结论。列宁以详细的、有说服力的材料证明:在农业中资本主义大生产比小生产有更高的生产效益,小农户不可避免地要被资本主义大农户所排挤,这是农业资本主义发展的一个普遍规律,这一规律在各个不同国家的表现形式是多种多样的。

在《德国农业统计》的笔记中,列宁根据德国农业统计的大量材料,研究了农民无产阶级化的过程,说明了资本主义大生产的发展。

在《施梅尔茨勒〈农业地产的分配及其对农业生产率和农业发展的影响〉一文札记》中,列宁斥责"作者是个**中间派**(!!),蠢货","作者是个庸人,他把大、中、小不同的农户混为一谈";同时列宁又肯定作者"对新文献作了许多有意思的说明和引证"(见本卷第536、532页)。列宁在札记中记下了该文提到的9种著作。

《美国的资本主义和农业》及其以下各篇文献是列宁著作《关于农业中资本主义发展规律的新材料。第一编。美国的资本主义和农业》的准备材料。

美国作为先进的资本主义国家,对于研究农业的社会经济制度、农业在当时资本主义条件下的发展形式和规律具有特殊的意义。列宁在《美国农业统计札记》中写道:"在美国,农业资本主义**更纯一些**,分工**更明确一些**;同中世纪、同依附于土地的劳动者的联系**更少一些**;地租的压迫轻一些;商业性农业同自然经济的农业的混淆程度轻一些。"(见本卷第559—560页)美国资本主义农业的发展,其规模之大,速度之快,形式之多都是其他资本主义国家无法比拟的。

有些资产阶级经济学家、改良主义者和修正主义者不顾事实,把美国农场经济的发展说成是"非资本主义演进"的典型。他们说什么"美国的大多数农户都是劳动农户","在比较发达的地区,农业资本主义正在瓦解","小劳动农业正在扩大自己的势力范围",大资本主义农业正受到小农业的排挤,等等。尼·吉姆美尔就是资本主义社会中农业非资本主义发展道路这类资产阶级观点的典型代表,他在一篇关于美国1910年人口普查的文章中阐述了这一观点。列宁指出:"吉姆美尔是资产阶级观点的**集大成者**。他在**这方面**的一篇短文抵得上几卷书。"(见本卷第543页)

列宁在笔记中对大量实际材料和统计资料所作的分析无可争辩地证明了美国农业是按照资本主义道路发展的,"资本主义性质**最为显著**而且正在得到**最强劲的**发展!!!"(见本卷第612页)列宁揭示了美国各区域资本主义发展的特点,证明农业中资本主义的发展不仅可以用加速粗放区域大经济发展的办法,也可以用在集约化区域中的较小地块上采用科学技术建立生产规模比较大的资本主义经济的办法。吉姆美尔不懂得在较小地块上通过采用高技术栽培方法和使用雇佣劳动,也可以而且必将使资本主义农业得到发展。列宁嘲笑他"这个傻瓜不会把面积小同农业的资本主义

性质区别开来"。（见本卷第 612 页）

　　在《美国农业统计札记》中，列宁对按农场土地面积、按主要收入来源和按货币总收入这三种农场分类法作了比较和评价，指出了按土地面积分类的运用范围和缺陷，肯定了后两种分类法的价值。列宁对美国农场类型划分的研究具有重要的方法论的意义。

弗·伊·列宁

（1910 年）

一

关于土地问题的
著作大纲和报告要点

《土地问题和"马克思的批评家"》一书大纲[1]

（1901年6—9月）

第一个方案

也许可以这样来分：

（A）布尔加柯夫的某些一般论点和"理论"

（B）反驳批评家们的实际材料

　　莫·黑希特①

　　巴登调查（结合：葡萄种植者）②

　　"殷实的农民"

　　卡·克拉夫基③

　　《农民状况》[2]

　　（赫茨④，第15页）博德里亚尔[3]

---

① 见本卷第112—122页。——编者注
② 见本卷第189—194、195—207页。——编者注
③ 见本卷第138—158页。——编者注
④ 见本卷第88—100页。——编者注

法国统计。(苏雄和莫里斯)①

德国统计②(结合:协作社)

比利时(王德威尔得,赫拉波夫斯基③?)

(C)阶级斗争还是协作?

对恩格斯的歪曲。[4]

关于业主和工人的一般资料。资本主义制度。

伯特格尔[5]。[布尔加柯夫的了不起的彻底性]

(D)《火星报》第3号上的俄国土地纲领。[6]

第二个方案

A　布尔加柯夫论土地肥力递减规律。

　　(参看马斯洛夫,他说得不完全正确[7])

A　布尔加柯夫论大农户和小农户。

((补B?))　　　布尔加柯夫论农业中的协作制和个体制

B　巴登的资料(结合黑希特)。

B　博德里亚尔……

B　《……农民状况》

(C)　……伯特格尔……

(C)　对恩格斯和马克思的歪曲。

　　　　(《农民问题》)

B　"莫里茨·黑希特"。

---

① 见本卷第 178—186 页。——编者注
② 见本卷第 212—239 页。——编者注
③ 见本卷第 187—188 页。——编者注

(B) 协作社。(参看德国关于牛奶场的统计)
(C) **关于农业工人和农村业主的一般资料。**
(D) 《火星报》第 3 号上的俄国土地纲领。
B 卡·克拉夫基。

B 关于农业中的私有者和无产阶级的法国资料。

(补 A?)农业中的电力

普林斯海姆①
马克[8]
考茨基[9]

第三个方案

土地问题上的批评家

(A) 1. 引言。正统马克思主义的缺口(切尔诺夫,第 4 期,第 127 页[10])。

I 2. 批评家的“理论”的一般手法。布尔加柯夫:土地肥力递减规律(参看马斯洛夫)

3. 用布尔加柯夫自己的资料来反驳这一规律。

4. 地租理论(参看马斯洛夫)。

5. 马尔萨斯主义:参看爱尔兰的情况[11]。

II 6. 赫茨(+布尔加柯夫)。农业机器,大生产和小生产(布

① 见本卷第 101—104 页。——编者注

尔加柯夫 $\underset{=}{\delta}$①　赫茨：$\underset{=}{\varepsilon}$②）。反驳布尔加柯夫,第 1 卷第

240 页,第 2 卷第 115、133 页。

7.赫茨。"资本主义的定义"(以及切尔诺夫)

8.赫茨。抵押(以及切尔诺夫)。参看布尔加柯夫关于储
金局的论述,第 2 卷第 375 页。

9.赫茨。恩格斯论美国**12**(同上,切尔诺夫)。

　　　布尔加柯夫,第 2 卷第 433 页(参看第 1 卷第
49 页)

农业中的电力(普林斯海姆,马克,卡·考茨基)。

III　10.切尔诺夫。对考茨基的斥责(A — 6 切尔诺夫③)。
同上,考茨基论高利贷,考茨基论无产阶级的特征。
伏罗希洛夫**13**。

11.伏罗希洛夫论尼·——逊及其他人(A—1,切尔诺夫④)

12.伏罗希洛夫,资本主义的"形式和内容"

IV　1.莫·黑希特(布隆代**14**,赫茨,大卫,切尔诺夫)。

((B))　2.卡·克拉夫基(反驳奥哈根)(布尔加柯夫)

V　3.《农民状况》(赫茨和布尔加柯夫的引文)⑤

4.巴登调查。

5.关于"殷实的农民"的结论(布尔加柯夫 $\underset{\cdot\ \cdot\ \cdot\ \cdot\ \cdot}{\varepsilon}$⑥。赫茨——

---

①　见本卷第 79 页。——编者注

②　见本卷第 97 页。——编者注

③　参看《列宁文稿》人民出版社版第 11 卷第 136 页。——编者注

④　同上书,第 135 页。——编者注

⑤　同上书,第 140—148 页。——编者注

⑥　见本卷第 79 页。——编者注

第 **6** 页,注意,赫茨 δ[①]。切尔诺夫论小资产阶级的农民。切尔诺夫,第 7 期第 163 页;第 10 期第 240 页)。

VI　6.博德里亚尔(赫茨,第 15 页及其他各页,布尔加柯夫,第 2 卷第 282 页)。

VII　7.苏雄和莫里斯。

　　8.法国统计。(所有权和农业劳动,参看赫茨:"丝毫没有无产阶级化",第 59 页。老板和工人;有雇佣工人的作坊。)

VIII　9.德国统计。大地产。(参看赫茨和布尔加柯夫。)

　补 9.德国统计……[②](参看布尔加柯夫,第 2 卷第 106 页。)

　　10.德国统计。农村工业工业化(布尔加柯夫和赫茨。第 88 页)。

　　11.德国统计。**协作社**。
　　　参看关于葡萄种植者的巴登资料。

IX　12.比利时。(王德威尔得,赫拉波夫斯基。)

((C))　X　1.关于业主和工人的一般材料。
　　　(资本主义制度)
　　　2.在"农民"这一概念上的胡言乱语。
　　　3.对恩格斯的歪曲(《农民问题》)。(赫茨,切尔诺夫。)
　　　4.布尔加柯夫(更加彻底)。
　　　5.阶级斗争**还是**协作。
　　　6.**伯特格尔**。

---

① 见本卷第 97 页。——编者注
② 这里有几个字无法辨认。——俄文版编者注

((D)) XI 俄国的土地纲领和《火星报》第3号

《**火星报**》对问题的**提法**。

2a3б[①]的反对意见

赞成与**反对**的理由。

第四个方案

土地问题上的批评家

I

1. 引言。土地问题——正统马克思主义的“缺口”(第一次)。(切尔诺夫,第4期第127页;第**8**期第**204**页。)

2. 批评家们的一般理论论点和见解(布尔加柯夫、赫茨和切尔诺夫)。**布尔加柯夫:土地肥力递减规律**(参看马斯洛夫的文章)。布尔加柯夫的空谈:第1卷第2、**13**、**17**、18、20、21(特别是第29—30页)、34、35、64页及其他许多页(参看卡·考茨基对布伦坦诺论点的反驳。无怪乎布尔加柯夫要赞赏布伦坦诺。第1卷第116页。) ((C))

3. 用布尔加柯夫自己的资料来反驳这一规律:在**英国**:第1卷第242、260页;在**德国**:第2卷第132—133页。在法国第2卷第211页。

4. **地租**理论。(参看马斯洛夫。)布尔加柯夫,第1卷第92、**105**、**111**—**113**页。

---

① 2a3б即潘·尼·勒柏辛斯基。——编者注

5. **马尔萨斯主义**。布尔加柯夫,第1卷第214、255页。第2卷第41页,等等。第2卷第212页(法国**注意**)——参看第2卷第159页。特别是第2卷第221页及以下的第223、237页和第233页。第**249**页。第**265**页注意(和第261页)。爱尔兰第2卷第351、384页。

布尔加柯夫论赫茨第1卷第139页(“出色的”)。

II

6. 布尔加柯夫+赫茨。**农业机器**,布尔加柯夫,第1卷第43—51页。赫茨,第40、60—65页。**对农业机器的反动态度:赫茨**,第**65**页;**布尔加柯夫**,第**1**卷第**51—52**页;第**2**卷第**103**页。

英国的机器:第1卷第252页

反驳关于机器的论点。赫茨,第36页(美国);第43—44页;第15页(大地产),第124页(蒸汽犁)。布尔加柯夫,第1卷第240页;第2卷第115、133页。

(赫茨,第67页:由于使用蒸汽犁而提高了单位面积产量。)

7. 布尔加柯夫+赫茨。**大生产和小生产**。布尔加柯夫,第1卷第142、154页;第2卷第135页;第280页(参看第282—283页)。

反驳布尔加柯夫。

在英国:第1卷第311、316、318—319页。小生产遭受的损失**较**大。

反驳布尔加柯夫,第1卷第**239—240**页。赫茨,第52、81页。(小农户的机器。)反驳第74页(小农户投入较多的劳动);第89—90页(农民的工役地租);第91—92页(副业收入)。

布尔加柯夫,第2卷第247页(小农户拥有的资本较少)。

第1卷 第333页(在英国——? 它们(小农户)缺乏生命力不是得到证实了吗?)。

法国,第2卷第188—189页。(中等农户减少——布尔加柯夫的遁词)第2卷第213页(小农户"走在前面"??)。爱尔兰,第2卷第359—360页。

8. 赫茨:"**资本主义的定义**"(第10页)——以及切尔诺夫,第4期第133页。

9. 赫茨(和《开端》杂志上的布尔加柯夫?[15])——**抵押**。赫茨,第24、26、28页。(**切尔诺夫**,第10期第216—217页)。考茨基的答复。

10. "恩格斯的错误"(赫茨,第31页;切尔诺夫,第8期第203页。)参看布尔加柯夫,第1卷第49页和第2卷第433页("天真幼稚")。

参看农业中的**电力**(普林斯海姆、马克、卡·考茨基)。

III

11. 切尔诺夫——《资本主义的**形式
和内容**》：第 6 期第 209 页；第 8
期第 228 页。

12. 切尔诺夫论**俄国**的**马克思主义**
者：第 4 期第 139 页；第 4 期第
141 页；第 8 期第 238 页；第 10
期第 213 页；第 11 期第 241 页和
第 7 期第 166 页（谁是他们的同
志？）对尼古拉·——逊和卡布鲁柯
夫的颂扬：第 10 期第 237 页。

对马克思主义的歪
曲：《国际》杂志：第 5 期
第 35 页。

马克思论农业，第
6 期第 216、**231** 页及
其他许多页。恩格斯
论比利时，第 10 期第
234 页。

《开端》杂志第 1 期
第 7 页和第 13 页。

13. 切尔诺夫。对考茨基的斥责："连马克思的话都没有弄懂"（第
7 期第 169 页）——同上，在《在光荣的岗位上》文集中关于高
利贷、关于无产阶级特征的论述。**伏罗希洛夫**：第 8 期第 229
页。（参看卡·考茨基。）

IV

14. **莫·黑希特**（布隆代，第 27 页，赫茨，第 68、79 页；切尔诺夫，
第 8 期第 206 页。大卫）。

15. **卡·克拉夫基**（布尔加柯夫，第 1 卷第 58 页）。（关于奥哈根，
说一两句。赫茨，第 70 页，以及布尔加柯夫，第 1 卷第 58
页。参看赫茨，第 66 页：普鲁士和德国南部的收成。）

16.《**农民状况**》。(布尔加柯夫和赫茨的引文。)

V

17. **巴登调查**(赫茨的引证,第 **68** 页,特别是第 **79** 页;以及布尔加柯夫,散见于各处,特别是第 2 卷第 272 页)。

18. VII　关于"**殷实农民**"(布尔加柯夫,第 2 卷第 **138** 页注意和第 456 页)和关于农民对工人的态度的结论(布尔加柯夫,第 2 卷第 288 页;赫茨,第 4—15 页;第 9 页。赫茨,第 **6** 页(有 1—2 个雇佣工人的)和第 5 页。切尔诺夫,第 7 期第 163 页("小资产阶级的");第 10 期第 240 页(农民=劳动者))。

布尔加柯夫,第 2 卷第 289 页("恐农症")。

布尔加柯夫,第 2 卷第 176 页("法国农民分化为无产阶级和私有者")

布尔加柯夫,第 2 卷第 118 页("殷实农民+技术上先进的大农")。

VI

19. **博德里亚尔**(赫茨,第 15 页及以下各页,第 **56—58** 页;布尔加柯夫,第 2 卷第 282 页)。

参看布尔加柯夫,第 2 卷第 208 页,引自博德里亚尔的著作第 1 卷

苏雄和莫里斯。(参看布尔加柯夫

苏雄论小农和大农的必要性。

参看布尔加柯夫,第 1 卷第 338 页(英国:历史的判决——支持小农户)参看地租田庄[16]。

在第 2 卷第 280 页关于小农户中
的雇佣工人的论述。)

VII

20. **法国**统计。农村人口的分布。(赫
茨,第 55 页;布尔加柯夫,第 2 卷
第 195—197 页,以及赫茨,第 59
页和第 **60** 页:(绝无赤贫化)。
老板和工人(参看布尔加柯夫,第
2 卷第 191 页)。
有雇佣工人的作坊。

> 赫茨,第 55 页和第
> 140 页关于当雇佣工
> 人的农民从法国北方迁移
> 到南方。(参看布尔加柯
> 夫,第 2 卷第 191 页。)

VIII

21. **德国**统计。

土地面积统计。

有地工人的减少(布尔加柯夫,第
2 卷第 106 页)。

大地产。(参看赫茨,第 15 页;布
尔加柯夫,第 2 卷第 126、190、
363 页。)

工业化(布尔加柯夫,第 2 卷第
116 页;赫茨,第 88 页)。

> ——布尔加柯夫,
> 第 2 卷第 260 页
>
> ⌈关于大农户是进
> 步的代表的幻想。⌋
>
> ——赫茨,第 21、89 页
> ("社会主义的主要
> 任务")。

协作社(参看关于葡萄种植者的
巴登资料)。赫茨,第 120 页。

IX

22. **比利时**。(王德威尔得。副业收入。赫拉波夫斯基。小生产的状况。副业收入。)

X

23. 关于欧洲农业中业主和工人的一般资料(资本主义制度)。(参看莫里斯关于积聚的论述。赫茨,第82页和第55页(!)。)

参看布尔加柯夫,第2卷第455页(“粮食问题比社会问题更可怕”)

24. 在“农民”这一概念上的胡言乱语。(参看俄国统计。它的优点。)

25. 在协作社问题上对恩格斯(《农民问题》)的歪曲。赫茨,第122页(切尔诺夫,第5期第42页;第7期第157页)。

26. 布尔加柯夫更彻底(第2卷第287、266、288页)。赫茨论**社会主义**:第7、14、10、72—73、123、76、93、105页。

城乡对立。**赫茨,第76页**

关于社会主义:布尔加柯夫,第2卷第289、**456**、**266**页[否认阶级斗争:再参看布尔加柯夫,第1卷第303页**和**第301页。——英国]。

布尔加柯夫在《开端》杂志上的论述。

27. 是阶级斗争还是协作。赫茨,第21、89页。(“社会主义的主要任

是阶级斗争还是迎合大资产阶级和小资产阶

务”。)(参看**切尔诺夫**的论述。非资本主义的演进,第 5 期第 47 页;第 10 期第 229、243—244 页。)

切尔诺夫在《在光荣的岗位上》文集中的论述,第 **195**、185、188、196 页。

级的**利益**。

(货币经济是不是最好的途径？赫茨,第 20 页)。

[布尔加柯夫与社会主义,见§26。]布尔加柯夫,第 2 卷第 255 页(赞成大田菜园:参看第 2 卷第 105 页:大地主。同上,关于谷物税。第 2 卷第 141—148 页)。

28. 伯特格尔的论述(参看卡·考茨基)(由切尔诺夫引用,№)

XI

29. 俄国的土地纲领和《火星报》第 3 号。

问题的**提法**

(1)阶级斗争

(2)阶级斗争的两种形式

30. 2a3б 的反对意见(“割地”)。

赞成和**反对**的理由。

载于 1932 年《列宁文集》俄文版第 19 卷

译自 1969 年《土地问题笔记》俄文版第 3—10 页

《土地问题和"马克思的批评家"》一书目录

（1901年6—9月）

载于1932年《列宁文集》俄文版第19卷

译自1969年《土地问题笔记》俄文版第11页

《土地问题和"马克思的批评家"》一书第五章至第九章纲要[17]

（1905年12月—1906年1月）

*) (第 V 章)第 1—16 页(102—117)。黑希特

(第 VI 章)第 17—39 页(118——)。奥哈根和克拉夫基。

第 VI 章第 39—43 页　　布尔加柯夫先生摘自《农民状况》的引文。

精饲料

第 VII 章 43—56 （巴登调查）

VII　56—67　农民分化的意义和布尔加柯夫对这一点的忽视。

VIII　67—89　德国统计的总结

(1)小农户的增加

(2)大地产的意义

(3)中等农户的增加：

役畜的恶化。

IX　89—121：德国的一般统计

89—94：各类农户的牲畜

94—98：加工业

98—108:牛奶业

烟草业
＋葡萄种植业

108—112:**合作社**

112—121　有地的和无地的**农村人口**

＊)很快地默读——
半小时左右

120 页≧2 小时左右[18]

载于 1938 年《列宁文集》俄文版
第 31 卷

译自 1969 年《土地问题笔记》
俄文版第 12 页

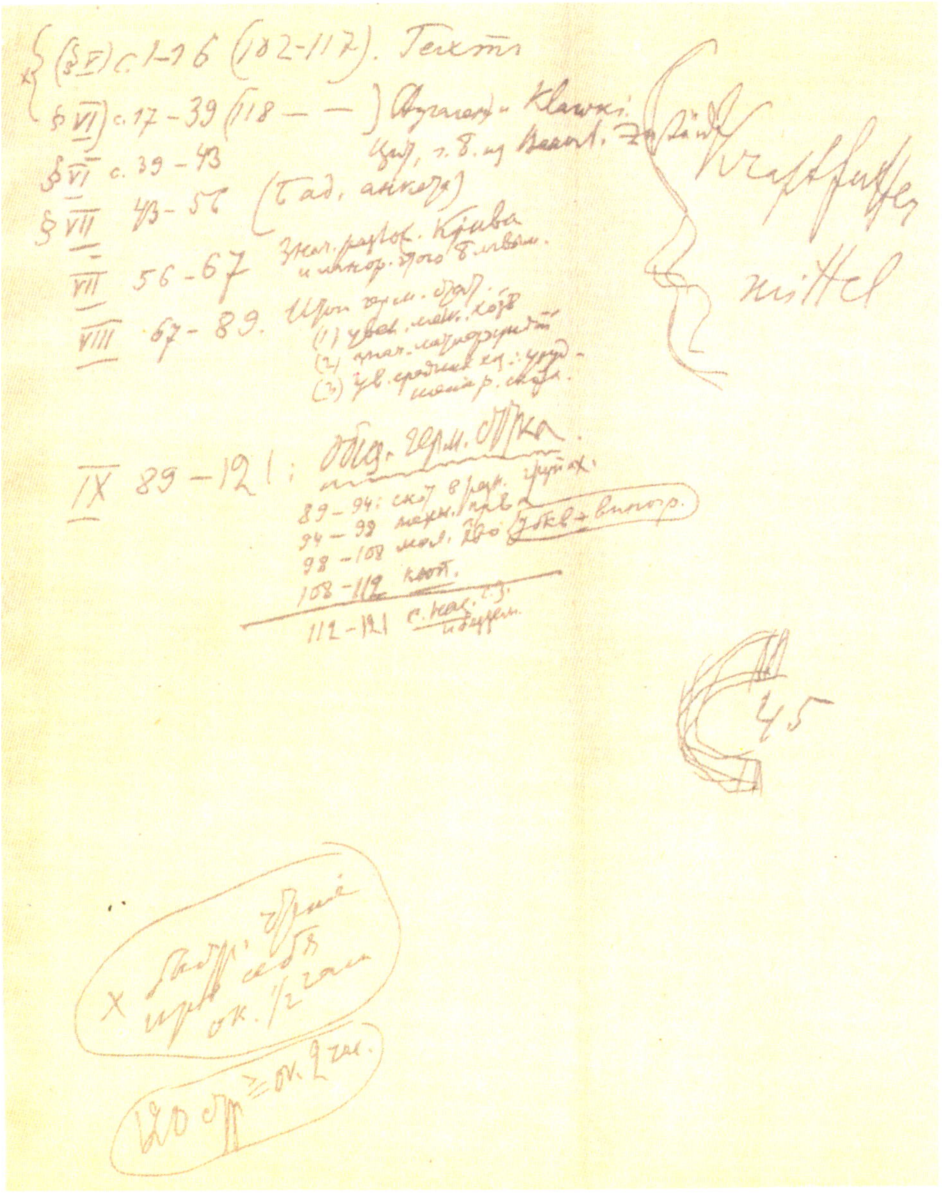

1905 年 12 月—1906 年 1 月列宁《〈土地问题和"马克思的批评家"〉
一书第五章至第九章纲要》手稿

对欧洲和俄国的土地问题的马克思主义观点[19]

讲演提纲

（1903 年 2 月 10 日〔23 日〕以前）

第一个方案

对欧洲和俄国的土地问题的马克思主义观点

A. **土地问题的一般理论**。

1. **商业性农业的发展**。——过程的阶段。——市场的形成：城市。——农民工业者（《资本论》第 3 卷第 2 册？）①。——维持生计的经济的残余。——农民从属于市场的程度。——农业中的自由竞争。多长时间？

注意 （自给自足的农民家庭手工业的衰落
卡·考茨基和**恩格斯**②。）

① 参看《马克思恩格斯文集》第 7 卷第 917 页；本版全集第 3 卷第 130 页。——编者注

② 参看恩格斯《法德农民问题》（《马克思恩格斯文集》第 4 卷第 510 页）。——编者注

对货币的需要(高利贷者。**税收**。)

2. **土地肥力递减规律**。李嘉图—马克思(近来的布尔加柯夫和马斯洛夫)。

3. **地租理论**。李嘉图—马克思:级差地租和绝对地租。(马斯洛夫的错误。)

3a. 城市同农村的分离(参看布尔加柯夫和赫茨。《**曙光**》杂志第2—3期合刊**20**。诺西希①)。

4. **当代的农业危机**。(帕尔乌斯。)地租暴涨而且居高不下。地租的压迫。

5. 资本在农业中的"**使命**"

        { (1)土地占有同生产分离
          (2)社会化 }
          (3)合理化

B. **农业中的小生产**(**1—4** 为一讲;**5—6** 为另一讲)。

1. **大生产在技术上的优越性**。统计。机器。(**大经济**和**大土地占有制**。)

2. **农民的被排挤和无产阶级化**。流入城市。——手工业。——副业。

3. **役畜的恶化**。德国统计。用牝牛作役畜。

补充。博德里亚尔,苏雄,赫拉波夫斯基

4. **合作社**。德国统计②。(赫茨,大卫,等等)。

① 见本卷第 370—371 页。——编者注

② 见本版全集第 5 卷第 193—199 页;《列宁文集》俄文版第 19 卷第 302 页(德国农业统计摘录《关于合作社问题》)。——编者注

5. **大农户和小农户的收入比较**。克拉夫基[①],**施图姆普费**。参看黑希特,《农民状况》。 { 人 牲畜 土地 }

6. **南德意志调查**。巴登调查,巴伐利亚调查,**符腾堡调查**[②]。

C. **西欧马克思主义者的纲领性声明**。

> 移到第四节(D)的结尾部分?
> **西欧和俄国社会民主党的土地纲领**。

1. 马克思和恩格斯在 40 年代的论述。《共产党宣言》。——《新莱茵报》[21]——马克思论 40 年代的美国农业[22]

2. **国际的决议**[23],恩格斯在 74 年的论述,他的纲领[24]

3. **95 年的土地问题辩论**[25],恩格斯在《新时代》杂志上关于法国纲领和德国纲领的论述[26]。

注意 **农村中的社会民主党(伯特格尔**,胡戈)。

4. **卡·考茨基在《社会革命》一书中的论述**。

[把 D 中的一节移到这里来?俄国土地纲领的原则。][③]

D. **俄国的土地问题**。

补 **D**。 俄国农业的衰落。停滞。**饥饿**。**衰落还是向资本主义过渡**?

民粹派的	1. **村社**。忽视纳税性质。忽视隔绝状态。	从中部地区跑到首都和边疆地区以
	2. **人民生产**。车尔尼雪夫斯	

① 见本卷第 138—158 页。——编者注

② 见本卷第 279—298 页;《列宁文集》俄文版第 32 卷第 155—160 页。——编者注

③ “B”这一节被列宁划掉了。——俄文版编者注

理论	基——　……（瓦·沃·，尼·—逊）。 3. **没有产生资本主义的土壤**。没有国内市场。衰落。	逃避“人民生产”。	注意

4. 民粹派理论的历史意义。
5. **农民的分化**。一般资料。总结。意义（＝小资产阶级）
6. **农村的阶级斗争**。农业无产阶级的形成。从徭役经济向资本主义经济的过渡。
7. 商业性的和资本主义的农业的发展。
8. **同农奴制残余的斗争**。迁徙自由（马斯洛夫）[27]。退出村社。转让土地的自由。
9. 社会民主党的土地纲领。“割地”。

第二组论文[28]（农业统计）

1. 黑希特　　**+巴伐利亚的**
2. （奥哈根）克拉夫基。　　**+符腾堡的**
3. 《农民状况》　　**+施图姆普费**
4. 巴登调查。
5. 德国的农业统计

　　小农户

　　大地产

　　中等农民。牲畜的恶化。

6. 牲畜。加工业。
7. 牛奶业（烟草业，葡萄种植业）。

8. 合作制。

9. 农村人口的状况。

———

A. 1 俄亩——80 普特。投入   地租。[29]

资本 40 卢布＋利润 8 卢布

＝48 卢布÷80＝   60 戈比。51.2 卢布(64 戈比)

3.2 卢布

B. 1 俄亩——75 普特。投入

资本 40 卢布＋利润 8 卢布

＝48÷75＝   64 戈比。48 卢布(64 戈比)

(A)   ——64 卢布   16 卢布

(B)   ——60 卢布   12

(C)1 俄亩——60 普特。投入

资本 40 卢布＋利润 8 卢布

＝48÷60   ＝80 戈比。48 卢布

第二个方案

对欧洲和俄国的土地问题的
马克思主义观点

A. **土地问题的一般理论**。(A 讲一次)

    1.   理论的前提是**资本主义**农业

          =商品生产+雇佣劳动。

  商业性农业的发展:城市市场

    的形成(在欧洲和俄国)

  工业的发展(帕尔乌斯)

  国际粮食贸易。

  商业性农业的形式:

它的区域 专门化———— 加工业	在 2 公顷以下的农户中牛 奶业集中的例子:文章的 第 103 页[30]。

大卫,第 152 页。注释:"总的说 ！来,在蔬菜业和果园业中也像在 农业中一样,繁荣的是小生产。 根据 1895 年的工业统计材料,在 32 540 个果园和菜园中, 占地不到 20 公亩的占 40%	注意	大卫(和卡·考 茨基)论果园 业和蔬菜业。

20—50 公亩的占 25%

2 公顷以上的'只'占 6%。"

农民从属于市场的程度

对货币的需要 货币收支的百分数

高利贷者。税收。

宗法式家庭手工业的衰落

（卡·考茨基和恩格斯）

农民＝半产业家和半商人

（《资本论》第 3 卷下册第

346 页①,《资本主义的发展》

第 100 页②）

农场主阶级和**农业雇佣工人**的形成是过

程的开始(卡·考茨基,第 27 页**31**。

《资本论》第 3 卷下册第 332 页③。

《资本主义的发展》第 118 页④)

农业雇佣劳动的 各种形式(《资本 主义的发展》第 120 页⑤) 参看文章中第 68—70 页 关于小农的"独立性"和 "非独立性"的论述**⑥**。

① 参看《马克思恩格斯文集》第 7 卷第 917 页。——编者注
② 参看本版全集第 3 卷第 130 页。——编者注
③ 参看《马克思恩格斯文集》第 7 卷第 902—903 页。——编者注
④ 参看本版全集第 3 卷第 149 页。——编者注
⑤ 同上书,第 151 页。——编者注
⑥ 参看本版全集第 5 卷第 173—175 页。——编者注

各种土地占有形式
(不)影响(《资本主
义的发展》第 242
页①)

注意

农民地块的
分散和缩小。

2.**地租理论。**

马克思的价值论。地租只能来自**剩余价值,**

即只能来自超额利润。

利润(＝剩余价值:《资本论》)。

平均利润。(卡·考茨基,第 67 页)

超额利润来自**肥力的差异**。   级差地租

级差地租Ⅰ。

粮食价格是由劣等地的生产

价格决定的

$$\left\{ \begin{array}{l} 土地的有限 \\ 市场的扩大 \end{array} \right\}$$

级差地租Ⅱ:对土地的追加投资(费用)。

级差地租的**增长**有种种(许多)情况。

级差地租来自土地的资本主义**经营**

来自**产品**数量的差额。

土地私有权的**垄断**   绝对地租

——**绝对地租**

或者＝垄断价格

(绝对地租)＝或者＝来自**最低的**

① 参看本版全集第 3 卷第 289—290 页。——编者注

农业资本构成

绝对地租不是来自土地的资本主义 地价

经营,而是来自土地私有**制**

——不是来自产量,而是一种**贡赋**

一种固定在**地价**中的贡赋。

地价=资本化的地租。

从农业中夺走资本

高地价的固定。

3. **地租和资本主义在农业中的作用**。

地租阻碍粮价下跌(**帕尔乌斯**) 地租的作用。

参看《资本论》第3卷下册?[1]

地租**夺去了**农业的一切改善超过平均利润的

全部利润。

(土地国有化会消灭绝对地租。)

农业危机消灭**绝对**地租。

{无地租的土地和有地租的土地的竞争。}

两种征收地租的**形式**: 征收地租的形式

农场制(卡·考茨基,第85页)

抵押制(卡·考茨基,**87—89**页。

《资本主义的发展》第442页[2])

① 参看《马克思恩格斯文集》第7卷第846—873页。——编者注

② 参看本版全集第3卷第510—512页。——编者注

两个过程都=

(1)土地占有者同农业的分离。这里应指出资本主义在农业中的作用。

(2)农业的合理化(竞争)

(3)农业的社会化

(4)消灭盘剥和工役制。

4[3].**肥力递减规律。**

李嘉图(和威斯特)。**马克思的纠正**。

《曙光》杂志第2—3期合刊,第 页[①]

布尔加柯夫:获得粮食的困难。

反驳。《曙光》杂志第2—3期合刊,第 页[②],**马斯洛夫**。

反对:一方面反对布尔加柯夫

另一方面承认粗放经营的生产率更高。

马斯洛夫第**72**、83页及其他各页。特别是第**72**页。

反驳马克思,第3卷下册第210页[③] **马克思论理·琼斯摘录**[32]

(《资本主义的发展》第186页和第**187**页[④])

"把农业容纳在1俄亩土地上"

马斯洛夫,第79页和第110页(没有"规律"就不会有级

① 参看本版全集第5卷第89页。——编者注

② 同上书,第93—98页。——编者注

③ 参看《马克思恩格斯文集》第7卷第755—756页。——编者注

④ 参看本版全集第3卷第226—227页。——编者注

差地租）

第 86 页（土地肥力递减的不容争辩的事实）

反驳 第 **114** 页（有各种各样的情形！）

马斯洛夫，第 **72** 页。否认"规律"的经济学家陷入困惑的境地

110：劳动生产率可以提高，而"规律"依然如故。（毫无根据！）

130—131：反对马克思（否认绝对地租）。

注意 **109**："他不是以地租的高低来解释竞争，而是相反"。＝马斯洛夫的错误的影响。**用一些所谓自然的原因如粮食生产的价值来掩盖贡赋**（地租）。

5. 农业资本主义的矛盾：农业的合理化——和肆意滥用土地城乡分离的意义（布尔加柯夫和赫茨和切尔诺夫和《曙光》杂志第 2—3 期合刊，第 页①）诺西希，第 103 页，**摘录**

消灭盘剥——和贬低农业雇佣工人和小农的意义。

生产力的发展——和**贡赋**即对降低价格和向农业投资起阻碍作用的地租的增长。

大经济的优越性（随着资本主义的发展）。

补 A。(1)卡·考茨基。(2)《资本主义的发展》；(3)《曙光》杂志（第 2—3 期合刊)(4)马斯洛夫(5)帕尔乌斯(6)摘录诺西希的话。

---

① 参看本版全集第 5 卷第 124—138 页。——编者注

B. **农业中的小生产和大生产**。(B 分两次讲)①。

　　1.**孤立地**提问题的错误

　　　一切都在资本主义的范围内。
　　　排挤小生产并不像农业的**整个**
　　　资本主义改造那么重要。

　　2.大生产在技术上的优越性。机器。《**曙光**》**杂志第 2—3 期**

　　　合刊②（布尔加柯夫、赫茨、大卫等人的反驳）

　　　商业性减价

　　　　(α)机器

　　　　　肥料

　　　　　排水设备

　　　　α　{分工
　　　　α　{合作社

　　　　(β)建筑物

　　　　　　农具

　　　　(γ)销售和采购

　　3.小农户**受排挤**和**衰落**的多种形式：手工业

　　　　　　　　　　　　　　　　零工

　　　　　　　　　　　　　　　　雇佣劳动

　　　　　　　　　　　　　　　　饮食恶化

　　　　　　　　　　　　　　　　劳动增加

---

① 手稿中"B"节的 1、2、3 项，看来是在校改过程中用铅笔画出两道竖线勾掉了。——俄文版编者注

② 参看本版全集第 5 卷第 108—124 页。——编者注

牲畜恶化

土地恶化(肆意滥用)

债务

等等。

4.详细的研究。

（第2篇土地问题论文）

黑希特	注 意	注 意
奥哈根	＋巴伐利亚的	＋博德里亚尔
克拉夫基	＋符腾堡的	＋苏雄
《农民状况》		
巴登调查	＋施图姆普费	＋赫拉波夫斯基
	注 意	注 意

总结:(1)人
　　　(2)牲畜
　　　(3)土地

5.德国农业统计的一般资料。

(1)小农户

(2)大地产

(3)中等农户。牲畜的恶化

牲畜的分布。加工业。

牛奶业(烟草业,葡萄种植业)

6.——**合作社**

7.——丧失土地和无产阶级化。

农村人口(按其占有土地情况)

的分布。

C. 俄国的土地问题(C讲一次)。

1. 旧的观点＝民粹主义。　　**民粹主义的实质**

农民＝“人民生产”(不是小资产阶级)村社＝共产主义的萌芽(不是纳税单位)。没有产生资本主义的土壤:没有国内市场,农民是最大的对抗者,农业中没有阶级斗争。

2. 这是整整一个世界观,从赫尔岑到尼·—逊。社会思想的一个大时期。　　“**土地民主派**”。历史意义

它的历史意义:把反对农奴制及其残余的斗争**理想化**(“土地民主派”)马克思　　**社会革命党人中间的残余**

民主派的成分

＋空想社会主义

＋小资产阶级的改良

＋小资产者的反动性。

分清**莠草**和小麦。

3. 中心问题:农民的**分化**,农民**变为小资产阶级**,**农村的阶级斗争**。　　**农民的分化**(“大卫之流”的错误)

农民的分化。

研究农民(**在**村社**内部**)分化的方法。农民分化的主要征兆:《资本主

义的发展》,**81**(14 个标志:2 — 和 12 ＋)**33**。

举一些例子来分析每个标志。

(马斯洛夫关于农民购买土地的论述　**摘录**)。反驳**维赫利亚耶夫**,第 **108** 页**34**。失去马匹,"静态"和"动态"。

结论＝**小资产阶级**。(《资本主义的发展》,**115**,第 2 点①。)

关于马匹调查资料的一般总结

(《资本主义的发展》,92②)。

分化的区域:俄国南部,牛奶业,阿穆尔(马斯洛夫,324),奥伦堡省(325,马斯洛夫),**西伯利亚的乳脂制造业。**

（哪里农民境况较好,

哪里就有分化）

分化的内部趋势

分化的障碍:

	工役制
	高额赋税
注意	没有迁徙自由——(马斯洛夫关于村社的论述:**摘录**)。
	高利贷资本

4. 从徭役经济向资本主义经济的过渡。

俄国的土地制度。如果仅仅是资本主义,也就不需要土地纲领了。(恩格斯,伯特格尔。)但是……**农奴制的残余。**

农奴制的残余

---

① 参看本版全集第 3 卷第 145—146 页。——编者注
② 同上书,第 118—119 页。——编者注

$\left(\begin{array}{c}\text{过渡}\\\text{制度}\end{array}\right)$ 工役制度。

（《资本主义的发展》，

133、135①）割 地，

等等。

农业中的雇佣工人**阶级**：**至少**

350 万。

5. 俄国**工人的迁徙**是资本主义的

综合发展

逃避人民生产（《资本主义的

发展》,第 **466—469** 页②）

因而也是俄国经济演进（和全部

历史）的当前的实质。

＝**消灭农奴制残余**。

＝资本主义发展的自由

＝无产阶级阶级斗争的自由

$\left.\begin{array}{l}\text{完全是另外一种}\\\text{（与欧洲相比）}\\\text{土地问题}\end{array}\right\}$ $\left.\begin{array}{l}\text{停滞，饥饿。}\\\text{衰退？还是}\\\text{资本主义的}\\\text{自由？}\end{array}\right\}$

这是**民粹主义**的核心，它的革命

民主的核心

富裕农民已经形成

俄国工人的

迁徙

我们的

土地纲领的

实质

---

① 参看本版全集第 3 卷第 166—167、168—171 页。——编者注
② 同上书，第 539—543 页。——编者注

各种形式的雇佣工人。

1 000万
《资本主义的发展》,**462**[①]

——消灭农奴制的残余将使富裕农民的权力形成和发展起来

——生活水平的提高将扩大国内市场,使工业得到发展

——**无产阶级的**发展**和争取社会主义的阶级斗争的**开展。

社会革命党人和梁赞诺夫之流不理解土地纲领

鲁金的提纲[②]割地的"温和性"。空话:协作+社会化+剥夺——它**既不是**土地方面的,**也不是**纲领

载于1932年《列宁文集》俄文版第19卷

译自1969年《土地问题笔记》俄文版第13—24页

① 参看本版全集第3卷第535—536页。——编者注
② 参看本卷第47—48页。——编者注

社会革命党人和
社会民主党人的土地纲领[35]

专题报告要点

（1903 年 2 月）

第一个方案

（1903 年 2 月 18 日〔3 月 3 日〕以前）

社会革命党人和
社会民主党人的土地纲领

为了对他们的纲领进行比较和评价,应当考察一下纲领所依据的**原则**和理论。

（A）社会革命党人[36]对待民粹主义的态度。

1. 社会革命党人既不赞成,也不反对。

2. **鲁金**[37],第 **29** 页:"宝贵的遗产"（"清理过的"!?）

3. **鲁金**否认分化。**鲁金**,第 **21** 页。(!)

4. 羞羞答答地掩饰民粹主义。

"俄国有些地方的土地现在就已经!从**资本**手中转到劳动手中"第 **8** 号第 8 版。[38]

5.也不了解民粹主义的**历史**意义(民主派的最初形式"**土地民主派**")。

6.回避:正统派、教条主义者从俄国的关系和材料出发,而——民粹派的"继承者"**闭口不谈**这些,却在比利时＋意大利问题上兜来兜去。

《革命俄国报》第 11 号第 8—9 版:又是大卫又是卡·考茨基,又是盖得又是饶勒斯,又是比利时又是意大利!! 大家都在**吸引**农民,

往哪儿引?

(**B**)**不了解俄国整个的历史与经济的演进。**

1.脚踏两只船,一只船是民粹主义,一只船是马克思主义。《**俄国革命通报**》杂志[39]第 **1 期**:资本主义"创造性的一面"。(《曙光》杂志第 1 期社论中的引文)

!!!

《革命俄国报》第 12 号第 6 版:农民——"**仆人和主人**"过着一种建立在"**劳动法**"上的生活 农村中的阶级斗争(《革命俄国报》第 **11 号**)。

!

"我们不承认农民属于"**小资产阶级**阶层。

(民粹主义和马克思主义的中心!)

"**劳动**"经济和"**资产阶级资本主义**"经济

2.**不了解俄国两种生活方式**(农奴制-宗法式的生活方

《革命俄国报》第 11 号第 9 版:

"他们没有看到农业中

式和资本主义的生活方式)的整个**交替情况**

见:

！资本主义的创造性作用正在让位于破坏作用”，“**瓦解**作用”。

3. 有没有农奴制的残余？有没有发展资本主义的任务？没有:《革命俄国报》第8号第**4**版。有:《革命俄国报》**第15号**第6版。

《革命俄国报》第15号第6版:如果农民要求“土地平均”,那只有两种解决办法:要么(1)归**个体**所有,要么(2)归**集体**所有,即

社会化

!! “61年的改革为资本主义的发展**扫清了**〈!〉足够的〈!!!〉场地”。

4. 割地——盘剥。就算是这样(鲁金,第**14**页)。“但并不是**包罗万象的**”,鲁金,第**14**页(!)

“没有给予**广泛的**!! 土地保证”(鲁金,第**14**页)。“给”得多一些,**许诺**得多一些!!

5. 鲁金先生的两个论点(第17页)

(α)分给土地将有助于农民**同**资本主义作斗争!

(β)——将延缓**本来就很缓慢的**大经济的资本化(过程!!)。也许还有一个论

！别去分析！为什么？

农民想要什么:

“**补分土地**”!!《革命俄国报》第8号第**7**版？我们不依靠富裕农民,——因为这是社会主义运动的开端

点(γ):将"缓和"阶级斗争(第17页)。

《革命俄国报》第13号第5版:"无疑",农民运动不是社会主义运动。然而宣传家可以从半社会主义的思想得出"纯社会主义的结论"。

穷人反对富人,而**伊林**却讲运动中资产阶级分子和无产阶级分子的联合

C. **不了解和掩盖阶级斗争**。

1. 农民不会停留在割地上。鲁金,**第18页**。

2. 农民——"**劳动**"原则(而不是阶级斗争?)鲁金,**第18页**。

农民的半社会主义纲领。《革命俄国报》第8号第1—3版。

"劳动原则"。

3. 割地之后,继割地之后,将是什么呢?(阶级斗争。)

因此①:

E. **不了解俄国革命**。

1. 资产阶级的**还是**民主主义的?《革命俄国报》**第8号**第**2—3**版和《革命冒险主义》。

---

① 列宁用蓝色铅笔画了一个括号,标明各点顺序的重新排列,但没有改掉各点的字母编号。各点是按照列宁所排的顺序刊印的。——俄文版编者注

他们散布幻想。

2.庸俗社会主义,不能维护私有制。《革命俄国报》第 13 号第 **5** 版和第 **6** 版。《革命俄国报》第 15 号第 6 版。

("社会党人"——资产阶级思想的传播者!)

反对 48 年的**马克思** ～～～～～

3.农民权利平等(《**告全体俄国农民书**》[40]第 **28** 页第 **1** 点)。——和否认支配土地的权利。

4.迁徙自由——和村社《**告全体俄国农民书**》第 **28** 页第 **1** 点。

(**马斯洛夫**的资料)

F.社会民主党的土地纲领。

1.无法实现吗? 我们保证

2.它的**原则**(α)农奴制

　　　　(β)阶级斗争

　　　　(γ)社会主义。

3.它的意义＝**农村无产阶级应当帮助有钱的和富裕的农**

马尔丁诺夫

>>>>> "替马尔丁诺夫害怕"。鲁金,第 **26** 页。**引用马尔丁诺夫的话**[41]。

鲁金:"并不是所有农民都敌视旧[*]制度"第 **15—16** 页。

---

[*]《**革命俄国报**》第 **3** 号第 **7** 版,**1**:"**小资产阶级阶层**""**一般总**(**!**)**是**""**支持现存制度**"(原文如此!)。

民同农奴制作斗争。

5. 我们将向农民讲些什么？

4. 重新研究农民改革的问题是由俄国整个进步的(＝自由派)知识分子提出的。

引用瓦·沃·的话[44]

因此：

反驳：引用恩格尔哈特的话[42]

土地制度

$(10:1\frac{1}{2}—2—6\frac{1}{2})$[43]

参看爱尔兰。

(1)土地斗争不等于资本主义。

(2)现在的赎买。

(3)民粹派把俄国同爱尔兰相提并论。

D. 庸俗化的小资产阶级民粹主义＋资产阶级的"批评"

1. 在正统派和批评家之间(《俄国革命通报》杂志**第2期**第57页)。小农户在增长。

2. "走向社会主义的新道路"，《**革命俄国报**》。

3. 儿戏：对恩格斯的歪曲(摘录)。《革命俄国报》**第14号**第6版，以及鲁金，第**21**页

4. **我们的纲领**和整个**工人的**＝社会民主党的社会主义对小农的态度。

5. 合作社。《革命俄国报》第8号第11版("各种各样的")。

对"**教条主义者**"无原则的攻击(呵斥)等等。《革命俄国报》第**8号**,散见各处。

伯特格尔对恩格斯的补充：恩格斯的预言得到证实。

总之!

(列维茨基)

资产阶级的和社会主义的合作社

德国的和俄国的资料!

德国的罗基尼[45]

俄国的

G. 社会革命党人的无原则性。

1. 没有信念的人——没有原则的党。

2. 鲁金,**第 16 页**:"未来会弄清的"。

3. 同上"折服雇农"(!!)

4. **没有纲领!** 反驳鲁金,第**4** 页

《**革命俄国报**》**第 11 号第 6 版**也在吹嘘(《我们的纲领提出来了》)(?)

因此,

H. "通才"

合作社我们看到了,
　　　　而
社会化
　　四种意义:

(1)=国有化。《**革命俄国报**》第 8 号**第 11 版**。

"同伴们,补分土地"《**革命俄国报**》第 8 号第 **7** 版

并且**强调**这是最低要求!

（协作经济及其他）。

社会化＝即"变为社会的财产,供劳动者使用"。

（2）＝社会主义革命（《告全体俄国农民书》）第 **31** 页,第 **12** 点。(最低要求?)

（3）＝村社。人民的无政府状态。《革命俄国报》第 **8** 号第 **4** 版、第 **2** 版。

"农民宣布平均原则"。

"我们同理想化格格不入",但是从"村社支配这些传统"开始要容易一些。"出于迷信而厌恶村社原则"。

!!
> "村社农民的庞大组织",第 **8** 号第 9 版。
>
> 没有一个阶级被这样推上政治斗争。同上,第 **8** 版。
>
> "彻底实行"劳动的、平均的使用原则。第 **8** 号第 8 版。

$$\left(\begin{array}{c}\text{平均化?}\\\text{在村社之间?}\end{array}\right)$$

4.＝"荷兰的意义"《革命俄国报》第 **15** 号第 **8** 版"荷兰的类

型最适宜"*⁾即**公社化**。

（小资产阶级的庸俗之见）

真是一些"**通才**"！

载于 1932 年《列宁文集》俄文版
第 19 卷

译自 1969 年《土地问题笔记》
俄文版第 25—30 页

---

*⁾ 荷兰的类型："扩大村社在征税、赎买和剥夺土地方面的权利".《革命俄国报》第 15 号第 7 版。

第二个方案

（1903 年 2 月 18 日〔3 月 3 日〕以前）

社会革命党人和
社会民主党人的土地纲领

三个主题：I. 土地纲领的原则基础；II. 社会民主党人的土地纲领；III. 社会革命党人的土地纲领。

I. **土地纲领的原则基础**（＝俄国社会党人对俄国土地问题的观点）。

1. **民粹主义**＝在**土地问题**上旧的社会主义观点的全部总和。俄国社会主义思想在土地问题上的**全部**历史就是**民粹主义**及**其同马克思主义斗争**的历史。

2. **社会革命党人不伦不类**

一方面——资本主义的"创造性"方面（《俄国革命通报》杂志第 1 期**第 2 页**），他们**不**说："我们是民粹派社会主义者"。

另一方面——他们**"不承认农民的小资产阶级性"**（《革命俄国报》**第 11 号第 7 版**）

"劳动经济和资产阶级资本主义经济。"同上

鲁金（第 21 页）否认"**分化**"（鲁金，第 21 页）。"有些地方的土地现在就已经从资本手中转到劳动手中"（《革命俄国报》第 8 号第 8 版）。

农民——"**劳动法**","**仆人和主人**"(《革命俄国报》第 12 号第 6 版)。

3.**含糊其辞**。一面同"教条主义者",即正统派作战,同时却又回避在俄国社会主义问题上明确表态,并在比利时＋意大利问题上兜来兜去!

在"**批评家**"和"**正统派**"之间

大卫和卡·考茨基
饶勒斯和盖得 $\Big\}$等等,等等。

参看《俄国革命通报》杂志第 2 期第 57 页:(卡·考茨基和"批评家")

4."**儿戏**":引用**恩格斯**的话。既"赞同"李卜克内西,又"赞同"马克思和恩格斯!!

《革命俄国报》第 14 号第 7 版,引用恩格斯的话(同上,鲁金说得简要,第 21 页)

(对恩格斯的彻底歪曲)

摘录恩格斯的话。

伯特格尔对恩格斯的补充。(预言得到证实)

5.俄国问题上一片混乱的例子:有没有农奴制的残余?没有:《革命俄国报》第 8 号第 4 版。

扫清了足够的场地!!!

有,不是法律方面的,而是经济方面的。《革命俄国报》第 15 号第 6 版。

{没有任何直截了当的回答!! 根本没有任何原则!!}

在这种情况下，就**无法**理解我们的土地纲领和"割地"！！

不弄清对农奴制残余、对**整个**"更替"和对整个改革后经济演进的态度，就什么也理解不了。

6. 社会党人**无论何时**都不能维护私有**制**："社会党人"是"资产阶级思想"的"传播者"。《**革命俄国报**》第 **13** 号第 5 版和第 6 版。**第 15 号**第 6 版。

他们采纳了"资产阶级营垒的口号"，等等。

"把资产阶级精神引进"纲领。《革命俄国报》**第 15 号第 7 版**。（**庸俗社会主义**）

反对 1848 年的马克思[①]。

摘录。

7. 不理解（1）农奴制的残余。

\+ （2）**自由的**小**私有**制的历史意义。因而也就完全不理解割地。

不是评价**历史**意义——而是一般地评价**保证**的意义。**鲁金，第 14 页**：存在着盘剥及其他，但并不是"**包罗万象的**"！！（没有"广泛的土地保证"）（**鲁金，第 14 页**）

! 不是从演进中得出**结论**，而是抱着善良的愿望：要么把土地"分给"农民作为私有财产，要么"组织"农民平均使用土地。 《革命俄国报》第 **15** 号**第 6 版**

2 8. 鲁金的"**论点**"（第 17 页）

（1）分给土地将有助于同资本主义作斗争

① 手稿上的第 6 点已用铅笔划掉。——俄文版编者注

(2)将延缓**本来就很缓慢的**私有经济的资本化

(3)将缓和阶级斗争

9. 不会停留在割地上(鲁金,第 18 页)。当然不会。**以后是什么呢**?是阶级斗争还是“劳动”原则(鲁金,第 18 页)??

II. **社会民主党人的土地纲领**

1. **无法实现吗**?我们保证——(在什么意义上)。

3 2. 它的**原则**

(1)农奴制的残余——参看**马尔丁诺夫,第 34 页**。

鲁金,第 26 页“替马尔丁诺夫害怕”

(2)阶级斗争

(3)无产阶级的社会主义革命。

3. **在割地方面寻找土地问题,其实这只是对反对农奴制的斗争和消灭农奴制残余的一种表述方式**。

4. 重新研究“1861 年改革”的问题是由俄国整个进步的(=自由派的=资产阶级民主派的)思想界**提出的**。

引用瓦·沃·的话

4 5. 我们的土地纲领的**意义**:俄国无产阶级(包括农村无产阶级)应当支持农民同农奴制作斗争。

鲁金,第 15—16 页:“**并不是所有农民都敌视旧制度**”。

参看《革命俄国报》第 8 号第 7 版:“小资产阶级阶层”

"一般总是""支持现存制度"

6. **我们将向农民讲些什么**? "农民的"土地制度

5 | **反驳恩格尔哈特**

社会主义政党和当前任务＝争取社会主义的阶级斗争的

开端。

III.**社会革命党人的土地纲领**。

1. 没有信念的人＝没有理论的党

2. 鲁金,第 **16 页**:"未来会弄清的":"应当走向工人,也走向农民"

3. **没有纲领**,反驳鲁金第 **4 页**和《革命俄国报》第 11 号第 **6 版**
（"我们的纲领提出来了"）

4. 对当前的历史任务**反动地**缄口不谈——并杜撰善良的、糊涂的"社会化"愿望。

农民的平等权利,《**告全体俄国农民书**》,第 **28 页**,第 **1 点**

——和没有支配土地的权利

迁徙自由——和不能退出村社。

（**马斯洛夫的资料**）

5. **合作社**:《**革命俄国报**》第 **8 号第 11 版**。

德国的
俄国的
罗基尼

6. **社会化**

（1）＝国有化。《革命俄国报》第 8 号第 11 版。

（一种社会化
四种面貌）

关于土地的谈话,第 15 版。

（2）＝社会主义革命。《**告全体俄国农民书**》第

31 页,第 12 点。

(3)＝村社。“**村社农民的庞大组织**”,**第 8 号第 9 版**。

从村社的“传统开始要容易一些”,等等。

“彻底实行平均原则”,第 8 号第 8 版。

(虽然我们同“理想化”格格不入!)

(4)**荷兰的**鲱鱼

“扩大村社在征税、赎买和剥夺土地方面的权利”。《**革命俄国报**》第 15 号第 7 版

荷兰的“类型”“最适宜”。

《革命俄国报》第 15 号第 8 版。

通才!!

载于 1932 年《列宁文集》俄文版第 19 卷

译自 1969 年《土地问题笔记》俄文版第 31—34 页

总结发言的提纲和要点

(1903 年 2 月 21 日〔3 月 6 日〕)

初 步 大 纲

α　割地的不足。涅夫佐罗夫,第 3 页。

　　　　　　切尔诺夫,第 11 页。

　　地役权。涅夫佐罗夫,第 6 页。

　　列宁和伊林的矛盾。涅夫佐罗夫,第 2 页。

　　割地以后:语无伦次(切尔诺夫,第 1 页)#

补　α"无法实现"{切尔诺夫,第 10 页没有}

　　村社内部的阶级斗争(切尔诺夫,第 2 页)。现在还有富农自由派:切尔诺夫,第 3 页

β $\left\{\begin{array}{l}\text{村社。涅夫佐罗夫,第 5 页。}\\\text{连环保。涅夫佐罗夫,第 4 页。}\end{array}\right.$

γ　卡·考茨基和恩格斯。(切尔诺夫,第 8 页)(和切尔诺夫,第 16 页)

$\left\{\begin{array}{l}\text{重复关于分化、无产阶级化的预言(切尔诺夫,第 17 页)}\\\text{正统派和批评家。没有积聚(切尔诺夫,第 18 页)}\end{array}\right.$

δ　合作社(切尔诺夫,第 4—6 页)

ε　社会化(切尔诺夫,第 7 页)

ζ　**培植小资产阶级。**切尔诺夫,第 9 页和

〔涅夫佐罗夫,第 1 页。　　**促进**〕

切尔诺夫,第 12 页(《俄国财富》杂志)[46]

η　普列汉诺夫(切尔诺夫,第 13 页。涅夫佐罗夫,第 7 页)

θ　**《民意报》**[47]**第 1 号**(切尔诺夫,第 14 页)

伯特格尔(切尔诺夫,第 15 页)

ι　民粹主义＝标签(切尔诺夫,第 19 页)

初步大纲的综合

I 1—3ι　　　　　　　　II 2—6 毫无价值

I 4—γ　　　　　　　　III$^{1-2}$3—＝

I 5—毫无价值和 α　　　III 4 毫无价值

I 6—ζ　　　　　　　　　　　　涅夫佐罗夫 β

I 7—9 毫无价值♯　　　III 5δ

II^{1}—补 α　　　　　　III 6ε

专题报告概要:

1. 在民粹主义和马克思主义之间。

("霍夫施泰特尔")

民粹主义是"标签"(弗拉基米罗夫先生)

卡布鲁柯夫,尼·—逊(弗拉基米罗夫先生)　　　"劳动经济"?

(卡雷舍夫和维赫利亚耶夫的"经典研究")　　**根本不是!**

2. 在正统派和批评家之间。

引用恩格斯的话(弗拉基米罗夫先生)

引用卡·考茨基的话(弗拉基米罗夫先生)　　＋伯特格尔

考茨基的"保留"："并不全对"，等等!!

重复预言(弗拉基米罗夫先生)——

没有积聚"我们不相信积聚"

（最低纲领）

"在土地纲领和工人纲领之间不可能有原则性的区别"(涅夫佐罗夫)

3. 有没有农奴制的残余? 有和没有。根本没有。

并非处处都有割地(弗拉基米罗夫先生)。波尔塔瓦省

三种割地(涅夫佐罗夫)

地役权(涅夫佐罗夫)

列宁反对伊林。(涅夫佐罗夫)

工役制并非主要靠割地来维持(涅夫佐罗夫)。

4. 马克思论小私有制。

(1)培植小资产阶级(弗拉基米罗夫先生)。

(2)促进不是我们的事。(涅夫佐罗夫以及引自卡·考茨基的话)

{促进技术进步}

(3)涅夫佐罗夫。(马克思反对马克思)

列宁反对

5. 农奴制残余消灭之后会是什么? 阶级斗争还是劳动原则? 什么都不是?

　　我们的土地纲领

6.弗拉基米罗夫先生："谁也没有讲过**无法实现**。"

　　原文如此　**鲁金,第 13——14 页**

　　《**俄罗斯新闻**》＝资产阶级。

　　引用瓦·沃·的话和《**俄罗斯新闻**》关于**农业代表会议的报道**[48]。

7.**土地纲领的原则。任何人未置一词。**

8.这些原则是否改变了?

　　　　普列汉诺夫和 1886 年的纲领

　　　普列汉诺夫和国有化

　　　普列汉诺夫和剥夺

　　　马克思和剥夺＋抵押

　　　　　　　　＋生产协会

　　　普列汉诺夫在那里讲:"**最大的可能是,土地将转归农民资
　　　产阶级**"(如恩格斯所认为的那样)⋯⋯

　　{普列汉诺夫——极端软弱的性格}

9.**我们的土地纲领的意义**＝俄国无产阶级应当支持农民。无。

　　社会革命党人的土地纲领。

10.**反动性**。连环保和村社。"我原则上不同意"(涅夫佐罗夫)。权
　　利平等和不能退出村社。无。

村社内部的阶级斗争?(弗拉基米罗夫先生)"因此"扩大公共的土地占有制。

11.**合作社**。**弗拉基米罗夫先生**。**两种运动**(在什么地方？ 在《革命俄国报》上还是在《火星报》上？)

12.**社会化**。四种含义。((小村社＝农村资产阶级的统治。))

专题报告概要的大纲

结尾：　　错误的根源

　　　　　不了解困难

　　　　　我们的土地制度

　　　　　概要

专题报告概要

(a)　　　涅夫佐罗夫错误的根源——不理解普列汉诺夫,却企图纠正普列汉诺夫。社会革命党人的错误根源**更深**:这就是把**民主主义的**任务和**社会主义的**任务相混淆,把**民主主义**因素和**社会主义**因素相混淆,把运动的民主主义**内容**和社会主义**内容**相混淆。这种混淆是由社会革命主义的整个社会本性所产生的。社会革命主义＝小资产阶级知识分子"哀斯卡莫"①

---

① 此处列宁用的俄语动词"эскамотировать"源出法语"escamoter",意为欺骗、蒙骗,发音为"哀斯卡莫"(参看《一个针对社会革命党人的基本论点》,本版全集第7卷第36—39页)。——编者注

工人运动的一种企图＝激进的革命的小资产阶级民主派。他们同自由主义民主派一样,**把**民主主义任务和社会主义任务**相混淆**,在专制制度问题和土地纲领问题上把事情搅乱。

(b)　　社会革命党人和涅夫佐罗夫根本不懂得制定土地纲领的**困难何在**。他们的土地纲领面面俱到,到处适用,因而哪儿也不适用。Cд[①]中国和阿比西尼亚。Cp[①]秘鲁和乌拉圭。这既**不是纲领**,也**不是土地**方面的。它不反映任何东西,不确定是什么**时刻**(历史时刻:参看纲领的三个条件),不**指导**当前的斗争。

(c)　　我们的土地制度。没有回答。

横的分成四类[大的＋农民资产阶级 $1\frac{1}{2}$(占 14 中的 $6\frac{1}{2}$)＋中等农民 2(占 14 中的 4)＋农村半无产阶级和无产阶级 650 万(占 14 中的 $3\frac{1}{2}$)[49]]。如果仅仅是这些,那么就连土地纲领也不需要了。但是还有**竖的**壁障＝村社、连环保、割地、工役制、盘剥。不使农村资产阶级也摆脱工役制,就不能解放农村半无产者和无产者,使他们投入斗争。

(d)　　社会革命党人和社会民主党人的土地纲领的主要区别在于:(1)**真话**(半农奴制＋阶级斗争＋资本主义演进)＋(2)**假话**(辛迪加的成员,"村社农民的庞大组织",有计划的日益上升的社会化,等等)。

说假话的政策＝革命冒险主义的政策。

载于 1932 年《列宁文集》俄文版
第 19 卷

译自 1969 年《土地问题笔记》
俄文版第 35—38 页

---

①　列宁用的这两个缩写词未能判读出来。——俄文版编者注

农民与社会民主党[50]

（不早于 1904 年 9 月）

农民与社会民主党。

马克思主义理论与社会民主党纲领。

1. 西欧社会民主运动中的土地问题。大卫等。
2. 俄国的土地问题：从旧民粹派到自由派到社会革命党人。

   改革时的实际意义。

3. **大生产和小生产**

   奥哈根

   克拉夫基

   等等。

   有关**劳力、牲畜、土地所需费用的结论**。

丹麦。

4. **合作社**。**大卫**等。法国的反动派。

   罗基尼

   哥尔茨

   布亨贝格尔

5. 俄国的特点。

   同农民资产阶级一起反对地主。

   同城市无产阶级一起反对农民资产阶级。

6. 特别是在政治活跃时代,在农民中进行社会民主主义的宣传鼓动的意义。提高农民的自觉,发扬民主主义思想和社会民主主义思想。

————

1. 马克思主义(α)关于农民的状况、演进和作用的理论——和(β)社会民主党的纲领。两者有密切联系。

2. 农民问题的迫切性。各国社会民主党的土地纲领:法国的(小资产阶级性质。恩格斯的批判),德国的(1895 年。布雷斯劳,机会主义派和革命派),**俄国的**。(批评家。"**大卫**")(布尔加柯夫)……

3. **俄国**社会民主党人的土地纲领,他们同**民粹派**和**社会革命党人**的特殊区别。

4. 马克思主义关于农民问题的理论基础(参看《资本主义的发展》中引用的马克思的话)。(1)大生产的作用;(2)农民的小资产阶级性;(3)农民的过去和将来+苏雄。补充卡·考茨基的《社会革命》。

5. 农业中的大生产和小生产…… **手稿**中有:**黑希特**,奥哈根,克拉夫基,巴登,德国的统计,施图姆普费。

6. 结论:劳力、牲畜、土地所需费用巨大。

7. 补充:胡施克,哈格德,博德里亚尔,勒库特,**普鲁士调查**、巴伐利亚和黑森的调查、胡巴赫。

8. 债务。**普鲁士的统计**。

9. 合作社。问题的一般提法。罗基尼,哥尔茨,布亨贝格尔,哈格德。统计资料:**德国的**和**俄国的**(社会租佃)。**丹麦**。

10. 关于西方的结论。

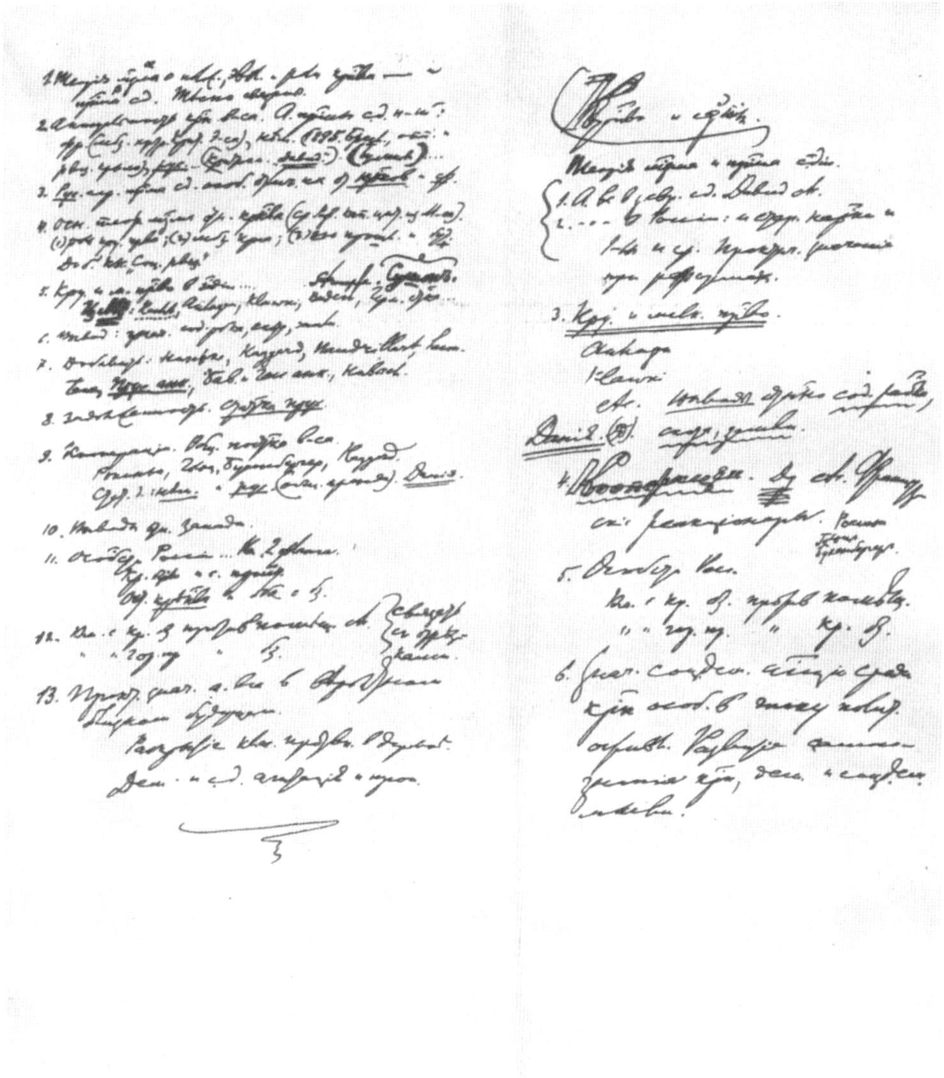

不早于 1904 年 9 月的列宁《农民与社会民主党》手稿

11. 俄国的特点…… 分为两方面。

农民资产阶级和农村无产阶级。

农奴制残余和同资产阶级的斗争。

12. 同农民资产阶级一起反对地主等
同城市无产阶级一起反对资产阶级 } 同割地联系起来

13. 土地问题在可以预见的不久的将来的实际意义。揭示农村的阶级对立。民主主义的和社会民主主义的宣传鼓动。

载于1938年《列宁文集》俄文版第32卷

译自1969年《土地问题笔记》俄文版第39—40页

二

对土地问题著作和
农业统计资料的评析

对谢·布尔加柯夫
《资本主义和农业》(第1卷和第2卷，
1900年版)一书的批注[51]

(1901年6—9月)

布尔加柯夫

I. 《作者序》 "农业发展理论<?>的试验与资本主义一般
发展的关系。"

——"盲目依赖材料……"

1。第1章第1节："土地肥力递减规律"……

2。注释："人在工业中支配<!?>自然力"，而在农业中则
要**适应**(?)自然力

13。注释。马克思否定这个规律，却接受了李嘉图的以这
一规律为基础的地租理论(??)。(第3卷下册第277
页?)①

16。"生存日益困难……"

17。——"一个显而易见的真理"，只要加以肯定就够了(?)
——虽然农业的进步暂时制止了这一规律所表明的

---

① 参看《马克思恩格斯文集》第7卷第842—843页。——编者注

趋势。

18。土地肥力递减规律具有**普遍意义**——**社会问题是同它密切联系的**。

20。**农业危机**是土地肥力递减规律的直接结果(?)

21。人在农业中是自然规律的“奴隶”,在工业中是它的主人(“根本区别”)。

25。农业得不到协作所固有的好处。

26—27。马克思(关于协作)的不妥当的举例……

29—30。“完全不适用于农业”

(规律 $\ll\frac{v}{c}$①)[斯克沃尔佐夫] 同上,第 **52** 页。

31。小题大作——论机器……

32。“土地肥力递减规律的**个别**情况”——在农业集约化情况下付出的劳动大大增加。

34。“大自然的专横暴虐”……劳动远低于它的生产率……

35。“低工资经济”……“高工资经济在农业中不适用”。

37。人人都适合于从事农业:俄国人并不比英国人逊色。

38。——“……哪怕半人半马也好……”　与第 2 卷第 433 页矛盾

43。**农业机器**不能使生产革命化,不能完成可靠和精确的工作……它掌握在自然—母亲的手里……(空话!)

44。机器不能把劳动者变成附属品。

45。“……驾犁人要犁停,犁就停了……”(原文如此!!)

---

① 可变资本与不变资本之比。——编者注

46。"机器的作用并不是唯其独有的"(胡说和曲解)

48。"我完全摆脱了马克思主义的偏见",那种偏见认为,任何机器都是一种进步…… 农业机器有时候是反动的(!!)

49。"天真地"拿美国的农业机器和欧洲的农业机器作对比。

50。农业的发展缩小机器的使用范围……

51。手工劳动还是机器劳动,"从技术上看并无区别"。

51 和 52。**脱粒机的好处值得怀疑**(!!)……

55。从一块面包里区别不出是谁生产的……自然—母亲超乎这些区别之上……

59—60。小农户也使用机器:租用!

64。农业中有两个要素是不受人控制的:自然的力量(!!)和社会的力量(!!)

67。**巴克豪斯**欢迎在农业中实行分工(布尔加柯夫——反对)。

76。具有决定意义的一级是认识论(在价值问题上)。

82。粮食价格**不**取决于最后一次投入的劳动和资本,而取决于平均投入的劳动和资本。

87。马克思没有给李嘉图(的级差地租论)增添任何东西。——绝对地租是级差地租的一种特殊情况。

90。"土地生产力的有限"

92。"粮食没有价值"(!)

95—96。马克思所举的有关瀑布的例子是**不妥当的**——马克思的"拜物教"……(同上,第 105 页)

98。农业资本不参与决定利润率。

104。缺乏论据的论据＝**绝对地租**……

105。地租"不是一种物质的东西"，而是一种"**概念**"。

106。价值的概念是一种"**空中楼阁**"(?)

107。马克思的地租理论：含糊不清，自相矛盾，毫无新意，等等。

111。"走自己的道路"，"靠自己的努力"（"没有发现地租的物质定义"）。

113。地租不是剩余价值，它是用**非农业**劳动支付的。（布尔加柯夫忘记了地租的历史）……

116。布伦坦诺的"出色的"《土地政策》……

120。其他国家不存在"**英国式的地租**"

——土地占有者、农场主和工人三者分配农业利润。

　　{自己打自己嘴巴}

125。地租（在地主经济中）——不是在英国经济中??

131。"英国的粮食比大陆上的粮食昂贵"(?)。

139。"神秘的积聚规律"是一种"马克思主义的偏见"

"……赫茨的出色的著作……"

142。"农民经济根本没有破产……"

143。马克思反对马克思：政治家和研究者的二元论。

146—147。马克思"抹杀"，——按照文化的规律农夫的需要在增长……

148。布尔加柯夫自己就一贯拿农民**同资本**作比较……

154。农民经济是"**对社会最有益的**"。

176。哈斯巴赫：小私有者的"勤劳和节俭"。

214。"资本主义前的人口过剩……"

237—238。1846年至1877年英国农业的进步。

239。较大农户的增加

"……不是小生产和大生产竞争的结果"？？……

239—240。既然经济建立在资本主义的基础上，因此在一定的范围内，大农户比小农户优越，这是无可争辩的(！！！注意！！)

242—243。**1851**—1861—1871年直到**1880**年……英国的**积聚趋势**……

246。竞争的鞭策加强了生产的全部技艺……但是这并没有驳倒土地肥力递减规律……

251。在畜牧业中，单位面积的资本在增加(投资的集约程度更高)……

252。农业机器数目的增加

1855	—	1861	—	1871	—	1880
55		236				
		1 205		2 160		4 222[52]

252。1851—1871年(和1881—1891)……农业工人的减少……

255。如何解释？**前一时期的人口过剩。**

$$\left(\begin{array}{l} +土地的集中 \\ +农业机器的使用 \end{array} \right) \ (!!)$$

260。马克思(和**哈斯巴赫**)认为这证实了积聚规律、$\frac{c}{v}$的增长。(布尔加柯夫反对！)

262。1851—1881 年英国从事各种职业的人口。

268。**危机的基本原因**：土地肥力递减规律……

273。英国 1 英亩的产量并未减少。

　　　——牛奶业、蔬菜业等等**在发展**。

279。地租(由于危机)受损失最大……

293。工人的工资和福利**在提高**……

301。农业工人的运动从来就不具有社会主义性质。

303：“农业中的大生产没有积极的社会结果”(在农业工人中间连工会运动的萌芽也没有)(?)

306。小农欠稳固。

308—309。**1880—1885—1895 年**英国农场和土地面积的分布。

311。被危机压得最厉害的就是小业主……

312。**恩格斯的“离奇的结构”**。　　　　∫

313：19 世纪初有许多小业主破产……　　∫

316。自耕农的状况比工人还差……

318—319。小业主受的苦更多,他们的状况比工人还差,

320—321。非常艰苦……

325。造就小农的势力。1892 年的小农法[53]——没有得到广泛实行

328和**331**。1892 年的小农法没有实际意义。

333。布尔加柯夫的结论：小农户更快地破产**并不证明**(!!!)他们没有生命力……(!!)

338。“最终的结局”——**农民**的复兴。

　　　“对资本主义农业组织的判决”。

II[①]。

12。从 9 世纪直到 19 世纪的前 30 余年盛行三圃制。

17。英斯特[54]正在减少……

30。《共产党宣言》对现实作了**不正确的**描绘("预言")。

41。40 年代的普鲁士——**普遍人口过剩**。

44。1800 — 1850 年德国农业的进步(超过一千年的进
步)??……"人口"和"实物消费增长"的"直接结果"

45。农民的解放是资本主义农业的基础。

46。农业的进步主要表现在**大农户**(即**交换性的**农户)上。

49。1830 年的危机是资本主义的洗礼。

50。**小农户破产……**

56。**大农户比小农户发展迅速。**

57。1852 年和 1858 年。农户和土地面积的分布。

62。大批小农户破产……(从 1802 年起)

63。"大经济的繁荣"(酿酒业)……

76。土地生产率的提高和技术进步－ － －主要是**大经
济**……("表面上")

79。25 年的农业改进——对农业工人来说等于零。

80。"……**致命的特点**":没有高工资经济

89。1849 — 1869 — 1898 地租的**增长**……

89— 90。危机袭来时首当其冲的是农民经济。不过很快就发现
危机对**大经济**的破坏力最大。

103。‖蒸汽脱粒机对工人说来无疑是一大祸害。哥尔茨也指

---

① 指所摘录的该书第 2 卷。——俄文版编者注

‖ 出了这一点，**空想**——限制。

102。**英斯特数目**远远比不上自由工人数目的增加。

104。工人**更喜欢**较为自由的状态。

103。**“对工人的旧状况进行资本主义的改组”！！**

105。造就拥有份地的雇佣工人是一种**空想**。参看第2卷第255页。

106。一切农业工人的理想是拥有自己的农场……

106。**英斯特**的减少。1882—1895。

有地的工人数	−	注意
无地的工人数	+	

106。**附带**从事农业者(农业工人)人数的增加……

114。1882年和1895年各种农业机器的数量。

116—117。兼营加工业的农户数目……(数字很有意思，但不清楚)……

117。“危机**并没有**使经济**失去**进步的可能性。”

115。‖大农户投资的集约程度总是比小农户高，因此，**自然**就宁愿使用机器这种生产因素，而不愿使用活的劳动力(！！)……((有意低估大农户的优越性是很有意思的！))

115—116。“机器取代工人的说法是完全站不住脚的。”

116。综上所述，大农户的状况**是危机四伏的**(！)……

118。！**为了站住脚，大生产必须进步**：只有技术设备水平高！的农户才能获得收益。

119。在小农户的条件下地价**较高**，——因而**大农户让位给小农户**。

119。趋势：大农户分化为小农户……那就预祝成功！！

120。1882年和1895年的统计:**大农户受到排挤**,而且是**在相当大的范围内受到排挤**。(!!?)

126。中等农户(5—20公顷)靠牺牲极小农户和大农户而得到加强。

126。**大地产**的增加是衰落的标志(因为集约化必然造成分散的现象!!!)……

127。农业职员(?)的增加。(?)

131。农业生产的增加,**尤其是**种植**块根作物**和**甜菜**的土地面积的增加。‖注意

132—133。普鲁士的农业正在发展,而农村人口呢?∓+**4.5**%(第135页)

133。"在自己田地上**毫不懈怠的甚至近乎浪费的**劳动"(注意)

135。**不仅**大农户的机器,而且大中农户的机器也在增加。

135。人造肥料的增加(注释)。

135—136。在价格下跌的情况下进步怎么可能?(与正常情况①相反)……

136。德国现在的进步首先应归功于**农民经济**……(!!)……

138。政策:造就**殷实**农民("德国社会民主党应当着手"!!)"**造就独立农户的可能性**……"

141。不能否定**谷物税**的良好作用

143。——"税收**不会引起无条件的谴责**"。

144。**哥尔茨**说得对:既是工人(!!)又是生产者。

① "情况"二字手稿上本来没有,是编者按照意思加上的。——俄文版编者注

145。……"妥协"是唯一的办法。

148。大农户的技术进步非常值得怀疑,它的历史作用已经‖完结(!)

159。18世纪末的法国——"自然经济的人口过剩"。

168。法国城市人口和工业人口的增加。

171。**19世纪大农户的土地面积比18世纪增加了……**

172—173。1848年côtes foncières[55]的分布(**两类资料**)。

173—174。‖马克思关于法国农民债务的说法(1850年)是("从偏见出发的")"彻头彻尾的臆造"。

174。côtes数目大大增加 与苏雄在第**87**页说的相反,那里说:**1883**年以来大大减少[①]

176。"农民分裂成了无产阶级和小私有者"(革命后)。

179。**"人手不足"=业主认为工资高昂**(Vicomte d'Avenel)。

181。**市场**是法国进步的动力。哪个阶级?(? **大资本家＋有地产的农民**)。

185。在法国,**种植块根作物的土地面积和牲畜头数增加特别快**。

187。1882年和1892年的农村人口。

188。1882年和1892年**农户的分布**。

190。结论——"农民农户加强",而"**大地产退化**"(!)

191。"统计学圣人"解释说,1公顷以下的农户大大增加是由于工人增加了。**反对**:这些省内的农户增加了。

---

① 参看本卷第179页。——编者注

193。**农户比地块少。**"当然,没有理由认为一个人手里集中?(!!)了许多大地产……它们只占 2½%"

193。种植不到 1 公顷土地的葡萄,就会占去**全部劳动时间**。

194。有**管理人员的农户数目增加**(明明是资本主义性质的)**做日工的农民数目减少**。

195。——对"离奇的说法"的驳斥。

195。**租地增加**("**毫无疑问**是**小规模的租地**")?

196。农业工人数目缩减。

207。法国农业工人正在变为(??)**农民**。

210。法国的进步应归功于小农户(??)

211。‖尽管法国农业有进步,农村人口数量却减少了……

212。**农业机器**(? 答案:"过剩的人口在消失")

213。"**我们看到**:小农户走在前面"(!!)

213和215。颂扬农民经济。

214。没有积聚:第三等级革命前就在购置土地……　"对一部分农民的剥夺"……

217。人口受到生活资料的限制……

218。布尔加柯夫"长期"对马尔萨斯估价不足("不朽的作品")

220。人口的增加促进了向新的经营方式的转变。

221。"……毫无疑问",一部分贫困是"绝对的人口过剩"造成的……

221。人口过剩现象从前更常见(?)……

223。人口过剩不是社会理论,而"仅仅"是"经济"理论。

223。прн＝"特殊问题"(прн＝人口过剩)

224。"新马尔萨斯主义",有意识地适应出生率……

225。杜林(朗格):地域容量。

229。由于人口密度增加,资本主义不可避免……(司徒卢
　　　威(朗格))

231。"旧的政治经济学"。贫困化理论,等等。

233。马克思关于停滞的人口过剩的概念"毫无内容"……

237。"农民受危机之害并不那么严重"。

237。"农村的人口过剩……"

247。农民经济的资本较菲薄,自然就欠稳固(这并不影响
　　　农民经济的生命力问题)。

249。"保持在地域容量的范围内"是妨碍福利的主要不利
　　　条件。

251。……一种方法……是减小人口密度(参看注释)。

253。德国的农民兼手工业者。

255。发展大田菜园(在工业工人中间)当会受到欢迎(!!)
　　　参看第 2 卷第 105 页

259。在人口过剩的基础上高利盘剥、充饥租佃等等增长起
　　　来(!!)

259。注意:谁是破产农民的继承者? 农民自己。

260。"保守的马克思主义者"的"空想":大生产是进步的代
　　　表者。

261。"无节制的淫欲……"

263。"……宁愿堕落,不愿贫苦人口增加……"

265。注意:人口问题是集体制的主要困难……

266。个体土地占有制是最高戒律。

271。认为农民负债乃命中注定的见解是一种神话……

272。债务。数字。农民农户的债务并不多。

280。考茨基的"臆造"、"可悲的牵强附会",说什么小农户给大农户提供雇佣工人。

(不存在大农户和小农户的结合)

280。所谓农民不能有技术进步的陈腐的马克思主义偏见。

[图表什么也没有证明]

282。农民经济的进步:《农民状况》(第 1 卷第 72、276 页
第 2 卷第 222 页)

282—283。农民经济中的劳动强度**自然**比大农场中的劳动强度大……

284—285。农民合作社("当然也有大业主"。)

287。**认为农民协会是向社会主义前进了一步,这不过是一种近视和空想**

("赫茨过于受自己党的意见的束缚")各个集体的"狭隘性"……

288。在工业中——社会化
在农业中——个体制 (!)

民主发展的"口号"。

288。**农民是和无产者一样的劳动者**……

289。反对"恐农症"……

"农村**不应当有阶级斗争**"……"没有阶级斗争的教育影响"……(直至)……

290。农民没有市民那么多的政治利益……

311。爱尔兰——人口过剩。

323。对爱尔兰的两种观点:马尔萨斯主义的观点和土地关系的观点。

324。布尔加柯夫:某些祸害是大地主占有制的过失……

331。中人⁵⁶**同富农一样**,并非农民经济的必不可少的伴侣。

339。租佃权——从属意义……

340。反对曼努伊洛夫。

346。由于人口过剩,没有大地主也会发生剥夺土地的现象。

351。1846 年的饥荒是有益的。没有理由把放逐和迁居国外联系起来(**图表证明了与此相反的情况**)。

352。"人口减少是爱尔兰进步的原因"……

358。爱尔兰的小块马铃薯地(1 公顷以下:并且为农业工人所占有)增加。

357。爱尔兰的种植面积没有缩减(多亏了农民经济!)

359。爱尔兰的各种规模的**农场**(和 **362**)(**集中**)。

360。爱尔兰的**资本主义农业**在发展。

361。危机期间爱尔兰的资本主义农业在倒退(??)

　　(1)农场主的资本减少(! 减少 0.06%!)

　　(2)"片断的记述"。

363。"大地产的退化"(!)

$$\left.\begin{array}{ll} 30\text{—}200\ \text{英亩的} & - \\ 200\ \text{英亩以上的} & + \end{array}\right\}$$

365。**马克思**对爱尔兰的论述带有"偏颇性"、"一堆混乱的数字"……

369—370。进步往往来自资本主义经济,而最近则更多地来自农民(!!)……

371。合作社在爱尔兰的发展。

375。“**福利在下层广为普及**”(信贷储蓄所)……

379。马克思——“失之偏颇而歪曲现实”……

380。现在又是人口过剩。

384。爱尔兰的历史——使人口适应地域容量的意义……

385。肥力递减规律是人类的大患……

386。马克思对韦克菲尔德作了不公正的偏颇的评价。

393。——在对韦克菲尔德的评价上,马克思**从经济上说是反动分子**。(“以资本主义取代野蛮人,不该受到非难。”)

396。各种职业的北美人口……

398—399。1850—1860—1870—1880—1890……的美国工业

412。美国出现了百万富翁和**赤贫者**。

414。1850—1890年的耕地面积(大大增加了)

422—423。美国农业中的分工(肆意滥用)。

425。东部各州的危机。

429。东部各州的牛奶业和蔬菜业。

433: 关于北美机械化农业的“幼稚言论”。

435—436。**农场的分布**

438。没有积聚(与“兴高采烈的马克思主义者”说的相反)。

445。1896年我并“没有否认”崩溃论……(“我愿取消它”)。

449。国内市场日益占优势。

454。城市文明的发展**是会受到土地肥力递减规律的阻碍的**。

（！）455。**粮食问题比社会问题更可怕**

456。马克思关于农业的论述完全不正确。

456。　说资本主义导致集体制是不对的。

注意

456。**殷实的农民**农户正在排挤大农户（"民主潮流"）。

457。马克思的预测是"已受到历史嘲笑的**短视**"，"科学社会主义的**自负**"。

457。"……**过高估计社会认识**……"

458。"**巫术和骗术**"　————　我们不知道

载于 1932 年《列宁文集》俄文版
第 19 卷

译自 1969 年《土地问题笔记》
俄文版第 43—54 页

对布尔加柯夫著作批驳的大纲

（1901 年 6—9 月）

特别要指出

（α）土地肥力递减规律。

（β）地租理论。

（γ）英国、德国、法国、爱尔兰、美国的资料对 α 的驳斥

（δ）关于农业机器。

（ε）从工人（大田菜园）、机器和捐税问题看"殷实农民"和大地
主；"大地产的退化"

第 2 卷第 126、190、363 页（反驳赫茨，第 15 页①）

（补 ε：参看第 2 卷第 375 页）

（ζ）同社会主义的彻底决裂。第 2 卷第 287、266、288 页

——合作社

——阶级斗争　　　　　　　　　第 2 卷第 289 页

——资本主义不会导致集体制。　　第 2 卷第 456 页

载于 1932 年《列宁文集》俄文版
第 19 卷

译自 1969 年《土地问题笔记》
俄文版第 55 页

---

① 参看本卷第 89 页。——编者注

对谢·布尔加柯夫和
弗·本辛格著作的批注

（1901 年 6—9 月）

　　在第 2 卷第 273 页注释 2 中，布尔加柯夫先生再次对引文作了最粗暴的**篡改**。他的图表的第 3 栏并非如他在该栏标题中所说是关于"大农户"的，而是**关于所有农户**的（《关于巴伐利亚王国 24 个村庄经济情况的调查》第 573 页，附录三）。

　　布尔加柯夫先生的图表倒数第 2 栏标明的不是"中等农户"的负债的百分比（如布尔加柯夫先生所说的），而是**小农户占有土地**（原文如此！！）的平均面积。（上引书，附录五，第 575 页）。最后一栏标明的不是"小农户"负债的百分比，而是**大农户占有土地**的平均面积（同上）。这真是令人难以置信，但这是事实：布尔加柯夫先生把他所引的原书的图表**弄错了**，把占有土地面积的资料同负债的百分比的资料"搞混"了。

实 际 数 字

843.10 ⎪ 24	643.20 ⎪ 24	485.06 ⎪ 23
35.13%	26.80%	21.09%

（负债的平均百分比）

小农户	中等农户	大农户
35.13	—— 26.80 ——	21.09

再来看看布尔加柯夫先生是如何引用的。

他引用本辛格著作的第77页,本辛格在该处说农业机器[①]在提高生产上所起的作用比工业机器**小**。

然而这是本辛格的书中**一章**的引言,该章的**结论**,**第99页**,却说由于有了农业机器生产大大地提高了。

布尔加柯夫先生引证本辛格的著作。第1卷第32、48、**44**页。

本辛格,第4页:马克思——工业机器的反对者。

把论本辛格的部分插在论机器的一节内[②]:

(1)本辛格对农业机器问题的资产阶级态度(布尔加柯夫所效法的态度)已由他对工业机器的**同样**态度清楚地说明。

(第4页。马克思——机器的反对者(参看第1—2页)

第5页。马克思歪曲("dreht")机器的良好影响。

第11页。马克思"预言"农业机器会带来"种种不幸"……

本辛格的观点是资产阶级的、企业主的观点

女工和童工——**无**(**第13—14页**)!!

(2)农业机器提高了生产率

(α)专门调查

(β)文献资料的比较,**第99页**(总结)

$\left\{\begin{matrix} 81\,078 = 117.4\% \\ 69\,040 = 100\% \end{matrix}\right\}$ 费用的缩减。第**167**页(总结)。

(3)布尔加柯夫引用了本辛格著作的第42页,却故意不提本辛格是以此来说明机器的作用:第**45**页。

本辛格论**电力**:第127页和第102页。

---

① "机器"二字手稿上本来没有,是编者根据意思加上的。——俄文版编者注

② 参看本版全集第5卷第110—112页。——编者注

注意　也论及**农业用的田间铁路**,第 127—129 页。

能否利用本辛格的计算(第 145 页和以下各页)来确定$\frac{C}{V}$及其变化?

田庄=**310** 公顷{240 公顷耕地+70 公顷草场}。

最好是采用本辛格本人的尽管不完全准确的数字,第 171 页。

实例 I		马克	
V[①]=1+2+3 顺序号	=	2 400= 2 人	
(第 147—148 页,图表)	+	9 700=17 人	
		17 525=13 294 劳动日 {5 242 男 8 052 女}	
M[①]=10(捐税+	V	=29 625	
赋税)+纯收入=300	C[①]	=38 690 # 19 人和	
+425 马克	M	= 725	**13 294** 劳动日
725	W[①]	=69 040	
C= 4+5+6+7+8+9+11+12+13 顺序号			
{C 在这里=C 的每年损耗的部分		4 470	
全部 C=57 000+14 000++150 000+(35 500 的一部分)(即 35 000−29 625)}		11 699	
		1 464	
		6 660	
		2 800	马克
		1 000	资本:57 000 耕畜
		6 035	14 000 农具
		1 900	150 000 建筑物
		2 662	35 500 流动资本
		38 690 马克 #	256 500

---

① V 指可变资本,M 指剩余价值;C 指不变资本,W 指总产值。——编者注

实例 II

$$
\left\{\begin{array}{c}\text{马克} \\ 1\ 776 \\ -\ \ 832.5 \\ \hline 943.5\end{array}\right\}
\quad
V\ \left\{\begin{array}{c}\text{马克} \\ 29\ 625 \\ -\ \ 1\ 446 \\ \hline 28\ 179\end{array}\right\}
\quad
\left\{\begin{array}{c}\text{马克} \\ 1\ 776= \\ -\ \ 330= \\ \hline 1\ 446=\end{array}\right.
\quad
\left.\begin{array}{c} 1\ 184\ \text{劳动日} \\ -\ \ 220\ ″\ ″\ ″ \\ \hline 964\end{array}\right\}
\quad
\begin{array}{c}13\ 294 \\ -\ \ 964 \\ \hline 12\ 330\end{array}
$$

因此　**19 人**　＋
12 330 劳动日

M　　300　捐税
1 368.5 纯收入
————
1 668.5

C　38 690
＋　　502.5(新机器)
＝＝＝＝＝　(¼ 2 010)
39 192.5

C＝39 192.5
V＝28 179
M＝ 1 668.5
W＝69 040.0

资　本
57 000

$$16\ 010\ \left\{\begin{array}{c}14\ 000 \\ +\ \ 2\ 010 \\ \hline 16\ 010\end{array}\right\}$$

150 000
35 500? *⁾
258 510

实例 III　A.

$$
\begin{array}{c}V\ 28\ 179 \\ -\ \ 92 \\ \hline V＝28\ 087\end{array}
\quad
\left\{\begin{array}{c}546\ \text{马克}＝439 \\ 454\ \text{马克}＝304 \\ \hline 92\ \text{马克}＝135\end{array}\right.
\quad
\left.\begin{array}{c}\text{劳动日} \\ \text{劳动日} \\ \hline \text{劳动日}\end{array}\right\}
\quad
\left\{\begin{array}{c}12\ 330 \\ -\ \ 135 \\ \hline 12\ 195\end{array}\right\}
$$

因此:**19 人**　＋
12 195 劳动日

C＝39 192.5
＋　　362.5(¼×1 450)
39 555

M＝　300 捐税
4 878 纯收入
5 178

马克
C＝39 555
V＝28 087
M＝ 5 178
W＝72 820

————

*⁾　? 作者假定流动资本＝耕畜＋农具的½,57 000＋14 000＝71 000。71 000÷2＝35 500,因此,此处应当用 57 000＋16 010＝73 010。73 010÷2＝36 505 马克。

资 本

57 000 马克

$$17\,460\left\{\begin{array}{r}16\,010\\+\ 1\,450\\\hline 17\,460\end{array}\right\}$$

150 000

35 500

实例 III B.

$$\begin{array}{r}V\ 28\,087\\-\ \ 1\,482.5\\\hline 26\,604.5\end{array}\left\{\begin{array}{lcl}1\,523\ \text{马克}&=&1\,269\ \text{劳动日}\\40.5&=&27\ \text{劳动日}\\\hline 1\,482.5&&1\,242\ \text{劳动日}\end{array}\right\}$$

$$\begin{array}{r}C\ \ 39\,555\\+\ \ 150\\\hline C=39\,705\end{array}\ \{\tfrac{1}{4}\times600\}$$

V＝26 604.5

M＝ 6 510.5 {300＋6 210.5}

W＝72 820

$$\left\{\begin{array}{r}12\,195\\1\,242\\\hline 10\,953\end{array}\right\}$$ 因此：**19** 人和 **10 953** 劳动日

资本。农具

$$\begin{array}{r}17\,460\\+\ 600\\\hline 18\,060\end{array}$$

实例 III C.

$$\begin{array}{r}V\ \ 26\,604.5\\-\ \ 418.5\\\hline 26\,186.0\end{array}\left\{\begin{array}{lcl}486\ \text{马克}&=&360\ \text{劳动日}\\67.5&=&45\ \text{劳动日}\\\hline 418.5&=&315\ \text{劳动日}\end{array}\right\}$$

$$\begin{array}{r}C=39\,705\\+\ \ 400\\\hline C=40\,105\end{array}\ \{\tfrac{1}{4}\times1\,200+100\}$$

V＝26 186

M＝ 6 259(300＋6 229)

W＝72 820

$$\left\{\begin{array}{r}10\,953\\-\ \ 315\\\hline 10\,638\end{array}\right\}$$ 因此：**19** 人＋ **10 638** 劳动日

资本。农具

$$\begin{array}{r}18\,060\\+\ 1\,200\\\hline 19\,260\end{array}$$

实例 III　D.

V　26 186	2 616　马克	=2 024 劳动日	C=40 105
− 2 320.5	295.5 马克	= 197 劳动日	+ 400($\frac{1}{4}$×1 600)
23 865.5	2 320.5	1 827	C=40 505

V=23 865.5
M= 8 449.5(300+8 149.5)
W=72 820

10 638
− 1 827
8 811　因此:**19** 人+ **8 811** 劳动日

资本。农具
19 260
+ 1 600
20 860

实例 III　E.

V= 23 865.5	2 100 马克	=1 400 劳动日	C= 40 505
− 1 470	− 630 马克	= 420 劳动日	+ 861(735 + 126)
V= 22 395.5	− 1 470 马克	= 980 劳动日	41 366
+ 215	+ 215 马克*)	= 140 劳动日	− 215*)
22 610.5			C= 41 151

V= 22 610.5
M= 14 476.5(300+14 176.5)
W= 78 238

8 811
− 980
7 831
+ 140
7 971 因此:**19** 人+**7 971** 天

资本。农具
20 860
(机器是租用的)
(蒸汽脱粒机)

---

*)　这 215 马克(=约为 861 的$\frac{1}{4}$),我权且把它从**租用的**机器(脱粒机)价值中抽出来记入 V 项。[在实例 IV 中,对蒸汽犁也作如此处理]。

实例 III　F.

$$V=\quad 22\,610.5 \left\{ \begin{array}{l} 1\,890\ \text{马克}=1\,575\ \text{劳动日} \\ 855 \qquad\qquad 690\ \text{劳动日} \\ \hline 1\,035\ \text{马克}=\ 885\ \text{劳动日} \end{array} \right.$$

$$\begin{array}{r} -\ \ 1\,035 \\ \hline 21\,575.5 \end{array}$$

$$\left\{ \begin{array}{r} 7\,971 \\ -\ \ 885 \\ \hline 7\,086 \end{array} \right\} \text{因此:} \mathbf{19} \text{人} + \mathbf{7\,086} \text{劳动日}$$

$C=\ 41\,151$

$+\quad 250(^{1}\!/_{4}\times1\,000)$

$C=\ 41\,401$

$V=\ 21\,575.5$

$M=\ \underline{14\,781.5}\,(300+14\,481.5)$

$W=\ 77\,758.0$

农　具
$$\begin{array}{r} 20\,860 \\ +\ \ 1\,000 \\ \hline 21\,860 \end{array}$$

实例 IV.

$C=38\,786$

$V=23\,465.5$

$M=18\,826.5$

$W=\ \overline{\underline{8\,078.0}}$

农　具　21\,860

$+10\,000$ 农业用的田间铁路

$\overline{31\,860}$

（蒸汽犁是**租用**的）

因此=17 人和 9 096 劳动日

（使用蒸汽犁和农业用的田间铁路）仅此一项就能改变耕畜和固定工人的数量。

$$\begin{array}{r} 19\ \text{人} \\ -\ 2(\text{牛倌和马夫}) \\ \hline\hline\qquad 1\,250\ \text{马克} \\ \mathbf{17}\ \text{人} \end{array}$$

日　工
$——$**700** 天（每天 1.50＝1 050 马克）
因此减去 **2 300** 马克

从耕畜中减少:

$$\begin{array}{rr} -\ \ 7\ \text{匹马} & 4\,200 \\ -18\ \text{头牛} & 8\,100 \\ \hline & \mathbf{-12\,300}\ \text{马克} \end{array}$$

农具维修:

$$\begin{array}{rr} \text{从前}= & 24\,866\ \text{马克} \\ \text{现在}= & 20\,981\ \text{马克} \\ \hline & -\ 3\,885\ \text{马克} \end{array}$$

也就是减少　V　2 300 马克(2 固定工人＋700 天)

也就是减少　C　16 185 $\left\{\begin{array}{c} 12\,300 \\ +\ \ 3\,885 \end{array}\right\}$

然而 C 增加 **1 000**($^1/_{10}$×农业用的田间铁路 10 000)＋蒸汽犁的租费的$^3/_4$(按我的假定),即$^3/_4$×16 760＝4 193×3＝**12 570**,即 13 570。

总计 C 的减少是 16 185－13 570＝**2 615**,V 减少 2 300 马克,但又增加$^1/_4$×16 760＝**4 190**,按每天 1.5 马克计算＝约 2 800 个劳动日

因而 V 增加了＝**1 890** 马克

$$\left\{\begin{array}{c} -2\ \text{固定工人} +2\,100\ \text{劳动日} \\ = \qquad\qquad = \end{array}\right\}$$

C＝	41 401	V＝ 21 575.5	M＝ 300
－	2 615	＋ 1 890	18 526.5
C＝	38 786	23 465.5	18 826.5
V＝	23 465.5		
M＝	18 826.5		
W＝	81 078.0		

载于 1932 年《列宁文集》俄文版　　　译自 1969 年《土地问题笔记》
第 19 卷　　　　　　　　　　　　　俄文版第 56—62 页

对弗·赫茨《土地问题及其同社会主义的关系》一书的评析

（1901年6—9月）

赫　茨

VI. 问题的特有提法（缺乏历史观点、含糊不清、偏重细节）

1。卡·考茨基"无可争辩地"（俄译本第17页）**完美无瑕**地
阐明了两个问题：**关于农业工人**

　　　　　　　关于大土地占有制

换言之——**"农民问题"**。

2。照赫茨的说法，卡·考茨基有两个要点：

注意 $\left\{\begin{array}{l}\text{（1）在农业中，雇佣工人的利益高于业主的利益。}\\ \text{（2）农民是工人的对抗者。}\end{array}\right.$

3。在奥地利。

850万农业积极人口。

425万农业工人。

赫茨认为80万农业工人事实上是共同继承人。

4。考茨基的"文字游戏"：农民-企业主（参看切尔诺夫）。

5。（在卡·考茨基笔下）农民一会儿变为工人，一会儿变为
企业主。

6。**注释 15**。

! { 赫茨认为雇用 1—2 个工人的业主也是小农户或农民农户。

6。在工人和小农之间不存在**阶级对抗**。

7。要求应当是"可以直接到达的"——(卡·考茨基的)土地公有制不能满足这一点。

9。并非任何有副业收入的农民都是无产者[**愚蠢之极**]。"帮工"不是剥削。

10。资本主义的"定义"[忘记了商品生产和雇佣劳动!!]

10。资本主义的现实的定义:资本统治下的生产(!! 如此而已!!)。

"遗传学上的"定义。

10。**注释** 25。"关于资本家在经济上的有用性还在争论"。(原文如此!)

11。"虚伪之极"——"**土地问题**"(!)

11。英国——一会儿说是"各国的范例",一会儿说"我们不是英国"(反驳伯恩施坦)。

12。"正常的"——资本主义。(?!)

13。最重要的是:资本主义的剥削同**向资本主义大生产**的进步毫无关系这一事实。

12。俄国的农业。尼古拉·—逊。

12—13。大土地占有制没有给俄国农业带来进步?

13。新农民。(根据 P. S. [57])。

14。因此,尼古拉·—逊继续发生作用(??)"任何地方新的生产方式都没有取代旧的生产方式。"

14。在俄国,资本甚至不会**在法律上**占有生产资料,它是在保
　　证自己获得更大部分的产品。

原文如此!((社会主义对资本主义不也是采取同样的态度吗?

15。奥地利的大地产并不像卡·考茨基所认为的那么普遍
　　(虽然也有示范农场(**如此而已**))。

15。博德里亚尔的**出色的**著作。

16。中世纪遗留下许多特点。**卡·考茨基**在自己的概括性论
　　断中极端缺乏历史观点[何处? 何事? 何时?]

17。奥地利的阿尔卑斯山地区:1867 年(同上,**1887**)的经济
　　同中世纪的一样。

18。债务大大增加。

20。赫茨同意恩格斯的观点:必须把农民从宗法式自然经济
　　的"庸庸碌碌的生活"里拯救出来,但货币经济是**最好的**
　　方法**吗**?(原文如此!)

20—21。阿尔卑斯山地区农民的破产。富人收买农民的土地(用
　　　　于狩猎)。这绝不是大农户对小农户的排挤。

21。资本主义的改造作用在阿尔卑斯山地区是完全失败的!!

！！　21。因此,卡·考茨基关于资本主义的教育作用的说法是不
　　正确的:**小块土地的租赁的使命是完全排挤掉大生产**。

21。因此,"社会主义的首要任务"就是**支持协作社!!!**

22。抵押贷款的积聚。抵押贷款并非总是(1)大农户借债多
　　于小农户。

24。抵押银行的小额存款人。参看数字。

$$\left\{\begin{array}{l}\text{存户百分比很大}\\\text{和资本百分比很小}\end{array}\right\}$$

26。奥地利的储金局。1'д①

28。俄国的储金局,65.5%属于工人,等等

28。这不是集中的趋势,而是**分散的趋势**(!)

29。小手工业者和工人正在剥夺土地占有者。**伯恩施坦关于农业的见解是完全正确的:占有者的人数在增加(!!!)。**

31。恩格斯对美国看法的错误(大农场主排挤小农场主)。

33—34。 北美东部各州的土地价格下跌,但农业生产仍在继续进步,所以卡·考茨基是完全错了。[参看布尔加柯夫,第2卷第435—436页]。

36。+美国:**不存在小块土地**,就可以较多地使用机器。

36。 美国人感到自豪的是,他们没有**欧洲那样地位卑下的农民**。

39。对现代的大农户必须也用现代的小农户来与之比较

切尔诺夫

。

40。欧洲的小农户浪费劳动是很厉害的;无论大农户或小农户都没有"绝对的"优越性。

43。欧洲农民的宿命论。美国人会把对取得贷款资格的限制看做是一种侮辱。

44。欧洲农民"毫无乐趣的辛劳"。

45。标题很有特色:"**社会主义**对小生产的攻击"。

47—48。各国按照产量的高低排列:英国、比利时、丹麦、荷兰、瑞典、法国。

---

① 这个符号未能破译出来。——俄文版编者注

> 4 个小规模耕作的国家都高于法国!

按农户的百分比!!

49。大生产中小麦的产量**只**高 49 升。[是啊,按照粗略的计算!]

50。法国 19 世纪产量提高。

51。英国产量降低。

52。法国农业机器数目的增加——证明(第 51 页)**小农户**并非同科学的应用无缘。

52。有地产者人数增加(???)

53。农村家庭工业——法国**没有**(我们丝毫没有发现)??[苏雄](莫里斯,第 294 页)

53。**断章取义**。极小农户的**土地面积**在减少(关于雇佣劳动增加的问题!!)

54。所谓"正常"发展,是假话。

55。考茨基(关于小农的雇佣劳动)的论点"彻底破产"——1862—1882—1892 年(布尔加柯夫)关于有地**日工**人数减少的资料。

55。对"**40 公顷以上的农户就算做大农户**"打了感叹号。

56。卡·考茨基关于法国农民的引文,是出自一个反动的浪漫主义的太太。被福维尔驳倒了……

56—58。**博德里亚尔**……

59。农村中肉的消费量比城市少**得多**(虽然增加得更快!)

59。卡·考茨基(关于肉的消费)的设想。

59。**根本不存在法国农民的赤贫化**(!!)

60。法国的状况是其他各国的"**目标**"(！)

60。有无具有**绝对**优越性的农户？

61。卡·考茨基本该说：大农户**可能**比小农户优越。

——卡·考茨基没有提供大农户和小农户的**产量**的数字。

61。(考茨基的)"**杂文的笔法**"……

62。他分析了大农户优越的理由

建筑物

机器(协作社)

信贷(他并未作分析)。

62—63。大卫在《**社会主义月刊**》上

63。蒸汽犁：并非随处可用

　　　——在难耕的土壤上效果很好

　　　——在易耕的土壤上效果**不好**。

64。他详细谈到蒸汽犁什么时候不适用。

65。据他说，那种认为蒸汽犁**在任何情况**下都更优越的说法是荒谬的(？ 谁?？ 在哪儿说的？)。

65。冬季脱粒：劳动力(！)便宜(注意)。

65。又是(bis)**绝对**(！！)(骗子！)

65—66。**收成**。

66。——德国易北河以东地区——和**德国南部**(！！)：等等(丑角)

67。使用蒸汽犁后提高了产量。

68。——而在德国南部(巴登)收成更高！！！

68—69。**莫·黑希特***) ——极好的

---

　*) 谈到莫·黑希特时，不要忘记指出加紧(和长期)利用城市的废物、污水等等作**肥料**。

70—71。奥哈根。(参看卡·考茨基)

72。马克思。把货币收入同农业技术对立起来(！！！)卡·考茨基甚至没有涉及这个问题。

72—73。自然法等等的回响。(土地公有制)。

73—74。一再重复无法形容的陈词滥调

提出 $\left(\dfrac{w-k}{t}\right)^{58}$ 并赞扬瓦格纳(！)——

74。因此,粗略的方法就是简单地比较总收入。

74。**小生产比大生产花的劳动更多**。

76。大部分农民用的还是最原始的技术。

76。消灭**城乡**差别(老空想家和《**共产党宣言**》的主要宿愿),但是"**我们并不相信……**"

76—77。《**农民状况**》(库茨勒布??)[见专页。参看**布尔加柯夫**,第2卷第282页]部分相同的引证！！

79。"**第一流的**"——莫里茨·黑希特……

80。施图姆普费论农民的畜牧业。

81。小土地占有者**大力**(?)利用农业机器(?)

82。**欧洲的大农户不超过土地面积的⅓**["**不可能把产量增加两倍**"]

83。受危机之害最大的是**大农户**。

84—85。**恩格斯**期望海外竞争加剧是不正确的。

87。考茨基的"诡计"(关于人造酒的资料)。

87—88。考茨基无根据地希望农业工业化,因为排挤是微不足道的。农业同工业常常通过协作的方式结合起来。

88。"**如果**"大农场"**真正**"把**大工业**和**大农场**结合起来。("如果"!?!)

88。(1)没有积聚。

(2)独立业主人数的增加。

(3)各种土地占有者人数的增加。

(4)大农户对小农户的优越性完全是相对的。

89。(5)两种发展方向:

向着**中等**农户的增长。

向着极小农户。

(6)资本主义农业的最后目标——**小块土地的租赁**。

(7)资本主义并不创造社会主义大生产的经济前提和心理前提。

(8)"**社会主义的主要任务**"——通过协作社把小农户组织起来。 !!

89。小农和小租地者不是资本家,而是工人。

89—90。小农的"工役地租"降到最低生活费用——(!! 注意)

90。**土地价格**——主要原因。

91。小土地占有者依靠**副业收入**((当雇工……!))购买土地和偿还债务……

92。((现代农民问题是失业问题的变形。(赫茨不能自圆其

注意 说。)

92。对考茨基来说,土地问题到处都一样。

93。社会主义国家对农业中的职员会怎么办?(真聪明!)

95。在农业中经济利己主义(Selbstinteresse)这个杠杆是不

‖ 可代替的。(俄译本第**227**页)

!!! 社会主义者!

103。关于现代所有权等等**内容**的骇人听闻的**废话**。

104。——财产基础上的划分(纯粹是烦琐哲学!)

105。——总而言之,不用等待社会革命。

‖　　我们就置身其中。所有制不会"一下子"就改变的。

111。农民"进入社会主义":协作社……

112。每年出现约 **1 500** 个农业协作社。

——有 **105 万**个农村业主参加收购联合组织("**反驳**"卡·考茨基!!)。

考茨基是绝对不正确的……

奥地利(Hohenbruck)的牛奶协作社中平均每个业主不到 1 头奶牛。〔对比德国!!〕

原文
如此!
112。协作社对于小业主和最小的业主最有利。

113。考茨基的反对意见是"**绝对站不住脚的**"。——关于出售牛奶的看法是**可笑的**(?)农民得到现金。

113。协作社对农业工人的剥削是多么"**轻微**"! 数百个农民拥有 2—3 个工人(!?)。协作社的等级:

118。……把劣等产品报废。

……牛奶协作社对如何饲养牲畜作出规定,等等。

119。协作社开始建造粮仓;谷物均经过精选。

120。酿酒协作社:地道的大生产……

121:使穷人免遭破产:买下他们的**葡萄园!!**　‖

再按分期付款的办法返租给他们! 他们开自己的酒店……

……考茨基还需要什么呢? ……

122。恩格斯也谈过协作社。

123。社会主义的协作社已证明是**错误的**。注意

123。农业的集中经营！！是"绝对行不通的"。

124。这适合小地产，大地产可以社会化！蒸汽犁很有好处，

!!!!　　等等。

129。连反动分子也赞成协作社。

对弗·赫茨的书批驳的大纲

1

α　"资本主义的定义"（第 10 页）！

β　**抵押贷款**（第 24、26、28 页）

　　　　　（分散）

γ　恩格斯对美国看法的错误（第 31 页）

δ　农业中的业主的利益（第 2、3 页）。

　农民-企业主。

　（"文字游戏"）（第 4 页）（第 5 页）和第 **89** 页。

‖ **小农户——和拥有 1—2 个雇佣工人的农户**（第 **6** 页，注释 15）

　　　在小农户和雇佣工人之间不存在阶级对抗（第 6 页）。

　关于**副业收入**（第 9 页）

ε　‖ 大农户没有**绝对的优越性**（第 40 页）（第 60 页）（第 60—65 页）

　脱粒机，冬季劳动力便宜，第 **65** 页

　法国的产量，第 49 页。

　小农户并非同机器无缘，第 **52** 页（关于法国的笼统数字）。参

　看第 81 页（大力??）

　关于牛奶的销售：第 113 页。

ζ　　**莫·黑希特**：第 **68** 页和第 **79** 页以及其他各页（"第一流的"）

德国易北河以东地区和德国南部的产量（第 66 页）

　　　　奥哈根：第 70—71 页。

ϑ　　使用蒸汽犁后提高了产量（第 67 页）

　　　　124。蒸汽犁的好处！

在奥地利的大地产中间有示范农场：**第 15 页**（反驳布尔加柯夫）

反驳！　美国：不存在小块土地，就可以较多地使用机器；没有那样地位卑下的农民（第 36 页）和第 **43**、**44** 页。

ι　　反驳。小生产花的劳动更多（第 74 页）。大部分农民用的是原始的技术。

农民的工役地租：第 **89**—**90** 页（!!）

小农依靠副业收入：第 **91** 页，参看第 **92** 页。

κ　　{ 法国有地产者人数增加，第 52 页（??）

法国没有农村工业，第 53 页（??）

在极小农户问题上的断章取义（数量在减少），第 53 页。

对考茨基关于小农雇佣劳动的论点的反驳。第 55 页。 }

λ　　赫茨论尼古拉·—逊等（第 12 页）。

（参看切尔诺夫）

货币经济是最好的办法吗?（第 20 页）。

小块土地的租赁是资本主义的目标：第 21 页。

生产的工业化：考茨基无根据的希望（第 87—88 页）。

δ　　要求应当是可以直接达到的——反对土地公有制（第 7 页）。

第 10 页：关于资本主义在经济上的有用性还在争论。

第 14 页。社会主义对资本主义的态度也许和俄国资本主义对宗法式经济的态度一样。

> 只有大部分!

自然法观点的回响:第 72—73 页。

消灭城乡对立。第 76 页。

在农业中利己主义这个杠杆是不可代替的:第 95 页。

社会主义对职员会怎么办。第 93 页。

关于社会革命:第 105 页。

123:农业的集中经营是**绝对**行不通的(!!)。

τ　"社会主义的首要任务"就是支持协作社(第 21 页)和第 **89** 页。

124:协作社**适合小地产,!! 对大地产则是社会化**。

酿酒协作社,第 120 页

协作社:"进入"社会主义(第 111 页)。

协作社的社员人数(第 112 页)

牛奶协作社(第 112 页)

补τ 恩格斯论协作社

曲解,第 **122** 页。

2

α　"理论"

β　抵押贷款

γ　恩格斯论美国

δ　论农民以及无产阶级

ε　大生产和小生产

ζ   黑希特,奥哈根,等等

ϑ   承认大生产的优越性

ι   承认小生产的过度劳动

κ   赫茨谈法国的资料

λ   赫茨和民粹派

σ   ——对社会主义的态度

τ   ——协作社。

载于1932年《列宁文集》俄文版
第19卷

译自1969年《土地问题笔记》
俄文版第63—72页

对奥·普林斯海姆
《农业工场手工业和电气化农业》
一文中的资料的分析[59]

（1901年6—9月）

奥托·普林斯海姆博士(布雷斯劳):《农业工场手工业和电气化农业》。[《布劳恩文库》第15卷(1900年)第406—418页]

作者在开头指出,他想试图说明"农业生产在资本主义时期所采取的形式"的特点(406)。迄今为止,"农业形态学问题"还几乎没有人研究过。(仅仅按照耕地面积来划分大农户和小农户,这是死板的、肤浅的办法——407。)

农业中有没有同资本主义的家庭劳动(手工业和大工业之间的中间环节)类似的做法呢? ——在荷兰的烟草业中,在甜菜生产中就有(对糖厂的依赖,糖厂对播种的监督,等等——408)。(可见,比工业中要薄弱得多——409。)

我们来分析一下现代农业大生产的一个典型例子,易北河以东的一个有200—400公顷土地的田庄

孤立的手工劳动

　　　和简单协作占居优势

分工很少

不固定的(割谷人和捆谷人)

固定的(畜牧业中)。

采用机器*)不普遍(如同在工场手工业中一样。参看《资本论》第1卷第3版第335、349页)①——第410页。没有机器体系(410)。

现代农业大生产应当与**工场手工业**(马克思所说的)相提并论(410)。

注意 ┃ 农业中的销售主要不是世界性的,而是地方性的(411)。经营规模不大,很少有周转额达到10万马克的,而在工业中早已超过了这个数字(411)。

[这个说明很重要!]例外证实了通例[本肯多夫在萨克森的田庄,有土地2 626公顷,其中375公顷用蒸汽犁耕作,牲畜为123头役马+70对犍牛+300头奶牛+100头肥育的小公牛+3 600只肥育的羊羔。一个糖厂和一个酿酒厂,等等,13名职员,等等。年支出为**150—200**万马克。——伯克尔曼在阿特岑多尔夫有3 320公顷土地,自己的一架蒸汽犁+(99匹马,610头犍牛),一个糖厂,等等:《德国农业协会通报》,1899年版第17册**)]。

总的说来,大农户的性质同工业的性质不同,而且不难证明中等农民并不比它差。

----

　*)　**巴克豪斯**:《东普鲁士和西普鲁士的农业统计的比较研究》1898年版。**弗·本辛格**《农业机器对国民经济和私有经济的影响》1898年版。

　)　关于本肯多夫,并见蒂尔《农业年鉴》60** 。1887年(第16年卷)第981页。

----

　①　参看《马克思恩格斯文集》第5卷第389、402—404页。——编者注

但是,正当大卫之流和赫茨之流、奥本海默之流和魏森格林之流预言农业大生产已临近末日的时候,一场技术革命却开始了。这一革命看来将加强农业大生产的地位并把它的发展推向一个更高的阶段……(412)。

电工技术

电动机器的优越性 　　——用于挤奶 　　——农业用的田间铁路 　　——脱粒机 　　——犁,等等,等等	**西内尔**.《德国农业协会年鉴》,第14卷。 **本诺·马蒂尼**.《德国农业协会丛书》,第37辑。 《**技术评论**》杂志,1899年第43期(电气专用线)
这件事说明　……在农业中采用机器体系是有可能的……　蒸汽动力做不到的事情,电工技术一定能做到,也就是说,它一定能使农业从旧的工场手工业变为现代化的大生产(414)。①	**阿道夫·佐伊费尔黑德**:《电力在农业企业中的应用(谈谈个人在这方面的经验)》。1899年斯图加特版。 **P. 马克**:《……提高……》1900年。

电力必定会加剧大农户和小农户之间的竞争(协作社取代不了大生产的优越性)。……像赫茨那样高谈农业中小生产同大生产的竞争,而忽略了电工技术作用的著作家们,应当再重新开始研究(415)②。

农村工业化的发展。工业同农业的结合(参看**马克**)。

---

① 见本版全集第5卷第122页。——编者注
② 同上书,第120页。——编者注

——乡村同城市接近

——使用更有知识的工人(416)

——夜班(波希米亚和萨克森的例子)(第417页)。

注释(第417页)中也引过俄国的例子——弗·伊林,第166页[1]

——使用女工和童工,等等。

“20世纪农业的前景确乎是光辉灿烂的”(417)。**麦克斯·德尔布吕克**所著《世纪之交的德国农业》(1900年2月版《普鲁士年鉴》)预言,20世纪末与19世纪初相比,谷物生产的收获量将增加1倍,马铃薯的收获量将增加2倍,整个生产将增加7倍。

莱姆施特略姆关于电力对作物生长的影响的研究,也揭示了从未预见的前景(418)。

载于1938年《列宁文集》俄文版第31卷

译自1969年《土地问题笔记》俄文版第73—75页

① 参看本版全集第3卷第205页。——编者注

对爱·大卫《农村的野蛮人》一文的批注

（1901年6—9月）

大卫的短文**《农村的野蛮人》**(1899年《社会主义月刊》[61]第2期(第3年卷)第62—71页)是在小农这一概念上胡言乱语的一个典型例子。大卫在文中也像黑希特(莫里茨·黑希特《巴登哈尔特山区的三个村庄》,1895年莱比锡版)那样,对离卡尔斯鲁厄4—14公里的三个村庄作了一番描述。在一个村子(哈格斯菲尔德)里大部分是去卡尔斯鲁厄做工的工人,在另一个村子(布兰肯洛赫)里这类工人占极少数,在第三个村子(弗里德里希斯塔尔)里全部是农民。

他们平均拥有土地1—3公顷*)(只1户有9公顷,只18户各有4—6公顷),再租上½—1公顷。无地的为29户。

每公顷价格	4 200— 4 400马克
	4 800— 5 000马克
	9 000—10 000马克

---

*) "全都是**小农和极小农的**地产",

哈格斯菲尔德 "平均"2.0公顷

布兰肯洛赫 "平均"2.5公顷

弗里德里希斯塔尔"平均"1.8公顷(!!)

种植**烟草**	弗里德里希斯塔尔(1 140 人)45%的耕地(播种面积)
种植**粮食**(小麦)	布兰肯洛赫(1 684 人)47%的耕地(播种面积)
种植**马铃薯**	哈格斯菲尔德 42%的耕地(播种面积)。

(第 67 页)

1 公顷土地(来自烟草的)收入达 1 800 马克(这是总收入,纯收入为 690 马克)*)。三村的收获量都**大大高于全德国的平均数**(第 67 页)

马铃薯:	每公顷 150—160 公担	(德意志帝国为 87.8 公担)
黑麦和小麦:	每公顷 20— 23 公担	(德意志帝国为 10—13 公担)
干　草:	每公顷 50— 60 公担	(德意志帝国为 28.6 公担)

生活水平高(衣、食、住等等),例如食糖,三个村平均每人消费 17 公斤(德意志帝国为 8.2 公斤!),等等。

大卫在谈到这些"仍然是地地道道的小业主"时兴高采烈地说:请看,这就是"落后的小农"!(第 66 页)。这只能表明他自己是一个地地道道的小资产者,因为他所举的例子是**资产阶级农村**的最显著的事例,是说明土地面积统计毫无用处的显著例子。不过是些富裕的烟农和市郊农民——以及拥有小块土地的市郊工人,如此而已!

爱·大卫一开始就反对消费不足和过度劳动论(第 62 页)("超人的劳动和非人的生活")。

---

　*) 1 公顷土地的收入为 1 825.60 马克。而这位业主有 2.5 公顷土地,还有奶牛和猪(卡尔斯鲁厄市郊的牛奶场)(第 67 页)。"让读者计算一下这位(!!)'落后的小农'的总收入吧。"(第 67 页)

爱·大卫在嘲笑了一通正统的马克思主义等等之后(第63页)说道:

"下面我只想把现代小农的形象同考茨基所描绘的**落后**的小农作个比较。这样的小农确实也有;但作为业主和人,他们与我们在考茨基书中所见到的乞丐似的半野蛮人大不相同;因此,凡希望从事实际的土地鼓动工作的人,对这样的小农也作深入一点的了解是大有好处的。"(第63页)

在讲这段话之前,爱·大卫是这样"转述"考茨基的话的:农业已成为"即便不是最革命的现代行业,那也是最革命的现代行业之一",但小农经济是"可以设想到的经济中最不合理的经济"。(没有引证《土地问题》。)

"……考茨基同志从这样一个前提出发,即小农经济绝对**不可能**是合理的;农业技术和科学的成就对它说来似乎根本不存在。现代机器、化学肥料、土壤改良、合理轮作、种子和牲畜改良、销售和信贷组织——这一切在他看来都是资本主义大农业所享有的特权,诚然,从大农业桌上也会给小农掉下一点儿残羹剩饭,不过要把小经济提高到大经济所具有的经济技术效率,仅靠这么一点儿残羹剩饭是绝对不够的。"(第63页)

(把马克思主义"庸俗化"的样板!)

收成得来的收入统计:西南各邦(小经济)高于东普鲁士(大经济)。

至于西南部的土质较好,这只是**部分**原因。

如果连萨克森的黑麦和干草的收获量也低于黑森(小麦的收获量高),那就最好不过地说明了关于农民经济普遍**落后**的观念是多么地**落后**(第64页)。

小经济当然不是**那样**(不是**同样**)容易用上机器的,但是

(1)机器在农业中没有起到这样的作用

(2)最重要的机器连小经济也"用得起"(zugänglich)。

"至于蒸汽脱粒机和其他脱粒机器,这是连考茨基也承认的;这些机器的使用,在小农户当中也一年比一年普遍了。但考茨基关于'除脱粒机外小经济很少使用机器'的说法是不正确的。

!! 在1895年农户调查时统计过的那些机器中,还可以首先指出条播机,那是**全体**农户、至少是拥有5—20公顷土地的农户都用得起的,甚至更小一些的农户也用得起,因为他们有同等的播种面积。诚然,现在已使用条播机的小农户所占的**百分比**还不大,但是我们只要看看很高的**绝对**数字和1882—1895年所取得的**成绩**,就可以对这些机器**是否可能**普遍使用的问题作出肯定的回答。以下的调查证实了这一点。使用播种机的[①]:

	农 户 数 目				
	1882:	1895:			
2 公顷以下	4 807	14 949	(214)	+	10 142
2— 5 公顷	4 760	13 639	(551)		8 879
5—20 公顷	15 980	52 003	(3 252)		36 023
	25 547	80 591	(4 017)		55 044
20—100 公顷	22 975	61 943	(12 091)		38 968
100 公顷以上	15 320	26 931	(12 565)		11 611(第 65 页)

---

① 1882 年进行调查时,只是对播种机进行了统计;1895 年则对撒播机和条播机进行了单独的统计。因此,1882 年的数字应当同 1895 年两类机器的总数相比较;对于使用较不重要的撒播机的较少的农户数目,我们在总数后面用括号标出。(爱·大卫的注释)

关于除脱粒机外小经济很少使用别的机器的说法,已为这些数字所驳倒,至少对**条播机**说来是如此。”

并在注释里引证《农民状况》第1卷第106页说,在魏玛区,“**条播机**在比较富裕的(!!)农户中间得到广泛使用,甚至已经进入有30—40德亩土地的农户”。

(我要指出,28.5公顷=100魏玛德亩
大约　　9.5公顷=30—40魏玛德亩)

“至于**割草机**,也不能说小经济绝对用不起。1895年已有6 746家拥有5—20公顷土地的农户使用”(第65页)

接下来是摘自美因河畔法兰克福工厂便览的一段文字:使用机器半日付20—25—30—60芬尼,播种机(60芬尼),耙(25芬尼),等等。

“但是现代农业的**其他成就**深入小农经济的程度要比机器大得多。为了清楚地说明这一点,我将稍微详细地引证最近写成的论述农民状况的一部论据极其充分的〈!!!〉、颇有价值的〈!〉专题著作”……　**黑希特**(第66页)[①]
在这3个村庄里:

“全都是**小农和极小农的地产**”(黑体是爱·大卫用的)。

“考茨基作为公认的真理提出的论点是:‘农民经济同大经济不同,它所依靠的并**不是更高的生产率**,而是**更节俭的需求**’,然而刚才谈到的情况肯定要使考茨基的论点变得可疑了。”(第

① 参看本版全集第5卷第139页。——编者注

68 页）

对所有需要集约**劳动**的农作物来说,小经济无疑是更为合理的(第 68 页)。

舒适的住宅,"陈设雅致的房间"……地毯,灯,照片,镜子,金戒指,邮票,等等(第 69 页)

!)
!)
"我们哈尔特山区的农民已经处在**纯货币经济的**阶段,而且——真是奇迹!——他们并**没有**因此而破产。同考茨基的预言相反!他们甚至生活得很好,不管什么余钱——他们是常常有余钱的——都立即存入储金局以便领取利息。"(第 68 页)

"我这样详细地摘引这篇以严格的数据为基础的研究著作,因为它从各个方面出色地描述了德国西部小农的**最现代化的**典型的特色"(第 70 页)……使得城市的读者也能理解……

"因为不应该认为黑希特所列的事实都是一些对小农经济**总的状况**和**未来**没有任何意义的个别现象。"(第 70 页)

在爱·大卫居住的**莫姆巴赫**(美因茨市郊),农民的生活并不比哈尔特山区的农民差。他们种植莴苣、龙须菜、豌豆等等。

爱·大卫反对考茨基,说考茨基举出勒恩山区、施佩萨尔特,上陶努斯等地的"一些穷困的景象"并作出**总的**结论(第 71 页)。他大卫的描述才有助于得出**大体上正确的平均数**(第 71 页)(黑体是我用的)。

农民的状况总的说来现在比过去**好**。爱·大卫引证《农民状况》第 1 卷第 270 页——(最后一段的第一句话:"**总的说来福利**"一直到"**证明**")——并且用了**黑体**。

　　（**大卫只字不提**哈尔特山区的农民有雇工。**也只字不提**(在其
他劳动之后的)过度劳动。)

载于 1932 年《列宁文集》俄文版
第 19 卷

译自 1969 年《土地问题笔记》
俄文版第 76—80 页

对莫·黑希特《巴登哈尔特山区的三个村庄》一书中的资料的分析[62]

（1901 年 6—9 月）

黑　希　特

1。离卡尔斯鲁厄 4—14 公里。

			其中工人
2 957	哈格斯菲尔德…………	1 273 居民	350
	布兰肯洛赫…………	1 684 居民	103
	弗里德里希斯塔尔…	1 140 居民	11
	总数＝	4 097 居民	

3。冬季伐木。

7。人口密度

	哈格斯菲尔德	（弗里德里希斯塔尔）	（布兰肯洛赫）
每公顷…………	3. 2	4. 5	2.3
巴　登…………	1. 04		
全德国…………	0. 83		

全部土地

弗里德里希斯塔尔……258 公顷

哈格斯菲尔德………397 公顷

布兰肯洛赫…………736 公顷

总数＝1 391

土地的分配：		弗里德里希斯塔尔	哈格斯菲尔德	布兰肯洛赫
第7页：农户由5—7人组成	9 公顷	—	—	1
	6—8 公顷	—	6	—
	5 公顷	—	3	2
	4 公顷	—	6	4
	2 公顷	43%	?	55%
	2 公顷以下	—	其他的	
	无地的——	8	14	7

分割的自由

8。再多租种½—1 公顷土地。

9。30 年代和 50 年代的大量迁出(去美洲)

10。现在则是中间等级的形成

　　(取代过去的贫苦农民)

11。粗放经营和自然经济——18 世纪。

　　居民的贫困,**移居** 城市和美洲

12。**哈格斯菲尔德**变为工业小镇

　　布兰肯洛赫和**弗里德里希斯塔尔**——农业专门化,货币经济。农村的业主作了商人和企业主。

15。在**哈格斯菲尔德**,农业是**副业**。

15—16。——只有9家单纯从事农业。

　　　　——哈格斯菲尔德的农民成了工厂工人。妻子们操持

　　　农务:连衣服都在城里洗。

16—17.**土地价格**　　哈格斯菲尔德：　　　4 200— 4 400 马克

　　　对比巴登　　布兰肯洛赫：　　　4 800— 5 000

　　　2 000 马克　弗里德里希斯塔尔：　9 000—10 000

17。只有专门技能可带来显著的高收入。

　　供贵族老爷食用的马铃薯。"留种用的马铃薯"。

17。——培育马铃薯品种的"高超技艺"

18。马铃薯 120 公担×4＝每公顷 480 马克

　　胡萝卜　　　　　　　　　　　1 300

　　烟草(需要大量人手)

18。栽种(stecken！)马铃薯中的童工

(19) 220—230 个烟草种植者(总面积约 100 公顷)

20。**弗里德里希斯塔尔**的烟草收入＝每年 147 473 马克

23。弗里德里希斯塔尔租赁草场并购买干草

24。**牛奶业**的发展。

24。每户都出售 2—3 升牛奶,富裕户出售 10—20 升

　　在**哈格斯菲尔德**,人们把牛奶卖出去,自己却买回黄油

　　(部分为**人造黄油**)

25。弗里德里希斯塔尔的乳脂制造业,"投机的经营方式",

　　对牲口商的危险的依赖

26。弗里德里希斯塔尔每年卖猪的收入为 17 200 马克。

27。**哈格斯菲尔德**的**山羊**数目增加,农民等级的分化。

28—29。自然经济比重较大的**布兰肯洛赫**的落后。

29—30。原因:土地很多。

!!{**村社**缓和**生存**竞争

30。尽管村社的解体从生产的角度看是有利的,但从社会的角度看是不合算的,工人生活保障(特别是随着**布兰肯洛赫从农业向工业的过渡**)。　‖注意

30。弗里德里希斯塔尔人从卡尔斯鲁厄运进厩肥(20—30 车)。

31。没有日工这一等级:多数农民可以不雇工人

少数人“需要”帮忙

离城市愈近工资愈高

32—33。手艺完全失传。

35。在**哈格斯菲尔德**,大多数为工厂工人(300—350),其中大部分人要**步行** $3\frac{1}{2}$公里(只有 100 人乘车)

工厂工人	哈格斯菲尔德	350
	布兰肯洛赫	103
	弗里德里希斯塔尔	10—12

35。工厂工作日=10 小时

36。工厂女工有时**把活带回家做**　!!

38。**对哈格斯菲尔德**的工人有**一小块土地**这一情况**大加颂扬**:“更为重要的”是对财产的“意识”。　!!

利用空闲时间

早上 4 点——早上 7 点去工厂　!!

晚上 7 点以后——再干 1—$1\frac{1}{2}$小时

39。工人吃得较好,下工后就休息。

妇女们留在家里——从道德的角度看这样更好。

40。**黑希特**公然嘲弄**社会党人**

“资本家”,“农奴制”。

40。房产主的社会地位更高

41。“自己小屋的”社会“诗意”。

58—59。卡尔斯鲁厄的发展,**市场**,等等。

62。可悲的是,殷实业主在出售烟草中有时欺骗穷人。

63。在**布兰肯洛赫**和**哈格斯菲尔德**,人们秋天出售粮食,**春天**购买粮食。

65。购买厩肥和污水。

78。较富裕的家庭(有 3—4 公顷土地)每周吃肉 5—6 次
较穷困的家庭每周 3—4 次
少数家庭只在星期日吃肉。

79。**哈格斯菲尔德的工人**——妻子送午饭到城里(300 人中,有 150 人由家里送午饭,150 人在饭馆就餐)……

79。可怜的女人……把午饭送到工厂去……

79—80。在**布兰肯洛赫**和**弗里德里希斯塔尔**,每年都开办烹饪技术训练班(根据大公国女王殿下的倡议)……这项措施就

! 80 ! ! 其意义而言,也许同建立消费合作社或储金局一样地重要。(这位黑希特博士的全部观点都在这里了!)

90。**哈格斯菲尔德人**……他们已经不是农民,他们是城里人。

91。严格的宗教信念——社会民主党人的话是不听的,或许工厂的工人例外,不过也只限于 20—30 岁的工人。

92—93。富人和穷人之间没有“社会鸿沟”。“主人”农民(拥有 3—4 公顷土地)用“你”来称呼男女雇工,直呼他们的名

! 93 ! 字,——雇工们对“主人”农民称呼“您”,但同桌吃饭:“宗法式的关系”。

因而,在"三个村庄"里

一方面,富裕的小资产者,烟农、牛奶场老板等等(生产特殊品种马铃薯的能手,等等)。

烟草业赚钱的例子。

一般雇佣劳动。(业主和雇工)

大农户对小农户的欺骗行为。

富人出售 10—20 升牛奶	穷人 2—3 升
富人每周吃肉 5—6 次	穷人 3—4 次,少数人只在星期日吃肉

另一方面。大约全部居民的一半为工厂工人(4 000 居民中约有 1 000 人是工人,其中约 464 人为工厂工人)。**工厂工人**中,大部分人是步行上班。可怜的女人把午饭送到厂里。

消费不足(人造黄油)

超额劳动(在家里为厂主干活;早晚劳动)

山羊数目增加

秋天卖粮和春天买粮。

"高度的勤奋"(和例子)

工厂工人		大约户数 **户　数**	公顷
350	哈格斯菲尔德	$1\,273 \div 6 = 212$	$1- = 9$
103	布兰肯洛赫	$1\,684 \div 6 = 281$	$6 \times 7 = 42$ 大约数
11	弗里德里希斯塔尔	$1\,140 \div 6 = 190$	$5 \times 5 = 25$ 大约数
			$\underline{10 \times 4 = 40}$ 大约数
			$\overline{22 \qquad 116}$
464		$4\,097 \div 6 = 683$	
		$^1/_2 = 341$	$29 \quad — \quad 0$
		$^2/_5 = 273$	

464 名工厂工人

哈格斯菲尔德

   212

—   9   （无副业的）

$\overline{203-350}$ 工厂工人

大约 $200-350$ 左右

$$\frac{200}{350}-\frac{1}{460}$$

$\dfrac{460\times200}{350}=263$ 三个村庄的工人[①]户数＋29 无地的户数＝292

总   共 700 户 **左右**

其中工厂工人——300 户 **左右**

I	25%—30%	
II	25%—30%	
III	50%—40%	
	100	100

肥料支出

	公顷	马克	平均每公顷	
弗里德里希斯塔尔……258		28 000	108	28 000÷258＝108
哈格斯菲尔德…………397		12 000	30	
布兰肯洛赫…………736		8 000	11	

---

① 手稿上并无"三个村庄的工人"字样，这是编辑按照意思加上的。——俄文版
编者注

播种面积的分配(百分比)

居民	土地总数 公顷	牛	马铃薯	烟草	谷物	猪	山羊	马
1 140 弗里德里希斯塔尔	258	435	30%	45%	18%	497	—	40
			约 100 公顷,第 19 页		(51.48*)公顷)			
1 684 布兰肯洛赫	736	634	17%	10.4%	47%	445	8	96
				(40 公顷)	约 236 公顷			
1 273 哈格斯菲尔德	397	225	42%	0.6%	—		93	35
4 097								

弗里德里希斯塔尔的收获量高得多(黑希特,第 29 页)。

总的说来:

¼的富人和殷实农民 ｜ 殷实农民全是**弗里德里希斯塔尔人**,他们约占¼

¼的中等农民(布兰肯洛赫人——比较落后的经济,等等)

½的有小块土地的工厂工人(见背面的大致计算①)

	大约 户数	公顷	土地价值 马克(单位千)	马克(单位千)	各种牲畜折合成大牲畜 1 头牡牛=1 匹马=4 口猪=10 只山羊
弗里德里希斯塔尔	190	258	×9½千	= 2 451	599
布兰肯洛赫	281	736	×4.9	=3 606	842
哈格斯菲尔德	212	397	×4.3	=1 707	324
	683			7 764	1 765

*) 143 摩尔根=51.48 公顷(黑希特,第 28 页)258×18/100=46.44 公顷[63],所以 678 摩尔根=因而是 236.6 公顷。

① 参看本卷第 117—118 页。——编者注

费里德里希斯塔尔：

100 公顷烟草…………………………	45%	258.0 ÷ 1.8 = 143	64
约 50 公顷谷物…………………………	18%	736.0 ÷ 2.5 = 294	
约 65 公顷马铃薯（烟草的$\frac{2}{3}$）………	30%	397 ÷ 2 = 196	
	93%	143 + 294 + 196 = 633 户	

“小人物”（在弗里德里希斯塔尔村）在$\frac{1}{4}$摩尔根（9 公亩）土地上收得 30 公斤烟草，“富人”（拥有 3—$3\frac{1}{2}$公顷土地）只收得 25 公斤。穷人更勤勉些（第 71 页）。

! 某人 24 年前有 110 公亩土地。现在有 $3\frac{1}{2}$公顷，——他添置了土地。而这一切“只是靠高度的勤奋”得来的（第 71 页）。“这样的例子还可以举出许多。”

还有“实惠的婚姻政策”。

“两眼盯着的不是嘴巴，而是腰包”——一条有名的农民谚语（71）。

哈格斯菲尔德——进步的原因不仅在于进入了市场关系，不仅在于自由分配土地，还在于**培养了更高尚的道德、勤奋、自助精神**（71）。

这些美德，即哈尔特山区农民现在所特有的勤奋、节俭、有节制，并非与生俱来，而是后天获得的（72）。

黑希特还颂扬国家、教会、学校的教育：应当辛辛苦苦地挣饭吃！为什么有的人 9 公亩土地收 4 公担烟草，而有的人收 1 公担呢？为什么有的人种烟草，有的人却种黑麦呢？因为懒惰。为什么市场的条件一样，邻人（例如布鲁赫萨尔区）的生活就差一些呢？——照我们看来，我们这三个村庄的经济状况较好的最主要原因，在于**道德因素**的更加明显的存在和发展。但是，哈尔特山区农民的教育不仅表现在高度的勤奋、刻苦、令人惊异的节俭和有节制上(73),而且还表现在自助精神上。

售　出	马铃薯一年	胡萝卜	烟草一年	谷物一年	牛奶	猪	烟草
					一星期	一年	一年
弗里德里希斯塔尔					750 升	17 200 马克	147 473 马克
布兰肯洛赫	4 000 公担	1 750 公担	3 500 公担	500 公担	4 700	?(第26页)	?
哈格斯菲尔德					1 400	?	?

(单位马克)

购　　入	弗里德里希斯塔尔	布兰肯洛赫	哈格斯菲尔德
厩肥……………	25 000	5 000	3 000
污水……………	—	—	＋ 8 000
人造肥料………	3 000	3 000	1 000
精饲料…………		40 000	
干草……………	10 000	20 000	10 000
粮食……………	23 100	12 510	
食糖……………		45 000—50 000 马克	
咖啡……………		60 000 马克	

公顷			马克
	100 烟草	100 公顷	147 473
?	65 马铃薯	65 公顷每公顷约 600 马克	约 36 000
	(烟草的⅔	(第18页:150 公担	
	30%和45%)	按 4 马克)	
?	50 谷物 50 公顷	每公顷 26 公担(第22页)=1 300 公担	

?	15/230 甜菜的 15 公顷 每公顷按 1 200（参看第 18 页）	第 22 页＝6% ＝100 的1/7 ＝45%	＝18 000＝约 18 000
	牛奶 750 升×50＝37 500 每升 15 芬尼（第 64 页）		＝约 5 625
	猪……		17 200
			224 298

弗里德里希斯塔尔人的**平均总**收入有多高？1.8 公顷

224 000 马克当然**不是全部**；如按整数 258 000 马克计算，则每公顷为 1 000 马克，而 1.8 公顷应为 1 800 马克。

18 世纪的农民，虽有 8—10 公顷的土地，却是农民，是体力劳动者；而 19 世纪的小农，虽有 1—2 公顷土地，却是脑力劳动者，是企业主、商人(第 69 页)①。

结束语：小农和工厂工人，两者都上升为中间等级……　“巴登哈尔特山区的三个村庄”，目前已经成为**一个巨大的广泛的中间等级**(94)②。

阿门！

载于 1938 年《列宁文集》俄文版第 31 卷

译自 1969 年《土地问题笔记》俄文版第 81—88 页

① 见本版全集第 5 卷第 141 页。——编者注

② 同上书，第 145—146 页。——编者注

对胡·奥哈根《农业中的大生产和小生产》一文材料的分析[65]

（1901年6—9月）

胡贝特·奥哈根：《农业中的大生产和小生产》（《蒂尔年鉴》，第25卷，1896年卷，第1—55页）。

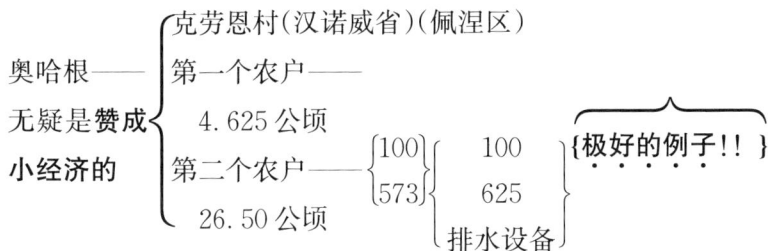

奥哈根——
无疑是**赞成**
小经济的
{ 克劳恩村(汉诺威省)(佩涅区)
第一个农户——
4.625公顷
第二个农户——{100 / 573}{100 / 625 / 排水设备}
26.50公顷

{**极好的例子！！**}

作者说,他竭力找一个"土地尽可能一样的"村庄(第1页),但是他却没有评估第一个农户和第二个农户的土质。

两户都属于**当地最好的农户**(第1页)。

土地的耕作——见**专页**①。

第一个农户用牝牛耕地,在干活的日子(105天)多给饲料。在炎热的夏天牝牛往往**疲劳过度**(第9页),不过那时主人给它们

---

① 参看本卷第132—133页。——编者注

吃较多的饲用甜菜。

排水设备　第一个农户——　**480** 马克（3%=14.40）
第二个农户——**3 000**（3%=90.00）
｛参看图表[①]｝

产品的价值算成**一样**。没有事实。

在**小**农户中牲畜受到更好的照料："由于主人的照顾牲畜长膘了"（第 27 页）。

第一个农户和第二个农户的耕作制度和农业的性质是相同的。

畜牧业的情形则不是这样。第二个农户把牲畜育肥是为了屠宰，不是为了繁殖，而第一个农户的**每头牲口都是自己喂养大的**（第 28 页）。大农从小农手里买来瘦弱的牲口把它育肥，这在整个德国是非常普遍的（第 28 页）：小农户在繁殖牲畜方面比大农户优越（第 29 页）。　注意

建筑物的维修——小农多半是**自己**修缮（第 30 页）。

第二个农户的**农具**很高级（机器），但第一个农户也不落后（第 31 页），因为小农用更简单的工具也**应付**（!!）**得**并不差。

！｛第一个农户的折旧费是 2%，第二个农户则是 6%。第二个农户的大车用了 10—12 年，第一个农户在父亲去世后务农 **22 年**始终**没有买过大车**，而且也不记得**父亲曾经买过**，｝而他父亲曾务农 30 年。小农户的小农具总是用到不能再用为止（第 31 页）。

① 参看本卷第 128—129 页。——编者注

第二个农户雇用工人花费 3 872.93 马克＝平均每摩尔根 36.53 马克,可是小农把**这些全都**省下了,因为他既是**工人又是业主(第 33 页,太烦琐**)。这是小农户的一大好处!!!

小农户——土地缺乏。

小地产的买主通常都很清楚,干日工挣工资,再加上自己资金的利息收入,从经济方面说来对他更为有利。但是,为了他更自在的地位,他放弃了这种更高的收益(第 33 页)……

在萨尔布吕肯的煤矿区,"这些小土地占有者成了矿工们最好的核心"(第 33 页)——诺伊恩基尔兴的厂长这样对作者说,奥哈根同**社会民主党的宣传鼓动**唱反调,他认为:　　　!!

"国家为解决这个地区的工人问题能够做到的最好的事情,是通过提供贷款来帮助工人购置小块土地。"(第 33 页)　!

第一个农户的有利条件:"往往孩子刚刚会跑,就开始在农事上帮助他(小农)"(第 34 页)!　　!

第 39—40 页——小农节约的例子(**考茨基引用的**):妻子过门 17 年只穿坏一双皮鞋,等等,等等。

第一个农户取得**高产**的原因:

(1)田地耕作更精细——自己劳动:

"普通的日工,特别是大生产中的日工,他们总是一面干活一面想:'什么时候才收工呢';而小农,至少在最忙的时候总是想:'唉,要是一天能再多两小时就好了'"(第 42 页)。　　　　　　　　　　　　　　　　　注意

(2)第一个农户更能做到不误农时:每公顷投入的**劳力**更多。农活特别忙时,**小农可以起得更早,睡得更晚**(第 43 页)。

(3)第一个农户不怕干活:害虫用手去抓。

(4)第一个农户在收割期活干得更快,不等谷物掉粒就收完了。

(5)第一个农户有更好的种子:冬天用手选种(没有选粮筒!)

(6)第一个农户**的肥料更多一些,因为有更多的牲畜**(**没有数字**)。

销售　第一个农户＝3 400.80——**735**.31 每公顷

第二个农户＝14 097.41——**531**.98 每公顷

纯收入也更高(见**资金**的百分比表[1])

奥哈根自己也明白**生活水平**是不相同的(第 49 页),因而将家用支出排除在外(**见图表**[2])——不过,我想指出整个德

原文如此!{国的一个普遍现象,即同大农户和地主田庄比起来,小农户的地租更高(第 49 页)

‖ 因此在**小经济的条件下土地更贵**。田庄的分解……会导致……**国家财产价值的提高**(第 50 页)

‖ 奥哈根承认小农**多半**采用落后的经营制度(第 51 页)。大农不可能采用这样的制度:他们只有靠改良才能维持下去。但是进步不仅来自大农户,也来自**殷实的**业主(!)。

关于德国各地的札记(概述各地大小不同的各类农户的优越性)。

“Ausgebaute”(已迁出村的独立农庄主)大部分经营得更好(第 54—55 页):村里的因循守旧更厉害。

① 参看本卷第 129 页。——编者注

② 参看本卷第 128—129 页。——编者注

收　入

I.销售所得现金：	第一个农户 （单位马克）	第二个农户 （单位马克）
大田产品……………………	1 596.40	7 991.15
蔬菜……………………………	—	90
畜产品………………………	1 804.40	21 171.26
其他收入（耕地和运输所得的 　报酬）……………………	42	200
现金收入总数：	3 028.80①	29 452.41

II.用于家庭经营消费：	第一个农户 （单位马克）	第二个农户 （单位马克）
大田产品……………………	182	178
蔬菜……………………………	30	50
畜产品………………………	346.15	233.50
	558.15	461.50

III.用于雇佣工人的伙食：		
大田产品……………………	—	350
蔬菜……………………………	—	35
畜产品………………………	—	377.04
	—	762.04
实物收入总数………………	558.15	1 223.54

---

① 原文如此。——俄文版编者注

支　出	第一个农户（单位马克）	第二个农户（单位马克）	
A. 生产费用			
捐税	63.55	321.54	
保险费	89.95	600.13	
排水设备的维修和折旧 3%	14.40	90.00	
建筑物投资的折旧(¾%)	47.25	187.50	
(α)‖ **建筑物的维修**	15.00	178.60	‖ 注意
(β)‖ **农具**的折旧(2%)(和 **6%!!!**)	14.42	291.66	‖ 注意
(ν)‖ **农具**的维修	15.00	285.05	‖ 注意
耕畜的补充	—	15 641.00*)	
雇用工人	—	3 872.93	
人造肥料	198.0	2 052.00	
精饲料	141.50	1 537.50	
牲畜配种费用	8.00	—	
兽医	6.00	48.00	
种子更新	2.80	60.00	
杂费	6.00	35.00	
生产支出总数	621.87	25 200.91	
B. 家用支出			
所得税	12.00	104.00	
向教堂捐赠	22.10	100.95	

!! { *) 其中包括用来买 55 头小牡牛的 14 355 马克，这批小牡牛后来卖了 19 420.50 马克。如无这笔数字，则：

第一个农户—— 0，　而第二个农户——1 286 马克

$\alpha+\beta+\gamma$　第一个农户——44.42　第二个农户—— 755.31

44.42　　2 041.31 }

!! {而建筑物、农具和耕畜的总价值＝　　9 151.60　　43 259}

	第一个农户（单位马克）	第二个农户（单位马克）	
家用食品	588.15	461.50	}
买马铃薯	—	50	}‖ 注意
买肉	18.00	124.80	}
日用食品	81.90	216.00	
服装	220.00	588.00	
鞋	52	61	
儿子上中学*)	—	700	
医药费	25	60	
烟叶	24	80	
饮料	26	70	
节日等费用	25	120	
燃料	59.15	—	
杂费	35.20	—	
家用支出总数	1 158.50**)	2 736.25	
支出总数	1 780.37**)	27 955.16	

C

总收入：	3 586.95	30 675.95
总支出：	—1 780.37	—27 955.16
现金结余：	806.58**) **66**	2 720.79
与卖价(33 651.6 和 149 599)的百分比	2.39%***)	1.82%
把家用支出算在收入项上(第 49 页)，则为：	1 965.08	5 457.04
与卖价的百分比	5.58%***)	3.71%

---

*) 膳食费和学费。

**) 作者搞错了：由于总数 1 128.50 有误(参看第 48 页和第 13 页)，结果不是 1 158.50，而是 1 750.37 和 836.58。

***) 作者搞错了：!! 5.45%和!!! 8.81%，因为他把 836.58

	第一个农户（单位马克）	第二个农户（单位马克）
农业的全部收入（第 26 页）………………	1 778{?第 26 页}	8 519.15
畜牧业的全部收入 ………………	2 150.55	6 613.80*)

家庭成员:农户 I　丈夫+妻子
2 个女儿(16 岁和 9 岁)
5 人　1 个儿子(7 岁)

农户 II 丈夫+妻子
1 个女儿 9 岁
1 个儿子—14 岁**)
5 人　1 个侄儿 17 岁

	第一个农户		第二个农户	
土地	**4.6250** 公顷	(单位马克)	**26.50** 公顷	(单位马克)
耕地	4 公顷每公顷 5 400	=21 600	25 公顷每公顷 4 000	=100 000
草场	0.5 每公顷 3 800	= 1 900	1.25 每公顷 3 600	= 4 500
菜园	0.125 每公顷 8 000	= 1 000	0.25 每公顷 7 200	= 1 800
	4.625	24 500	26.50	106 300

(大概第二个农户的土地**较差**)
[因而收成较少??]

	第一个农户	第二个农户
建筑物	6 300	25 000
→ 农　具	721.20	4 861
耕　畜	2 130.40	13 398
总数(卖价)	=33 651.60	149 559

而不是 806.58 作为总数,把 2 965.08(原文如此!!)而不是 1 965.08 作为总数,此外,他计算百分比时,**简直**在胡来!!!

*) 从卖牡牛的 19 420.5 马克得来的补充进款=5 065.50 马克。

**) 膳食费和学费。

	第一个农户	第二个农户
马车	0	350 马克
条播机	0	400 马克
撒肥机	0	150 马克
收割机	0	400 马克
脱粒机	0	700 马克
选粮筒	0	100 马克
称牲畜用的磅秤	0	150 马克
犁	25(1)①	80(2)①

等等

劳 力

第一个农户　　　　　第二个农户

本户劳力——3个 本户劳力——**4**个本户劳力? 还是3个?　　　(儿子上中学)
{＋在脱粒时请人帮忙}

雇佣劳力　　　　—　　　{ 5人——全年
6人——从5月1日到11月10日
4人——收割(4—5星期)
3人——脱粒(4星期)

因而,
劳动力 3×360
我的计算 **约**＝1 080

见 背 面②

[约100:400?]? 约＝100:450

1 440 (? 1 080)
1 800　　 5×360
1 140 { 6×190
140　　 4×35
84　　 3×28
4 604

	公顷	公顷		全部劳力	
土地	4.625	26.50		3	11.8
土地	100	**573**		100	393

---

① 圆括号内的数字表示犁的数目。——编者注

② 参看本卷第136页。——编者注

畜力

　农户 I——3 头牝牛

　农户 II——4 匹马＋3 头犍牛

牲畜

	第一个农户	**马克**	第二个农户
3 头牝牛……	1 260		1 200(3)①
2 口猪………	120		450
牡牛…………	270(1)①		6 750
马和犍牛……	0		4 950(4)(3)①
幼畜…………	260(2)①		0

（用做肥育的 25 头小牡牛）①

因而：

	第一个农户	第二个农户	我全部折合成大牲畜计算	
			第一个农户	第二个农户
大牲畜……………	3	10	3	10
牛＋幼畜…………	3	25	1.5	12.5
猪…………………	2	3	0.5	0.75
母猪＋12 头仔猪……		0	0.5	—
			5.5　总数	23.25

土地的管理

土地的耕作。

	耕地深度		人造肥料平均**每公顷**		1公顷的收成（单位公担）	
	第一个农户	第二个农户	第一个农户	第二个农户	第一个农户	第二个农户
糖用甜菜 饲用甜菜 也同样 第 6 页	25 厘米	**30 厘米**	31.50 马克（3½公担）	40.50 马克（4½公担）	816	740

---

① 圆括号内的数字表示牲畜头数。参看本卷第 135 页上的图表。——编者注

	耕地深度		人造肥料平均每公顷		1公顷的收成（单位公担）	
	第一个农户	第二个农户	第一个农户	第二个农户	第一个农户	第二个农户
黑麦	6 厘米	15 厘米	4 公担 过磷酸钙 + 120 磅 智利硝石	6 公担 过磷酸钙 + 120—300 智利硝石	64	56
大麦	6 厘米	15 厘米	4 公担 过磷酸钙	4 公担 过磷酸钙	60	56
马铃薯	6 厘米 + 25 厘米	10 厘米 + 20 厘米	—	—	320	320
豆类	9 厘米	24 厘米	796 公担 厩肥	1 440 公担 厩肥	66	56
三叶草	？	？	8 公担 过磷酸钙	4 公担 过磷酸钙	260	210
冬小麦	25 厘米	20 厘米	480 公担 厩肥	{8 公担 过磷酸钙}？	80	64

　　这样看来,第二个农户的耕作和肥料都好得多,而收成却差得多!!{显然第二个农户的土地要差一些}[土质没有评估]

	第一个农户	第二个农户
用于人造肥料的全部支出	＝198.0 ——	2 052.0 马克
每¼公顷	10.70 ——	19.36 马克

牲畜的饲养：

从第 8 页和第 20 页起：

	饲料			
	第一个农户		第二个农户	
	公 担	马 克	公 担	马 克
豆类…………………………	44.64	290.16	250.0	1 625.00
黑麦…………………………	—	—	10.0	70.00
小麦…………………………	0.40	3.20	15.0	120.00
大麦…………………………	19.81	118.86	67.0	402.00
燕麦…………………………	—	—	239.0	1 505.70
糖用甜菜头………………	408.0	81.60	2 312.0	462.40
饲用甜菜…………………	192.0	96.00	—	—
马铃薯………………………	10.20	20.40	—	—
三叶草(干)………………	65.0	195.00	210.0	630.0
总计……………………		805.22		4 815.10
牛奶…………………………	1 320 升	105.60	240 升	19.20
(我算的价)				
买的饲料…………………	25 公担	141.50	275 公担	1 537.50
(我的)总数……………		1 052.32		6 371.80
%(我的)…………………		100	:	606

> 第 二 个 农 户 的 牲 畜 饲 料 无 疑 更 好 更 多

牛奶的生产

第一个农户　　　　第二个农户

3 头奶牛 **9 700** 升——3 头奶牛 **9 600** 升。

　　第二个农户从9月15日起喂养25头小牡牛,肥育后于1月1日前卖出。然后从1月1日至4月1日喂养30头小牡牛,肥育后卖出。所以在支出和收入项上都有55头小牡牛。奥哈根在计算饲料时,显然是按一年25头小牡牛计算的。〉注意

　　我们拿关于牲畜头数的**完整**资料来与此作一比较

		第一个农户 单位马克		第二个农户 单位马克
马……………………	—	—	4	3 600
耕牛……………………	—	—	3	1 350
牝牛……………………	3	1 260	3	1 200
大牲畜和幼畜…………	3	530	25	6 750
猪……………………	2	120	3	450
母猪和仔猪…………	13	200	—	—
鸡……………………	17	20.4	40	40
鸽子…………………	—	—	40	8
耕畜总值……………		2 130.4		13 398
%(我的计算)…………		100	：	629
而按数量……………		100	：	423
		(5.5)		(23.25)

如果把全部牲畜大体折合成大牲畜,则:

大牲畜		3	—	10
小牲畜	按½算	1.5		12.5
小牲畜	按¼算	0.5	—	0.75
小牲畜	按⅛算	1.5??(1)		—
		6.5(5.5)[67]		23.25

而工人的生活费呢?

第一个农户:家庭的 3 个劳力(第 3 页)和 2 个不劳动的家庭成员。

他们的生活费=**1 158.50 用于 3 个劳力**

第二个农户:家庭的三个劳力(!!)(第 15 页“平常只进行管理,**必要时**才劳动”)。

2 个不劳动的家庭成员 { 1 个? 因为
儿子在上中学? }

他们的生活费=**2 736.25 用于 3 个劳力**。

雇佣工人 5+3+0.8=**8.8** 个年工。

单位马克

他们的生活费=**3 872.93** ÷ 8.8=**440**

{ 注意 440
386 }　1 158.50 ÷ 3　=**386**

雇佣工人:**5 个**全年的。——**6 个**从 5 月 1 日到 11 月 10 日,即 $6\frac{1}{3}$ 个月,即 $6 \times 6\frac{1}{3} = 38$ 个月 $= 3\frac{1}{6}$ 年。——**4 个** 4—5 周,即 4 × 5=20 周,以及 **3 个** 4 周,即 3 × 4=12 周,共 **32** 周。$\frac{1}{6}$年 + $\frac{32}{52} = \frac{1}{6} + \frac{8}{13} = \frac{61}{78}$ =78.2%,即 80%弱。

如果计算有酬劳动:第一个农户每个劳力为 **386** 马克,第二个农户为 **440** 马克,也就是说小业主的生活比大农的雇工还差。

总结:小农

1. 土地的管理**较差**:耕得较浅(第 6 页)①。肥料**较少**。收成则**相反**。

---

① 参看本卷第 132—133 页。——编者注

这说明土质较好。

2.牲畜的饲养**较差**:第7页的统计资料[①]。

3.劳力的生活**较差**:第7页[②](和第5页[③])

4.农具的维修**较差**:第5页[④]

5.劳动生产率**较低**(参看第**6**页[⑤]和第5页[⑥]的工人数)

小农的生活比大农的雇工还差,给土地和产业的"滋养"也更少。

小农干的活较重:3[⑦]

载于1938年《列宁文集》俄文版
第31卷

译自1969年《土地问题笔记》
俄文版第89—99页

[①]　参看本卷第134页。——编者注
[②]　参看本卷第136页。——编者注
[③]　参看本卷第127—128页。——编者注
[④]　参看本卷第128页。——编者注
[⑤]　参看本卷第131页。——编者注
[⑥]　参看本卷第130页。——编者注
[⑦]　参看本卷第124—126页。——编者注

对卡·克拉夫基
《论农业小生产的竞争能力》
一文的批注[68]

（1901 年 6—9 月）

农业年鉴。农业科学杂志。**胡·蒂尔**博士出版。柏林,1899,第 28 卷(1899)。(1 年 6 册)(1 081 页＋图表。)

法学博士**卡尔·克拉夫基**《论农业小生产的竞争能力》(第 363—484 页)。

对东普鲁士布劳恩斯贝尔格区的 12 家农户作了内容非常广泛的统计。(在翻阅后)作了笔记:第 453(和 452)页。

αα (第 452 页)"大农户将平均占自己总收入¼的部分用于自己的消费,中等农户约为⅓,小农户将近½。但是小农户留做上市出售的部分,比大农户和中等农户都多。产生这种现象的原因,首先是由于小农尽量缩减家庭开支。**会不会因此造成某些消费不足的现象,我们还不能断定**,因为从我们现有的材料中,我们无法对业主及其全家的家庭总收支作出正确的结论。"

每个家庭成员的食物折合马克(只算自己生产的?)[①]

	大农户				中等农户				小农户			
KK	I	II	III	VI	I	II	III	VI	I	II	III	VI
(第453页)	—	269	—	185	240	222	252	159	136	142	163	97
(我的计算)	平均数=227					=218				=135		

按照克拉夫基(373)

小 农 户 1—10 公顷
中等农户 10—100 公顷
大 农 户 100 公顷以上

ββ……(453)。部分小农还辛勤地去做日工,在这些日子里除了挣钱,还能有饭吃…… 小农户是否存在某种**消费不足**的现象,我们还不能断定,但是**我们认为**,第四个小农户**可能有这种情况**。**但是事实上,小农生活非常节俭,他们把许多可以说是从自己嘴里省下来的东西(sich sozusagen vom Munde absparen)拿去出售**。[②](原文如此!)

第479页:既然我们在最终的计算中发现中等农户能够以最低的价格生产一定数量的产品,那我们就应当考虑到小农户会用比中等农户和大农户更低的价值来估价它所用的全部劳动力,因为这劳动力是他自身的。在农业危机时期,就是在其他时期也是一样,只有小农户才具有最大的稳定性,**可以尽量缩减家庭开支,比其他各类农户销售更多的产品**。当然,这种缩减开支的办法**势必会造成某些消费不足的现象**。[③](!)

---

① 对该表的分析见本卷第152—153页。——编者注
② 参看本版全集第5卷第156、155页。——编者注
③ 同上书,第156页。——编者注

收成	小农户	中等农户	大农户	第441页　平均数
小麦:	6—7公担	7—8	8—9	(**每摩尔根**)由克拉
黑麦:	7	8—9	10	夫基本人提供

“其他所有作物的情况大致如此。”(441)

“只有在实行最粗放经营的亚麻这一作物中,可以看到对小农户日益有利的趋势。”[①]

即中等农户	I	5	“德石”亚麻(平均每摩尔根?)	
	IV	6	〃	
小农户	I	6.5	〃	(收入4.50马克)
	III	8	〃	(收入4.50马克)
	IV	8	〃	(收入4.50马克)

½德石的亚麻=18½磅(406)。

如果不算在当前并无多大意义的亚麻的收成,那么,大农户的收成最好,小农户的收成则是最低的(441)。

原因:(1)小业主几乎没有排水设备。或者**自己**安装水管,安装得**很差**。

大农户的土地施用泥灰石

(2)地耕得不够深,因为马匹瘦弱。(用牝牛拉犁不好。活儿一重,牝牛产奶就少。)

(3)牲畜——牛——的饲料多半不足。

(4)他们的积肥能力比较差:他们的禾秸短,大部分用来喂牲畜,用来垫牲畜棚(Unterstreuen)的就少了。[②]

(442)。目前小农户在收入上落后于大农户的四个原因首先就是这些。克拉夫基接着说,机器在农业中并没有这么大的作用(惯用

① 参看本版全集第5卷第149—150页。——编者注

② 同上书,第150、222页。——编者注

的论据。**没有任何**事实)。……

机器一览表对**克拉夫基**的驳斥：

	大农户				中等农户				小农户			
	I	II	III	IV	I	II	III	IV	I	II	III	IV
蒸汽脱粒机………	0	1	0	0	0	0	0	0	0	0	0	0
马拉脱粒机………	1	0	1	1	1	1	1	1	0	1	0	0
谷物清选机………	1	1	1	1	0	0	1	0	0	0	0	0
选粮筒……………	1	1	2	—	1	1	0	0	0			
条播机……………	1	1	0	—	0	0	0	0	0			
撒粪机……………	1	1	0	1	0	0	0	0	0			
马拉搂草机………	3	2	2	1	1	1	1	0	0			
碾压机……………	1	1	1	1	1	0	0	0	0			
总数＝	29				11				1			

……只要小业主答应在农忙时帮助收割，大业主情愿把自己的碾压机、马拉搂草机和谷物清选机租给小业主使用……(443)[①]。(独特的“换工”!)

不利的销售条件使农业受到损失。农民的粮食多半是在“当地”销售的，而小城市的商人总是大力压低价格(373)。

大田庄在这方面的情况要好些，因为它们可以把大批粮食一下子运往省里的主要城市。这样，它们出售一公担粮食往往可以比在小城市出售多得20—30芬尼。[②]

然而克拉夫基认为价格对任何人都是相同的(373)。

只是**大**土地占有者才精确地记账(374)。农民记账的只是例外。

没有农业加工业。泥炭采掘首先对小农户有更大的意义。因

① 见本版全集第5卷第151—152页。——编者注

② 同上书，第152页。——编者注

为他们有必需的时间和劳力(439)。

只有小业主种植亚麻:它需耗费大量人力。小业主的家里有人力,而大业主雇用人力既昂贵又困难(440)。

	大农户	中等农户	小农户	(441)
改良轮作制:	I—IV	I、II、和 IV	II	
	大农户	中等农户	小农户	
陈旧的三圃制:	I	III	I、III 和 IV	

畜牧业。第 I 个大农户把牛奶制成黄油:“自己大为盈利地利用牛奶”。第 II—IV 个大农户把牛奶运到城里的乳品厂,因此可以比中等农户在家里把牛奶制成黄油卖给商人得到更多的收入。

中等农户的重点是出售肥育了的牲畜。

小农户出售的牲畜比较幼小,由于饲料不足,他们不能像中等农户那样长期饲养它们(444)。

中等农户(克拉夫基处处都把他们叫做**大农户**)的黄油质量又比小农户的好(使用分离器,每天都可以制作),小农户从商人手里每磅少得 5—10 芬尼。[①]

每摩尔根土地(单位马克)[②]	大农户	中等农户	小农户	
	(4 个农户的平均数)			
(每摩尔根农业耕地面积(第 444 页))				
农业收入…………………………	16.5	18.2	22.7	第 445 页[1)]
畜牧业收入………………………	15.8	27.3	41.5	
总计………………………	32.3	45.5	64.2	第 447 页

① 参看本版全集第 5 卷第 152 页。——编者注

② 同上书,第 149 页。——编者注

出售农产品	11	12	9	第448—449页
出售畜产品	14	17	27	
总计	25	29	36	
包括出售牛奶和黄油的收入	7	3	7	(第450页)[2]
自己消费的农产品	6	6	14	(第452页)
自己消费的畜产品	2	10	14	
总计	8(¼)	16(⅓)	28(约为全部收入的½)	

每摩尔根

(单位马克)	大农户	中等农户	小农户	
	(4个农户的平均数)			
建筑物投资	89	91	147	(第455页)
农具	13	21	37	(我的计算)
排水设备的投资	14	8	2	(我的计算)
耕畜	29	49	59	(第459页)

1) 一般说来,降低价格会使农业遭到畜牧业的排挤。

农业中的小农户具有优越性的原因:大农户花在生产饲料和饲养牲畜上的钱较多(**克拉夫基没有把牲畜的饲料算在农业收入**(第441页)**之内**:他说这属于畜牧业的范围)。

小农户每摩尔根土地饲养的牲畜要**多得多**,他们的牲畜当然不那么值钱(446)。马也较差(447)。中等农户的牲畜并**不比**大农户的**差**。

2) 中等农户自己食用的比较多,大农户有有利的销售条件,小农户自己很少食用黄油和全脂牛奶，……第IV个小农户根本就不食用(450)。

人造肥料……………………	0.81	0.38	0.43	（第460页）		
精饲料*)……………………	2 大约	0	0	（第461页）		
管理监督费…………………	1.7 大约	0	0	（第461页）	每摩尔根农用面积的支出单位马克	
支出的水平（总计） 不算劳动力价值(α)	21.51	16.94	5.33	（第478—479页）		69
算上劳动力价值(β)	23.31	27.03	51.67			
生产价值100马克的产品需支出(α)	65	38	8（马克）	（第479页）		
(β)	70	60	80			

克拉夫基在引用这两个图表时说：

从这两个图表中，可以特别清楚地看出业主及其家属自己的劳动力的重大作用。既然我们在最终的计算中发现中等农户能够以最低的价格生产一定数量的产品，那我们就应当考虑到小农户会把它所使用的全部劳动力的价值估算得比中等农户和大农户都低，因为这是它自己的劳动力。在农业危机时期，就是在其他时期也是一样，只有小农户才具有最大的稳定性，可以尽量缩减家庭开支，比其他各类农户销售更多的产品。当然，这种缩减开支的办法势必会造成某些消费不足的现象。我们知道，第IV个小农户现在已经有了这种现象。遗憾的是，许多小农户为了支付高额的债务利息不得不缩减开支。但是这样（虽然要费很大力气）它们就可以支持下来，勉强度日。正如帝国统计所指出的，我们这一地区小

!!

*) 我们的农民农户根本不花钱买精饲料。它们对进步的东西不大容易接受，尤其舍不得花掉现钱(461)①。

① 见本版全集第5卷第151页。——编者注

农户在日益增加,看来,其主要原因就是大力缩减消费。[1](参看第372页的图表。)(480)

在柯尼斯堡行政区(第372页)

农　户　数		农业耕地面积(单位公顷)	
1882	1895	1882	1895
2公顷以下	55 596　78 753	26 638	33 890
2—5公顷	11 775　14 013	37 998	44 596
5—20公顷	16 014　18 933[2]	174 054	196 498
20—100公顷	13 892　13 833	555 878	555 342
100公顷以上	1 955　2 069	613 038	654 447

而克拉夫基赶紧声明这种现象是不好的。**但是**,即使在小农户中间也有进步:一切都将变得更好。

大业主的**优势**是他成车厢地出售等等。这样有利得多,而且他更善于给自己的粮食估价(451)。卖牲畜的情况**也是一样**。

大业主按公担出售粮食,论斤卖牲畜。

农民论斗(Scheffel)出售粮食,卖牲畜是凭眼睛估价,因此损失很大。[3]

小农自己承担全部建筑物修缮工作(及其他)。

第 III 和第 IV 个中等农户以及小农户都是自己安装排水管。(在这个地区排水设备是必不可少的,因此对管子的需求猛增。)

第 460 页:它们(农户)的大部分使用人造肥料最初是作为试验。

劳动力的费用。

---

① 见本版全集第5卷第156页。——编者注
② 同上。——编者注
③ 同上书,第152页。——编者注

每 100 摩尔根土地

	大农户	中等农户	大农户				中等农户			
			I	II	III	IV	I	II	III	IV
雇佣劳动日……	887	744	1061	970	771	613	750	895	622	488
			1061	970	771	746[1)]	972[2)]	895	622[3)]	488
手工劳动日……	887	924[4)]	(包括农民的劳动在内)(第 463 页)							
每 100 个劳动日的产品价值（单位马克）…	372	481[5)]	(第 463 页)							
每 100 摩尔根土地手工劳动的总费用………	1 065	1 064	(第 465 页)							
每个劳动日的费用…………	1.30	1.53								
工人的平均年工资…………	391	458	(第 466 页)							
支出 100 马克的劳动力费用能收入…………	305	470								

实物工资和货币工资(第 467 页)的　　　　　　　　大农户　**7:6**
比例(第 467 页)：　　　　　　　　　　　　　　　中等农户　**24:6**

---

1) 业主的 2 个儿子顶替 2 个整劳力。

2) 业主妻子的 2 个未出嫁的妹妹顶替 2 个女雇工。

3) 业主的 2 个儿子顶替年老的业主本人。

上一行没有考虑到顶替，未作修正。

下一行已作修正。

4) 部分劳动据说算做家务：女仆的劳动。这使差别有所缩小。

5) 干活紧张得多：主人的"榜样"激发工人们"**更加勤勤恳恳、兢兢业业**"。

对小农户无法计算。然而，他们无疑有一些过剩的劳动力(464)。

工伤保险金和养老金	每 0.13 摩尔根为 0.29 马克	{小农户根本不存在保险问题(第 469 页)

每 100 摩尔根土地使用的雇佣劳动日⋯⋯	887	744

每 100 摩尔根土地的劳动日

固定工人的⋯⋯⋯⋯⋯⋯⋯	822	638	英斯特及其他(第 472 页)
日工的⋯⋯⋯⋯⋯⋯⋯⋯	112	30	"自由工人"(!!)

			耕畜和农具（单位马克）耕畜	农具	雇佣工人 已婚	未婚	役工	日工[70] 整年	收获	夏收	马铃薯收获和甜菜	收入	支出	利润	纯利润	每公顷
大农户	I．	513.71公顷	55 954	19 270	21	8	23	6	6	—	25	53 996.57	—	15 745.30[1]	13 745.30	35.24
		约50摩尔根土地给雇工														
大农户	II．	362.50公顷	35 394	20 133	13	2	19	—	3	12	—	43 459.96	—	12 094.73[1]	10 094.73	31.28
大农户	III.	430.20公顷	18 027.50	11 545	7	5	7	—	14	—	—	23 156.46	—	6 295.53[2]	7 483.10	33.36
大农户	IV.	125.00公顷	15 427	5 291	4	5	3	—	2	—	—	17 187.90	—	8 436.35[3]	6 536.30	58.08
		1 431.41	124 802.50	56 239	义务——徭役，零星小活和辅助劳动							——		账面利润	纯利润	——
		:4	:4	:4												
		=357.85	=31 201	=14 059												
中等农户 [大农田庄]	I．	74.25公顷	13 933	5 303	3	2	—	—	2	—	—	12 586.74	—	7 147.86[4]	5 431.86	80.44
	II．	57公顷	10 600	4 990	2	4	—	—2—3—			—	9 708.71	—	5 226.88[5]	3 726.88	67.76
年老的丈夫＋妻子＋2个成年儿子＋1个女儿	III.	55.5公顷	9 170	3 458	—	3	—	—	3	—	—	7 433.28	＋	4 649.12[6]	3 149.12	69.20
丈夫＋妻子＋父母	IV.	15.875公顷	2 923	1 545	—	1			2	—	—	3 181.32	＋	2 419.63[7]	1 219.63	76.84
		202.625 : 4	36 626	15 296	顶替雇农劳动的弟弟得100马克											
		=50.6	9 156	3 824												
小农户	I.[8]	7.125公顷	1 192	754								1 292.66	＋	1 184.80[9]	184.80	25.92
丈夫＋妻子＋1个成年儿子＋1个成年女儿	II.[10]	7.00公顷	1 403	1 109								1 673.94	＋	1 535.59[11]	535.59	76.52

(2个儿子+1个女儿)	III.[12]	5.00 公顷	1 059	576.50		1 135.08	+	1 059.09[13]	159.09	31.80
(丈夫+妻子	IV.	2.875 公顷	916	709		1 093.75	+	992.62[14]	192.62	67.00
+1个成年儿子		22.000:4	4 570	3 148						
+2个成年女儿)		=5.5	1 142	787						

1) 克拉夫基扣除 2 000 马克作为业主的劳动报酬。

2) 由于管理费用的减少而有所增加(农业同林业的结合)。

3) 扣除 1 900 马克,作为业主和 3 个成年儿子的劳动报酬(业主 1 200,儿子们 700)。3 个儿子在上农业学校(第 397 页),而且一心一意[——坚决地、认真地]献身农业。

4) 扣除:业主和他的妻子的劳动报酬 1 500+216(妻子的 2 个妹妹)。

5) ——1 500(丈夫,妻子+1 个 17 岁的女儿)……

6) ——1 500(妻子,1 个女儿+2 个儿子)…… 5 916÷4=1 479

7) ——1 200(丈夫和妻子)……

8) 业主去做**20 天日工**。(同第 IV 个中等农户一样)采掘泥炭。

9) ——1 000(对丈夫+妻子+双亲的“劳动力的估价”)。

10) 业主从前是个**赶大车的,因此自己承担全部必要的修理工作和零活儿**(430)

11) ——1 000(同上)[付给 2 男+2 女]

12) 供业主自己消费的农产品的价值,在这个农户和第 IV 个小农户中都是比较低的。但是应该看到,这两个农户的业主和他们的家庭成员,都**辛勤地**去**做日工**,除了挣钱以外,还能有饭吃(435)。①

13) ——900(2 个儿子和 1 个女儿——孤儿?)

14) ——800!! 原文如此! 付给 5 人!!

① 见本版全集第 5 卷第 156 页。——编者注

$$
\begin{array}{l}
1\,000 \\
1\,000 \\
900 \\
800 \\
\hline
3\,700 \div 4 \\
=\quad 925?
\end{array}
\left\{
\begin{array}{l}
\text{因此为业主生活费扣除：} \\
\text{大 农 户：}2\,000-1\,900 \text{ 马克} \\
\text{中等农户：}1\,716-1\,200 \text{ 马克} \\
\text{小 农 户：}1\,000-800 \text{ 马克}
\end{array}
\right\}①
$$

雇工的收入＝850

小农户没有工人保险金,中等农户的第 I 户为 36.78;第 II 户为 32.31;第 III 户为 24.60,而第 IV 户的雇员保险金为 7.54。

第 I 个大农户。有**视察员**。田庄主每月有几天离开自己主要的田庄一次②(374)——(原文如此！为此算 2 000 马克)。有经验丰富的女管事和女管家。薪金支出＋办公费＝1 350＋150 马克＋视察员的工资等等＝1 350。(除去雇工和日工的工资！)工人的保险金＝644.04。

第 II 个大农户。**视察员**和有经验的生猪女饲养员。主人只是进行指导和一般监督。(薪金——1 100,一般管理——100。)工人的保险金＝159.76。

第 III 个大农户——属于主教的地产——交别人管理,付固定年薪。(薪金＝1 800。办公费 150。)工人的保险金＝338.25 马克。

第 IV 个大农户……他认为把它叫做大农田庄就更准确了。③工人的保险金＝108.10。

---

① 参看本版全集第 5 卷第 154 页。——编者注
② 同上。——编者注
③ 同上。——编者注

每摩尔根的收成（单位公顷）（第441页）

	大　农　户				中　等　农　户				小　农　户			
	I	II	III	IV	I	II	III	IV	I	II	III	IV
小麦……	8.4	7	9.8	9.3	7	8.4	7.6	6.8	5.1	7.2	6.8	—
黑麦……	10.83	10.5	10.6	7.6	8.4	10.1	8.6	7.9	6	8.0	7.3	8.4
大麦……	11.05	9.2	9.0	8.5	7.9	7.5	8.4	4.8	4.9	7.0	7.7	—
燕麦……	9.08	7.3	8.6	9.0	8.3	9.3	9.0	7.3	5.0	8.7	8.3	10.0
豌豆……	9.49	—	7.2	7.4	—	6.7	9.0	7.5	—	7.6	—	10.8
马铃薯……	84	62	50	55	57	53	69	40	38	32	50	50
饲用甜菜……	225	200	135	200	200	200	125	100	70	100	200	100
亚麻……	—	—	—	—	5德石	—	—	6德石	6½德石	—	8德石	8德石

大农户	中等农户	小农户			大农户	中等农户	小农户
8.7	7.3	6.4	=小麦		= 34.7	29.8	19.1
9.9	8.7	7.7	=黑麦		= 39.5	35.0	29.7
9.4	7.1	6.5	=大麦		= 37.7	28.6	19.6
8.5	8.7	8.0	=燕麦		= 34.0	33.9	32.0
8.0	7.7	9.2	=豌豆		= 24.1	23.2	18.4
63	55	42	=马铃薯		=251	219	170
190	156	117	=饲用甜菜		=760	625	470
—	5.5	6.2[1]	=亚麻		= —	11	22.5

每个家庭成员的食物*)（农户自己消费的食品数量）

（第453页）

KK	大农户				中等农户				小农户			
	I	II	III	IV	I	II	III	IV	I	II	III	IV
人　　　数	—	5[1]	—	6[3]	8	6	5	5	4	5	3	5
平均每人马克 （我的计算）	—	269	—	185	240	222[2]	252	159[2]	136	142	163	97
		平均 227				218				135		

----

1) 1个视察员、1个女管家、1个女管事和2个干家务活的女仆。

2) 2个不满10岁的儿童=1个成人

3) 1 108.28÷6=185。丈夫＋妻子＋3个儿子＋?

第四个大农户甚至要购进黄油。其次我们应当注意到,农户愈大,通常购买的食品也愈多(453)。[2]

----

*) 家仆的食品以及例如亚麻已从实物消费中扣除。其余的总数按人头分配。

----

① 参看本版全集第5卷第149—150页。——编者注

② 同上书,第154页。——编者注

中等农户消费很多,超过“平均的合理的饮食标准”。

克拉夫基抹杀这一差别的(荒唐)企图是很有意思的:

然而,假定小农户只有靠某种消费不足才能提高现金收入。为了抹杀这一事实,就把平均每人一年消费的价值定为170马克(?? 为什么不是218—227?)。如果我们考虑到收支中包括的食品全是农户自产的,那就应当认为这个数字是夸大了,而不是缩小了。如果仅从上一图表的数字来看,我们认为小农户的规模平均为20—25摩尔根、从事劳动的家庭成员为4人,则平均每人的消费额为135马克。同这一数字相比,假定的每人消费额170马克就多了35马克,而4个人则多140马克。用20—25摩尔根去除,每摩尔根是6—7马克。这就是说,为了达到这个目的就要使市场失去6—7马克的产品。这样一来,小农户每摩尔根就只能得到29—30马克的纯收入,而同中等农户持平;但是同大农户比较起来,优越性仍然在小农户一边。①

假定不是170马克,而是218马克$-135=83$;$4+5+3+5=17$;$17\div4=4\frac{1}{4}$;$83\times4.25=351.15$;$351\div20=17.5$马克;$351\div25=14.4$;$14.4+17.5=31.9$;$31.9\div2=15.9$。

因而每摩尔根为$14\frac{1}{2}$—$17\frac{1}{2}$马克 平均15.9

{$36-14.5=21.5$;$36-17.5=18.5$} $36-15.9=20.1$

	大农户	中等农户	小农户
销售收入…………………………	25	29	**20.1**

① 参看本版全集第5卷第155页。——编者注

第 464 页:小农户具有最大的抵抗能力。

小农可以把……所使用的劳动力……的价格估得较低,因为这劳动力是他自己的,然而大农和地主却要为一般的工资条件所左右,并且多少得考虑工人们的要求。小农也能比大农、首先是比地主更多地压缩企业的管理费用和企业主的利润,因为在危机时期它能大大地(原文如此!)限制自己的家庭开支。

这是小农户在危机时的优越性。……工人在农民户无疑比在地主家吃得好一些(467)[①]。

工人的工资高一些,但生产的多一些。(例外的是第 IV 个大农户,更确切地说是大农农户)。

	付给役工的工资	
英斯特家庭的收入(第 I 个大农户)	=799—120=679 马克	
德普坦特 **71** 家庭的收入(第 I 个大农户)	=704—60=644	
英斯特家庭的收入,第 II 个大农户	=929—120=809	
德普坦特家庭的收入,第 II 个大农户	=658—60=598	
英斯特家庭的收入,第 III 个大农户	=779—89=690	
英斯特家庭的收入,第 IV 个大农户	=861—75=786	
第 II 个中等农户(英斯特的家庭)	=737—30=707	
第 I 个中等农户(英斯特的家庭)	=相同	
如果役工是自己的孩子,		
英斯特家庭的收入则是	=800—900 马克	(第 475 页)
德普坦特家庭的收入则是	=600—700 马克	
(哪儿也没有说明家庭成员的数量!)		

总之,英斯特更乐意去为农民业主做工,并不是为了挣更多的钱。原因:据说是有较多的空闲时间,还可以去做日工(!?)(第 476 页)。

① 参看本版全集第 5 卷第 153 页。——编者注

这样的一些英斯特在走运时就用自己的积蓄(工资中节约下来的)购置几摩尔根土地。他们在钱财方面多半会陷于拮据的地位;他们自己也知道这一点,但是一种较为自由的地位在引诱着他们(第476页)。许多人——远不是境况最坏的——都在往城里跑。

现代土地政策在解决东部农业工人问题方面最主要的任务,就是鼓励最能干的工人定居下来,其方法就是让工人们能够获得一小块土地作为私有财产,即使第一代不行,第二代也要获得(476)①。 !!

克拉夫基在第477页上说,农民是比较容易找到工人的。但即使对农民来说工人问题也**愈来愈尖锐了**。农民抱怨很难找到工人,尤其是女雇工。

最　终　的　比　较:(第483页)

每摩尔根(单位马克)

	大农户 I	大农户 II	大农户 III	大农户 IV	中等农户 I	中等农户 II	中等农户 III	中等农户 IV	小农户 I	小农户 II	小农户 III	小农户 IV
1)总收入…………	35.05	33.68	25.80	38.18	46.61	44.14	40.83	50.09	45.34	59.73	56.75	95.10
2)总支出…………	26.24	25.86	17.46	23.66	26.50	27.20	23.53	30.88	38.86	40.65	48.50	78.35
每摩尔根的纯利润	8.81	7.82	8.34	14.52	20.11	16.94	17.30	19.21	6.48	19.13	7.95	16.75
每公顷的纯利润…	35.24	31.28	33.36	58.08	80.44	67.76	69.20	76.84	25.92	76.52	31.80	67.00
平均**每摩尔根**	9.87				18.39				12.58马克			

参看布尔加柯夫,Ⅰ58

平均:1) 33.18—44.18—64.24
2) 23.30—27.03—51.66
9.88　17.15　12.58

奇怪的是,这个计算(我作的)同克拉夫基的数字有些不一样!

同卡·克拉夫基的计算**相反**:

① 参看本版全集第5卷第156页。——编者注

1）他按的是相同的价格(第3页)①。但是大农户卖价高一些(第3—4页、第5页)①

2）他正确地按大中小农户的顺序降低对家庭劳动力价值的估计(第**7**页和第**8**页)①

3）他没有计算中小农户花在修理(第5页)①、排水设备(第2页和第5页)①(自己安装水管)等等方面的劳动。

4）农户自产产品的消费是随着农户的大小而降低(书末第1、2、4页(没有**牛奶**))①,(**9**—**10**)①(也包括:小农户的雇佣劳动:第3页上方,第**7**页,第**11**页争取分给工人土地!! 克拉夫基对此的议论,第1页和第2页,第5页、第10页)①

5）**中等农户**的工人比**大农户**的工人干活更紧张一些(第**6**页 注释5)①(收入也多些:第11页)①

6）**大农户**支付的工伤保险金和养老金以及改进农业(人造肥料、精饲料、排水设备)的费用要高一些。

7）根本没有计算**中等农户**花在**监督**方面的劳动。

　　克拉夫基的资料很不完备:空白很多。例如根本没有关于牲畜饲料的资料。**全部**收成没有按不同的需要分类,即分为:留种,牲畜饲料,消费,出售。

---

①　所引手稿页码与本卷页码对照如下:手稿第3页即本卷第141—142页;第3—4页即本卷第141—143页;第5页即本卷第144—145页;第7—8页即本卷第148—149页;第5页即本卷第144—145页;第2页即本卷第140—141页;第5页即本卷第144—145页;第1页即本卷第139—140页;第2页即本卷第140—141页;第4页即本卷第142—143页;第9—10页即本卷第152—154页;第3页即本卷第141—142页;第7页即本卷第148—149页;第11页即本卷第155页;第1页即本卷第139—140页;第2页即本卷第139—141页;第5页即本卷第144—145页;第10页即本卷第153—154页;第6页即本卷第146页;第11页即本卷第155页。——编者注

要填补这些空白几乎是不可能的。

以第 I 个大农户为例。总计 513.71 公顷

（也就是　2 054.84 摩尔根）

农用面积　　　　　　　＝ $\overline{1\,540}$ 摩尔根

（第 375 页和第 382 页）。　　　514.84 摩尔根

耕地和播种的草场	摩尔根		摩尔根
小麦…………………………	— 12	**森林**	＝449.84
冬黑麦……………………	— 312	不宜耕种的	
春黑麦……………………	— 14	土地	＝ 2.88
大麦………………………	— 22	池塘	＝ 20.88
燕麦………………………	— 180	道路	＝ 15.04
豌豆………………………	— 42		38.80
野豌豆……………………	— 33		
马铃薯……………………	— 42		488.64
糖用甜菜…………………	— 22	**菜园**	25.96 $^+$
羽扇豆……………………	— 33		514.60
三叶草和梯牧草…………	— 540		
	1 252		
"德普坦特"土地[72]约	50	（大概是： 53.84）	
	1 302		1 305.84
草场………………………	123		123.48
	1 425		1 429.32　2 054.84
			—
最好的牧场(?)……………	＝ 110.92		110.92　1 540.24
	1 535.92		1 540.24　514.60
菜园………………………	25.96		

	公顷	摩尔根
道路和庭院…………………	3.76	
池塘………………………	5.22	
耕地………………………	326.46	＝ 1 305.84

草场……………………	30.87	= 123.48
最好的牧场……………	27.73	= 110.92
森林……………………	112.46	
菜园……………………	6.49	
荒地和壤土……………	0.72	
	513.71	

由于卡·克拉夫基只用货币表示出销售的产品和农户消费的产品,因此必须(1)用平均收成分别乘种植各类谷物的摩尔根数来确定总收成;(2)扣除播种的种子;(3)用平均价格(并不是所有产品都有平均价格)乘差数;(4)扣除已经卖出的产品,等等。其次,由于牲畜数量没有折合成同一种单位,因此要在数量上确定牲畜饲养得如何,**是怎么也办不到的**。

因而,这样的计算是**徒劳无益的**。

参看**布拉瑟**的文章①,特别是第 292 页和第 297—298 页。

载于 1938 年《列宁文集》俄文版第 31 卷

译自 1969 年《土地问题笔记》俄文版第 100—117 页

---

① 见本卷第 165—174 页。——编者注

对《德国小农地产中的 私人贷款》和《奥地利小农地产中的 私人贷款》两书的批注

(1901 年 6—9 月)

《社会政治协会学报》。(第 73—75 卷。)第 **73** 卷。德国小农地产中的私人贷款。第 1 卷。德国南部(1896 年莱比锡版)第 **74** 卷。第 2 卷。德国中部和北部(1896 年莱比锡版)。第 75 卷——奥地利小农地产中的私人贷款(1898 年莱比锡版)。第 **76** 卷。社会政治协会全体大会(1897 年 9 月 23—25 日)关于手工业者、关于私人农业贷款等问题的记录(1898 年莱比锡版)。

{第 **76** 卷中好像有些有趣的内容}

第 **73** 卷。

两项调查:**A**——关于贷款**处**及其作用(问题全是"现金出纳方面的";有几个关于贷款使用情况的问题。没有分类的支出)。

B——贷款的经济意义(问题都太一般)。有个问题:高利贷者是否用贷款处的钱来进行自己的业务。

I.巴伐利亚(费利克斯·黑希特)。

(顺便指出,这里重复了关于巴伐利亚 24 个村庄的调查资料,大农户、中等农户和小农户的债务。**第 195 页**。)

　　摘自巴伐利亚莱茵河右岸**储金局**的统计(参看 1895 年《巴伐利亚王国统计局杂志》)。

	存　户		存款(单位马克)	
农业企业主	9 802 =	8.9%	2 708 844 =	14.5%总计
农业男雇工	8 663 =	7.8	1 090 486 =	5.9
农业女雇工	13 685 =	12.3	1 886 080 =	10.1
(第 27 页)总计	110 472 =	100	18 630 223 =	100

第82页。贷款账户总数取决于贷款金额的大小:

	100 马克以下———	94
上弗兰克区协会:	100 — 300	———253
贷款总数=522 279 马克	300 — 500	———150
30 个协会成员　39 508	500 以上	———259
		756

《1894 年底按职业划分的成员一览表》:

成　员总　数	独立的农业业主、果园主、林业主和渔业业主		农业、林业、果园业、渔业中的帮工和工人		厂主、矿主、建筑承包人		独　立手工业者		工厂工人、矿业工人、手艺人的帮手	
	男	女	男	女	男	女	男	女	男	女
12 136	2 201	129	110	7	555	24	2 549	131	944	—

最大贷款金额　**12 480** 马克

最小贷款金额　**7** 马克(第 82 页)

在巴伐利亚的普法尔茨:储金局至 1893 年

存款总数　=10 586 420(第 215 页)

农业企业主……

款项总数　=1 391 509

农业雇工　款项总数　=　481 959

普法尔茨的互贷协会统计(舒尔采-德里奇协会)。1894。(第 244—255 页)

24 个储金局。资产=2 650 万马克。来往账户周转额=5 190 万马克。

独立商人		店员和其他商业职员		马车运输业主、船主、旅店主、小饭馆主人		邮差、铁路电信系统低级职员、铁路工人、受雇于航运业的工人		听差和仆人		医生、药剂师、教师、艺术家、作家、教会人员、国家和市政官吏		食利者、领取退休金者和其他无业人员	
男	女	男	女	男	女	男	女	男	女	男	女	男	女
1 365	137	81	5	481	45	275	5	50	70	1 095	50	382	1 445

其次,II.符腾堡。III.巴登。IV.阿尔萨斯—洛林。V.黑森。

(没有任何有趣的东西,全都是"现金"出纳报表、周转额、利润、管理费,等等,等等)

第74卷。(第2卷)德国北部和中部。

施特凯尔在其关于**东普鲁士**省贷款情况的文章中提供了两张

图表 $\left\{ \begin{array}{l} \text{柯尼斯堡区} \\ +\text{胡姆宾宁区} \end{array} \right\}$

东普鲁士互贷协会

"互贷业务说明发放贷款的笔数和总金额均有增加,发放了总金额为 4 033 124 马克的 11 815 笔贷款(平均每笔贷款为 341 马克),而去年发放了总金额为 3 960 419 马克的 11 348 笔贷款(平均每笔贷款为 349 马克)。"(第 441 页)其中金额为 2 563 503 马克(=63.5%)的 7 716 笔贷款为农业业主所获得。

在这 11 815 笔贷款中:

2 945 笔	不到	100			马克
3 024 笔	自	100	至	200	马克
3 947 笔	自	200	—	500	马克
1 336 笔	自	500	—	1 000	马克
447 笔	自	1 000	—	3 000	马克
49 笔	自	3 000	—	5 000	马克
28 笔	自	5 000	—	10 000	马克
12 笔	超过	10 000 马克			(第 442 页)。

"期票贴现。1894 年:贴现总金额为 6 159 530 马克的 4 320 张期票"(平均每张为 1 426 马克)……

在这些期票中下列金额的期票分别为：

100 马克以下	130
100—200	663
200—500	1 238
500—1 000	882
1 000—3 000	897
3 000—5 000	222
5 000—10 000	195
10 000—15 000	66
15 000 以上	27
	4 320

其中总金额为 2 534 858 马克(＝41.5%)的 1 292 张期票属于农业业主所有(第 442 页)。

在论述奥地利贷款情况的文献中应当注意的是(第 342 页,约瑟夫·法兴鲍威尔的文章:《私人农业贷款的专门机构》)[贷款处?]

对 1892 年底以前由 109 个协会所发放贷款的数额和期限的研究得出如下结果:

平均贷款

	笔数	%	总金额	%
50 德盾以下的有	2 295	26	85 930 德盾	6
50—100 德盾的有	2 771	32	241 332	17
100—200 〃 〃 〃	2 028	23	340 571	24
200—400 〃 〃 〃	1 143	13	352 609	25
400—600 〃 〃 〃	320	4	166 905	12
600—800 〃 〃 〃	81	1	59 809	4

800 — 1 000 〃 〃 〃	54	½	52 070	4
1 — 1½ 〃 〃 〃	41	½	52 411	4
1½ — 2 〃 〃 〃	8	—	14 535	1
2 — 3 〃 〃 〃	7	—	17 540	1
3 000 德盾以上的有	7	—	30 130	2
总计：	8 755	100	1 413 842	100

权当笑话——录自卡尔·冯·格拉布迈尔关于蒂罗尔南部的贷款情况的文章：

"既然博岑储金局让遭受80年代水灾的土地占有者免交了总金额为11 026德盾的53笔利息，既然它从自己的资金中捐出 !! 5 000德盾用于被淹的抵押土地的修复工作，那么它就树立了一个 ! 光辉的、诚然至今还无人仿效的榜样，说明公益精神（在特殊情况下）怎样深入到了资本主义的机构中。

至于储金局是、仍然是**资本主义的**〈黑体是原作者用的〉机构，这点是怎么也无法否认的。在不贬低储金局的各种巨大功绩的同时，仍应为了农业的利益努力建立一种从事抵押贷款的更加适宜的一般经济组织，这种组织存在的目的，应当是以最恰当的形式提供尽可能低利的贷款，而不是像储金局那样，把信贷业务当做最可靠、最有利地使用大小存户的资本的一种手段。按照储金局的职责，**存户**利益至上，而以博岑储金局为例，它有85笔存款均超过1万德盾，可见不能把存户都算做'小'人物。"（第134页）

译自1969年《土地问题笔记》俄文版
第118—127页

布拉瑟及其他[73]

(1901 年 6—9 月)

1

对布拉瑟《地产债务对经营农业的
影响研究》一文中的材料的分析

蒂尔年鉴。第 28 卷(1899 年)。

布拉瑟博士:《地产债务对经营农业的影响研究》。(第 253—310 页。)

对"利格尼茨行政区的一个区"(**下西里西亚**)的地主农户(17)和农民农户(34)进行了考察。

作者给这些农户开列了一张清单,但是没有总结性的资料。17 户地主,每户有 75—924 公顷土地(9 户有 200—500 公顷;1 户不到 100 公顷,即 75 公顷;1 户有 127 公顷;1 户有 924 公顷;1 户有 819 公顷)。关于每个农户的情况,只有公顷数目(和土地的种类)、牲畜头数、估值和债务("根据 1896 年的调查")。

17 户中有 2 户完全不负债(204 和 333 公顷);2 户债务超过价值的 100%(105%和 104%);1 户为 90%—100%;3 户为 80%—90%;

2 户为 70%—80%;2 户为 60%—70%;1 户为 50%—60%;2 户为
40%—50%;1 户为 30%—40%。

　　农民中有 5 户不负债。

$$\left.\begin{array}{l} 1\ 户有\ 7\ 公顷 \\ 7\ 户有\ 10{-}20\ 公顷 \\ 其他户有\ 20{-}110\ 公顷 \end{array}\right\}$$

2 户占估值的 10%以下	
5 户	10—20
7 户	20—30
3 户	30—40
5 户	40—50
3 户	50—60
3 户	60—70
1 户	70—80

34

　　作者认为"不负债的"农户是指(1)没有抵押债务的;(2)虽有
抵押债务、但资产不少于债务的;(3)负有极少量债务的(第
262—263 页)。

　　对**农户**的详细描述(地主农户以小写的拉丁字母 a—r 标出)

　　(a)205 公顷。一个极好的农户:(8 匹马+14 头牡牛+106 头
牛)区里的"一颗明珠"。(债务=价值的 87%。)产量很高,经营水
平高。"只是通过经常排水、大量施肥、适时深耕细作、种植条播作
物和中耕作物,才使土壤逐步达到这种状态。"(第 264 页)

　　建筑物全都高大结实——"这里投入了大量资金"。"牲畜全
都膘肥体壮,无一例外。"

各种各样的机器。轮作制十分合理,肥料极为充足(粪肥和人造肥料)。

"建造价值昂贵的建筑物耗尽全部租金。"

(b)301 公顷;债务——46.3%。

土壤经过多年耕作已经得到改良,清除了石块等杂物,加用了大量石灰。

建筑物很好,全都高大结实,价值 17 万马克。

全部牲畜(10 匹马＋26 头犍牛＋100 头牛＋400 只绵羊)喂得很肥,饲养合理。

各种各样的机器(未一一列举)。

肥料贮存得很好。购买人造肥料。

耕地深度为 17—20 厘米(甜菜:30—35 厘米)。条耕。

(c)758 公顷。(牲畜:26 匹马＋54 头犍牛＋220 头牛＋900 只绵羊。)债务＝价值的 76.9%。同 **a** 和 **b** 一样,**c** 也是一个示范农场。

土地、建筑物、牲畜都很好。机器。

"厩(粪)肥贮存得极好。"购买 2 万公斤智利硝石＋3 万公斤含氨过磷酸钙＋3 000—4 000 公斤钾盐镁矾。

深耕;条耕;灌溉草地;产量很高。

d,**e**,**f**——不是示范的,然而是"合理的"。

(**d**)(75 公顷)经常排水。大量施肥。人造肥料。深耕。条耕和中耕。

(**e**)(229 公顷)。开始使用排水设备。建筑物高大结实,一部分是新的。牲畜饲养良好。人造肥料(1万公斤智利硝石;25 000公斤过磷酸钙;5万公斤钾盐＋石灰)。

耕地深度为12—17厘米,马铃薯20—25厘米,甜菜更深一些。

f:已排水。深耕等等。"为建筑物及其维修所做的事情不是太少,而是太多了"(272)。

牲畜的饲料很好。平均每头奶牛一天产奶8升。

每年施用价值5 000—6 000马克的人造肥料(15 000公斤智利硝石,3—4万公斤过磷酸钙,5万公斤钾盐镁矾)。

g(819公顷)。建筑物良好。一部分马厩是新的。已排水。

牛奶——平均每头奶牛3 000升(一年)。

全部牲畜均为优质。饲料好。

人造肥料。机器。深耕。

h(693公顷)。有排水设备。肥料好。建筑物高大结实,一部分是新的。

牲畜喂得好。购买精饲料。

人造肥料。深耕。

i(527公顷)。建筑物高大结实,维护得好。牲畜喂得好。机器。深耕。人造肥料。

k(445公顷)。(债务占95.7%)。经营"简单"。建筑物"破旧",草屋顶。

耕地深度为12—17厘米。条耕。

主人生活很简朴。

既不购买人造肥料,也不购买饲料。马匹疲弱不堪(尽管加强饲养)。

l(374 公顷)。债务占 42.3%。(实行条耕,使用人造肥料,购买精饲料,使用蒸汽机,但结果不好。)

回到"粗放"经营:人造肥料和饲料都尽量少买。

牲畜饲养得更简单。平均每头奶牛一天产奶 5 升。

m(924 公顷,750 公顷森林)。主要是林业。经营简单、花钱少。

n(572 公顷){负债很重}。条件不好。1872 年的排水设备已**经破败**。置新的又没钱。购买土地付出的钱太多。

建筑物全都高大结实,但工人住的房屋却是旧土坯房加草屋顶。有机器,但一部分不能用,饲料不足,土地贫瘠,总而言之,一切都很糟。

o(281 公顷)。新马厩。一天 6—8 升牛奶。

人造肥料。牲畜加强饲养。

"厩肥取自加强喂养的牲畜;厩肥在运往地里以前一直留在牲畜棚的排粪沟内,利用钾盐镁矾和过磷酸钙来合理贮存。只用黑麦秸或小麦秸垫圈,已不再像先前那样用帚石南、树叶和其他叶子来垫圈了。"(286—287)

耕地深度为 17—20 厘米。条耕。

p(127 公顷)。买价太高。债务占 57%。

新业主购买更多的人造肥料和饲料,更好的机器,等等。

q(204 公顷)(对这样的土地来说,经营费用太高:"豪华的田庄","从技术上而不是从经济上来说,一切都做得尽善尽美")。

建筑物高大结实,拱形屋顶的马厩,有贮存厩肥的设施。购买饲料。

机器应该说是太多了。

集约经营。人造肥料。

公斤
120 000 钾盐镁矾
35 000 — 40 000 碱性炉渣
5 000 过磷酸钙
5 000 氨水
2 500 智利硝石

r (333 公顷)。建筑物高大结实。

牲畜棚不是拱形屋顶,得到细心保养。

工人住房是新的。

农具简陋。耕地深度为 12—17 厘米。

灌溉草场。

农民农户没有逐个列举。

"大农和中等农民,通常比小农、大菜园主(Großgärtner)和小块土地占有者经营得更好,更集约化"(292):

地耕得更深(牝牛瘦弱)

条耕

购买人造肥料和饲料。

"最后,如果说农民农户的收成落后于大多数地主田庄的收成,那么这首先是由中小地产的特性决定的。农民因为爱惜自己的马驹,想卖马驹时赚钱,地就浅耕 5 或 8 厘米。一般说,他们善于爱护自己的牲畜,在这方面比雇工通常所做的要好得多。他们不可能为每项个别的用途添置专门的工具,不可能无止境地改善耕作方法,不可能在施肥和耕作方面进行长时间的试验,还有许多其他事情也无法进行。"(292)

农民采用人造肥料、购买饲料、使用机器,以尽力改善经营。

"农民很早就认识到深耕和适时耕种的重要性,认识到正确选择良种、贮存厩肥以及许多这类事情的必要性。如果说他们没有消除可以改正的缺点,从而违背自己的信念行事或者不得不这样做的话,那通常是因为没有用于这方面的足够的资金的缘故"(293)。

建筑物"几乎处处"都高大结实,而且维护得好。牲畜喂养得好。

这是第一类农民农户,34 户中的 **12 户**(在县城(Kreisstadt)南面)(第 1—11 户和第 18 户) | 第 18 户＝110 公顷 |

第二类是 34 户中的 **22 户**(城北)(这 22 户中:4 户是 10—20 公顷;11 户是 20—50 公顷;7 户是 50—95 公顷)。土地是**湿沙**地,受到污浊的湿气的危害。耕地深度为 10—13 厘米。

"非常简陋的木犁由一匹疲惫不堪的小马或者数头半饥半饱的瘦弱的牝牛拉着"(296)。

播种谷物的耕地太多……**禾秸短**,杆细、穗空、粒瘪……饲养的**牲畜**总是**偏多,与他们很少的饲料储存不相称。饲料和垫草经常不足……** 冬天,这么多牲畜就靠禾秸、谷糠、谷壳、少量植物根和腐烂的干草勉强维持。饲料终年短缺,质量很差,有些地方的饮水中含有大量铁质,危害牲畜健康。**因此牲畜个头小,瘦弱,毛不

注意

光滑,或者干脆就在狭窄阴暗的牲畜棚里日渐消瘦、忍饥受饿。因此不能要求人们正常地使用牲畜,也不能指望有大量的好肥。

"每种作物都施肥,但用量极少。靠购买钾盐镁矾来使这肥效小、数量少的肥料得到补充⋯⋯是不可能的。要求一个病人具有很强的工作能力是不公平的。除缺少必要的资金外,也缺乏管理和经验。农民从不使用石灰,绿肥只在个别场合才用⋯⋯(297)　田地的耕作极为粗糙,却仍然十分麻烦;积好的厩肥四处撒开,$\frac{2}{3}$或$\frac{3}{4}$的种子用手撒播,然后翻地,尔后把剩下的$\frac{1}{3}$或者$\frac{1}{4}$的种子撒在表土上,再用自制的耙耙平。由于缺少必需的肥料,黑麦是分期播种的。换换种子当然有利,但由于资金不足,这个措施和其他许多措施都无法实行。农民只要想继续生存下去,那么凡是要花钱的事他都得避开。他们按老方法用连枷脱粒,用手拣出或用筛子筛净全部杂质。不久前,几个境况较好的业主购置了一台小型马拉脱粒机。干草首先是用做饲料,尽管更加(主要)适用于垫圈。其次还要切碎干草和禾秸用做饲料,用禾秸覆盖马铃薯窖或甜菜窖,修葺有窟窿的草屋顶,把少量干草同禾秸掺在一起,以便尽量多维持一段时间。因此在收成不好时,留做垫圈的禾秸就一点没有,或者所剩无几了。于是,使用树叶成为惯例。切碎的禾秸再也不用来垫圈,用来垫圈的只是每年在森林里拾的针叶树枝。其结果是少数长在光秃沙地上的松树开始衰颓,而且尽管森林广阔,但在那些经过无数次修缮的破旧房屋眼看就要完全倒塌时,却没有木头来盖房子。就是财力比较雄厚的业主也无力修建新房。缺少鹅卵石、砂砾、黏土、木材,而归根结底是缺钱⋯⋯　什么都短缺。这个悲惨地区的值得同情的农民,日复一日、从早到晚地同自己那往往为数甚多的家庭成员一起受苦受累;他们那长满茧子的手和消瘦的面颊只能表明他们在从事繁重的无止无休的劳动。他们为自己的不值得羡慕的生存而奋斗,克制不幸和烦恼,**勉强度日;他们竭尽全力赶紧挣钱**,以偿付到期的债息和交纳**税金**,并且担心他们终究还是免不了要破产。**他们没有资金进行根本改善;可是只有资金**才能对他们有所帮助,才能使这小块天生贫瘠的土地变成稳定的高产田、能够更好地养活它的主人。"(298)

——第二类的这 22 户地产中,只有 R. 的村长的地产是一个可喜的例外(第 18 户:110 公顷,43 头牛,4 口猪＋6 匹马,债务占 **50.3**%,这 22 户中,只有 3 户农民的债务比这个高)。

R. 的主人同 R. 所有其他业主相比,所收获的谷物平均多 1—2 倍,马铃薯多 2—3 倍,甜菜多 5—7 倍。这些业主都照老办法经营,由于他们所欠的债务,他们没有可能也不应当按照另外的方式经营。R. 的主人栽培的作物,都是他的邻人**不可能成功地纳入自己的轮作的**,因为他们的土地**缺乏必需的耕作和厩肥**…… 他(R. 的主人)为自己的地产支付现金,他握有**资金**。资金和劳动产生了这些极好的结果。同一个农民,如果他没有资金作后盾,没有这个绝对的先决条件,即使其他条件都具备,也永远不可能创造出"沙漠中的绿洲"(300)。

他们的"**干沙地**"逐渐变得适于耕作(绿肥)。他们"大规模地"使用钾盐镁矾等等……**进行条耕**……**不缺禾秸,新的畜棚**……各种各样的机器…… 牲畜喂得肥壮…… 畜棚盖得很合适,宽敞明亮…… 牲畜有清洁的干燥的垫脚(299)等等——提供许多好厩肥,等等,等等。

雇有雇工……

(最后,作者强烈反对那种认为债务有助于改善经营的观点。

他说，恰恰相反，债务妨碍经营，等等。经营需要资金，例如有资金的富裕农民、商人、一个前警察，等等，等等。）

	1公顷土地上的收成（单位公斤）					
	1公 顷	黑 麦	大 麦	燕 麦	马铃薯	饲用甜菜
地 主	1 000—2 800	600—2 200	1 200—3 000	600—2 800	10 000—21 000	20 000—80 000
农 民	400—1 800	300—1 400	250—2 000	450—1 800	4 500—14 000	4 000—52 000

2

书目摘记和图书简介

米夏埃尔·**海尼施**博士：《德意志-奥地利人的未来》。统计经济研究。（1892年维也纳版。）**共165页**。

老实说，书中的统计看来是很少的，不过似乎有一点关于农民债务和农民农户在货币经济影响下破产的材料：第四章（第114—153页）：《农民的苦难处境，等等》。

卡尔·冯·格拉布迈尔博士（麦兰议会议员）：《债务负担和土地改革》，专门涉及蒂罗尔状况的土地政策评论，1894年麦兰版。（共211页）

{债务增加的总数字} 作者同上。《蒂罗尔议会中的土地改革》。1896年麦兰版。（共157页）

《统计月刊》。1901年，维也纳，新丛刊，第6年卷（总第27年卷）。

（**艾尔弗雷德·赫尔德尔**，一个在皇宫和王宫以及大学售书的书商,维也纳,罗滕图姆街 13 号。)

也是由他那个出版社出版的

《社会评论》杂志,皇家劳动统计局出版。月刊;一年 2 克朗＝2 马克。单行本＝20 赫勒＝30 芬尼。

载于 1938 年《列宁文集》俄文版
第 31 卷

译自 1969 年《土地问题笔记》
俄文版第 128—135 页

威·贝尔《小地产研究》小册子札记

(1901 年 6—9 月)

威廉·埃·贝尔:《小地产研究》。1893 年伦敦版。

这是作者为科布登俱乐部所撰写的一本 98 页的小册子,他曾于 1892—1893 年间受皇家劳动委员会的委托在地方上工作。

需要指出书末《总的结论》(第 17 章)中的几点(类似提纲)。见下面。

顺便提到:(第 10 页)

一个大土地占有者的

土地在农场主之间的分配情况

共有土地——**14 000** 英亩

					大约		%	%
59	34—200—351 英亩	平均 280	34×280	=9 520	9 000			
	17—100—200 英亩	150	17×150	=2 550	2 000	51—11 000:	12—	80
	8— 50—100 英亩	75	8× 75	= 600	600			
357	10— 30— 50 英亩	40	10× 40	= 400	400	32— 1 350		
	14— 20— 30 英亩	25	14× 25	= 350	350	91— 1 950	22—	14
	21— 10— 20 英亩	15	21× 15	= 315	315			
	38— 5— 10 英亩	7.5	38× 7.5	= 285	285	59— 600		
	19— 3— 5 英亩	4	19× 4	= 76	76			
	255—平均 3 英亩	3	255× 3	= 765	765	274— 841:	66—	6
总计=416			416	14 861	13 791	416 13 791:	100	100

非常有趣的是,由地主本人进行的这一“**自愿的**”——**资本主**

义的土地分配,竟同所有资本主义国家的总的土地分配情况惊人
地相似。那种小土地占有者"占优势"(就数量而言)、那种使一切
资产者和机会主义者均感高兴的小土地占有者的"稳定",是现代
地主有意制造出来的!

以下是作者的几点结论:

1.所有各个区都有充足的小块土地可供出租(小块租地是勤
勉、节俭的劳动者进身的阶梯),是一件大好事,这不仅对这些人自
己有好处,而且对土地占有者、农场主以及其他一切对制止居民中
的精华由农村地区向外大量迁移深表关切的人们也是如此。

……3.租地在 20 英亩或 20 英亩以下的、按照常规经营谷物业和
畜牧业的租地者,只要他们在土壤或地理位置方面不具有特别的
优越条件,通常都需要挣外水,以便获得使他们的家庭可以过上富
裕生活的收入。

4.租地在 30 至 50 英亩之间的、按照常规从事经营的租地者,
在某些区、虽不是所有的区获得成功,条件是他们本人和他们的全
家干活勤勉、生活俭朴,尽管成功的得来往往只靠他们迫使自己的
儿子干活挣上点儿钱或者挣上只够吃饭穿衣的钱。

译自 1969 年《土地问题笔记》俄文版
第 137—139 页

对奥·苏雄《农民地产》一书的批注[74]

（1901年6—9月）

注意 苏雄

苏雄的书中指出：

页码

6。小地产（按照法国社会党人的见解）——没有雇佣劳动。

12。农民地产的社会意义——地产的庇护人

（注意）14。**社会稳定的因素** 注意

16。**对渴望社会革新的预防**……

23。小农户地区的人口比大农户地区减少得**快**。

24。有地产者的数字 1862——**不同于** 布尔加柯夫的

有地的日工 1882——相同于 第2卷

无地的日工 1892——**不同于** 第195—196页

援引1892年的调查![75]

注意？注意

25。最小的有地产者更倾向于迁往城市。

39。赞成大生产的**三个**主要理由：

(a)总的费用较低 ——反对——(41)**联合体**

(b)分工较细和使用机器较多。 ——反驳：机器并非随时可用(43)，大生产的不利因素：粮价下跌(46)

(c)改良土壤较好,

加　工　业　等　等　　　——反对:协作社(47)

较多。

57。大地产("榜样")和小地产都需要(!)

57—58。有地的日工在减少——反对那种认为当雇佣工

人的小业主重要的理论。

61。认为每 100 个地块有 57.4%的有地产者。

67。有副业收入的有地产者(不是日工)

68。农民农户=5—20 公顷(**少于 5 公顷就不能养家活口**：注意

第 68 页和第 69 页,注 2)

公顷

72:　1 427 655——无地的农业工人 ⎫

　　　1 400 000——有地的农业工人 ⎪

　　　1 300 000——有副业收入的小业 ⎬ 7(单位百万)

　　　　　　　主（见 71 和 67） ⎪

　　　　　　　（手工业者等等） ⎭

　　　1 000 000——农民　　　　　　　10(单位百万)

　　　　140 000——有雇佣工人的大业

　　　　　　　主(20 公顷以上)　23(单位百万)

总计=5 267 655　　　　　　　　40 ⎧——减去国

　　　　　　　　　　　　　　　　　⎨　有土地,

　　　　　　　　　　　　　　　　　⎩　等等。

79。农业危机是很难确定的东西。关于这个已经叫嚷了

40 年。

87。从 1883 年起土地地块的数目在缩减……——趋向集中。

88—89——**最小的业主往城市迁移**
89——**“集中的牺牲品是最小的有地产者”** {注意}})

92—93。农业危机很快就会结束。

94。农业**机器**的数量**增加得非常缓慢**、**有限**。

156—158。**小块土地法**[76]——意义不大(不少于也不多于1英亩,附有条件,等等)

163。**地租田庄**是由**封建**政党建立的。

164　地租田庄反对社会党人
反对往城市迁移
反对劳动力不足。

167　截至1896年以前,拥有53 316公顷土地的605个田庄解体,建立了5 021个地租田庄

1 088　$2\frac{1}{2}$—5公顷

1 023　5　—$7\frac{1}{2}$公顷

169　**缓和劳动力的供应**(注意)

载于1938年《列宁文集》俄文版第31卷

译自1969年《土地问题笔记》俄文版第140—142页

对费·莫里斯《农业和社会问题。法国的农业和土地状况》一书的批语[77]

(1901年6—9月)

费·莫里斯

［只是浏览了一下。作者有着最粗浅的无政府主义的最古怪的思想。有一些有意思的实际意见。］

页码　批语

48。　　农民抱怨…… 什么样的农民？

小农：　500万——1 200万公顷　　　　　　（注意）

大农　86.9万——3 700万公顷

85。　　一个(法国)士兵的口粮—— 1公斤面包

300克肉

160克蔬菜

16克盐

15克咖啡

21克糖

117。 14 074 801 地块；59.3%农户——因而——8 346 000 有地产者(?)

119： **1882 年**：

84.7%农户——25.1%面积 } "高度"集中 (!!)

15.3%(868 000)——74.9%(3 710 万公顷) }

122。 据 1886 年统计的农村人口分布。

122—123。约有 720 000 名在外的有地产者(不在庄园住)。

131—132。小规模耕作能养活多得多的人口。

160。 从 1831 到 1886 年，农村向城市送去了 **600 万人**。

165。 **1851** 年和 **1886** 年的农业人口。

{私有者数目减少
对分制佃农数目相等
工人数目增加} 注意

167。 在 1862 和 1882 年间固定工人(——)。[数字与**布尔加柯夫**的数字相同(第 6 页)]

174。 1831 至 1886 年大城市的发展。

194—195。作者赞成社会和平，赞成"我们的制度的稳固"，反对"农业的过度工业化"

这也算社会党人！糊涂虫！

195—197。农业现在是**粗放的**(在大农户中)，提供的产品少，等等。应当是**小的**，集约的。

197 莫里斯的口号是：**小地产，小生产**。

197。 农业的新的(未来的)阶段

"**蔬菜业时期**"(黑体是原作者用的)或"**小规模耕作**"(!)

时期是唯一可能的结果(!)。现代社会的趋势是劳动和财产的融合。

198。　怎样做到这一点?

“很简单”(!)——

199　必须**改革**,——必须重视**群众**中流行的现代观念——重视**个人的财产**(!!)和**家庭**(!!)

200。　“逐步”排挤大农户。

203。　宣布每个公民有使用国有土地的权利

就是说,土地国有化。

204。　起初把国有土地租给小农户

205。　——向大地产征税。

等等

234。　——法律草案(!!)

(234—266)(!!)土地抽签,等等。

278　——对各个省的分别描述。

{书中最有价值的东西。}

北部省。生产**甜菜**(287。主要作物)

大量施肥。

小规模	1—10 公顷:32 000 户——248 000 公顷
耕作占	10—50 公顷:10 000 户——206 000 公顷
优势(??)	50 公顷以上:　690 户——　53 000 公顷

农场:

232 公顷。一个糖厂,等等。示范农场。每公顷:3 000升小麦“没有显著超过这一地区的每公顷的产量”。(第　注意

注意 291页)???(对比北部省的**2 400**)50 000公斤甜菜(对比北部省的**45 000**)

140公顷。20头奶牛。3 000升,50 000甜菜

7公顷。6头奶牛。2 500升,40 000甜菜(原文如此!)

"除去支付全部费用,除去养家的部分费用而外,**利润,这里不如说是工资**,一年为15到1 800法郎"(291)。

工业和矿场的巨大发展。

294。 **全部人口为半农、半工,有小块土地。5公顷土地以下无法维持生活。**

295。 ——**要为耕种自己的土地付钱**(!)[有时是付出劳动!]

——替商人把牲畜养大以取得酬劳。

296。 借助**机器**种植甜菜。**童工**。

——**为里尔的服装商人做工**(注意)注意

(14小时工作制——**每家**(!)——1—$1\frac{1}{4}$法郎)。

297。 农业工人的境况是**相当艰苦的**…… **星期日**才吃肉……贫穷……

298—299。**从事雇佣劳动的小地产所有者的人数在增加。**

莫里斯的"说教":

农业(甜菜)工业化是"危险的",把农业看做工业等等是一个"错误"(308)。必须发展小生产!! 等等。

309。 **埃纳省**。大规模耕作占优势——**同北部省**相反。

土质差,耕作落后

315。		农户数	公顷
	1 公顷以下 ——	29 000 ——	14 000
	1 — 10 公顷 ——	22 000 ——	94 000
	10 — 50 公顷 ——	7 000 ——	169 000
	50 — 100 公顷 ——	991	
	100 — 300 公顷 ——	1 016	404 000
	300 公顷以上 ——	69	

320。　甜菜生产的增长。(同上,316)

322。　工人很不满("比农奴制好不了多少"!)

　　　　……微薄的工资和食物……

340。　皮卡迪和"博瑟龙"的工人状况并不好一些

			农户	公顷
342。	巴黎郊区的**蔬菜业**…… 28 000 公顷中……**1 800 公顷**为分成 **10 000 户** 的菜园,…… 从 1 000 平方米到 1 公顷(344)……	1 公顷以下:	11 000 ——	5 000
		1 — 10 公顷:	2 600	
		10 — 50 公顷	290	
		50 — 300 公顷	13	23 000
		300 — 500 公顷	2	
				28 000

‖菜园主大部分按 2 000 法郎租佃土地……

345。　　——1 公顷的总收入＝20 000 法郎

　　　　　(经营用的资金 25 000 法郎)

　　　　　纯收入　　　＝10 000 法郎

345。　**1 公顷**需用的工人　　丈夫和妻子(主人)——2

$$\left\{\begin{array}{l} \text{工资和生活费} = 6\,000\text{ 法郎} \\ \\ \quad\quad\quad\text{诺曼底} \\ \\ \quad\quad\quad\cdots\cdots \end{array}\right. \left\{\begin{array}{l} 3\text{个男工人} \quad\quad —— 3 \\ 2\text{个姑娘} \quad\quad\quad —— 2 \\ 1\text{个女日工} \quad\quad —— 1 \\ \\ \quad\quad\quad\quad\text{（夏季雇用）} \end{array}\right.$$

358。　　**很小的地产所有者从事雇佣劳动。**

361。　　——对于少数人说来诺曼底是一个"富饶的地方"，但对广大农民说来它却**"气候恶劣，不适于居住"**……

375。　　舍尔堡附近的菜园主(向英国销售卷心菜等等)。土地价值 15 000 —— 20 000 法郎(1 公顷)。

376。　　从 1 到 10 公顷的农户……

　　　　(注意)**每公顷需用 2 —— 3 个男性工人**(300 —— 500 法郎)，莫里斯兴高采烈地说："**小规模耕作**"！……

载于 1938 年《列宁文集》俄文版第 31 卷

译自 1969 年《土地问题笔记》俄文版第 143——146 页

阿·赫拉波沃-赫拉波夫斯基
《19世纪的比利时农业》一书札记[78]

(1901年6—9月)

摘自赫拉波沃-赫拉波夫斯基的书。

比利时自立的农业人口

	参加农业 劳动的 家庭成员	家仆和 日 工	总 计 (男女)
1846）	906 575	177 026	1 083 601
1880）	982 124	217 195	1 199 319
1895）	1 015 799	187 106	1 204 810

+1 905 管理人员

同上,69—71——"现代的"大生产。

71—72。作为大业主的工人的小块土地的业主。

99—100。同上(注意)。

102。小农户和大农户的竞争。

137。小块土地的业主＝工人的增加。

139。农业工人的悲惨处境。

同上,**145—146**。

144。**小业主的更紧张的劳动**(注意)。

148。工人上升为小地产所有者。

148。小业主和大业主之间的关系。(支援。)

载于1938年《列宁文集》俄文版
第31卷

译自1969年《土地问题笔记》
俄文版第147页

对巴登调查材料的批注[79]

(1901 年 6—9 月)

《对巴登大公国农业状况的调查》
1883 年卡尔斯鲁厄版

(3 大卷,其实是 4 卷,因为第 3 卷附有调查的**结果**。

许多篇关于各个村庄的专著,然后是总结。有很多收支表。)

第 1 卷。摘记(翻阅中的)

桑德豪森村(海德堡区)第 1 卷,VIII[*],第 30 页[第 1 卷,VIII (村庄)]。

收支表。大农。**9.80** 公顷。1 个雇工+1 个女仆+379 天日工。

小农。2.96 公顷(1.62 公顷是**自己的**,1.34 公顷是**租赁的**)种植烟草和忽布。

10 个工日(日工)

---

[*] 对每个村的描述均单独成篇,并有单独的页码。因此在引用时,必须指出卷次和村庄的编号:第 2 卷,XI=第 2 卷内的第 XI 号村庄。

〔在种烟草和忽布时，**1 公亩**的用工需按 1¼ 劳动日计算。因此总数＝370 日。

$$
\left.\begin{array}{l}
\text{丈夫——300} \\
\text{妻子——\ 60} \\
\text{日工——\ 10}
\end{array}\right\} 370。\!\!\rbrack
\qquad
\begin{array}{l}
\text{全部收入}＝2\,032.32 \\
\text{支出}\quad\ \underline{1\,749.91} \\
\qquad\qquad\ \ 282.41
\end{array}
$$

同上

日工＝小租地户。

2.30 公顷　　　12.6 公亩是自己的　　16 个**日工劳动日**。

　　　　　　　　$\underline{217.2}$ 公亩是租赁的

　　　　总计 229.8 公亩　　每公亩 1¾ 个劳动日

$$
\begin{array}{l}
\text{总收入}＝1\,543.50 \\
\text{支出}－\underline{1\,472.58} \\
\quad＋\quad 70\ 92
\end{array}
\qquad
\text{总计}＝410\ \text{个劳动日}
\left\{
\begin{array}{l}
16\text{——日工} \\
300\text{——丈夫} \\
94\text{——妻子}
\end{array}\right.
$$

结果。第 56—57 页。**大农户**和**中等**农户平均每人每天的肉消费量。

无论何处(8 个实例)大农的肉消费量都要**高得多**。

第 2 卷。第 Ⅱ 号、第 Ⅺ 号村庄。第 48 页。18 **公亩**烟草需要 80 个劳动日。

〔整个巴登调查是对 37 个典型村庄的研究。总起来说，有一些**极为详尽的**、详尽得难以置信的收支表(第 70 页)，这些收支表的**主要**结果，已列入我所录的总表中了。

结果中有趣的是附录 Ⅵ:《进行调查的各村庄收益计算结果一览》(第 149—165 页)。这是被调查的各户的收支(和经济的)资料一览**表**。(37＋33＝70 份收支表。)

见笔记本内 这 70 份收支表 的资料摘录①。	31 个大农(或独立农庄主) 21 个中等农民 18 个小农(包括 1 个葡萄种植者) — 70

在结果中[我**仅仅翻阅**了结果部分。材料本身(1—3 卷)我没有看,因为材料的精华已在收支表内,没有时间去专门研究]引人注目的是结论笼统:无论在哪里,包括在总结中,都**没有**把大农、中等农民和小农有系统地**区分**开来;处处都是"泛泛而论",例如甚至在谈到消费问题时也是如此。进行比较的是**村庄**,而不是大农户、中等农户和小农户。(例如第 55—66 页。)

在结果的第 **21** 页上有这样一个表(根据 1873 年的资料)

	农户数目	%	面　积 (单位公顷)	%
I"混合农户"("日工和手工业者的")···0— 10 摩尔根(　0—3.6公顷)	160 581	72.0	227 213	28.5
II小农农户·············　10—20 摩尔根(　3.6—7.2公顷)	38 900	17.5	193 923	24.3
III中等农民农户·········　20—50 摩尔根(　7.20—18公顷)	18 346	8.3	193 936	24.3
IV大农农户·············　50—100摩尔根(18—36 公顷)	3 721	1.6	90 152	11.3
V大(其中也有大农)农户······100—500摩尔根(36—180 公顷)	1 177	0.5	65 671	8.4
VI·······················500摩尔根以上 (180公顷以上)	21	0.01	5 542	0.6
村庄土地及其他·········	—	—	21 060	2.6
	222 746	100	797 597②	100

副业——手工业(赫尔维尔、维滕什万特、诺伊基尔希)(第 43 页)

林业劳动

日工

工厂劳动,采石场,等等,等等。

也有人外出搞土方工程和林业劳动(诺伊萨茨中的第 45 页)。

---

① 见本卷第 195—207 页。——编者注
② 此行数字加错了,得数多了100(应为 797 497)。——编者注

在诺伊基尔希,**40** 公顷被认为是维持生活的最低限度面积。第 44 页。

关于资料 $^{\alpha}_{\alpha}$ 和 $^{\beta}_{\beta}$**80**(见笔记本内的图表),指出下列各点是很有意思的:

大农和**中等农民**的地块在产粮区约达 7 — 10 公顷,在商业性作物和酿酒地区也有 4 — 5 公顷……(在林区为 20 — 30 公顷)……其计算($^{\alpha\beta}_{\alpha\beta}$)的结果都不坏(第 66 页)……　这里,相当于土地价值的 40%—70% 的债务是保险的,平均是 55%。

……相反,情况对**小农**不大有利,这里所说的小农也就是……有 **4—7 公顷**耕地者,在商业性作物和酿酒地区拥有 **2—4 公顷**园地者……在林区拥有 30 公顷以下土地者……

这些小农可以负担的债务的平均限度……在一切方面都比应为中等农民和大农所确定的限度低得多。

……对上述规模的地产来说,如果家庭人口取**平均数**,在**纯产粮区**,债务的限度……不能超过地产价值的 30%,否则就不能**充分保证按期**支付利息和归还债款……(第 66 页)。

……可见,上面的数字材料证实了一种非常流行的见解,即介于日工和中等农民之间〈**处于中间**〉的农民田庄所有者〈在农村里,通常称这类农村业主为"**中间等级**"——Mittelstand〉,同地产比他们更多或更少的农户相比,境况往往要更困难一些,他们虽然负担得了**适当数量的**债务,但是由于他们不可能有**经常的**副业(做日工等等)来增加收入,因此,即使负债不多,也要费很大的劲,才能还清债务①。只有等他们的子女已经长大,并且有了安排,这些小农

---

① 见本版全集第 5 卷第 165—166 页。——编者注

户的家庭负担稍许减轻的时候,他们才能偿还他们的债务。与此相反,有**份地**的**日工**(手工业者),由于他们有比较经常的副业,他们的境况往往比属于"中间等级"的农户要好得多,因为许多地方的统计都表明,搞副业往往可以得到很高的纯收入(即货币收入),可以用来偿还甚至**很高的债务**①;这说明一个常见的事实,在存在类似条件的地方,像日工等等的小土地占有者,逐渐使小农的土地摆脱债务的束缚。这些计算也说明,正是那些属于独立的农村居民的最下层的农村业主,最有理由**小心地**利用自己的贷款,所以在购置不动产时,他们不得不格外小心谨慎地考虑自己的财力(第66—67页)。

注意

　　[在债务问题上,**主要的**也是**各村的**资料。]

　　特别参看第 97 页:"(关于债务问题的)最后结论;小农的相对说来较为不利的处境"。

　　对各类地产的债务的研究表明:

　　几乎到处……都发现:**最低**类别的土地占有者(有份地的日工),其债务的**百分比最高**,相反,对**本来意义上的农民**来说,这个百分比是大大地下降的,而且一般来说,这个百分比是随地产面积的增加而**下降**的,有时甚至下降得**很快**,而在最高类别(大农地产)**中,经常是近乎全部消失的**(第 89 页)。

　　最后,根据这些资料,对有关村庄的负债程度的调查结果如下:

　　有份地的**日工**的不动产债务,几乎到处都是很可观的。然而这部分债务是最保险的(第 97 页)——因为这部分农村居民主要

---

　　①　见本版全集第 5 卷第 166 页。——编者注

不是指靠从土地上获得收入,而且经验表明,只要有定期的("无论多少")工资收入,日工就能还清债务(大部分是购置土地时欠下的)。

中等农民和大农的不动产债务,在调查过的绝大多数村庄内,甚至在被看做是大量负债的村庄内,仍然保持在地产规模所容许的限度以内,而在所有经济区域的相当多的村庄内,这种债务是很低的……

另一方面,在进行调查的许多村庄内,如果考虑到可以负担的债务限度,那么小农的债务相对说来较高而且不是完全保险的,因为这些较高的债务归根到底主要是由一定的外部条件所造成的……(第 97 页)(土地、气候、地少等等),可以设想,在全国其他村庄内也会遇到同样的情况。

这一债务主要是地产贷款(购买土地和转让田庄)的结果。

注意　……在购买土地时——多数研究报告指出了这一点——,首先正是小农和接近小农的日工,需要精打细算,特别小心(第98 页)[①]。

小农较少卖得现钱,而他们需要的钱却特别多,因此……

由于资金不足,任何一次雹灾、牲畜瘟疫等等对他们的危害都特别显著。

载于 1932 年《列宁文集》俄文版第 19 卷　　　　　　　　　　译自 1969 年《土地问题笔记》俄文版第 148—152 页

---

① 参看本版全集第 5 卷第 166 页。——编者注

对巴登调查中70份
收支表的批注

（1901年6—9月）

加进独立田庄主，就把问题搞得很乱。如果去掉大农户中163公顷和170公顷的两户，就得出 1 033－333＝700÷29＝**24公顷**。

从中等农户中去掉 54＋25＋26［＝105］；可得出：283－105＝178÷18＝约**10公顷**。

从小农户中减去 14 和 43 公顷（57 公顷），可得出：125－57＝68÷16＝**4.25公顷**。

对大农户、中等农户和小农户来说，这将是正常得多的数字。

如果完全去掉第 **20** 号和第 **22** 号村庄呢？

20. 大农户	170.53 公顷	**22**. 大农户	65.56 公顷	170.53
	163.90 公顷			163.90
				65.56
				399.99

20. 中等农户　54.00 公顷　　**22**. 中等农户　26.09 公顷

　　　　　　　　25.00 公顷

20. 小农户　　14.00 公顷

　　　　　　　　43.40 公顷

28 户于是得出：　　　　大农户 1 033.69　　　　　　平均

　　　　　　　　　　　　　　　 399.99　　　　　　　　公顷

　　　　　　　　　　　　　　633.70 ÷ 28　　　　　　 22.63

18 户　　　　　　　中等农户　　　　　　约 10 公顷

16 户　　　　　　　小农户　　　　　　　约 4¼ 公顷

62

　　　再把**第 30 号**村庄也去掉。　　大农户　　　　　 92.45

　　于是　　26——17.8 公顷 ‖　633.70　　　 和　 77.43

　　　 ＋18——10　 公顷 ‖　−169.88　　　　　 169.88

　　　 ＋16——　4¼ 公顷 ‖　463.82÷26＝17.8

　　　　　　60

　　这样一来,即去掉第 20 号、第 22 号和第 30 号村庄后,大农户中所有 50 公顷以上的农户、中等农户中所有 20 公顷以上的农户、小农户中所有 10 公顷以上的农户均被排除在外了。

　　在去掉第 20 号、第 22 号和　　　　　$\left\{\begin{array}{l} -5 \text{ 大农户} \\ -3 \text{ 中等农户} \\ -2 \text{ 小农户} \\ -10 \text{ 份收支表} \end{array}\right.$
第 30 号村庄后结论是否会改变呢

対　照　表

大农户	中等农户	小农户
＋ 2 246	＋　125	＋　15
＋ 1 742		－ 57
＋　980	－ 482	－ 42
－ 64	＋ 146	
＋　700		
＋ 5 668	－ 482	
－ 64	＋ 271	
＋ 5 604	－ 211	

总数＝19 216　　　　　总数＝5 110 总数＝635 所有 70 户"平均"
－ 5 604　　　　　　　　　 － 211　　 － 42 占有的土地
26……13 612　　　18……　 4 899 16……593＝1 033.69

13 612	/26	4 899	/18	593	/16	282.94
61	**523.5**	36	**272.2**	48	**37.06**	125.09
92		129		113		1 441.72
78		126		112		÷70＝20.60 公顷
140		39		10		

小孩按½个成人计算,因此家庭成员

5.8　　　　　　　　　　　　5　　芬尼
2　　成人＋3.8 小孩　　　×4
2　　　　＋1.9＝3.9

　　　　4　人　　　　　20
　　　　×9（47－38）×360
＋　　36 马克　　　　**72.00**马克

与大农户相比的中等农户

	10 芬尼		19 马克(66—47)
×	4	×	4
	40		**76 马克**
×	360		
	144 马克		

220 马克

村庄编号一览表

1. 科尼格斯巴赫
2. 迪特瓦尔
3. 申费尔德
4. 韦尔巴赫
5. 辛多尔斯海姆
6. 阿尔特海姆
7. 温特尔沙伊登塔尔
8. 桑德豪森
9. 里亨
10. 苏尔茨费尔德
11. 诺伊鲁斯海姆
12. 黑姆斯巴赫
13. 胡滕海姆
14. 明戈尔斯海姆
15. 埃尔门丁根
16. 奥伊廷根——(无)
17. 米歇尔巴赫
18. 诺伊萨茨
19. 采尔-韦埃尔巴赫
20. 奥贝尔沃尔法赫
21. 伊亨海姆
22. 施泰格
23. 比绍芬根
24. 瓦森韦莱尔
25. 埃弗林根
26. 毛尔堡
27. 格里森
28. 赫尔维尔
29. 维滕什万特
30. 诺伊基尔希
31. 乌纳丁根
32. 里拉辛根

33. 瓦泰尔丁根　　　36. 迈恩万根

34. 瓦塞尔　　　37. 伊门施塔德

35. 沃尔恩多尔夫

副业收入

有时在注释中说明(并有总额),有时则未说明。

在收入中有一栏:其他。有时在这一栏内说明:副业收入(于是我就记入副业收入),有时则未说明(于是我就未记入)。

应当指出,在调查报告正文中收支表资料要详尽**得多**(收获量、农具、消费、销售,等等,等等),而在结论部分的总结性图表中,这些资料就大大删减了。

"劳动费用及其他"这一栏的标题全文是:《劳动费用,包括食品和按马克计算的每公顷总经营费用》。

注　释

编号 1.总管的工资太低。

2.劳动费用太高。

3.见第 1 号。

4.总管的生活费未计在内。

5.副业收入 400 马克(⅙年从事副业)。

6.农具的损耗和折旧丝毫未予计算。

7.妻子有病,只算业主的工资。

8.此外两个儿子和一个女儿挣 180 马克。

9.丈夫供职有收入。只算妻子的工资。

10. 同上。(终身抚恤金为 680 马克。)

11. 借助儿子的工资、果园业等等可以把收入提高 540 马克。

12. 4 个劳动力就够了,不必用 6 个。

13. 丈夫供职有 300 马克的收入,并非始终干农活。因此,工资＝100 马克。

14. 此外干日工挣 690 马克。

15. 供职的收入＝400 马克。

16. 见第 1 号。丈夫的副业收入＝200 马克。

17. 丈夫还有来自村储金局的 300 马克的收入。

18. 女儿一年只有$\frac{3}{5}$的时间干农活。

19. 可以借助果园业来提高收入。

20. 未扣除日工 100 天的伙食费(在计算盈利时)。

21. 见第 2 号。

22. 妻子只能干 100 个劳动日。

23. 丈夫可得 60 马克房租。妻子操持家务丝毫未计算在内。此项可增加 130 马克的支出。

24. 丈夫的副业收入＝155。

25. 〃〃〃〃〃〃 使亏空变为盈余 610 马克。

26. 副业收入 500 马克。

注意:这里非农业收入**时而**计入收入总数,**时而未计入**。

(第89—90页)　　　　　　　　债务占资产的百分比
各村债务：

地产类别	科尼格斯巴赫 %	迪特瓦尔 %	韦尔巴赫	辛多尔斯海姆	桑德豪森	瓦森韦莱尔	瓦泰尔丁根	乌纳丁根*)	诺伊基尔希*)
0 — 0.25		180.65	98.14	72.51	25.70	165.61	195.39		
0.25— 0.50									
0.50— 1									
1 — 2		73.07	35.88		15.76	61.97	60.77	0.84	
2 — 5	48.21	45.73	25.21	45.34	12.67	44.52	70.18	11.75	
5 — 10	21.13	25.34	14.07	22.95	0.09	14.04	48.67	29.24	56.00 只有
10 — 20	0.67	3.02	0.16	9.50			29.31	50.78	303.94 两个
20 — 50				9.05			15.72	4.19	55.93 实例
50 —100				0.36					52.77
100 —200									76.13

完全不使用雇佣劳动	雇佣劳动：			固定雇佣工人		日　工	
				农户	雇工	农民	天数
2	大　农	31	业主（每户6.4个家庭成员）	24	71	27	4 347
6	中等农民	21	（5.8）	8	12	14	956
8—9	小　农	18	（5.9）	2	2	9	543
16		70		34	85	50	5 846

29		5 846	/85	5 846	/50
15		510	68.7		116.9
10		746			
54		680			
16		660			
70					

*) 例外:具有直接继承人权利的村庄。

附 录 四

《结论》等等(第138页)

关于按照同一方法计算的各农户每人每天食物、饮料的消费情况,以及每人每年所需服装的情况

村庄编号		谷物,水果 单位磅	马铃薯 单位磅	肉类 单位克	牛奶 单位升	酒类			每人每日食物费用*) 单位芬尼	每年所需服装 单位马克 [小孩按½个成人计算]
						葡萄酒 单位升	苹果酒 单位升	每年饮烧酒 单位升		
大农户	1.	1.94	2.24	112	0.36	0.04	0.56	—	65	80
	2.	1.97	1.41	53	1.18	0.18	0.09	—	49	40
	3.	2.20	3.04	192	1.00	—	0.15	—	70	70
	4.	2.92	2.61	132	1.00	0.39	0.19	—	80	63
	5.	1.67	1.78	160	1.84	—	0.11	—	60	86
	6.	1.58	2.05	120	1.37	—	0.07	—	54	45
	7.	2.02	2.67	119	1.00	0.02	0.06	—	65	44
	8.	1.76	1.77	113	0.58	0.06	—	—	64	44
	9.	2.23	2.05	147	1.00	—	1.08	—	80	69
	10.	2.00	2.09	88	1.00	0.17	0.87	—	82	61
	12.	1.59	1.89	99	0.38	0.06	0.12	—	50	73
	13.	1.61	1.82	146	1.60	0.13	0.09	—	86	84
	14.	2.03	2.30	109	0.60	0.42	0.22	—	75	70
	20.1a.	1.41	1.86	178	1.19	0.15	—	27升(0.08)	82	84

	20.1b.	2.00	2.60	179	1.58	0.32	—	23　升(0.06)	100	84	由于客人多，消费增多
	21.	1.78	1.37	168	1.60	0.31	—	—	68	100	
	22.	1.56	1.00	161	0.80	—	—	—	61	56	
	23.	1.52	1.00	193	1.40	1.27	—	3　升(0.008)	84	80	
大	24.	1.87	1.00	143	0.73	0.64	—	7　升(0.02)	72	69	
	26.	1.51	1.42	93	0.86	0.13	0.30	3　升(0.01)	67	18	服装的需求大概算得太低
	27.	1.53	2.69	123	1.00	0.35	0.04	—	74	60	每人每年饮啤酒7升
农	30.a	1.54	1.00	169	1.58	—	—	6　升(0.02)	65	60	
	30.b	1.72	0.88	177	1.77	0.01	—	3　升(0.01)	69	67	
	31.	1.73	1.04	82	1.17	0.06	0.03	10.6升(0.03)	59	63	
户	32.	1.78	2.40	171	0.50	0.41	0.66	—	93	91	啤酒50升(**任何地方**每人每年的消费量)
	33.	1.85	2.53	97	0.61	0.08	0.08	12.3升(0.03)	60	80	
	34.	2.34	2.15	179	0.92	0.07	0.54	8　升(0.02)	95	50	
	36.	2.08	1.04	158	0.80	—	0.50	—	67	50	
	37.	1.82	1.21	149	1.00	0.25	0.60	—	78	74	
总计29：		53.26	52.91	4 010	30.42				2 074	1 915	
平均：		1.84	1.82	138	1.05				71.5	66	

*) 包括日用食品(咖啡、调味品等)和取暖、照明费用(第138页，注释3)。

	村庄编号	谷物，水果单位磅	马铃薯单位磅	肉类单位克	牛奶单位升	酒类 葡萄酒单位升	苹果酒单位升	每年饮烧酒单位升	每人每日食物费用单位芬尼	每年所需服装单位马克	
中等农户	1.	1.46	2.74	35	0.91	—	0.23	—	54	38	
	3.	2.40	2.35	254	1.00	—	0.08	—	76	65	
	4.	2.26	3.30	132	1.00	0.26	—	—	80	52	
	5.	1.37	0.55	49	1.90	—	0.04	—	56	58	
	6.	2.18	3.10	85	0.99	—	—	—	54	33	
	7.	2.19	2.89	74	0.99	—	0.08	—	60	44	
	12.	1.27	1.51	84	0.41	0.03	0.11	—	40	50	
	15.	1.75	1.51	88	0.50	0.27	0.12	—	55	38	
	18.	0.73	1.51	102	0.77	—	0.30	3.6 升(0.01)	52	23	
	20. 2a.	1.48	2.60	119	1.30	0.04	—	14.6 升(0.04)	73	54	
	20. 2b.	1.46	2.32	139	1.42	—	—	18.7 升(0.05)	70	60	
	21.	1.69	1.25	141	1.35	0.35	—	—	61	50	
	22.	1.87	1.00	202	1.21	0.08	—	6 升(0.016)	70	37	
	23.	1.28	1.85	80	0.62	0.50	—	4 升(0.01)	48	50	
	24.	1.52	1.00	131	0.40	0.61	—	7 升(0.02)	66	39	
	25.	1.44	1.56	91	0.74	0.69	—	—	81	56	
	28.	1.78	2.41	66	0.66	0.07	—	—	40	38	
	29.	1.40	1.64	69	1.00	—	—	3.6 升(0.01)	40	11	——用于服装的费用大概算得太低
	32.	1.00	2.51	112	0.75	0.40	—	—	66	82	——水果的消费大概算得太低
	34.	1.90	2.26	147	0.83	0.11	0.31	9.3 升(0.02)	86	45	——啤酒25升（见上面=
	35.	1.62	2.02	115	0.82	—	0.18	11 升(0.03)	60	31	——啤酒30升 每人每年）
	36.	2.02	0.86	121	0.90	—	0.40	—	63	50	
	37.	1.68	0.80	116	1.44	0.36	0.80	—	76	86	
	总计23	36.75	43.54	2 552	21.91				1 427	1 090	
	平均	1.59	1.90	111	0.95				62	47	

	村庄编号	谷物，水果 单位磅	马铃薯 单位磅	肉类 单位克	牛奶 单位升	酒类 葡萄酒 单位升	酒类 苹果酒 单位升	酒类 每年饮烧酒 单位升	每人每日食物费用 单位芬尼	每年所需服装 单位马克	
	2.	1.98	1.71	30	2.00	0.12	—	—	48	30	
	5.	1.16	2.10	98	1.70	—	—	—	49	28	
	6.	2.22	3.29	36	1.22	—	—	—	50	40	
	8.	1.16	2.04	117	1.00	—	—	—	63	28	
	9.	1.54	2.74	106	0.99	—	0.29	—	60	67	
小	10.	1.39	2.44	83	0.71	0.01	0.34	—	55	31	
	11.	1.54	2.01	95	0.96	—	—	3 升(0.01)	72	37	
	14.	1.92	2.47	82	0.50	0.35	0.41	—	70	40	
	17.	1.17	1.71	57	0.68	0.21	0.21	—	54	35	
农	18.	1.15	1.76	48	1.34	—	0.07	1.25 升(0.003)	47	25	
	19.	1.53	1.15	93	0.80	0.22	0.19	3 升(0.001)	63	51	
	20. 3a.	1.25	1.32	66	2.28	—	—	11.3 升(0.03)	64	47	
	20. 3b.	1.25	2.04	79	1.16	—	—	0.45 升	48	35	
户	27.	1.16	1.16	45	1.00	0.08	—	—	48	32	啤酒 12.5 升
	28.	1.44	2.74	34	0.68	0.02	—	—	40	29	
	29.	1.41	2.08	74	0.71	—	—	10.4 升(0.03)	47	52	
	30.	1.65	0.66	138	1.53	0.05	—	5.5 升(0.02)	65	40	
	31.	1.72	1.25	69	1.14	0.02	—	6 升(0.02)	55	50	
	33.	1.84	2.76	54	1.20	0.10	—	12 升	60	40	
	35.	1.42	1.42	39	0.59	—	—	1 升	40	26	啤酒 12 升
	总计 20	29.90	38.85	1 443	22.19				1 140	763	
	平均	1.49	1.94	72	1.11				57	38	

	村庄编号	公顷	谷物，水果 单位磅	马铃薯 单位磅	肉类 单位克	牛奶 单位升	酒类 葡萄酒 单位升	酒类 苹果酒 单位升	酒类 每年饮烧酒 单位升	每人每日食物费用 单位芬尼	每年所需服装 单位马克	
日工	1.	0.89	1.64	2.74	12	0.99	—	—	—	40	37	
	2.	4.61	2.19	1.35	24	1.47	—	—	—	44	30	
	3.	1.25	2.08	3.28	107	1.00	—	—	—	?	36	
	4.	1.38	1.58	2.22	116	0.40	—	—	—	?	28	
	7.	1.77	1.94	2.22	71	0.53	—	—	—	56	20	
	8.	2.30	2.11	1.87	60	0.72	—	—	—	52	29	
	9.	2.97	1.23	2.53	68	0.75	—	0.10	—	?	20	——实际消费更高，因为家属经常在外吃饭。
	10.	0.63	1.35	2.50	12	1.00	—	0.09	—	44	33	
	11.	2.09	1.64	2.43	67	0.78	—	—	0.44升	59	22	
	12.	1.37	1.35	2.19	9	0.40	—	—	—	?	43	
	13.	?	2.13	1.57	80	0.86	—	—	—	55	34	
	14.	0.85	1.65	2.56	23	0.55	—	0.18	—	48	20	
	15.	1.73	1.83	2.22	61	0.66	0.04	0.28	—	50	38	
	17.	3.24	1.57	1.92	62	0.55	0.16	0.16	8升(0.02)	54	35	
	20. I.	5.07	1.39	1.55	60	1.23	—	—	11升(0.03)	51	46	
	20. II.	0.45	1.40	1.90	84	1.12	—	—	21升(0.06)	60	30	
	21.	2.33	1.70	1.34	64	1.00	—	—	—	48	42	——每人每年购买7马克酒类。
总计17			28.78	36.39	960	14.51			[13个数字]	661	543	
平均			1.69	2.14	56	0.85				51	32	日　工
			1.49	1.94	72	1.11				57	38	大 农 户
			1.59	1.90	111	0.95				62	47	中等农户
			1.84	1.82	138	1.05				72	66	小 农 户

试将拥有葡萄园的农户按葡萄园的规模分类。

	农户数	其中拥有雇佣工人的农户*)	他们所拥有的葡萄园	全部土地单位公顷	大农户	中等农户	小农户	家庭成员数目	雇佣工人	
									固定工人	日工数目（单位天）
10 公亩以下 ……	2	2	0.16	5.33	—	—	2	7	—	145
10 — 20 公亩……	4	2	0.59	27.65	2	—	2	26	6	650
20 — 50 公亩……	6	6	1.98	72.89	4	1	1	32	9	516
50 公亩 — 1 公顷	7	5	4.78	41.68	2	2	3	37	2	409
1 公顷 — 1½公顷	5	4	6.54	55.55	4	1	—	31	8	495
总计……………	24	19	14.05	203.09	12	4	8	133	25	2 215

2 个业主平均拥有　4 个固定雇佣工人+ 600 日工的劳动日

1 〃 〃 〃 〃 　3 〃 〃 〃 〃 〃 + 240 〃 〃 〃 〃

5 〃 〃 〃 〃 　2 〃 〃 〃 〃 〃 + 645 〃 〃 〃 〃

4 〃 〃 〃 〃 　1 〃 〃 〃 〃 〃 + 200 〃 〃 〃 〃

7 〃 〃 〃 〃 　0 〃 〃 〃 〃 〃 + 530 〃 〃 〃 〃

19　　　　　　25　　　　　　　2 215

译自 1969 年《土地问题笔记》俄文版
第 153—167 页

----

*)　**一般说来**：也有既拥有雇工又拥有日工的，**或者**只拥有日工。

关于70份收支表中大农户、中等农户和小农户的比较统计材料摘录

（不晚于1901年10月6日〔19日〕）

		有雇工或日工的	有子女参加劳动的	有亏空的	农户的生活费总计
大 农 户	31	29	19	8	12 193÷31
		（24户有雇工）			＝393
中等农户	21	15	15	4	6 275÷20
		（8户有雇工）			＝313
小 农 户	18	10	9	5	5 673÷18
		（2户有雇工）			＝315
总计 70		54（34）	43	17	

译自1969年《土地问题笔记》俄文版第168页

E. 塞努雷《社会经济和农业经济论文集》一书札记[81]

(1901 年 6—10 月)

E. 塞努雷先生:《社会经济和农业经济论文集》1897 年巴黎版。(第 232 页和以下各页)——他在一篇论文中对经营葡萄园的小农户、大农户和中等农户(**1869 年**——吉伦特省的农业协会)作了比较

虚构的例子	注意

I.   小农户　　　1 公顷 60 公亩——只是本人与家属劳动

II. 中等农户　　10 公顷 25 公亩——本人与家属和一个工人(帮助耕地)＋日工

III. 大农户　　　51 公顷 25 公亩——本人不劳动。领工的仆人 1 个,耕地的仆人(3 个)和按商定工资付酬的葡萄园种植者(6—7 个)

补 I:需要的劳动日:250 个男劳动日＋200 个女劳动日

$$\left\{\begin{array}{l}50 \text{个男劳动日}＋ 50 \text{个女劳动日}\\ \text{其余为日工的劳动日}\end{array}\right\}$$

财产价值	小 农 户 （单位法郎）	中等农户 （单位法郎）	大 农 户 （单位法郎）
葡萄园……………	4 800	24 000	110 000
其余土地…………	900	10 500	55 000
房屋………………	1 000	2 000	18 000
农具和牲畜………	—	1 000	4 000
	总计=**6 700**	总计=37 500	总计=187 000

支出：	**小农户**		**中等农户**		**大农户**
4%	268		1 500		7 480
税金和实物税……	36		190		805
葡萄架……………	25		120		550
葡萄藤……………	15		70		350
购买厩肥…………	40	各种支出+	125	牲畜钉掌	525
			33	和耗费**82**	
购买禾秸…………	16			肥料	400
运输………………	15				
房屋修缮…………	15		45		200
火灾保险…………	4		10		30
修桶及其他………	10 + 30		130 + 60		150
收获葡萄（№1）…	20		250		2 000 +1 170
		工资+	600 187+		2 450
					再加工资=1 350

（№1）给这几天男女日工的报酬或补偿，购买食物，估价为 20 法郎（第 241 页）

250个男劳动日每日2.25=562	300个男劳动日	蘼草,
	每日2.25=675	芦苇　210
200个女劳动日每日0.75=150	250个女劳动日	%　—215
	每日0.75=187	杂费=　625
总计=1 210[①]	总计=4 182	总计=18 510

收入 **小农户**	**中等农户**	**大农户**
4桶葡萄酒每桶240=960	18½桶	75桶
	每桶　250=4 625	每桶275=20 625
	土地收入——732	9 000升
		小麦=　2 250
	收入=5 357	土地的其他收入=　655
		总计=23 530

差额—**250**　　**差额**+**1 175**　　**差额**+**5 020**

或者换个说法

收入=　960—498=462

(498=1 210—562—150)

日工

50个男劳动日,每日2.25=112.50

50个女劳动日,每日0.75=　37.50

612

作为**领工的仆人**

(工人)

他应有**840**法郎

载于1962年《列宁全集》俄文第4版第40卷

译自1969年《土地问题笔记》俄文版第169—171页

① 在列举小农户的支出项目时,列宁略去了此栏中用于支付利息的4法郎。——俄文版编者注

德国农业统计摘录[83]

((第 1—20 页))

(1901 年 6—9 月)

1882 年使用机器的农户数目

1882 年

	蒸汽犁	播种机[*]	割草机	蒸汽脱粒机及其他脱粒机		总计
2 以下	3	4 807	48	4 211	6 509	
2 — 5	7	4 760	78	10 279	23 221	
5 — 10	6	6 493	261	16 007	51 822	74 589
10 — 20	18	9 487	1 232	18 856	86 632	116 225
5 — 20	24	15 980	1 493	34 863	138 454	190 814
20 — 100	92	22 975	10 681	17 960	115 172	
100 以上	710	15 320	7 334	8 377	15 011	
	836	63 842	19 634	75 690	298 367	

显然,这些机器记入了这一摘录的第 5 页[①],以便同 1895 年进行比较(5 种农业机器的使用架次)。以下是 1907 年有关这些机器的资料(使用**架次**):

---

[*] 1895 年使用播种机的农户数目的减少,据说(第 36 页)部分原因是"农村业主现在不用普通的播种机,而改用条播机了"。

---

① 参看本卷第 218 页。——编者注

1907	2 公顷以下	131 489;	每 100 个这类农户 =	3.8
	2— 5	313 641;	〃 〃 〃 〃 〃 〃 =	31.2
	5— 20	968 349;	〃 〃 〃 〃 〃 〃 =	90.9
	20—100	469 527;	〃 〃 〃 〃 〃 〃 =	179.1
	100 以上	64 098;	〃 〃 〃 〃 〃 〃 =	271.9
	总计 =	1 947 104		33.9

必须标出菜园(gärtnerisch benutzt)地和林地的分配情况

1907

农 户 总 数	它们拥有的 总 面 积	其中专门经营 菜园地的农户		菜 园 地 (单位公顷)	拥有森林 的农户	%	它们拥有 的 森 林 (单位公顷)	1907 年 的 森 林 (单位公顷)
			%					
2 公顷以下 3 236 367	2 415 914	367 402	11.35	99 034	147 777	4.57	413 033	514 279
2—5 公顷 1 016 318	4 142 071	1 387	0.14	50 420	222 749	21.92	546 860	654 607
5—20 公顷 998 804	12 537 660	536	0.05	79 154	400 557	40.10	1 850 277	2 121 024
20—100 公顷 281 767	13 157 201	69	0.02	57 091	146 997	52.17	2 197 830	2 186 484
100 公顷以上 25 061	11 031 896	5	0.02	43 642	13 754	54.88	2 574 276	2 203 360
5 558 317	43 284 742	369 399	6.65	329 341	931 834	16.76	7 582 276	7 679 754

从这些材料可以看出,连蔬菜业也有集中的趋势,但是其规模难以确定。

森林集中于大农户(20 公顷以上的——在 758 万公顷中占了 477 万公顷,即超过 60%)。

如果拿**全部森林**(不仅是同农业有关的森林)来看,那么情况是:953 874 个农户有 13 725 930 公顷森林和全部土地中的 30 847 317 公顷。几乎全部森林的一半(1 370 万公顷中的 6 733 044 公顷,即 49.05%)掌握在**有 1 000 公顷以上**土地的农户手中。

关于商业性蔬菜业(**Kunst‑und Handelsgärtnerei** = "温室栽培业"等等?)的集中情况,有专门的材料:

注意

农户类别（按商业性菜园大小	农户数目	%		它们拥有的土地：菜园地	%		全部农业用地	农户平均土地面积：菜园地	农户平均土地面积：其他农业用地
10公亩以下	7 780	23.91		344	1.46		17 313	0.04	2.2
10—50公亩	13 724	42.17	59.71	3 230	13.70	29.30	56 519	0.24	4.1
50公亩—1公顷	5 707	17.54		3 677	15.60		77 945	0.64	13.6
1公顷—2公顷	3 397	10.44		4 208	17.85		162 277	1.24	47.7
2公顷—5公顷	1 441	4.43	5.94	3 987	16.92	51.39	157 934	2.76	109.6
5公顷以上	491	1.51		8 124	34.47		66 119	16.54	134.7
总　计	32 540	100.00		23 570	100.00		538 107	0.72	16.5

参看大卫，第152页，40%——20公亩以下

种葡萄农户

葡萄园规模	农户数目	%		它们拥有的土地：葡萄园地	%		其他农业用地	每个业主的面积：葡萄园地	每个业主的面积：其他用地
10公亩以下	88 362	25.63		4 962	3.94		221 340	0.05	2.5
10—20公亩	81 936	23.76		11 399	9.04		258 756	0.14	3.1
20—50公亩	103 777	30.09		32 179	25.51		371 357	0.31	3.5
50公亩—1公顷	47 148	13.67		31 407	24.90		201 888	0.66	4.3
1—5公顷	22 542	6.53	20.52	35 399	28.07	61.51	158 247	1.57	7.0
5公顷以上	1 085	0.32		10 763	8.54		30 599	9.92	28.2
总　计	344 850	100.00		126 109	100.00		1242 187	0.36	3.6

49%—13%
30%—26%
21%—61%

84

按**农业**用地面积的大小分类：

20公亩以下	1 134.3公顷	葡		
20 — 50公亩	4 476 〃	萄		
50公亩— 1公顷	9 867 〃	园	1公顷以下—15 477公顷	
1 — 2公顷	20 794 〃	36 271	1— 10 —86 890公顷	102 367＝87.17%
2 — 5公顷	41 158 〃		10— 50 —19 015公顷	
5 — 20公顷	37 649 〃		50以上 — 4 727	12.83%
20 —100公顷	8 746 〃			
100公顷以上	2 285 〃		总计＝126 109	
总计＝126 109 〃				

法 国

		%	%
1公顷以下	136.2 千公顷	7.56	42.08
1—10	637.5	35.42	
10—40	467.9	25.98	57.02
40 以上	558.9	31.04	
	1 800.5	100.00	

　　100 公顷以上这类农户中的**非独立户**的百分比(相对地！)高(0.35%和0.39%)。是由于**农业**的**非独立户**中包括**仅仅**从事行政管理的人员和监工(第49 页★)。

　　其次,100 公顷以上这类农户中,A—C 独立户大部分**是林业主**、**企业主**和**商人**。

第47 页★

1＝A1 独立户

2＝A1 非独立户

3＝A—C 非独立户＋D

4＝A—C 独立户

5＝其他职业

按主要职业划分的农户%%

	1. 农业 独立户	2. 农业 非独立户	3. 农业+工业+商业+手工业及其他 非独立户	4. 蔬菜业+工业+商业+其他 独立户	5. 其他 职业	总计 %
2公顷以下	17.43	21.30	50.31	22.53	9.73	100
2— 5	72.20	2.48	8.63	16.31	2.86	100
5— 20	90.79	0.21	1.11	6.96	1.14	100
20—100	96.16	0.05	0.17	2.52	1.15	100
100以上	93.86	0.35	0.39	1.50	4.25	100
总计	44.96	12.90	31.08	17.49	6.47	100

2 499 130+(717 037)+1 727 703 +971 934+359 550=5 558 317

关于从事副业的**独立**农村业主的百分比的资料,清楚地表明拥有100公顷以上土地的业主处于**特别**有利的地位(他们的副业=林业、大工业、农产品加工业、当兵和做官等等)。

2公顷以下	26.08	从事副业的
2— 5	25.54	独立农村业
5— 20	15.26	主的百分比
20—1 00	8.82	(第48页*)
100以上	23.54	
	20.10	

独立户		非独立户	
A 2— 6）……………	31 751	A 1）…………………	717 037
B…………………	704 290	A 2— 6）…………	67 605
C 1— 10…………	130 682	B）………………	790 950
C11— 21…………	32 994	C）………………	12 757
C22 ……………	72 217	C）………………	101 781
	971 934	C）………………	836
		D）………………	36 737
			1 727 703

＋……………	1 727 703
其他职业…………	359 550
	3 059 187

＋……………	
A1 ………………	2 499 130
	5 558 317

大农户使用机器极为普遍（79%和 94%，而中等农户为 46%，小农户为 14%—2%）（第 36 页★）

牛奶业内使用机器的情况也是如此（注意：第 39 页★）（大农户为 31%—3%，中等农户为 3%—1%，小农户为 1%—0.02%）

同 **1882 年**比较：

	蒸汽犁		割草机		蒸汽脱粒机	
		20 公顷以上的农户	总　计	20 公顷以上		
1882：	836	802	19 634	18 015	75 690	26 337
1895：	1 696	1 602	35 084	27 493	259 364	62 120
	＋ 860	＋ 800	＋15 450	＋ 9 478	＋183 674	＋35 783
1907：	2 995	2 873　1907：	301 325	155 526　1907：	488 867	86 472
	（＋1 299）	（＋1 271）				

使用机器的农户的**百分数**,当然是在**下等**户中增加得最多,因为小的百分数增长较快。

(第 36 页★＋第 39 页★)

	每 100 个农户中使用农业机器的农户	每 100 个农户中使用这种或那种农业机器的架次	(见第 2 页)① 1907	每 100 个农户中使用 5 种农业机器的架次 第 36 页★		
				1882	1895	
2 公顷以下	2.03	2.03	3.8	0.50	1.59	＋ 1.09
2— 5	13.81	15.46	31.2	3.91	11.87	＋ 7.96
5— 20	45.80	56.04	90.9	20.59	43.86	＋23.27
20—100	78.79	128.46	179.1	59.17	92.01	＋32.84
100 以上	94.16	352.34	271.9	187.07	208.93	＋21.86
总　计	16.36	22.36	33.9	8.68	16.59	＋ 7.91
5—10 公顷		71.1		13.5	32.9	
10—20		122.1		31.2	60.8	

(参看《19 世纪末的德国国民经济》第 51 页)

谈到 1882 年和 1895 年使用各种机器的农户数目的比较,不要忘记小农户和中等农户大量使用的**仅仅是**脱粒机,其他机器则使用得极少。

蒸汽犁只在大农户中使用(**开始**使用)。

使用条播机的……大农户为 18%—57%　中等农户为 5　％

使用撒粪机的……大农户为 3%—37%　中等农户为 0.2%

使用分离器的……大农户为 10%—15%　中等农户为 4　％

---

① 参看本卷第 212—213 页。——编者注

其次(**注意**)使用自己的机器**和租用的**机器的架次很有限。因而,机器的集中程度应当还要高。

还要指出,关于畜牧业的集中问题,1895年取的是整个德意志帝国的数字。

					牛	
无地的		663	农 户		它们有	6 905
少于 0.1公顷		663	〃 〃		〃 〃 〃	4
0.1— 2公顷	76 223		〃 〃		〃 〃 〃	1 310
2 — 5 〃	212 331		〃 〃		〃 〃 〃	4 986
5 — 20 〃	748 653		〃 〃		〃 〃 〃	47 414
20 — 50 〃	815 047		〃 〃		〃 〃 〃	176 987

注意

关于"**大地产的退化**"问题(布尔加柯夫)。关于有1 000公顷以上土地的农户的资料:

1895年:**572**个农户有

农用面积802 115公顷(2.46%,而1882年为2.22%)

土地总面积1 159 674公顷(2.68%,而1882年为2.55%)

其中包括

798 435公顷严格意义上的农业用地面积

3 655公顷菜园

25公顷葡萄园

298 589公顷森林(25.75%)

荒地和不宜耕种的土地——**至少**为各类土地的1.72%。

> **1907 年：369 个农户有 693 656 公顷**　　总面积
>
> 　　　　其中包括 497 973 公顷　　农业用地面积
>
> 　　　　　　　　 2 563 公顷　　菜园
>
> 　　　　　　　　　　 0 公顷　　葡萄园
>
> 　　　　　　　 145 990 公顷　　森林

[　]内为 1907 年的资料。

有 97.90%饲养牲畜;大牲畜 97.73%,绵羊 86.01%,猪 90.73%,等等。牲畜头数:马:55 591[42 502];牛:148 678[120 754];绵羊:703 813[376 429];猪:53 543[59 304];山羊:175[134][①]。

使用农业机器的:**总数 555**。蒸汽犁——81[120];播种机——448[284];撒粪机——356;割草机——211[328];蒸汽脱粒机——500[337];乳脂分离器——72[137]＋140。(使用机器的**总架次＝2 800**)。

其次,他们(有 1 000 公顷以上土地的农户)当中

兼营糖厂的——	16
酿酒厂的　——	228
淀粉厂的　——	16
面粉磨坊的——	64
啤酒厂的　——	6

　　总计＝330(33 000÷572)＝57.7%

211 户种植糖用甜菜(26 127 公顷)

302 户种植马铃薯,供酿酒业和淀粉业用。

---

① 参看本版全集第 5 卷第 177 页。——编者注

21 户在城里有牛奶买卖(1 822 头奶牛)

204 户参加牛奶协作社（18 273 头奶牛)

20 400 ÷ 572＝35.6%

572 户中有 **544** 户按主要职业来说是独立的农户

(544 户中有 227 户(42%)没有副业

317 户(58%)有副业)

9 户——主要职业:独立的林业主、商人和企业主

19 户——其他职业。

不租地的占这些农户的 63.29%

他们的租地＝他们总面积的 12.56%。

仅限于普鲁士

1895:使用分离器的农户数目

	农户总数	使用分离器的农户数目		总计	1907	
		手摇的	机械带动的		农户总数	使用分离器的农户数目
无地的	—	13	11	24	—	—
0.1 公亩以下	262	—	1	1	488	—
0.1— 2 公亩	45 554	7	3	10	69 774	10
2 — 5 〃	146 672	28	12	40	206 958	27
5 — 20 〃	525 466	147	76	223	560 511	128
20 — 50 〃	520 236	326	56	382	515 114	378

	农　户总　数	使用分离器的农户数目		总　计	1907	
					农　户总　数	使用分离器的农户数目
		手摇的	机　械带动的			
50　—　1公顷	410 944	555	83	638	385 867	1 515
1　—　2　〃　〃	398 979	1 415	141	1 556	362 265	7 606
2　—　3　〃　〃	233 596	1 618	189	1 807	223 325	11 828
3　—　4　〃　〃	163 126	1 747	317	2 064	166 117	14 058
4　—　5　〃　〃	126 058	1 697	433	2 130	131 472	14 991
5　—　10　〃　〃	314 634	6 137	3 111	9 248	349 352	58 347
10　—　20　〃　〃	214 095	6 492	4 565	11 057	233 808	60 777
20　—　50　〃　〃	155 539	7 574	4 575	12 149	147 724	47 349
50　—　100　〃　〃	32 575	2 279	953	3 232	28 252	8 506
100　—　200　〃　〃	8 697	876	306	1 182	8 236	2 330
200　—　500　〃　〃	8 050	798	589	1 387	7 871	2 031
500　—1 000　〃　〃	3 110	307	445	752	2 670	899
1 000 公顷以上	533	70	132	202	340	129
总　　　计	3308 126	32 086	15 998	48 084	3 400 144	230 909

	役畜数量（马+犍牛）			全部役畜数量（马+犍牛+牝牛）		牝牛在役畜总数中所占的百分比		
	1882	1895		1882	1895	1882	1895	
2 公顷以下	62 912	69 366	+ 6 454	501 212	459 337			
2— 5 公顷	308 323	302 310	— 6 013	1 385 769	1 412 015			
5— 20 "	1 437 384	1 430 512	— 6 872	2 086 251	2 222 431	31.1	35.6	+4.5
20—100 "	1 168 544	1 155 438	—13 106	1 193 319	1 213 350	2.1	4.8	+2.7
100 公顷以上	650 450	695 230	+44 780	650 607	698 129	0.02	0.4	+0.38
总 计	3 627 613	3 652 856	+25 243	5 817 158	6 005 262			

有役畜的农户数目

	1882	1895		% 1882	1895	
2 公顷以下	325 005	306 340	—18 665	10.61	9.46	—1.15
2— 5 公顷	733 967	725 584	— 8 383	74.49	71.39	—3.40
5— 20 "	894 696	925 103	+30 407	96.56	92.62	—3.94
20—100 "	279 284	275 220	— 4 064	99.21	97.68	—1.53
100 公顷以上	24 485	24 485	— 360*)	99.42	97.70	—1.72
	2 257 797	2 256 732	—	42.79	40.60	—2.19

对比：使用蒸汽犁的农户数目

	1882	1895	
20—100 公顷	92	277	+ 185
100 公顷以上	710	1 325	+ 615

	只用牲牛的农户的百分比 1882	1895		常用牲牛的农户①的百分比 1882	1895		使用马和犍牛的农户的百分比 1882	1895	
2公顷以下	83.74	82.10	−1.64	85.21	83.95	−1.26	14.79	16.05	+1.26
2—5公顷	68.29	69.42	+1.13	72.95	74.93	+1.98	27.05	25.07	−1.98
5—20〃〃	18.49	20.30	+1.81	29.71	34.75	+5.04	70.29	65.25	−5.04
20—100〃〃	0.25	0.28	+0.03	3.42	6.02	+2.60	96.58	93.98	−2.60
100公顷以上	0.00	0.03	+0.03	0.25	1.40	+1.15	99.75	98.60	−1.15
	41.64	41.82	+0.21	48.18	50.48	+2.30	51.82	49.52	−2.30

这些有关使用役畜的资料说明经营**条件**的**极度**恶化，**中等农户役畜质量的恶化**。

5—20公顷的农户中，5—10公顷这一类农户的役畜要差得多。

	农户总数	有役畜的	其中使用牲牛的	只用牲牛的	在有役畜的农户总数中所占的百分比	
5—10)	605 814	548 378	50 619+30 970+172 094		=31.3%(!!)	20.30%
10—20)	392 990	376 725	31 373+20 671 + 15 704		=4.2%	
		%				
		90.5	253 683…………		=46.3%(!)	34.75%
		95.8	67 748…………		=17.9% (确切说18.0%)	

从1882年至1895年增加得最多的是5—10公顷这一类农户：

	农户的百分比 1882	1895		总面积的百分比 1882	1895		农业用地面积的百分比 1882	1895	
5—10公顷	10.50	10.90	+0.40	11.90	12.37	+0.47	12.26	13.02	+0.76
10—20〃〃	7.06	7.07	+0.01	16.70	16.59	−0.11	16.48	16.88	+0.40

① 就是既使用牲牛、也使用马和犍牛的农户。——编者注

1895

1895 年使用机器的资料:

1894/95 年使用以下各种机器的农户:

[下方为 1907 年的数字]

	蒸汽犁	撒播机	条播机	撒肥机	割草机	蒸汽脱粒机	其他脱粒机	中耕机	*)分离器（自己的）手摇的	*)分离器（自己的）机械带动的	（我的计算）最后两栏的总计
2 公顷以下	4	214	14 735	105	245	35 066	15 951	2 369	5 295	673	5 968
2— 5	25	551	13 088	283	600	52 830	66 653	9 224	12 004	1 834	12 477 13 838
5— 10	32	1 121	19 083	607	1 528	58 115	138 376	14 169	13 941	5 066	56 955 19 007
10— 20	33	2 131	29 668	1 324	5 218	51 233	180 145	16 553	13 769	7 521	85 986 21 290
5— 20	65	3 252	48 751	1 931	6 746	109 348	318 521	30 722	27 710	12 587	94 655
20—100	277	12 091	49 852	7 002	19 535	46 778	180 575	22 311	15 256	8 292	23 548
100 以上	1 325	12 565	14 366	9 328	7 958	15 342	15 169	7 911	2 539	1 797	80 137 4 336
总 计	1 696	28 673	140 792	18 649	35 084	259 364	596 869	72 537	62 804	25 183	6 696 87 987
											336 906

2 公顷以下	0.16	0.02
2— 5	1.18	0.18
5— 20	2.77	1.26
20—100	5.41	2.94
100 以上	10.13	7.71
总 计	1.13	0.45

	1895	1907
5—10)	199 172	464 197
使用 5 种机器的总架次=10—20)	238 760	504 152
	437 932	

[见前面关于普鲁士(乳脂分离器)的资料[①]]

*) 注。“使用中耕机和分离器的农户无法精确计算:参看引言。”[注意:大部分被夸大了:第 39 页★上就各邦情况通报了分离器资料中发生错误的原因(和性质)。从这一评论中可以得出结论:这些有关分离器数量的资料**大部分被夸大了**;往往把这些机器同别的机器混在一起。所以,只能有保留地用来同 1907 年相比。]文中(第 38 页★)说,**除普鲁士外**(同上),有关这些机器的资料大部分**是不准确的**。**但是**(第 39 页★)百分比(占农户数目的百分比)毕竟计算出来了!

① 参看本卷第 221—222 页。——编者注

第 60 页//1898:		烟草种植者		他们拥有的烟草播种面积（大致数）（单位公顷）	公顷(最高额)
I	1公亩以下	61 040	88 000		600
II	1—10公亩	27 132			2 700
III	10公亩—1公顷	49 420	51 000		3 300
IV	1公顷以上	1 579			
		139 171	139 000	17 652公顷	

注意：

88 000(63%)—不超过 3 300 公顷(20%)

51 000(37%)—约 **15 000** 公顷(80%)

139 000

[注意:国库统计！]

由于分类极粗(仅4类!!)**在**第III类和第IV类**之间**,要作**任何的**、甚至大致的区分都是不可能的。清楚的只是:**88 000 名**种植者(**63**%左右)拥有的不超过 **3 000 公顷左右**(不超过3 300=**20**%)。而 **51 000 名**种植者(37%左右)拥有约 **15 000** 公顷(80%左右)

兼营下列加工企业的农户数目：

1895：

	2公顷以下	2—5公顷	5—10公顷	5—20公顷	10—20公顷	20—100公顷	100公顷以上	总计
(1)糖厂…………	154	34	(21)	52	(31)	34	76	350
(2)酿酒厂………	689	388	(465)	1 041	(576)	1 042	2 762	5 922
(3)淀粉厂………	33	29	(28)	45	(17)	58	274	439
(4)面粉磨坊……	8 847	11 372	(11 754)	20 867	(9 113)	5 316	696	47 098
(5)啤酒厂………	1 641	1 719	(1 905)	3 874	(1 969)	1 823	198	9 255
总计	11 364	13 542		25 879		8 273	4 006	63 064
	%	%		%		%	%	%
	0.35	1.33		2.59		2.97	15.98	1.14
农户总数…	3 236 367	1 016 318		998 804		281 767	25 061	5 558 317
1907年兼营这**5**种加工企业的数字……	10 660	20 884		33 514		8 464	5 588	79 110

参看布尔加柯夫的书第2卷第116页上的歪曲

“不应该认为兼营它们〈农产品加工企业〉的主要是大农户”（布尔加柯夫的书第2卷第116页）。真算说中了！！

!! “绝大多数(糖用甜菜和马铃薯)是小农户生产的”(同上)!! **以下是有关播种糖用甜菜的农户的资料：**

	农户数目	在农户总数中所占百分比	糖用甜菜(单位公顷*))	%	1907年种植的糖用甜菜(单位公顷)	种植酿酒业和淀粉业用马铃薯的农户数目	在农户总数中所占百分比	
2公顷以下	10 781	0.33	3 781	1.0	9 730	565	0.01	没有马铃薯土地面积的数字。农户的数字完全可以驳倒布尔加柯夫。
2— 5公顷	21 413	2.10	12 693	3.2	18 858	947	0.09	
5— 20〃〃	47 145	4.72	48 213	12.1	77 582	3 023	0.30	
20— 100〃〃	26 643	9.45	97 782	24.7	125 961	4 293	1.52	
100公顷以上	7 262	28.98	233 820	59.0	281 691	5 195	20.72	
总　计＝	113 244	2.03	396 289	100	513 822	14 023	0.25	

*) 5—10公顷—— 18 752
10—20〃〃—— 29 461

关于小农户和大农户在牛奶业中的作用问题[布尔加柯夫的书第2卷第117页，他把这个问题也歪曲了]的资料如下：

农户总数		其中有牛的农户所占百分比	**在城里**有牛奶买卖或贮存有奶制品的农户				参加乳脂制造协作社和牛奶收集站的农户			
			农户数目	%	它们拥有的奶牛头数	平均每户拥有奶牛头数	农户数目	%	奶牛头数	平均每户拥有奶牛头数
2公顷以下	3 236 367	28.59	8 998	0.3	25 028	2.8	10 300	0.3	18 556	1.8
2—5	1 016 318	92.41	11 049	1.1	30 275	2.7	31 819	3.1	73 156	2.3
5—20	998 804	97.65	15 344	1.5	70 916	4.6	53 597	5.4	211 236	3.9
20—100	281 767	98.60	5 676	2.0	58 439	10.3	43 561	15.4	418 563	9.6
100以上	25 061	97.72	863	3.4	31 213	36.1	8 805	35.1	361 435	41.0
	5 558 317	56.52	41 930	0.8	215 871	5.1	148 082	2.7	1 082 946	7.3

	%		%		%		%		%	
2公顷以下	58.23		21.46		11.59		6.95		1.71	
2—5	18.28		26.35		14.03		21.49		6.76	
5—20	17.97		36.59		32.85		36.19		19.51	
20—100	5.07		13.54		27.07	41.53	29.42		38.65	72.02%
100以上	0.45		2.06		14.46		5.95		33.37	
	100		100		100		100		100	

可见牛奶业的集中程度是**非常高的**，**绝大多数**供出售的乳制品，都是**大资本主义农户**生产的。

牛奶业的集中，当然决不会同**农业**的集中一致。因此，这里只按**土地面积**分类是不够的。按耕地面积划分的各个类别的**内部**，也有集中现象：

	土地在2公顷以下的牛奶场			拥有2—5公顷土地的牛奶场			拥有5—20公顷土地的牛奶场			5—10公顷		
	农户数目	它们拥有的奶牛头数	平均每户拥有奶牛头数	农户数目	奶牛头数	平均每户拥有奶牛头数	农户数目	奶牛头数	平均每户拥有奶牛头数	农户数目	奶牛头数	平均每户拥有奶牛头数
有1头奶牛者	4 024	4 024	1	1 862	1 862	1	756	756	1	551	551	1
有2头奶牛者	2 924	5 848	2	4 497	8 994	2	2 687	5 374	2	1 946	3 892	2
有3头以上奶牛者	2 050	15 156	7.4	4 690	19 419	4.3	11 901	64 786	5.4	6 103	29 213	4.9
	8 998	25 028	2.8	11 049	30 275	2.7	15 344	70 916	4.6	8 600	33 656	

可惜这里只有三类。我们还要指出，土地在2公顷以下的这一类牛奶场中，有些户**根本没有耕地**。这样的户有471个，它们拥有奶牛5 344头（即平均每户有**11.3头**!!）；其中只有6户各有1头奶牛，只有17户各有2头奶牛，而其余448户有5 304头奶牛，即平均每户有**11.8头奶牛**。显然，牛奶业的集中程度比土地面积资料所表明的要大**得多**，而且在牛奶业中，一些专门的**牛奶场主**正在兴起。

还有一些例子：在城里拥有牛奶店等等的那些农民中间，我们发现**2公顷以下的这类**农户中有这样的比例：

从**2公亩到5公亩**……158户(有1头奶牛的有38户,有2头奶牛的有23户)——1 287头奶牛(平均每户有**8.1头奶牛**),而减去只有1—2头奶牛的农户,则得出有3头奶牛以上的农户为97户,他们有1 203头奶牛(平均每户为**12.4**头奶牛)

[在参加牛奶协作社的农户中间,情形也是如此。我们看到在2公顷以下的这一类中,**没有土地的**56户农户有466头奶牛(平均每户**8.3**头),**2到5公亩的**52户有574头奶牛(**平均每户11.0头**)。]总的来说,如果把有2公顷以下土地的这一类农户分为两小类:50公亩以下的为一类,50公亩—2公顷的为一类,那么,**第一小类每户平均**拥有的奶牛比第二小类多得多:这清楚地说明**乳品畜牧业正在脱离农业**而走向**专门化**。

在**城市**出售牛奶的**2公顷以下**的农户:

	农户数目:	其中			他们拥有的奶牛头数	平均每户拥有奶牛头数	奶牛总头数	参加牛奶协作社的2公顷以下的农户		
		有1头奶牛的农户	有2头奶牛的农户	有3头以上奶牛的农户				农户数目	奶牛头数	平均每户拥有奶牛头数
0 —50公亩	1 944	722	372	850	9 789	11.5	11 255	869	3 514	4
50公亩— 2公顷	7 054	3 302	2 552	1 200	5 367	4.5	13 773	9 431	15 042	1
	8 998	4 024	2 924	2 050	15 156	7.4	25 028	10 300	18 556	1.8

其次，至于说到德国牛奶业集中的最大规模，那么对**最高**几类进一步分类也是有意思的。在城市出售牛奶的农户中

500—1 000 公顷：73 户，有奶牛 4 888 头。平均每户有奶牛 66 头。

1 000 公顷以上：　21 户，有奶牛 1 822 头。平均每户有奶牛 87 头。

在参加牛奶协作社的农户中：

500—1 000 公顷：	1 573 户	有奶牛	97 403 头	平均每户有 62 头。
1 000 公顷以上：	204 〃	〃 〃 〃	18 273 〃	平均每户有 89 头。
500 公顷以上：	1 777 〃	〃 〃 〃	115 676 〃	
200—500 公顷：	3 708 〃	〃 〃 〃	158 702 〃	
200 公顷以上：	5 485 〃	〃 〃 〃	274 378 〃	平均每户约有奶牛 50 头。

平均每 **100 公顷**农业耕地面积的牲畜数量：				
			（牛）	猪
德国	1882	——	**48.49**	—— 26.46
	1895	——	**52.44**	—— 41.71
大不列颠	1885	——	**50.57**	—— 18.20
丹麦	1893	——	**59.81**	—— 29.24
荷兰	1895	——	74.02	—— 31.76
比利时	1880	——	69.71	—— 32.59

见 1895 年的统计，正文第 60★—65 页★

各类农户的牲畜数量

	牛			猪		
	1882	**1895**		**1882**	**1895**	
2 公顷以下	10.5	8.3	—2.2	24.7	25.6	+0.9
2— 5 公顷	16.9	16.4	—0.5	17.6	17.2	—0.4
5— 20 〃	35.7	36.5	+0.8	31.4	31.1	—0.3
20—100 〃 〃	27.0	27.3	+0.3	20.6	19.6	—1.0
100 公顷以上	9.9	11.5	+1.6	5.7	6.5	+0.8
	100	100		100	100	

但是商业性**牧羊业**的大幅度衰落（从 1882 年到 1895 年绵羊减少 850 万只（2 110 万—1 260 万只），其中拥有 20 公顷以上土地的农户减少了 700 万只！）使大农户在牲畜总数中所占的地位有所下降：

牲畜总数（按价值计算）：

	1882	**1895**	
2 公顷以下	9.3	9.4	+0.1
2— 5 公顷	13.1	13.5	+0.4
5— 20 〃	33.3	34.2	+0.9
20—100 〃	29.5 ⎱44.3	28.8 ⎱42.9	—0.7
100 公顷以上	14.8 ⎰	14.1 ⎰	—0.7
	100	100	

德国　1907 年（**0—2 公顷的农户除外**）

平均每户＝12.8 公顷

2 357 573 户有 30 103 563 公顷**农业**用地面积。

其中

　　1 006 277　2— 5 公顷

　　652 798　5—10 〃 〃

不言而喻,这里把大农户的**比重**缩小了,因为这里所有牲畜都是按同一个价值计算的,其实大农户的牲畜当然更好更贵,于是由此得出的各类农户之间的**比例**也就可能不对头了(大农户的牲畜的改良)。

不过,大农户的牲畜的总头数当然比小农户增加得**少些**。

大农户由于商业性牧羊业的急剧衰落遭受的损失**最大**,他们**用大量**增殖**牛**和**猪**(同小农户相比)的办法**只是减轻了**这种损失,而并未完全弥补这种损失。

在《19 世纪末的德国国民经济》一书第 54 页上,引用了这样一个把各种牲畜折合成大牲畜的比率:

"**1 头牛=4 口猪=10 只绵羊**"。

如果我们再补充上 1 头牛=10 只山羊,则得:

	1895	1882
1895. 马……………………	3 367 298	3 114 420
牛……………………	17 053 642	15 454 372
绵羊(1/10)…………	1 259 287	2 111 696
猪(1/4)………………	3 390 660	2 107 814
山羊(1/10)…………	310 525	245 253
	25 381 412	23 033 555
	−23 033 555	
	2 347 857	

	农户数	
有 1 头奶牛者	6 718—	6 718 头奶牛
有 2 〃 〃 〃	10 338—	20 676 〃 〃 〃
	17 056—	27 394
有 3 头奶牛以上者	24 874—	188 477 ÷ 24 874=7
总 计	41 930—	215 871[85]

[下转第 239 页]

1882 年和 1895 年德国农业人口的职业统计

（有职业的人口）

注意：**真正的**农业。[**A**1]（单位千）

以农业为主要职业者：

		1882	1895		
A	自立户 （有地产者，租地者）	2 253	2 522	+269	
C 1	（他们的农庭成员）	1 935	1 899	− 36	
	I	4 188	4 421	+233	+ 5.6%
	II				
C 3	（自己拥有土地或租有土地的农业工人）	866	383	−483	−55.8%
	A+C1+C3=	5 054	4 804	−250	
B	（职员）	47	77	+ 30	+63.8%
C 2	（男女雇工）	1 589	1 719	+130	

以农业为主要职业或副业者：

	1882	1895	
A）	4 372	4 682	+310
C 1）	2 599*)	2 960**)	+361
	6 971	7 642	+671
C 3）	876	443	−433
	7 847	8 085	+238
B）	48	78	+ 30
C 2）	1 872	1 942	+ 70

C 4（没有土地的农业工人）		1 374	1 445	+ 71	
	III	3 010	3 241	+231	+ 7.7%
总计		8 064	8 045	− 19	− 0.2%

I	51.9	62.7	54.9	59.7	+3.0	−3.0
II	10.8		4.8		−6.0	
III	37.3		40.3		+3.0	
	100.0		100.0			

C 4)	1 441	1 518	+ 77
	3 361	3 538	+177
	11 208	11 623	+415

仅仅以农业为副业的资料：

	1882	**1895**	
A)	2 120	2 160	+ 40
C 1)	664	1 061	+397+59.8%
	2 784	3 221	+**437**
C 3)	9	60	+ **51**
B)	1	1	± 0
C 2)	283	223	− 60
C 4)	67	73	+ 6
	351	297	− **54**
	3 144	3 578	+434

*) 其中以农业为副业者占 21.7%。

**) 其中以农业为副业者占 35.8%。

研究职业的变化时,必须依据下列各点:

(1)**真正的农业**:A1,而不是 A1—6(布尔加柯夫先生在他的著作第 2 卷第 133 页上,用的恰好是 A1—6,这样一来,以农业为职业的人口就多出来了,即把**商业性蔬菜业**、**林业**、**渔业**并入农业,这显然是不正确的)

(2)主要职业,即以农业为**主要**职业者。关于副业的资料非常含糊不清,也就是从中看不出副业的分量有多大,等等。

结论:

1.布尔加柯夫说农业劳动的数量**增加了**,这是完全错误的。主要职业中的劳动数量**减少了**。副业中增加的农业劳动在多大程度上与此相抵消,我们**无法**判断。

2.职业(主要职业)划分上的变化表明:

(a)剥夺过程在发展:**占有**土地的总人数(业主、租地者和工人)**减少了** 25 万人。业主增加了 233 000 人,而有地的工人**减少了** 483 000 人。所以遭到剥夺的是**最贫苦的**那部分农民。

按资本主义方式使用的工人**增加了** 231 000 人(＋7.7%,即比业主的增加幅度大,后者增加了 5.6%)。

所以,农业正是而且完全是按照**资本主义**方向发展的。

[我们要指出,把户主参加劳动的家庭成员(C1)算做雇佣**工人**——统计这样算,布尔加柯夫在他的著作第 2 卷第 133 页上也照着这样算——是完全错误的。C1＝业主-共同占有者,而 C2-C4 是雇佣工人。因此,既然是给按**资本主义**方式使用劳动下定义,就应当把 C1 同 **A** 归到一起。]

至于C3,当然属于中间的类别:一方面他们是雇佣工人,另一方面是业主。正是这个中间类别在13年内**受到的冲击**最大。

[上接第235页]

注意:第69页★上指出,美国"当时**没有**把(农业企业中)3英亩(=1.20公顷)以下的所有农户计算在内,因为它们在普查那一年内总收入没有达到500美元,只有位于大城市附近的少数经营菜园等的农户才达到了这一数额",据说因此就**无法**同德国相比。

注意

载于1938年《列宁文集》俄文版第31卷

译自1969年《土地问题笔记》俄文版第172—196页

对《法国农业统计。1892年的十年调查的总结》一书中的资料的分析[86]

(1901年)

第一部分

	1862年	1882年	1892年
人工草场	280	310	320万公顷
天然草场	500	590	620万公顷

161。**注意**。从 1862 年起**草场**增加的百分率(注意)

163。在工业原料作物中**主要是**含糖植物(52.14%)

164。——北部省居前列

180。糖用甜菜:尤其是**北部省**

183。从 1887 年到 1897 年食糖生产的增长。

198。菜园多半在大城市附近(注意)

203。菜园从 1882 年起在减少

206。休闲地在减少。

242。各种作物同 1840 年比较

257。北部省的畜产特别丰富

340。**肉**的消费

	小麦……… 每100公顷农业总面积的小麦(单位百升)	产量(单位百升)	平均每公顷(单位百升)
1. 北部省……………	594	3 144 749	25.5
2. 加来海峡省………	505	3 205 744	20.2
3. 索姆省…………	469	2 778 499	21.2
4. 阿登省…………	297	1 498 899	21.4
5. 瓦兹省…………	436	2 455 795	22.8
6. 埃纳省…………	482	3 412 329	23.9
7. 塞纳-瓦兹省………	409	2 167 158	23.9
8. 塞纳省…………	381	103 379	26.8
9. 厄尔-卢瓦尔省……	455	2 579 191	21.5
10. 塞纳-马恩省……	453	2 570 100	22.5
		24	

全法国的平均数 230 总计=全法国 117 499 297 16.4

法国。1892年：（第356—359页）

	农户的百分比		农户的平均面积	耕地面积		非耕地面积	总数	
1公顷以下	39.19		0.59	2.88		1.35	2.67	
1—10公顷	45.90		4.29	24.07		13.83	22.80	
10—40公顷	12.48	14.91	20.13	30.00	73.05	21.96	28.98	74.53
40公顷以上	2.43		162.21	43.05		62.86	45.55	
总计=	100			100		100	100	

耕地面积的分布

	可耕地		草场	葡萄园		菜园		树林和森林
1公顷以下	2.78		3.20	7.56		16.26		1.18
1—10公顷	25.71		29.27	35.42		34.48		11.96
10—40公顷	32.33	71.51	36.43	25.98	57.02	25.99	49.26	18.94
40公顷以上	39.18		31.10	31.04		23.27		67.92
总计=	100		100	100		100		100

农户数目（第2卷，第221—225页）

	1公顷以下	1—10公顷	10—40公顷	40公顷以上
1862	?	2 435 401	636 309	154 167
1882	2 167 667	2 635 030	727 222	142 088
1892	2 235 405	2 617 558	711 118	138 671

农业机器（第2卷，第256—259页）

	蒸汽机和锅驼机	犁*)	马拉锄	脱粒机	播种机	割草机	收割机	干草摊晒机	机器总数
1862	2 849	3 206 421	25 846	100 733	10 853	9 442	8 907	5 649	3 367 851
1882	9 288	3 267 187	195 410	211 045	29 391	19 147	16 025	27 364	3 765 569
1892	12 037	3 669 212	251 798	234 380	52 375	38 753	23 432	51 451	4 321 401

*) 双铧或 1862——?

多铧（犁） 1882——157 719

1892——198 506

苏雄(第 94 页)不必因为机器数目增加得很缓慢而感到太高兴。如果不把犁算在"机器"以内,那么机器的增加就是相当迅猛的了。

	（第 2 卷第 201 页）			（第 195 页）	
产量的增加	**干酪和黄油**		奶牛头数	平均 1 头奶牛产奶	牛　奶总　　数
	(单位千公斤)	(单位千公斤)		(单位百升)	(单位亿升)
1882	114 696	74 851	5 019 670	15	68.206
1892	136 654	132 023	5 407 126	16	77.013

葡萄园

第 2 卷第 89 页:从 1882 年起公顷数减少了,但是每公顷葡萄的产酒量(百升)却从 15.28 增加到 16.12

甜菜(糖用)(第 2 卷第 63 页)

	单位公顷	每公顷收成(单位公担)
1862	136 492	324
1882	240 465	368
1892	271 258	267

农户数目:(第 1 卷,363)

	40公顷以上	40—100公顷	%	100公顷以上	%
1882	142 000	113 000	1.98	29 000	0.52
1892	139 000	106 000	1.84	33 000	0.58
	−3 000	−7 000		+4 000	

			百分比
增加：1公顷以下	1882	2 168 000	38.22
	1892	2 235 000	39.21
			百分比
和5—10公顷	1882	769 000	13.56
	1892	788 000	13.82

马铃薯播种面积占10%以上	葡萄园面积占5%以上	
下阿尔卑斯	沃克吕兹	
罗讷	洛特	
多姆山	曼恩-卢瓦尔	
萨尔特	卢瓦尔-谢尔	
上维埃纳	塔恩-加龙	
索恩-卢瓦尔	多姆山	
多尔多涅	瓦尔	
科雷兹	上加龙	
卢瓦尔	安德尔-卢瓦尔	
孚日	加尔	
东比利牛斯	洛特-加龙	10%以上
上莱茵(贝尔福)	罗讷	10%以上
塞纳	东比利牛斯	10%以上
阿列日	吉伦特	10%以上
阿尔代什	热尔	10%以上
	奥德	10%以上
	埃罗	10%以上
15	17	

法国的葡萄园面积(布尔加柯夫,第2卷第193页)

	占农业总面积的百分比	总面积（单位公顷）		葡萄园面积**大致数**	
1公顷以下	11%	1 327 253		145 000 公顷	
1—10公顷	6%	5 489 200 5 755 500	}=11 244 700	675 000 公顷	}1 061
10—40公顷	2.7%	14 313 417		386 000 公顷	
40公顷以上	3%	22 493 393		675 000 公顷	
	平均 4.5%	49 378 763		1 881 000 公顷	

根据第184页注释4
葡萄园地为180万公顷

谷物面积的百分比，**第65页**

工业原料作物的面积（没有百分比！！）：第164页

菜园，**第199页**，没有百分比。

葡萄园，第211页，有百分比

全部（？）（不是全部）作物的百分比：**第238页**。

有马铃薯的百分比，第**139**页。

甜菜生产最发达的省份：（第180页）

	甜菜种植面积（单位公顷）	40公顷以上农户的面积	所有农户的总面积（单位公顷）		马铃薯种植面积（单位公顷）	第139页在可耕地中所占百分比 %
1. 北部省	47 903	167 836	511 166	⅓	19 714	5.3
埃纳	61 429	392 007	674 860	½以上	13 286	2.6
加来海峡省	37 325	250 733	629 350	½以下	24 279	4.6
索姆	35 096	253 496	591 250	½以下	15 374	3.1
5. 瓦兹	24 828	296 201	529 983	½以上	7 601	1.9
塞纳-马恩	16 278	339 419	547 800	½以上	10 001	2.4
塞纳-瓦兹	9 992	287 377	501 302	½以上	16 802	4.4
8. 阿登	5 212	271 518	485 290	½以上	17 149	6.0
总计	=238 063	2 258 587	4 471 001	½以上	124 206	全法国平均为5.72%
在总数271 258公顷中		½以上，而全法国平均为45.55%			（在1 474 144中）	

(7 200 万公担中的 6 400 万
公担产品是它们生产的)
　1892＝271 000 公顷
　1882＝240 000 公顷
　1862＝136 000 公顷
　1840＝ 58 000 公顷

载于 1962 年《列宁全集》俄文
第 4 版第 40 卷

译自 1969 年《土地问题笔记》
俄文版第 197—201 页

法国农业统计

（1901 年 6—9 月）

法国农业统计

（……贸易部……）

法国的总的统计。

1896 年普查的统计结果。1899 年巴黎版。

本卷只包括人口调查：人口按城市与乡村、性别、年龄等等的分布。

这里没有职业统计（职业调查系单独计算和专门公布的项目）。**1891** 年的那一卷中则有职业统计。

卷首附有个人调查表。

　　这里提出了关于职业、关于**个人**在行业中的**地位**、甚至关于**在业人数**的问题，因此在答案"示例"中便写有"有地产农民"、"在业人数 8"等等。

　　前言(Notions générales)中说："根据法国议会的专门要求"1896 年对职业已予以特别注意。

　　在 1891 年的调查中。

　　在个人调查表中**没有**关于每个业主所雇用的工人人数问题。

也许，在此之前没有在业人数的问题？

	1876	%	1881	%	1886	%	1891	%	1896	%
业　主	3 906 381	58.9	4 321 038	66.9	4 046 164	58.5	3 570 016	54.6	4 430 000	51.97
职　员	136 628	} 41.1	134 502	} 33.1	97 835	} 41.5	75 400	} 45.4	4 094 000	48.03
工　人	2 593 441		1 999 876		2 771 966		2 890 183			
	6 636 450	100	6 455 416	100	6 915 965	100	6 535 599	100	8 524 000	100

　　1881 年的资料显然同 1876 年及其他年份的资料无法比较，因为 1881 年的业主和工人是混杂在一个特殊栏目内的：以农场主、对分制佃农和**日工**的身份替他人干活的小私有主！

　　我们可以看到业主所占的百分比在**缩小**(1876 年 —— 1886 年——1891 年)

　　　　　　　和工人所占的百分比在**增长**(1876 年 —— 1886 年——1891 年)

　　1896 年的材料系根据另外的纲要(《劳动局公报》1901 年第 6 期)。

自立人口。

农业,林业,渔业

	男女合计
企业业主……………………	3 118 000
个体工人……………………	2 052 000
雇佣工人……………………	3 316 000
失业雇佣工人…………………	38 000
总计……………………	8 524 000

而在"个体工人"中

大约

业主……………………	1 312 000
雇佣工人……………………	740 000

于是,总计

		百分比
业主……………………	4 430 000	51.97
雇佣工人……………………	4 094 000	48.03
总计……………………	8 524 000	100.00

1886 年还有更加详尽的农业分类

	业 主 或 总　　　管	职员、 管　家	工人、日 工、粗工、 帮 工 等	家　　属	私　人 仆　役	总　　计
1° 有地产者	1 836 090 男 595 391 女 (总计＝2 431 481)	28 723 男 24 708 女	704 474 男 535 143 女	1 919 172 男 3 404 701 女	231 295 男 265 677 女	4 719 754 男 <u>4 825 620 女</u> 9 545 374
2° "农场主,对 分制佃农, 租地者"	1 031 175 男 279 914 女 (总计＝1 311 089)	19 117 男 12 310 女	727 967 男 525 246 女	1 409 481 男 2 342 817 女	160 413 男 159 671 女	3 348 153 男 <u>3 319 958 女</u> 6 668 111
3° "果园主,苗 圃业主,菜 园主"	163 648 男 48 407 女 (总计＝212 055)	5 283 男 2 728 女	116 803 男 68 494 女	192 183 男 <u>342 365 女</u> 534 548	20 962 男 22 887 女	498 879 男 484 881 女 983 760
4° "砍柴者,烧 炭者"	77 712 男 13 827 女 (总计＝91 539)	2 284 男 2 682 女	64 453 男 29 386 女	108 712 男 191 759 女	4 444 男 5 898 女	257 605 男 <u>243 552 女</u> 501 157

6 主要栏目[1]

$$\begin{array}{r} \times\ \ 9 \\ \hline 54 \\ +18(2\times9) \\ \hline 72 \end{array}$$

往下

$$15＝3\times5$$
$$\begin{array}{r} 4\quad 1\times4 \\ \hline 19 \\ \times\ \ 2 \\ \hline 38 \end{array}$$

---

[1]　这些计算系列宁就他所摘录的统计材料在他的笔记中如何布局所作的技术
性计算。——俄文版编者注

不同年份按在农业中的地位

对人口作如下划分：

1876年	1°. 有地产者。	2°. 农场主和对分制佃农。	3°. 其他（葡萄种植者、林业业主、菜园主等）。	—
1881年	1°. 有地产者。	2°. 农场主和对分制佃农。	3°. 以对分制佃农、农场主和日工的身份替(!!)他人干活的小私有主。	4°. 林业业主。
1886年	1°. 有地产者。	2°. 农场主和对分制佃农。	3°. 菜园主、果园主等。	4°. 林业业主。
1891年	1°. 有地产者。 3 564 526	2°. 农场主和对分制佃农。	3°. 菜园主和果园主等。	4°. 林业业主。

1876 年	1876 年	$4 \times 2 = 8 + 1$[①]
1881 年有	1881 年	$5 \times 2 = 10 + 1$
1886 年资料：	1886 年	$10 + 1$
1891 年	1891 年	$\underline{10}$
		$38 + 3 = 41$

---

① 这些计算系列宁就他所摘录的统计材料在他的笔记中如何布局所作的技术性计算。——俄文版编者注

如果我们按莫里斯分类的方法来处理 1876—1891 年的资料（第 165 页），则可得

	1851	1876	1881	1886	1891
一、有地产农民	2 620 888	2 327 257	2 425 500	2 431 481	2 231 513
	35.2%	− 29.9%	+ 30.9%	+ 31.2%	− 30.9%
二、农场主和对分制佃农[1]	1 613 126	1 579 124	1 895 538	1 614 683	1 338 503
	21.7%	− 19.2%	+ 24.2%	− 20.8%	− 18.5%
三、日工和仆役	3 201 457	4 055 323	3 535 040	3 741 048	3 649 123
	43.1%	+ 50.9%	− 44.9%	+ 48.0%	− 50.6%
自立人口	7 435 471	7 961 704	7 856 078	7 787 212	7 219 139
	100%	+ 100%	− 100%	− 100%	− 100%
非自立人口	11 944 292	11 006 901	10 393 131	9 911 190	10 216 749
人口总计	19 379 763	−18 968 605	−18 249 209	−17 698 402	−17 435 888

由此可见，尽管个别年份的材料有很大波动，**整个说来**可以看到在总数减少的趋势下**第一类减少**和**第三类增加**的趋势。

同 1851 年相比，所有随后的 **4** 项都表明第一类在降低和第三类在提高。

同 1876 年相比，随后 3 项中有 2 项表明第一类在提高，3 项均表明第 3 类在降低。

同 1881 年相比，随后 2 项中有 1 项表明第一类在降低，两项均表明第三类在提高。

同 1886 年相比，表明第一类在降低和第三类在降低。

---

[1] 第二类包括**除有地产者之外的其他一切**种类的业主或总管（对分制佃农，租地者，做日工的小私有主等——根据 1881 年的分类，——林业业主[forestiers]，菜园主及其他）。

1881 年的分类总的说来十分特殊，且不清楚。

按工人和职员人数划分的企业一览表

无雇佣工人的小业主、家庭工人或无经常固定地点的工人 男	女	省份数	总计	0	1—4	5—10	11—20	21—50	51—100	101—200	201—500	501—	人数不详者
180 400	62 238	11 省份 1—11	159 526	28 481	112 478	12 971	3 013	1 058	85	7	1	—	1 432
420 709	80 700	21 〃 〃 12—32	453 684	123 286	310 434	17 255	838	149	22	6	1	—	1 693
356 847	111 540	20 〃 〃 33—52	445 676	107 738	307 220	24 020	1 365	218	19	5	—	—	5 091
352 560	97 841	18 〃 〃 53—70	510 919	122 919	347 814	34 671	1 148	158	18	2	—	—	4 189*)
292 949	56 396	17 〃 〃 71—87	400 485	98 291	280 507	17 400	1 546	459	58	9		—	2 215
1 603 465	408 715	**87** 全法国	1 970 290	480 715	1 358 453	106 317	7 910	2 042	202	29	2	—	14 620

（21—50至201—500栏合计）2 275

（11—20至201—500栏合计）10 185

（0至201—500栏合计）1 955 670（而减去 480 715＝1 474 955）

拥有1个本户工人者 2 012 180**)
拥有2个本户工人者 480 715
2 492 895

2 012 180
1 970 290
3 982 470
－14 620
3 967 850**87**

拥有1—4个雇佣工人者 1 358 453
拥有5个以上雇佣工人者 116 502
总计＝3 967 850

51 869	
26 442	
13 194	683 596
7 595	376 611
4 200	196 835
3 107	101 321
106 407	1 358 363**88**

农户数目（1892年）

40公顷以上 138 671
10—40公顷 711 118 } 1 499 417 }
5—10公顷 788 299
1 638 088

农户数目（1896年）

拥有5个以上雇佣工人者 — 116 502
拥有1—4个雇佣工人者 } 1 358 453
1 474 955

*) 在我的第 66 号夏朗德省数字中有个错误，或确切地说有个笔误：总计为 37 389，而在“全部企业”栏中为 37 299。把笔误归于数字 797，即算做 707 而不是 797，便可得到相吻合的数字。

**) 参看 1901 年《劳动局公报》第 6 期——1896 年 3 月 29 日调查的某些结果。该处相应的数字＝2 052 000。

于是,1896 年的法国**农民**按其拥有的工人数目可作如下分类

于是,他们拥有工人
（单位千）

		农户数目	本户工人	雇佣工人	总计
1 970 290 无雇佣 { 工人者	平均拥有 1 名本户工人者	2 052 000	2 052	—	2 052
— 14 620	平均拥有 2 名本户工人者	481 000	962	—	962
1 955 670	拥有雇佣工人者	1 475 000	2 156	3 354	5 510
	总计	4 008 000	5 170	3 354	8 524
1 956	无雇佣工人者	2 533 000	3 014	—	3 014
{ 481 } 1 475	拥有雇佣工人者	1 475 000	2 156	3 354	5 510
3 118		4 008 000	5 170	3 354	8 524

这是汇总表未公布前我按各省数字进行的计算

962
2 156

虽然这一分类是很概略的和……"不大可靠的":拥有 1 名本户工人的 2 052 000 个农户中,不仅有小业主,而且还有无经常固定地点的工人和家庭工人等。如果 2 052 000 中 1 312 000 自称为业主,740 000 自称为(雇佣)工人,那么雇佣工人的人数还要多(＋740 000)。大概这 740 000 是半业主(小农)、半工人。

如果把这个材料同按土地面积(公顷)分类的农户作比较,则可得:(单位千)

	农户数目				土地的百分比
1公顷以下	2 236	39.2	(大约1 700个雇佣工人拥有菜园)		2.7
1— 5	1 829	32.1	2 533无雇佣工人者		11.1
5—10	788	13.8			11.6
10—40	711	12.5	1 475拥有雇佣工人者		29.0 } 74.6%
40公顷以上	139	2.4			45.6
	5 703	100%			100

各省大农户(40 公顷以上)和中等农户(10—40 公顷)**数目**同拥有雇佣工人的农户**数目**的比较

○＝葡萄园占4.1%以上　　кф.＝马铃薯占10%以上

огор.＝菜园(第199页)在1 400公顷以上

这两个数字彼此接近的省份：农户数目

省份	中等农户和大农户	拥有雇佣工人的农户
埃纳	9 891	10 843
上阿尔卑斯	4 657	7 003
奥德 ○	7 775	10 921
阿韦龙	15 369	15 947
罗讷河口 огор.	5 512	8 271
卡尔瓦多斯	9 929	15 756
谢尔	8 262	11 210
科多尔	12 410	13 734
克勒兹	13 382	18 854
杜省	8 655	12 989
德龙	12 189	15 420
厄尔	8 740	11 400
热尔 ○	15 794	19 346
安德尔	8 632	12 057
上卢瓦尔	11 344	14 333
卢瓦雷	8 543	12 031
默尔特－摩泽尔	6 405	8 157
涅夫勒	6 478	10 344

大中农户数大大**小于**拥有雇佣工人的农户数的省份　农户数

省份	中等农户和大农户	拥有雇佣工人的农户
安省	8 444	24 878
阿列	10 186	17 196
滨海阿尔卑斯 огор.	2 547	9 581
阿尔代什 кф.	9 788	15 165
阿列日 кф.	4 034	16 533
夏朗德	13 193	25 047
下夏朗德 ○ огор.	12 250	24 007
科雷兹 кф.	11 099	21 849
科西嘉	9 330	18 663
北滨海 огор.	15 586	42 626
多尔多涅 кф.	20 706	40 008
菲尼斯泰尔 огор.	18 434	41 659
加尔 ○ огор.	7 427	12 562
上加龙 ○ огор.	11 924	22 071
吉伦特 ○ огор.	17 209	31 623
埃罗	6 253	16 079

大中农户数**大于**拥有雇佣工人的农户数的省份

省份	中等农户和大农户	拥有雇佣工人的农户
下阿尔卑斯 кф.	7 825	6 025
阿登	7 939	6 733
奥德	10 289	8 014
康塔勒	12 290	11 448
厄尔－卢瓦尔	10 188	9 023
洛泽尔	9 338	5 856
马恩	12 892	12 039
上马恩	9 634	8 945
默兹	9 018	8 443
瓦尔 ○	7 323	7 144
总计＝	96 736	83 670

[转下页]

[接上页]

这两个数字彼此接近的省份：

省份	农户数目：中等农户和大农户	农户数目：拥有雇佣工人的农户
瓦兹	8 621	9 096
奥恩	12 270	16 562
东比利牛斯	3 458	5 077
кф.		
下塞纳	11 732	16 004
○		
塞纳-马恩	7 521	7 554
огор.		
索姆	12 315	13 700
огор.		
塔恩	11 088	13 513
塔恩-加龙	8 484	9 134
维埃纳	11 149	15 566
огор.		
上维埃纳	11 654	16 771
кф.		
约讷	11 249	13 488
○		
总计＝	283 508	365 081

大中农户数大大小于拥有雇佣工人的农户数的省份

省份	农户数：中等农户和大农户	农户数：拥有雇佣工人的农户
○		
伊勒-维莱讷	13 141	41 256
огор.		
安德尔-卢瓦尔	8 451	13 772
○		
伊泽尔	10 513	24 480
侏罗	5 787	18 243
朗德	13 204	25 315
卢瓦尔-谢尔	7 300	11 728
○		
卢瓦尔	8 748	17 959
кф.		
下卢瓦尔	13 369	36 338
○		
洛特	9 580	17 209
○		
洛特-加龙	11 271	20 334
○		
缅因-卢瓦尔	13 912	29 251
○		
芒什	10 558	27 090
马耶讷	12 649	21 830
莫尔比昂	15 067	33 639
огор.		
北部	9 867	22 330
огор.		
加来海峡	11 350	21 528
огор.		
多姆山	12 531	25 637

[转下页]

[接上页]

大中农户数大大小于

拥有雇佣工人的农户数的省份

省　份	农　户　数	
	中等农户 和大农户	拥有雇佣 工　人　的 农　　户
○　кф.		
下比利牛斯	13 962	24 526
上比利牛斯	4 062	12 248
贝尔福（上莱 因）	529	1 751
огор.кф.		
罗讷	4 546	15 642
○		
上索恩	6 665	13 583
索恩–卢瓦尔	13 028	30 473
кф.		
萨尔特	12 513	21 797
кф.		
萨瓦	3 351	17 356
上萨瓦	4 512	18 476
塞纳	249	4 378
кф.огор.		
塞纳–瓦兹	7 303	12 969
огор.		
德塞夫勒	9 613	18 153
沃克吕兹	4 428	9 669
○		
旺代	12 659	24 670
孚日	6 420	13 027
кф.		
总计＝	469 545	1 026 204

A）29个省	283 508	365 081	
B）48 〃　〃	469 545	1 026 204	
C）10 〃　〃	96 736	83 670	
87	849 789	1 474 955	

相差＝　625 166

有葡萄园的省份(B)			有**菜园**的省份(B)		
沃克吕兹………	4 428	9 669	塞纳-瓦兹 ……	7 303	12 969
罗讷……………	4 546	15 642	塞纳……………	249	4 378
多姆山…………	12 531	25 637	加来海峡………	11 350	21 528
曼恩-卢瓦尔 …	13 912	29 251	北部……………	9 867	22 330
	11 271	20 334	莫尔比昂………	15 067	33 639
	9 580	17 209	伊勒-维莱讷 …	13 141	41 256
	13 369	36 338	菲尼斯泰尔……	18 434	41 659
	7 300	11 728	北滨海…………	15 586	42 626
	8 451	13 772	滨海阿尔卑斯…	2 547	9 581
埃罗……………	6 253	16 079	(9 个省)	93 544	229 966
吉伦特…………	17 209	31 623			+136(单位千)
	11 924	22 071			
	7 427	12 562			
	12 250	24 007			
(14 个省)	140 451	285 922			
		+145(单位千)			

布尔加柯夫的书第 2 卷第 195—196 页，库德林在《俄国财富》杂志 1900 年第 1 期上的文章

法国

参看《1892 年农业统计》第 2 卷第 248—249 页和第 250—251 页上的同类数字

1862	有地产者		无地产者
(1)自耕农……………………………………	1 812 573	47.7	—
(2)农场主……………………………………	648 836	17.0	386 533
(3)对分制佃农………………………………	203 860	5.3	201 527
(4)总管………………………………………	—	—	10 215*)
(5)日工………………………………………	1 134 490	30.0	869 254
(6)农场工人…………………………………	—	—	2 095 777

*) 根据《农业统计》(第 248 页)，这其实是在总管帮助下耕种土地的有地产者的人数。参看第 381 页(第 1 卷)——该处提到总管。

总计……	3 799 759 100	3 563 306
	51.6%	48.4%
1882	7 363 065	100%

1882	有地产者		无地产者
(1)自耕农……	2 150 696	61.0	—
(2)农场主……	500 144	14.2	468 184
(3)对分制佃农……	147 128	4.2	194 448
(4)总管……	—	—	17 966*)
(5)日工……	727 374	20.6	753 313
(6)农场工人……	—	—	1 954 251
总计……	3 525 342	100	3 388 162
	51.0%		49.0%
1892	6 913 504		100%
(1)自耕农……	2 199 220	64.9	—
(2)农场主……	475 778	14.1	585 623
(3)对分制佃农……	123 297	3.6	2 20 871
(4)总管……	—	—	16 091*)
(5)日工……	588 950	17.4	621 131
(6)农场工人……	—	—	1 832 174
总计……	3 387 245	100	3 275 890
	50.8%		49.2%
	6 663 135		100%

*) 根据《农业统计》(第 248 页)，这其实是在总管帮助下耕种土地的有地产者的人数。参看第 381 页(第 1 卷)——该处提到总管。

卡尔·考茨基，第132页和第218页[89]

英国 1891

雇佣工人80万

2公顷以下的业主100万

（单位百万）

英国（单位千）			法国（1892）		百分比	德国		
雇佣工人	799	总计＝＝420①	工人	3.0		雇佣工人	5.6	
2公顷以下的业主	118		1公顷以下	2.2	39.2	2公顷以下	3.2	5.5
2—8公顷	150		1—5公顷	1.8	32.1	2—5公顷	1.0	
8—20公顷	86		5—10公顷	0.8	13.8	5—20公顷	1.0	
20—40公顷	66		10—40公顷	0.7	12.5	20公顷以上	0.3	
40—120公顷	81		40公顷以上	0.2	2.4	总计＝11.1??		
120—200公顷	14			5.7	100			
200公顷以上	5							
总计＝1219①（单位千）								

卡尔·考茨基，第219页。
总数＝830万雇佣工人计算两次；因为他们中的一部分人拥有土地

雇佣工人＋2公顷以下……在英国为**1 219 000**①中的**917 000**，即3/4
雇佣工人＋2公顷以下……在德国为1 110万中的880万，即4/5
雇佣工人＋1公顷以下……在法国为670万中的440万，即2/3

① 手稿上的笔误：420应为520；1 219 000应为1 319 000。——俄文版编者注

法　国
（苏雄的分类，第72页[90]）

	单位千	单位百万公顷
无地产的工人………	1 428	—
小地产所有者………	2 700*)	7
独立的有地产农民…	1 000	大约10
大地产所有者………	140	23
	5 268	40

法　国

1862年		1882年	
4.1	3.0	3.4	2.7
	1.1		0.7
	0.6		0.7
	0.9		0.7
	1.8		2.1
	7.4		6.9

法　国
根据1892年的统计

（库德林的文章第154页）[91]	单位百万		
无地产的工人和职员…	2.5	3.1	
有地产的日工…………	0.6		
无地产的农场主和对分制佃农…………………	0.8		在这140万中 农场主　—100万 对分制佃农　— 40万
有地产的农场主和对分制佃农…………………	0.6		
自耕农……………………	2.2		
	6.7		

法国雇佣工人人数（农业：1892年）＝300万[卡尔·考茨基，第218页，布尔加柯夫，第196页]。业主的人数比地块数目少⅓[3 605 000**)和5 703 000]。因此，地块数除以3/2，**约**可得：

---

*) 其中1 400为日工、农场主和对分制佃农，1 300有其他副业。

**) 这是将对分制佃农计算在内的(!)，如不算他们，则为340万。

雇佣工人——3.0	单位百万		3.0		
业主					
1公顷以下——1.3〃〃〃〃		总计=3.4	1.4	3.7	参看库德林在《俄国财富》杂志1900年第1期上的文章，图表十分清楚
1—5公顷——1.2〃〃〃〃			1.2		
5—10〃〃——0.5〃〃〃〃			0.6		
10—40〃〃——0.4〃〃〃〃			0.4		
40公顷以上——0.0〃〃〃〃			0.1		
6.4（不算对分制佃农）			6.7		

3 563	全部，有地产者和农场主除外	
− 386		
3 177		
+ 1 338		
4 515（单位千）		3 402
1882年		1892年
	3 794	
	1882年	

苏雄的书第169页——论雇佣工人的地产［**小地产**］对大地产的意义

有地产者

	自耕农	同时又充当农场主、对分制佃农和日工者	总计=	
1862：	1 812 573	1 987 186	3 799 759	
1882：	2 150 696	1 374 646	3 525 342	
+16%大约	+338 123	−612 540		−274 417
1892：	2 199 220	1 188 025	3 387 245	
+2½%大约	+ 48 524	−186 621		−138 097

法国	有地产者		无地产者		
	自耕农	同时又充当农场主、对分制佃农和日工者	农场主和对分制佃农	总管、日工和工人	总计
1862	1 812 573	1 987 186	588 060	2 975 246	7 363 065
	23. 3%	28. 3%	8%	40. 4%	100%
1882	2 150 696	1 374 646	662 632	2 725 530	6 913 504
	31. 2%	19. 8%	9. 6%	39. 4%	100%
1892	2 199 220	1 188 025	806 494	2 469 396	6 663 135
	33. 2%	17. 6%	12. 1%	37. 1%	100%

	自耕农	农场主	对分制佃农、总管、日工和工人	总管、日工和工人 (4)+(5)+(6)	
1862	1 812 573	1 035 369	4 515 123	4 109 736	
	23. 3%	14. 1%	62. 6%		
1882	2 150 696	968 328	3 794 480	3 452 904	
	31. 2%	14. 0%	54. 8%		
1892	2 199 220	1 061 401	3 402 514	3 058 346	
	33. 2%	15. 9%	50. 9%		

费尔南·莫里斯[92]（第165页）提供了1851年和1886年的完全不同的数字。（出自何处？）

显然，费·莫里斯提供的资料系来自人口普查，而布尔加柯夫的资料则来自农业统计。

对分制佃农总数

1862年：405 387

1882年：341 576

1892年：344 168

	企业主	职员	小业主	失业者	情况不明
男	1 822	2 186	1 604	27	36
女	+1 251	1 074	413	11	6
	3 073	3 260	2 017	38	42

6 333

第 198 页　　　　2 017

8 350

　　　+　　38

8 388——情况已知

　　　+　　42——情况不明

总计＝8 430

总管	小业主	日　工	职员和工人
1 822	1 293	484	2 186
134	724	240	1 074
1 117	2 017	724	3 260
1 251			+　724
3 073			3 984
+1 293			+　38
4 366			4 022
			+4 366
			8 388

1— 4)	1 358 363
5—10)	106 407
	1 464 770
10 以上	+ 10 185
拥有雇佣工人者	1 474 955
无雇佣工人者	480 715
	1 955 670

	企业	本户工人		雇佣工人		工人总计
有 1 名本户工人者	1 293	1 293	+	—		1 293
有 2 名本户工人者	481	962	+	—	=	962
有雇佣工人者	1 475	2 111	+	4 022	=	6 133
	总计＝3 249	4 366	+	4 022	=	8 388

$$1\ 293$$
$$+\ \ \ 962$$
$$\overline{2\ 255}$$

$$4\ 366$$
$$-2\ 255$$
$$\overline{2\ 111}$$

为什么**一定是**　　　　$481 \times \mathbf{2} = (962)$?

而不是　　　　481×3?　$\times 2\frac{1}{2}$?　等

凭猜测。

参看第 1 卷摘录中

关于这点的札记

1886 年的普查

农　　业

业主或总管	男	3 108 625
	女	937 539
		4 046 164
职员、管家等	男	55 407
	女	42 428
		97 835
工人、日工、	男	1 613 697
矿业工人等	女	1 158 269
		2 771 966
自立人口总计		6 915 965
家属	男	3 629 548
	女	6 281 642
		9 911 190
私人仆役	男	417 114
	女	454 133
		871 247
非自立人口总计		10 782 437
	男	8 824 391
	女	8 874 011
		17 698 402

```
莫里斯的书第 165 页
   选了这样几类

非 自 立 ——9 911 190        仅仅!!
人口
自立人口 ——7 787 212 { 6 915 965 }
                       { + 871 247 }

其中:日工           { 2 771 966 }
和仆役  3 741 048 { +  97 835+ }
                   {    871 247 }

                   { 1 311 089 }
       +1 614 683 { +  212 055 }
                   {     91 539 }

       +2 431 481
```

1881 年的普查

I　自己耕种土地或从土地上获得收入的有地产者。

有地产者

	业　主	职员和管家	工人、日工、帮工等
男	1 903 783	41 093	450 074
女	+ 521 717	+25 531	+374 679

II 其中"农场主、对分制佃农和租地者"

	业主、总管	职员和管家	工人等	总计
男	889 073	28 243	319 919	1 237 235
女	+121 926	18 244	253 990	394 160

		他们的家属	他们的仆役	总计
家属	男	1 021 151	302 896	2 561 282
	女	1 813 774	263 209	<u>2 471 143</u>
				5 032 425

III "以农场主、对分制佃农或日工的身份替他人干活的小地产所有者"

	业主、总管	职员和管家	工人、帮工等	总计
男	636 302	9 178	325 747	971 227
女	136 037	7 149	191 138	334 324

		他们的家属	仆役	总计
家属	男	724 770	65 522	1 761 519
	女	1 364 714	61 479	<u>1 760 517</u>
				3 522 036

IV "林业业主(砍柴者、烧炭者等等,等等)"

	业主	职员和管家	工人等	总计
男	94 439	3 917	56 093	154 449
女	17 761	1 147	28 236	47 144

		他们的家属	仆役	总计
家属	男	106 686	男 6 774	男 267 909
	女	194 287	女 8 876	<u>女 250 307</u>
				518 216

1881 年农业的整个分类情况就是如此。系 87 个省的总数。

1896 年 3 月 29 日的普查

详尽的前言。第 43 页。在第二部分中推测了全法国的总数。
职业分 9 大类。

<table>
<tr><td>
个人调查表很详细。
企业（établissement）
调查表更加详细。但
只有工人数目，至于
公顷数或生产总值则
未问到。
</td><td>
II.林业和农业
它的分类
  2.　1.森林采伐,砍柴者
  2.12.在森林中去掉树皮
  2.13.烧制木炭
  2.14.狩猎
  2.15.消灭虫害
  2.20.土地耕种等等,等等
至 2.36.牛奶业
</td></tr>
</table>

摘自前言第 47 页。

拥有工人为 0 的企业——例如夫妻二人、两个股东等等。

拥有 1 名(本户)工人的企业——自己劳动的小业主类别,
等等。

1891 年的普查

[名称与 1896 年相同](1894 年巴黎版。共 824 页。10 法郎)
总结论(第 424 页及以下各页)。

I　农业
II　工业
III　交通
IV　商业
V　武装力量（军队、海军、警察）
VI　政府机关
VII　自由职业
VIII（食利者）。

及其他所有职业。

	农　业	工业等
业主……………	3 570 016	1 021 659
职员、管家 ………	75 400	207 222
工人……………	2 890 183	3 319 217
自立人口………	6 535 599	4 548 098
家属…………	10 216 749	4 814 985
仆役…………	683 540	169 477
非自立人口………	10 900 289	4 984 462
人口总计………	17 435 888	9 532 560

无 1886 年的比较资料

参看费尔南·莫里斯的书第 165 页　1891 年大约

*2 377 474

**1 192 542

2 965 583

6 535 599

[第436页]
无1886年的比较资料
农业

	业主	职员	工人	总计	上述人员的家属	仆役	
地道的(黑体是原书用的)**自耕农**	2 231 513*	40 470	1 292 543	3 564 526	5 638 426	349 228	总计
农场主、对分制佃农、租地者	1 192 542**	26 474	1 395 367	2 614 383	4 075 247	307 169	
果园主、苗圃业主、菜园主	94 338*	7 147	130 735	232 220	293 616	22 274	
砍柴者、烧炭者	51 623*	1 309	71 538	124 470	209 460	4 869	
	3 570 016	75 400	2 890 183	6 535 599	10 216 749	683 540	

		城市的	乡村的	总计	百分比 城市的	乡村的
	1846			(1846)	24.4	
	1851				25.5	
	1856				27.3	
	1861				28.9	
	1866				30.5	
[第65页]	1872				31.1	
	1876				32.4	
	1881				34.8	
	1886	13 766 508	24 452 395	38 218 903	35.9	64.1
	1891	14 311 292	24 031 900	38 343 192	37.4	62.6

住房

(第93页)	1866	1881	1886	1891
有平房者	4 531 022		4 009 530	3 986 686
有2层楼房者	2 473 999		2 504 019	2 661 798
有3层楼房者	591 138		864 601	875 273
有4层楼房者	149 602		226 575	221 799
有5层楼房者	35 828			
有5层以上楼房者	29 960		101 412	96 487
总计	7 811 549		7 706 137	7 842 043
平均1所房屋内的居住者	4.87	4.95	4.98	4.90

1881 年以前

有地产者

家属		仆 役		总计
男	女	男	女	4 566 163 男
1 840 107＋3 327 642		331 106＋360 800		＋4 610 369 女

原文中只有 1881 年的总数　　　　　　9 176 532

农业　男　9 156 873

女　9 092 336

18 249 209　50.03%　人口

而在下一页上

农业　1 有地产者·····································　9 176 532

2 以农场主、对分制佃农、日工的身份

替他人干活的小地产所有者···············　3 522 036

3 农场主、对分制佃农和租地者···········　5 032 425

4 林业业主、砍柴者、烧炭者··············　513 216[*)]

18 244 209[*)]

而在下一页上

业主、总管·····················　4 321 038	家属	10 393 131
职员·····················　134 502	仆役	1 400 662
日工·····················　1 999 876		11 793 793
自立人口·····················　6 455 416		6 455 416
		18 249 209

1876 年的普查。农业

总管·························　3 906 381

职员·················　＋　136 628　非自立人口

工人·················　＋　967 267　家属······11 006 901

日工·················　＋　1 626 174　仆役······ 1 325 254

自立人口总计············　6 636 450

非自立人口············　12 332 155

1876 年在原文中还有：

1 有地产者·················　＝　10 620 886

2 农场主、对分制佃农和租地者···　＝　5 708 132

3 各种砍柴者、葡萄园主、果园主等　＝　2 639 587

18 968 605

这是根据原文

[*)]　似为我的笔误或书中印刷错误,应是 518 216 和 18 249 209。

这是根据表格得出的详细结果

		总管或业主	管家或职员	工人 男	工人 女
1. 自己经营土地者	男	2 078 517	42 926	276 818	187 456
	女	248 740	+26 518	+442 572	+348 592
				719 390	536 048
					1 255 438
2. "农场主和对分制佃农,租地者"	男	952 699	27 679	198 378	124 047
	女	86 964	+18 593	+297 890	+224 590
				496 268	348 637
3. "其他农业职业":葡萄园主、菜园主、砍柴者、烧炭者等。"菜园主或种花者"	男	464 248	11 624	113 680	66 888
	女	+75 213	+9 288	+181 306	+131 224
				294 986	198 122

这是1876年农业

1. 自己耕种土地或者在总管或领班工人的帮助下从土地上获得

	日　工、粗　工、看门人等	非自立人口		合　计	总　计
		家　属	仆　役		
男	442 572	2 122 357	340 201	5 303 391	10 620 886
女	＋348 592	＋4 160 960	＋345 229	＋5 317 495	
男	297 890	1 133 353	282 508	2 892 507	5 708 132
女	＋224 590	＋2 093 752	＋267 679	＋2 815 625	
男	181 306	508 616	38 847	1 318 321	2 639 587
女	＋131 224	987 863	＋ 50 790	1 321 266	

的整个分类情况

收入的有地产者。

译自 1969 年《土地问题笔记》俄文版
第 202—235 页

对丹·左拉《农业经济学论文集》和
《土地问题的昨天和今天》两书的批注

（1901 年 6—9 月）

丹尼尔·左拉：《农业经济学论文集》1896 年巴黎版。

此书由单篇论文组成，主要是论述土地税和降低粮价。论述粮食贸易（输入和输出）。最后一篇论文《社会主义与法国农业》（第 367—431 页）是以最平庸最粗俗的论据向社会党人**开战**（反对分配者等等，一切都归结为"瓜分土地"）。

这位作者还写了两卷本的《土地问题的昨天和今天》（第 1 集，1894 年巴黎版；第 2 集，1895 年巴黎版）。这是《政治和文学辩论日报》[93]中农业动态（«Chronique agricole»）的翻印本（原来如此！）。书中收集了就各种问题（合作社，赋税，勒瓦瑟尔论美国农业的新书等等，等等）以最适度的认真和好心肠撰写的报章体文章。例如，企图把对分制描绘成一种对伙伴——对分制佃农特别有利的合作契约就很滑稽：见第 2 集第 18 篇论文，第 329 页及以下各页。论文的副标题是这样开始的：《关于土地占有者的坏话……》 据说他们是"寄生虫"。只是把小土地占有者排除在外，但这是"对'原则'的严重违反"。"如果绝对平等〈原文如此！〉是教旨的话"（329），那么小地产也不应排除在外，因为"小地产"究何所指呢？1公顷土地在埃罗价值1万—2万法郎（葡萄园），而在索洛涅价值600—700法郎。

所谓土地占有者的份额增加的说法是不对的。**对分制佃农**是土地占有者从**一无所有**（黑体是左拉用的，第333页）的普通工人中物色的。假定对分制佃农交纳500法郎，土地占有者则交纳5万法郎，即**99**%！（黑体和感叹号都是左拉用的，第335页）。

这种"合伙"的条件是什么呢？收成**对半分**。于是左拉异常高兴：这种合伙存在了许多世纪并且叫做**对分制土地租赁**（337），"以同业主分享产品为条件的租赁"。

不，土地占有者不是寄生虫，而是"无偿地"履行着很重要的社会管理职能，如此等等。据说对分制佃农的所得比工人高一倍（？）。（这一切当然没有任何资料，纯粹是胡说八道。）

或者看看《农业经济学论文集》一书中《社会主义与法国农业》一文《结论》的片段吧："……社会党人断言，存在着一种对投放到土地上用以改善或简化土地耕种的资本的独立'地租'。'地租'是一种垄断价格，尽管地产所有者对生产并无帮助或并无好处，'地租'也有增加的趋势。"（431）

"这一论断可以用对事实的研究来驳倒。实际上，要把合理份额的地租同用于改善土地遗产的费用区别开来，这几乎是不可能的……　认为有地产者扮演着向农业生产征收贡赋而对其发展并无实际和真正的帮助的寄生虫的角色，这种意见是不能容许的。恰恰相反，有地产者是农民的助手、银行家和领导者，他为了自己本身的利益十分关心把地种好……"（432），等等。

在第397页上，左拉引用了1882年的统计资料——在

6 913 604 个农业劳动者中,有 3 525 342 人(＝51.1%)拥有土地,左拉写道(原文为斜体):"法国全国人口将近一半都具有有地产者这个称号,如果我们同意社会党人的论断,那么这个称号就仅仅是贵族的特权了。"

译自 1969 年《土地问题笔记》俄文版
第 236—239 页

根据19世纪80年代和90年代的调查汇编而成的关于德国、法国、比利时、英国、美国和丹麦的农户的综合资料[94]

（1901年6—9月）

国　名	农 户 规 模	1882年的农户数目	%	1895年的农户数目	%	1882年农户拥有的土地面积	%	1895年农户拥有的土地面积	%
德国	2公顷以下	3 061 831	58.03	3 236 367	58.23	1 825 938	5.73	1 808 444	5.56
	2—5公顷	981 407	18.60	1 016 318	18.28	3 190 203	10.01	3 285 984	10.11
	5—20 〃 〃	926 605	17.56	998 804	17.97	9 158 398	28.74	9 721 875	29.90
	20—100 〃 〃	281 510	5.34	281 767	5.07	9 908 170	31.09	9 869 837	30.35
	100公顷以上	24 991	0.47	25 061	0.45	7 786 263	24.43	7 831 801	24.08
	总　计	5 276 344	100	5 558 317	100	31 868 972	100	32 517 941	100
法国		1882		1892		1882		1892	
	1公顷以下	2 167 667	38.22	2 235 405	39.21	1 083 833	2.19	1 327 253	2.68
	1—5公顷	1 865 878	32.90	1 829 259	32.08	5 597 634	11.29	5 489 200	11.12
	5—10 〃 〃	769 152	13.56	788 299	13.82	5 768 640	11.63	5 755 500	11.65
	10—40 〃 〃	727 222	12.81	711 118	12.47	14 845 650	29.93	14 313 417	28.99
	40公顷以上	142 088	2.51	138 671	2.42	22 296 105	44.96	22 493 393	45.56
	总　计	5 672 007	100	5 702 752	100	49 591 862	100	49 378 763	100
比利时		1880		1895					
	2公顷以下	709 566	78.0	634 353					
	2—5公顷	109 871	12.1						
	5—20 〃 〃	74 373	8.2						
	20—50 〃 〃	12 186	1.3						
	50公顷以上	3 403	0.4	3 584					
	总　计	909 399	100	829 625					

国 名	农户规模	1882年的农户数目	%	1895年的农户数目	%	1882年农户拥有的土地面积	%	1895年农户拥有的土地面积	%
英国				1895				1895	
	1 — 5 英亩			117 968	22.7			366 792	1.13
	5 — 20 〃 〃			149 818	28.8			1 667 647	5.12
	20 — 50 〃 〃			85 663	16.5			2 864 976	8.79
	50 — 100 〃 〃			66 625	12.8			4 885 203	15.00
	100 — 300 〃 〃			81 245	15.6			13 875 914	42.59
	300 — 500 〃 〃			13 568	2.6			5 113 945	15.70
	500 — 1 000 〃 〃			4 616	0.9			3 001 184	9.21
	1 000 英亩以上			603	0.1			801 852	2.46
		1880		520 106	100	1880		32 577 513	100
美国		1880		1890		1880			
	10 英亩以下	139 241		150 194					
	10 — 20 英亩	254 749		265 550					
	20 — 50 英亩	781 574		902 777					
	50 — 100 〃 〃	1 032 810		1 121 485					
	100 — 500 〃 〃	1 695 983		2 008 694					
	500 — 1 000 〃 〃	75 972		84 395					
	1 000 英亩以上	28 578		31 546					
		4 008 907		4 564 641		536 081 835		623 218 619	
丹麦《新时代》杂志第19年卷，第2册，第623页（古·班格）		1885		1895		1885		1895	
	2.5 公顷以下	117 816		125 602		Tönde Hartkorn① 6 226	Tönde Hartkorn 平均10公顷	6 349	
	2.5 — 10 公顷	67 773		66 591		34 506		34 102	
	10 — 40 〃 〃	43 740		44 557		96 685		98 107	
	40 — 120 〃 〃	27 938		27 301		172 282		169 195	
	120 公顷以上	1 953		2 031		55 153		56 822	
		259 220		266 082		364 852		364 575	

载于1962年《列宁全集》俄文第4版第40卷

译自1969年《土地问题笔记》俄文版第240—241页

① Hartkorn——按收成来确定土地税的土地面积单位。Tönde——吨。——编者注

巴伐利亚调查[95]

（不晚于 1901 年 10 月 6 日〔19 日〕）

巴伐利亚调查。

第 **19** 页。——问题 2。

|注意| 小业主(和部分中等业主)缩减自己的消费。

63—64。**大农户**和**中等农户**的雇佣劳动。

95。生活连狗都不如。

100。小业主经营较差(肥料)。

117。除了微薄的生活费而外,连少量的报酬都得不到。

122—126。三份收支表。

201。不言而喻,小农吃得较差。

214。小农由于贫困而出售粮食。

233。林业短工:报酬微薄,劳动繁重。

261。"一直克勤克俭"。

282—283。两份收支表〔结论:第 283 页:小农过得更好些??〕

406。对大农户、中等农户和小农户的描述((有意思))。

456。食物。极少吃肉。

491—493。三份**大致的**收支表。注意:生活水平。

524。人造肥料使用情况:

大农户 21 户中有 13 户使用,而大量使用者为 8 户

中等农户 37 户中有 17 户使用,而大量使用者为 3 户

小农户 15 户中有 4 户使用,而无大量使用者

　　[参看第 535 页关于大农户、中等农户和小农户的数字]

530 和 531。大农户——中等农户——小农户的牛奶数量和奶牛数

　　　　量(注意)。

　　　　　　(注意　"牛奶合作社"第 529 页　注意)。

545—547。三份有趣的收支表(在生活费用**相同**的情况下)。

载于 1938 年《列宁文集》俄文版　　　　　　译自 1969 年《土地问题笔记》

第 32 卷　　　　　　　　　　　　　　　　　俄文版 第 242 页

巴伐利亚调查摘录

(1901 年 10 月 6 日〔19 日〕以后)

巴伐利亚调查摘录

《关于巴伐利亚王国 24 个村庄经济情况的调查》1895 年慕尼黑版。(定价 7 马克。——一共 XXXII 页＋575 页)

〔共摘录调查表第 1 号—第 3 号,第 a—i 页〕

巴伐利亚调查。

各村的资料(收支表的) 属于哪一种?

1.沃洛莫斯。**无任何**收支表。

2.埃贝尔芬格。——无任何收支表。(各类农户的畜牧业,第 25 页。)

3.波林格。无任何收支表。

4.莱伊布尔芬格。**两份收支表:大农户和中等农户:第 60 页**及以下各页。

5.沙尔多尔夫。无收支表。

6.采尔。——无收支表。

7.特拉韦莱尔。**三份详尽的收支表:第 119 页及以下各页**。

8. 特鲁尔本。**一份简要**收支表：**第 139 页**。(中等农户!)

9. 哈斯洛赫。无收支表 第 554—570 页

10. 孔德劳。——无收支表。

11. 包吕斯霍芬。——无收支表。

12. 佐尔巴赫。——无收支表。

13. 赫泽斯。**一份详尽的**收支表:**第 265 页**。**中等农户**(12 公顷)。

14. 明赫桑巴赫。**两份收支表**(简要的)(大农户和小农户),**第 280 页**。

15. **博本格留恩**。无收支表。

16. 哈尔泰尔斯霍芬。无收支表。

17. 佩捷尔绍拉赫。无收支表。

18. 福拉。无收支表。

19. 奥贝列斯费尔德。**三份收支表**。**第 377 页**。

20. 迈恩贝恩海姆。无收支表。

21. 罗滕布赫。无收支表。

22. 纳森拜伦。无收支表。

23. 亨代尔金根。无收支表。

24. 米森。**三份收支表**。**第 545 页**。

总共**才有** 15 份收支表

{5 个大农户
6 个中等农户
4 个小农户}

大农户

村庄编号：

第 4 号　　57.9公顷。　　　家庭成员　　? 收入＝6 890。支出＝
　　　　　　　　　　　　　　＋雇佣工人　　　　　＝5 310。＋1 580

第 7 号　　19.8公顷。　　　家庭成员　　6
　　　　　　　　　　　　　　雇佣工人　　收入＝3 123。支出＝
　　　　　　　　　　　　　　　　　　　　　　　＝2 354。＋　769

第 14 号　　? 公顷(45以上)。家庭成员　　? 收入＝3 481。支出＝
　　　　　　　　　　　　　　雇佣工人　　　　　＝2 889。＋　592

第 19 号　　? 公顷(13以上)。家庭成员　　? 收入＝2 380。支出＝
　　　　　　　　　　　　　　雇佣工人　　　　　＝1 870。＋　510

第 24 号　　? 公顷(20以上)。家庭成员　　? 收入＝3 655。支出＝
　　　　　　　　　　　　　　雇佣工人　　　　　＝3 124。＋　531

中等农户

第 4 号　　20.2公顷。　　　家庭成员　　? 收入＝2 648。支出＝
　　　　　　　　　　　　　　＋雇佣工人　　　　　＝1 954。＋　694

第 7 号　　8.3公顷。　　　家庭成员　　5 收入＝1 622。支出＝
　　　　　　　　　　　　　　雇佣工人　　　　　＝1 622。± 0.15

第 8 号　　6公顷。　　　　家庭成员　　? 收入＝　840。支出＝
　　　　　　　　　　　　　　　　　　　　　　　＝　747。＋　93

第 13 号　　12公顷。　　　家庭成员　　7 收入＝1 351。支出＝
　　　　　　　　　　　　　　雇佣工人　　　　　＝1 334。＋　17

第 19 号　　? 公顷(7—13)。家庭成员　　? 收入＝　911。支出＝
　　　　　　　　　　　　　　　　　　　　　　　＝　475。＋　436

第 24 号　　? 公顷(5—20)。家庭成员　　? 收入＝1 831。支出＝
　　　　　　　　　　　　　　雇佣工人　　　　　＝1 853。－　22

农户的费用(单位千马克)

	大农户	中等农户	小农户
第 7 号	41(+10)	20(+6)	3(+)
第 4 号	137	31(15 债款)	—
第 8 号	—	10	—
第 13 号	—	18(6 债款)	—

(计入支出的债务百分比)

? 第 14 号　无。第 19 号同样无。

第 24 号	36	17	?

　　　　　小 农 户

第 7 号	2.7公顷。	家庭成员　9	收入＝579。支出＝
			＝928。−349。
第 14 号	? 公顷(6 以下)。	家庭成员　?	收入＝545。支出＝
			＝370。+175。
第 19 号	? 公顷(7 以下)。	家庭成员　?	收入＝316。支出＝
			＝280。+ 36。
第 24 号	? 公顷(5 以下)。	家庭成员　?	收入＝422。支出＝
			＝917。−495。

支出的主要栏目：

1. 税金。(赋税和捐税)

2. 租金。(土地利息)

3. 农具和建筑物的更新和修理 { 铁匠,马车制造匠,马鞍匠,修理,机器磨损 } 建筑物的火灾保险也归入 此栏

4.牲畜的更新　　　$\begin{cases}\text{当牲畜总头数中}\\\text{发生不幸事故时}\end{cases}$

5.服装和鞋

6.取暖和扫烟囱。

7.医疗,疾病和老年保险。

8.工资。

沃洛莫斯①村。对关于各种企业的收入额的问题,回答是:

"至于谈到收入,那么各类农户之间的差别只在一点上可以感觉出来,即小农户以至部分中等农户不得不对自己的消费作较多的限制,以便履行自己的义务……"(第19页)

(各种观点:在有的人看来这是优点,在有的人看来这是缺点!)

第1号村庄。**无大农户、中等农户和小农户的数字。**

第2号村庄。10个大农户,30个中等农户和54个小农户(第25页)。

土地　　　　　小农户　432公顷(**大约**)

　　　　　中等农户　928

　　　　　　大农户　786(第31页)。
　　　　　　　　　———
　　　　　　　　　2 146

……"在收入方面"**大农户的情况最差**:要给工人付工资,粮食

---

①　手稿中在"沃洛莫斯"一词上方用铅笔写下了"9 855 451 马克"的字样,在下面各行间也用铅笔写了2—3个词,现已无法辨认。——俄文版编者注

价格很低,费用很高(第 33 页)。

第 3 号村庄**情况也是如此**(第 47 页)。

第 5 号村庄。**12** 个大农户,**62** 个中等农户和 **28** 个小农户。

第 6 号村庄。"村内农民家庭的生活水平就其简朴和要求不高来说,大概是没有哪个地方比得上的。这些人不仅没有任何个人和家庭的舒适可言,而且他们感到心满意足的那种伙食,大概在大多数地方即使用来喂最劣种的狗都可能认为是太差了。只有在家庭经济方面较为殷实的业主才能每年在餐桌上见到两次肉……村内的居民除了勤勉之外还必须有所节制,因为不这样他们就忍受不了自己那本来就不怎么好的生活。"(第 95 页)

注意

注意

平均每户:

第 7 号。　4 个大农户　——49.6 公顷(16.5)

　　　　　13 个中等农户——89.6　　（ 7.5）

　　　　　27 个小农户　——30.8　　（ 1.2）

"可以断言,近两年来农村业主除去自己微薄的生活费而外,即使把不过 1%的地租算上,他连微不足道的日工资也剩不下。"(第 117 页)

第 8 号。"平均起来可以认为,小农户和中等农户比大农户的收入多。"(139)

(包吕斯霍芬:)"生活水平没有特殊的差别(小农户、中等农户和大农户之间),只是小人物的生活**不言而喻**(!!)要简朴得多,他们吃的肉食比起较大的业主来要少。"(201)

第 235 页:在收入上没有区别,不过"较小的业主之所以日子好过一些,是由于他们没有如此巨额的债务和沉重的负担(!!!),也由于小人物较易弄到副业收入。" !!

第4号村庄中的家庭成员人数不详。大农户的实物消费比中等农户多,平均多1倍半—2倍半(原文如此!!)。很清楚,中等农户在吃的方面很节省。在穿的方面(400和200)、在机器折旧方面(100和**0**!!)也很节省。用于牲畜不幸事故的费用很节省(200和**0**!!!)。{花在肉商、小饭馆老板和小铺老板身上的钱:1 400马克和600}

在第14号村庄中小农户当日工的收入——15+制靴手艺的收入200。总数=215(!! +175!)

在大农户中用于子女零花钱的开支=100马克。"小农户的境况要好些!"

在第19号村庄中大农户的消费比中等农户高1倍,此外在支出项下列有购买牲畜=600马克。原文如此!!

"在开支得到抵偿方面情况最好的是中等农户。"(第374页)

巴伐利亚调查之所以更有意思,原因在于在所有德意志国家中巴伐利亚是个中等农户占多数的国家。在所有德意志国家中该国的2公顷以下的农户所占比例**最小**——**35.64**%(对比58.23%。《统计》第112卷第431页)[96],5—20公顷的农户所占比例**最大**——**32.69**%(对比17.97%)。巴伐利亚5—20公顷的农户共拥有49.49%的土地面积(只有黑森比这个高,为50.22%,平均为29.90%)。

(巴伐利亚调查的收支表。)

消费比较

第4号村庄。家庭成员数？大农户和中等农户

牲畜	大农户	中等农户
牝牛	15	6
牛犊	15	6
猪	6	2
鸡	60	25
水禽	20	10

牲畜的消费：全部干草和禾秸＋

甜菜	800公担	200公担
马铃薯	200公担	100公担
卷心菜帮	150公担	30公担
燕麦	135公担	42公担
牛奶	5 700升	1 800升

((可见，**大农户**的牲畜饲料要好些))

实物消费

	大农户	中等农户	
黑麦	209公担	60公担	$3\frac{1}{2}$—1
小麦	40公担	12公担	$3\frac{1}{3}$—1
马铃薯	50公担	25公担	2 —1
卷心菜	50公担	20公担	$2\frac{1}{2}$—1
牛奶	2 500升	1 000升	$2\frac{1}{2}$—1
蛋	1 200个	500个	$2\frac{2}{5}$—1
7头猪	—	3头猪	$2\frac{1}{3}$—1
服装	400马克	200马克	
机器磨损	100马克	0马克	
用于牲畜的不幸事故	200马克	0马克	
付给肉商、小饭馆老板和小铺老板	1 400马克	600马克	

第7号。家庭成员数

大农户	中等农户	小农户
6	5	9
(2个成人＋4个子女)	(3个成人＋2个子女)	(6个成人＋3个子女)

货币支出：

	大农户 单位马克	中等农户 单位马克	小农户 单位马克
肉…………	30	30	0(注意)
服装和鞋……	401.40	309.50	311.50
取暖和照明…	75	180	120

272.40[97]

129

401.40

(小农户)[98]　　　自有林木

	马克	马克				
第 2—5 号	39.	68.90*)				
		+10.40	各种个人消费	229.66	293.40	165.34
第 6—8 号	32.66	32.96	油饼………	60	18	12.48
第 9—11 号	71.		麸皮……	270	180	63
第 16 号	7.	7.28	牲畜用盐……	23	—	—
第 27 号	15.	5.				
第 28 号	50.	5.				
第 29 号	15.	35.80	人造肥料……	150	70	30
	229.66	165.34	买猪……	300	—	40

实物消费：

马铃薯…………	50 公担	52	65
猪………	3	1	1
油………	½公担＝ 50 磅	52	78 磅
蛋…………	25 打	52	22 打
黑麦………	36 公担 (部分牲畜)	26	1.60 公担
小麦………	9 公担	—	2.50
豌豆………	1½公担	—	1¼
白卷心菜…………	5 公担	2	1

亏空(—349.17)由儿子和女儿干日工来抵偿("muß gedeckt werden")(第126页)

*) 添购粮食

第14号 家庭成员数	大农户	和	小农户
	?		?
货币支出：	大农户	（单位马克）	小农户
咖啡、糖、菊苣、盐、调味品、煤油……	418.15		41.40
和啤酒……	+ 22.10		（和啤酒）
“裁缝”和“鞋匠”……	175.90		—
“衣服”……	—		23.30
儿子和女儿的零用钱……	100.00		—
买一匹马……	403.00		—
买两头牡牛……	403.00		—
付给女管家和监护人的薪金……	75.00		—

实物消费

	大农户	（1893）	小农户
小麦……	20公担		15
黑麦……	40公担		30
马铃薯……	50公担		30
牛脂……	1块		—
	即仅有脂肪、油脂		
猪……	4头		3
鹅……	2—3只		2
油……	3—4公担		$1\frac{1}{4}$
蛋……	140—145打		100

这些收支表总的说来相当有代表性。表格的编制者说：“尽管居民节俭和善于持家，但收入很低。”（第279页）又说：“小业主的境况相对地比大业主和中等业主好些，因为小业主可以多少挣点外水，他们也没有薪金和仆役的生活费这类开支。”（第283页）

的确！！小业主干日工（自己当日工！）得到15马克，从“制靴手艺”得到 200 马克(总数=总收入 545.34 中的 215)。

大业主从储金局中取出 600 马克(收入项已标明),花费 800 马克(!!)用于购买马、牲牛等(仆役的工钱=95.40;日工工资=145.00,给仆役的小费=28.00)。

比较收入的“**百分比**”:

大农户中+592,总收入为 3 481。}
小农户中+175,总收入为 545。}——大概这里最容易得出小农户收入高的结论。

第 19 号

	大农户	中等农户	小农户
家庭成员数	?	?	?

货币支出

单位马克	大农户	中等农户	小农户
调味品、咖啡、糖等	180	90	110*)
服装(和鞋)	200	100	50
购买牲畜	600	—	—
牲畜所需的精饲料和盐	50	30	—
肥料	60	—	—
建筑物修理	200	80	40
取暖与照明	200	100	60
税金	160	50	20
保险	70	25	—
付给仆役的工钱	150	—	—
总计=	1 870	475	280

我的计算

*) 这里不仅是咖啡、糖等等,而且还包括**添购粮食**(**面粉**)。

实物消费

	大农户	中等农户	小农户
黑麦……………………………	36 公担	24 公担	10½
小麦……………………………	30 公担	17 公担	6½
大麦……………………………	10 公担	4 公担	
马铃薯…………………………	30 公担	25 公担	20
豌豆……………………………	180 磅	100 磅	
兵豆……………………………	90 磅	50 磅	
油………………………………	100 磅	60 磅	25 磅
卷心菜和皱叶甘蓝……………	100 棵	75 棵	50 棵
蛋………………………………	400 个	300 个	200 个
猪………………………………	3 头	1 头	1 头
	（平均重 150 — 160 磅）		（平均重 80 磅）
牛奶……………………………	730 升	540 升	360 升

用于牲畜：

	大农户	中等农户	小农户
黑麦………………………	8 公担	4	—
燕麦………………………	45 公担	18	5
马铃薯……………………	106 公担	65	25
干草(和再生草)…………	400 公担	200	60
三叶草……………………	200 公担	150	—
禾秸………………………	692 公担	220	70
芜菁………………………	12 000 升	10 000 升	4 000 升

表格的编制者："在开支得到抵偿方面情况最好的是中等农户"(374)，因为据说**大农户**雇用仆役代价很高，而小农户土地和牲畜少，并不是家里人全都参加劳动。

第 24 号。家庭成员数？收支表是以"**估价**"为基础的(但是有包括 73 户的各类农户所占土地、牲畜和牛奶生产的**实际情况**的有趣资料)。

这**不是农业**村，而是**畜牧业**村。

我几乎是完整地引用了**收支表**：

收入（**只是**来自牛奶和牲畜的收入）。

收　入	大农户	中等农户 单位马克	小农户
来自牛奶	2 619	1 161	234
出售牲畜	1 036	670	188
总计＝	3 655	1 831	422

牛奶按9芬尼1升的**同一**（?）价格计算。平均每户为29 100——12 900和2 600升。

牲畜：牛犊按32马克（同一价格！）：每年8——5——1½；牝牛按**180**马克（2——1½——½），猪按60马克（7——4——1），——其中只有小农户的1头猪估价较低——按50马克。

支　出	大农户	中等农户 ［单位马克］	小农户
人造肥料	40	20	—
购买牝牛	580	510	70
购买猪	216	120	24
牲口用盐和精饲料	70	40	6
添购用于垫圈的禾秸	80	40	—
5%的农具和建筑物	185	99	53
（各种捐税）	112	51	23
建筑物保险	22	14	11
工资	235	108	—
病残和老年保险	78	38	—
家务开支：			
平均每日45芬尼的成人伙食	618	461	418
平均每日10芬尼的小孩伙食	61	51	44
成人的服装和洗衣每年60至（原文如此!!!）20马克	168	156	48
医生等	50	40	30
	2 615	1 648	727
利息	509	205	190
	3 124	1 853	917

> **注意**:小农户出现巨额亏空,是由于这里在这一"估价"中把消费拉平了!!

土地的分配(第 535 页):

			平均 每户	牛奶生产 (单位升)	平均 每户
大农户	21 户	676.2 公顷	32.2	610 600	29 100
中等农户	37 户	506.6 公顷	13.8	475 200	12 900
小农户	15 户	50.8 公顷	3.4	38 900	2 600
	73 户	1 233.6 公顷	16.9	1 124 700	15 100

{原文如此:在附录一中为 1 232.6,}[99]

牲畜:	大农户		中等农户		小农户		总计＝
马······	15	＋	10	＋	1	＝	26
牡牛······	4	＋	4	＋	0	＝	8
牝牛······	247	＋	232	＋	27	＝	506
犍牛······	20	＋	17	＋	3	＝	40
幼畜······	11		26		3	＝	40
良种牛犊······	28		46		10	＝	84
猪······	83		64		5	＝	152
山羊······	—	＋	11	＋	12	＝	23
绵羊······	9	＋	3	＋	0	＝	12
总计＝	417		413		61	＝	891
其中						＝	678
牛······	310		325		43		(第 531 页)
平均每户······	15.8		8.8		2.9		

巴伐利亚调查的收支表(1895 年)

大 农 户 中 等 农 户 小 农 户	村庄 编号	土地数量 (单位公顷)	家庭 成员 数	是否雇用 雇工或日工	货 币 的		
					收 入 (单位马克)	支 出 (单位马克)	差 额 (单位马克)
大农户	No 4	57.9	?	是(雇工+日工)	6 890	5 310	+ 1 580
〞 〞 〞	No 7	19.8	6	是(日工)	3 122.80	2 354.26	+ 768.54
〞 〞 〞	No14	? 40以上*)	?	雇工+日工	3 481.02	2 888.84	+ 592.18
〞 〞 〞	No19	? 13以上**)	?	雇工	2 380	1 870	+ 510
〞 〞 〞	No24	? 20以上***)	?	是(雇工+日工)	3 655	3 124	+ 531
				所有五户	19 528.82 ÷5 =3 905.76	15 547.10 ÷5 =3 109.42	+ 3 981.72 ÷5 = 796.34
中等农户	No 4	20.2	?	是(雇工+日工)	2 648	1 954	+ 694
〞 〞 〞	No 8	8.0	?	—	840	747	+ 93
〞 〞 〞	No13	13.0	7	女雇工	1 351.50	1 334.41	+ 17.09
〞 〞 〞	No19	? (7—13)**)	?	—	910.75	475	+ 435.75
〞 〞 〞	No 7	8.3	5	日工	1 621.60	1 621.75	— 0.15
〞 〞 〞	No24	? 5—20***)	?	是(雇工+日工)	1 831	1 853	— 22
				6 户中有 4 户	9 202.65 ÷6 =1 533.81	7 985.16 ÷6 =1 330.86	+ 1 217.69 ÷6 = 202.95
小农户	No 7	2.7	9	—	578.80	927.97	— 349.17
〞 〞 〞	No14	? 6 以下*)	?	—	545.34	370.35	+ 174.99
〞 〞 〞	No19	? 7 以下**)	?	—	316	280	+ 36
〞 〞 〞	No24	? 5 以下***)	?	—	422	917	— 495
					1 862.14 ÷4 =465.53	2 495.32 ÷4 =623.33	— 633.18 ÷4 = — 158.30

---

*) 未说明地产的规模。第 274 页上指出,一般说来,大农户拥有 130 塔格韦尔克①(43 公顷)以上,小农户拥有 20 塔格韦尔克(6⅔公顷)以下。(参看第 575 页)

**) (第 19 号)——第 575 页。小农户:7 公顷以下;中等农户——7—13 公顷;大农户——13 公顷以上。

***) 第 24 号。第 575 页:5.5 以下——20.20 以上。中等农户(第 528 页)=3.1 公顷——11.6—27.7 公顷。

---

① 塔格韦尔克——巴伐利亚土地面积单位=约 1½摩尔根=36 公亩=0.3407 公顷。——编者注

顺序号	所调查的村庄名称	地产总价值（单位马克）				全部土地（单位公顷）
		较小农户	中等农户	较大农户	总计	
1	沃洛莫斯	142 838	563 518	462 803	1 169 159	957.3
2	埃贝尔芬格	314 595	694 570	577 490	1 586 655	2 131.2
3	波林格	206 436	495 727	657 757	1 359 920	1 031.4
4	莱布尔芬格	54 960	930 430	642 000	1 627 390	888.4
5	沙尔多尔夫	127 428	913 648	412 260	1 453 336	1 323.8
6	采尔	215 090	270 400	285 900	771 390	1 562.8
7	哈斯洛赫	2 310 420	2 563 050	—	4 873 470	904.7
8	特拉韦莱尔	77 799	179 815	70 790	328 404	166.4
9	特鲁尔本	131 340	235 990	333 400	700 730	512.9
10	孔德劳	112 922	272 670	996 916	1 382 508	1 435.5
11	包吕斯霍芬	131 977	177 400	348 540	657 917	777.6
12	佐尔巴赫	36 321	53 210	123 240	212 771	441.3
13	赫泽斯	174 158	489 994	420 901	1 085 053	602.4
14	明赫桑巴赫	97 085	430 900	250 000	777 985	1 180.9
15	博本格留恩	61 230	101 975	174 070	337 275	548.0
16	哈尔泰尔斯霍芬	147 578	254 985	651 405	1 053 968	452.0
17	佩捷尔绍拉赫	464 593	488 539	531 032	1 484 164	838.4
18	福拉	324 190	493 100	470 000	1 287 290	742.0
19	奥贝列斯费尔德	93 727	194 750	285 200	573 677	421.2
20	迈恩贝恩海姆	610 226	766 161	689 427	2 065 814	691.3
21	罗滕布赫	188 548	116 885	134 120	439 553	486.5
22	纳森拜伦	342 830	382 000	170 000	904 830	831.1
23	亨代尔金根	382 455	411 560	370 700	1 164 715	1 092.8
24	米森	110 700	591 000	777 500	1 479 200	1 232.6
	总　计	6 859 446	12 082 277	9 835 451	28 777 174	

"总计"栏是由我算出的。"全部土地（单位公顷）"栏摘自附录一,最后一栏"小农户、中等农户和大农户的划分"（即多大规模作为小农户和大农户的界限）摘自附录五,其余摘自附录四和附录三。

顺序号	所调查的村庄名称	不动产的实际债务（单位马克）			
		较小农户	中等农户	较大农户	总　计
1	沃洛莫斯	38 386	62 374	34 829	135 589
2	埃贝尔芬格	59 619	121 072	78 715	259 406
3	波林格	63 313	213 412	130 192	406 917
4	莱布尔芬格	28 402	470 417	144 339	643 158
5	沙尔多尔夫	45 220	261 006	38 768	344 994(1)
6	采尔	114 292	80 558	81 497	276 347
7	哈斯洛赫	362 217	290 438	——	652 655
8	特拉韦莱尔	12 045	25 632	2 506	40 183
9	特鲁尔本	23 678	46 618	21 469	91 765
10	孔德劳	41 489	65 180	182 647	289 316
11	包吕斯霍芬	68 552	89 255	103 523	261 330
12	佐尔巴赫	27 655	41 759	92 387	161 801
13	赫泽斯	53 260	107 470	95 733	256 463
14	明赫桑巴赫	46 123	87 458	41 600	175 181
15	博本格留恩	26 951	40 770	56 155	123 876
16	哈尔泰尔斯霍芬	12 923	34 622	7 390	54 935
17	佩捷尔绍拉赫	121 227	40 947	43 414	205 588
18	福拉	144 722	109 792	107 173	361 687
19	奥贝列斯费尔德	17 464	14 795	44 105	76 364
20	迈恩贝恩海姆	184 414	80 744	91 247	356 405
21	罗滕布赫	69 122	30 383	27 002	126 507
22	纳森拜伦	124 872	160 305	53 681	338 858
23	亨代尔金根	142 316	119 219	143 557	405 092
24	米森	57 040	143 095	216 563	416 698
	总　计	1 885 302	2 737 321	1 838 492	6 461 115

(1)　书中第573页有个错误：345 024应为344 994。

这些栏目让布尔加柯夫完全搞乱了，见他的书第 2 卷第 273 页[100]

顺序号	所调查的村庄 名　　称	不动产的实际债务与该类农户土地价值的比例（百分比）				小农户、中等农户和大农户的划分	
		较小农户	中等农户	较大农户	平　均	小农户以下 公顷	大农户以上
1	沃洛莫斯	26.87	11.07	7.53	11.60	10	30
2	埃贝尔芬格	18.95	17.43	13.63	16.35	15	40
3	波林格	30.67	**43.05**	19.79	29.92	5	25
4	莱布尔芬格	51.68	50.56	22.48	39.52	5	34
5	沙尔多尔夫	35.49	28.64	9.41	23.74	5	25
6	采尔	53.14	29.79	28.51	35.82	6½	17
7	哈斯洛赫	15.68	11.33	—	13.39	3	15
8	特拉韦莱尔	15.48	14.25	3.54	12.24	4	10
9	特鲁尔本	18.03	**19.75**	6.44	13.10	3	8
10	孔德劳	36.74	23.90	18.32	20.93	8	20
11	包吕斯霍芬	51.94	50.31	29.70	39.72	8	20
12	佐尔巴赫	76.14	**78.48**	**74.97**	76.04	4½	10
13	赫泽斯	30.58	21.93	**22.74**	23.64	5	15
14	明赫桑巴赫	47.51	20.30	16.64	22.52	6	45
15	博本格留恩	44.02	39.98	32.26	36.73	5	15
16	哈尔泰尔斯霍芬	8.76	13.58	1.13	5.21	5	15
17	佩捷尔绍拉赫	26.09	8.38	8.18	13.85	5	14
18	福拉	44.64	22.27	**22.80**	28.10	3	6
19	奥贝列斯费尔德	18.63	7.60	**15.46**	13.31	7	13
20	迈恩贝恩海姆	30.22	10.54	**13.24**	17.25	4	10
21	罗滕布赫	36.66	25.99	20.13	28.78	3	5
22	纳森拜伦	36.42	**40.89**	31.58	37.45	10	40
23	亨代尔金根	37.21	28.97	**38.73**	34.78	7	19
24	米森	51.53	24.21	**27.85**	28.17	5	20
	总　　计	27.5%	22.6%	18.7%	22.5%		

载于 1938 年《列宁文集》俄文版第 32 卷

译自 1969 年《土地问题笔记》俄文版第 243—257 页

1890年荷兰农业调查摘录[101]

（1902年4月16日[29日]—1903年4月）

1890年荷兰农业调查摘录。{蒂尔农业年鉴。第22卷(1893)**格罗曼**的文章}

工人和农民的农具和耕畜的分类保险和百分比。

典型村数目		参加保险的总户数	其中 有地产者	租地者	有地产兼租地者	参加保险的总户数中的分项保险和百分比 住宅	%	家庭用具	%	牲畜	%	收成	%
30	工人	4 551	1 693	2 055	803	2 020	44.4	1 524	33.5	730	16	720	15.8
44	小农和农民	4 319	1 700	1 363	1 256	3 084	71.4	2 263	52.4	1 712	39.7	1 787	41.4
44	大农	2 671	972	1 013	686	2 059	77	1 827	68.4	1 472	55.1	1 631	61.0

分类保险的牲畜的头数和百分比

						奶牛	%	幼畜	%	绵羊	%	育肥的猪	%	母山羊和公山羊	%
30	工人	4 551	1 693	2 055	803	4 062	89.3	1 416	31.1	4 041	88.8	6 028	132.5	3 089	68
45	小农和农民	4 149	1 553	1 331	1 265	17 470	421.0	11 129	268.3	11 441	275.8	12 414	299.2	802	19.3
45	大农	2 670	1 022	955	693	28 166	1 050.5	22 513	843.2	21 667	811.5	13 562	507.9	349	13

续：

耕牛	%	骟马和牝马	%	马马驹	%
85	1.9	103	2.3	3	0.0
253	6.0	3 545	85.5	346	8.4
84	3.1	7 159	268.2	1 504	56.3

1890年荷兰农业调查摘录：

村庄名	农民类别	他们拥有的土地（单位公顷）	他们拥有的土地总数（单位公顷）	他们（农民）的数目	除粪肥外还使用其他肥料的户数：人造肥料	除粪肥外还使用其他肥料的户数：农家肥	拥有雇工的户数：有1个的	有2个的	有3个的	有4个的	有5个以上的	拥有工人的户数：v. 有1个的	t. 有1个的	v. 有2个的	t. 有2个的	v. 有3个的	t. 有3个的	v. 有4个的	t. 有4个的	v. 有4个以上的	t.① 有4个以上的
	工人……	1—2	?	359	4	2	27	7	3	—	—	7	40	1	4	1	1	—	—		1
	车夫……	2—10	?	181	1	—	51	18	4	1	—	2	30	—	2	—	1				—
利亚伦	小农……	10—20	?	108	—	—	35	29	8	11	—	1	24	—	1	—	2				2
	大农……	30—40	?	29	—	—	8	8	4	3	5	—	5	—	1	—	—				—
	总计……			677	5	2	121	62	19	15	5	10	99	1	8	1	4	—	—	—	3
	农民……	50以上	396	6			7	3	—	—	—	1	—	3	—		6				
	农民……	25—50	333	9			10	—				3	3	2	—		4				
赫尔代尔马尔森	农民……	10—25	272	17			16	—				4	5	—	4		—				
	农民……	1—10	225	78			16	4				5	11	—	3		—				
?	工人……	1以下	16	24			—	—				—	—	—	—		—				
（voor-Vracht）	车夫……	1—10	87	15			—	—	—	—	—	1	3	—	1	—	—				
	总计……			149			49	7	—	—	—	14	22	5	8	—	10	—	—	—	—
	大农……		530	13			17	1				3	—	6	5		8				
	小农……		406	39			25	—				14	6	4	5		5				
瓦梅尔	烟农……		84	38			—	—				4	13	—	—		—				
	工人……		26	65			1	—				—	—	—	—		—				
	总计……		1 046	155			43	1	—	—	—	21	19	10	10	—	13	—	—	—	—

莱乌安	大农……		334	12			12	6				1	1	3	5		6				
	小农……		360	40			27	—				9	14	1	19		2				
	烟农……		191	90			13	—				—	43	—	—		—				
	工人……		28	37			—	—				—	—	—	—		—				
	总计……		913	179			52	6	—	—	—	10	58	4	24	—	8	—	—	—	—
沃尔斯特	大农……	20—70		64	24	1	35	46	13		2	16	28	3	13	1	1				
	小农……	10—20		42	4	2	33	5	—		—	2	16	—	2	—	—				
	车夫……	5—10		33	4	—	14	—	—		—	—	7	—	—	—	—				
	工人……	2—6		35	6	—	5	—	—		—	—	4	—	—	—	—				
	总计……			174	38	3	87	51	13	—	2	18	55	3	15	1	1	—	—	—	—
拉尔特	工人……	1—2		591	—	—	2	—	—	—	—	—		—		—		—	—	—	—
	车夫……	2—10		18		—	12	—	—	—	—	—		—		—		—	—	—	—
	小农……	10—20		195		2	58	17	1	—	—	2		—		—				—	—
	大农……	20—60		191	—	10	50	71	11	10	2	2		2		1				1	
	总计……			995	—	12	122	88	12	10	2	4	—	2		1		—	—	1	—
达尔弗森	大农……			129	2	2	72	17				2	3	1			3				
	农民……			257	—	—	56	1				1	3	—			1				
	小农……			176	—	—	6	—				—	2	—			—				
	工人……			379	1	1	5	—				—	3	—			—				
	总计……			941	3	3	139	18	—	—	—	3	11	1	—	—	4	—	—	—	—

这栏的数字有时超过总数，因为我把拥有1个（2个等等）**男女**雇工的农户数加在一起了，

① v.＝vast——固定的，t.＝tijdelijk——临时的（见本卷第 303 页）。——编者注

其实有些农户是两者都有。可惜这里<u>缺少</u>使用雇佣劳动的农户**总数**。

因此,只能**要么计算出雇用工人的次数**,**要么计算出雇佣工人**的人数(用乘 1、乘 2、乘 3 的方法等等)。

"工人"的农业(1 — 2 公顷)看来对所有的村庄都是典型的。

调查表叫做《荷兰农业状况的调查结果》,调查是由根据国王 1886 年 9 月 18 日命令任命的土地委员会进行的。四大卷(1890 年海牙版)。

各村庄的叙述系仿照巴登调查和其他调查(但是几乎没有收支表)。特别有意思的是关于许多村的**工人户**、车夫户、小农户、大农户的土地分配情况的图表(在第 1 号村庄利亚伦,工人通常为 1 — 2 公顷,车夫为 2 — 10 公顷;小农为 10 — 20 公顷,大农为 30 — 40 公顷;第 1 卷第 7 页)。以下是这个图表的一些标题:(1)Getal＝各类农户数目;(2)"在一定数量农民的参加下确定的土地状况和位置"(……农户的土地位置分为有利的,中等的,不好的);——"gebruikte Mest"(使用肥料:粪肥、人造肥料——按农户数目)。——马的匹数和各种牲畜数目。——制造黄油和干酪的农户数目(Zuivelboeren＝经营牛奶业的农民)。使用"旧的"(old,alt)和"新的""牛奶生产"方法的农户数目。有"雇工"和"工人"的农户数目分三类:有 1 个工人的、2 个的和"3 个以上的"。

注意 在第 4 卷的总结里,对各村庄的少数资料分别作了综合,**可是把所有村庄综合在一起**(总共调查了 **95** 个村庄)**的资料却一个也没有。**

　　这里有各种各样的分类方法:(1)工人,小农,大农;(2)按土地 1—5 公顷,等等,60—70 公顷,70 公顷以上,等等;(3)**按马匹**(92 号村庄:小农——1 匹马,农民——2 匹马;大农——3 匹马以上);(4)单独分出菜园主,烟农,等等。

　　v. ——vast——固定的,t.＝tijdelijk——临时的,v.＝trouwelijk——女的。

载于 1938 年《列宁文集》俄文版
第 32 卷

译自 1969 年《土地问题笔记》
俄文版第 258—262 页

评埃·施图姆普费的著作[102]

（1902年和1903年1月之间）

一

对施图姆普费《论中小土地占有者与大土地占有者的竞争能力》一文中的资料的分析

施图姆普费：《论中小土地占有者与大土地占有者的竞争能力》。

1896年蒂尔《农业年鉴》第**25**卷。

施图姆普费开门见山地说，如果大生产在农业中也像在工业中那样比小生产优越的话，那么关于向东普鲁士移民的法律就是一个错误，**社会民主党人就是正确的了**（第58页）。

根据1882年的资料，中等农户（10—**100**公顷！！）＝农户的
! 12.4%和土地的47.6%——“农民在经济上举足轻重”（第58页）。

9个农户［大农户和中等农户——有账可查。小农户——“极

不可信"第59页]。

第 I 类。格洛高区——沙土地,黑麦和马铃薯。

第 II 类。诺伊马克特区和布雷斯劳区——好地,甜菜作物,集约
程度很高。

第 III 类。利格尼茨区——集约程度较低,较差的块根作物。

第 I 类		土地数量（单位**公顷**）	土质分类等级数量（单位公顷）	播种面积（单位公顷	每摩尔根收获量（单位公担）**黑麦、马铃薯**	牲畜头数 马　牛
第I类	大农户 {1892—1893 年}	1 033	V 52 VI 203 VII198 VIII 23	476 （1903 摩尔根）	7.5　79	23+170
	中等农户	21.25	?几乎一样的土地注№**1**①	19	5　50 燕麦：7.5	2+9 （+6 头猪）
	小农户	11.25	V 0.25 VI 3 VII 3.50 VIII 3	10	5.25　?	1+5 （+4 头猪）
第II类	大农户 （1892—1893 年）	471.5	I 212.5 II 120.5 III 59.0	361¾	10.7　甜菜 146 小麦　12.75	30+180 （111 只绵羊②）
	中等农户	51.5	III 25 IV 13 V 4 VI 0.75	47.5	8.9　甜菜 137 小麦　11.3	6+29 （14 头猪）
	小农户	8.5	II 1 III 4 IV 3.5	7.25	?	0+5 （6 头猪）
第III类	大农户 （1893—1894 年）	445	?	?	?	29+173 {324 只绵羊 47 头猪
	中等农户	40.75	III 11.5 IV 22.25 V 3.5	37.25	?	7+29 19 头猪
	小农户	8.0	III 3.60 IV 1.75 V 2.60	7.75	?	?

① 见本卷第 310 页。——编者注

② 这个数字表示 1892—1893 年间绵羊数量的增长额。——俄文版编者注

收入　（单位马克）

销售收入		其　他	家庭经营	总　计（全部收入）
谷物	牲畜和牛奶			
38 136　　27 289 　　+453①		62 111 酿　酒	5 500 （"按一个庄 园的账目"	133 489
1 257	758	—	—	2 015
618	491	—	—	1 109
64 476 牛奶　　21 357 　　　+ 牲畜　　19 370 绵羊　　6 455		甜菜　　46 144 马铃薯　1 457 + 各类水果　4 767	租金收入 2 866 5 852(=现金 储备	**172 714**
5 574　　　　4 050 　　　+198①		甜菜　　767 马铃薯　40	油菜和三叶草 437	**11 066**
1 010	1 095	—	—	**2 105**
34 334　　　18 201 其他谷物 +　种子 12 005		马铃薯　1 145 羊圈收入　2 865	租金收入 117	68 667
3 584 牲畜　　1 910 牛奶　　　780 家禽　　　76 　　+530①		马铃薯　504	三叶草 153 猪= **1 007**	8 544
632 牲畜　176 牛奶　290 猪　　120		甜菜　　105 155= 黄瓜和卷心菜		1 478

[转下页]

①　在施图姆普费的著作中，这些收入数字(453、198 和 530 马克)列入《Insgemein》
　　（"一般收入"）项目。——俄文版编者注

［接上页］

支出 (a)税金 (b)火灾保险和雹灾保险	(a)薪金和雇工的工资 (b)日工工资	其　他	购买支出 (a)牲畜 (b)饲料 (c)人造肥料
a)　953 + b)　2 120	7 093 + 19 221	4 939 （经营费用上的需要） 36 593 （酿酒）	a) 12 506 + b) 11 175 + c) 11 796
34 40	a +　347 b	50 （其他）	90 — —
a+b=33	a +　90 b	42 + 30	63 — —
a)　1 374 b)　734 　　1 084	a)　9 933 b)　24 725 c)　4 089 雇工的食物	其　他：　2 355 购买谷物　=5 423 购买蒸汽犁=2 530	a) 14 557 b) 24 552 c) 10 052 羊圈的开支=4 962
a +　379 b	a +　1 560 b	购买种子 239	a)　554 b)　890 c)　634
a)　30 b)　26	—	其他:65	a)　100 b)　225 c)　26
a)　1 288 b)　2 238	a)　5 336 b)　13 228 432 雇工和食物	2 836 劈柴和煤 其他:661 羊圈的开支 **113**	a)　2 070 b)　5 320 c)　755 种子:177
a)　159 b)　152	a) +　1 137 b)　218 雇工的食物	263 手艺活 年老保险 =　34	a)　549 b)　900 c)　305
a)　34 b)　22	—	一般开支 **68**	a)　90 b)　110 c)　40

(a)建筑物修缮费 (b)搬迁费、运费、邮资 (c)一般支出	全部支出	盈余 （减去给业主的报酬）	纯收入 （单位马克）	平均 每公顷的纯收入		
1 617					大 农 户	
	111 398	22 091	20 591	36.72		
1 162		— 1 500				第 I 类
2 223						
64 （铁匠、马鞍匠、马车匠）	625	1 390 — 350(!!)	1 040	50.12	中等农户	
29 （铁匠及其他）	287	822 — 300(!!)	522	52.20	小农户	
a）　692 b）1 111 c）2 914 　6 168—付给手工业者的费用 1 595 取暖 1 500 劈柴和小修用的木材	**120 350**	52 364 — 1 500	50 864	118.40	大 农 户	第 II 类
一般支出 969 275—铁匠及其他	**5 500**	5 566 — 450	5 116	99.32	中等农户	
铁匠及其他　**31**	**503**	1 602 — 450	1 152	135.56	小农户	
a）　375 b）　117 c）　618 　2 714 　手艺活	38 298	30 369 — 900	29 469	76.04	大 农 户	第 III 类
a）　— b）　— c）　770 种子　147	4 633	3 911 — 450	3 461	84.92	中等农户	
46 铁匠及其他	410	1 068 — 350	718	89.72	小 农 户	

对以上图表[①]**的注解**。

No1。"对第Ⅰ类中等农户的土地无法估价，但是，耕地的土质和地主田庄(第Ⅰ类大农户)几乎相同，也许还稍为整齐些。"(第63页)

关于第Ⅰ类，作者(曾在该地主田庄供职两年并了解农村(第66页))说：

从饲料和人造肥料这两项高额支出以及庞大的工资开支来看，并考虑到土壤为沙质土，应当认为地主田庄的经营集约化程度很高，并且无疑完全具有现代水平，而另外两个农民农户的情况就只能说是完全相反了。

原文如此！ "它们几乎在各个方面都仍然按老办法经营，就资金和劳动而言，生产可说是粗放的。根本不购买饲料和肥料，相反，甚至还卖掉大量的禾秸，特别是黑麦和马铃薯的秸秆。因此养分得不到足够的补偿…… 结果收成更坏，牲畜短缺。

!?? 那里的农民的因循守旧的顽固劲真叫人难以理解，尤其因为他们每日目睹的范例本可促使他们去进行竞争。不过近来这方面也似乎开始有所好转。"(第61页)

给业主的劳动报酬，大农户为7 500(一个经理的普通薪金!!)÷5(业主有5个田庄!)=1 500。中等农户为350(为管理这样的农户所付的"国内通常的工资"(第64页)!)。小农户为300("管理对象!!! 比前者要小一半"第66页)。

未说明家庭的规模。

① 见本卷第306—309页。——编者注

关于第 II 类，施图姆普费指出，各种农户并不是完全可比的，因为大农户的**土地要好些**(哈雷的一位教授认为，整个大农户是西里西亚田庄中的一颗明珠!!)，而且大农户的位置要**好得多**，距离布雷斯劳只有一英里(小农户要远得多)。但毕竟!! 小农户非常有利!!!

关于第 II 类的中等农户："但是农民农户的特别大的优越性恰恰在于：经营活动完全由业主掌握，为了自己的利益和自身的好处劳动，几乎总是比为他人利益劳动更有价值，更经济，更盈利。"(第 69 页) **!**

给小农户的报酬是 450 马克＝(1)给业主的 350＋(2)给他那**顶替外来劳动力**的岳父母的 100 马克(第 72—73 页)。[多么廉价的顶替!]

中等农户据说也具有现代水平，而且完美无缺，不比大农户差。

(没有关于机器的详细资料!!)

村里有一个牛奶收集站，并且以协作的方式使用机器，以协作的方式购买肥料，等等。

关于第 III 类，我们只是知道大农户经营得非常好(第 74 页)[对第 III 类的整个描述**极其肤浅**(第 74—77 页)。]

施图姆普费的结论：地产愈小，赢利愈大(第 77 页)。)) **!!**

……毫无疑问，在农民农户中业主对农活的安排十分经心或者亲自参加劳动，这些农户的劳动质量和数量都和地主田庄根本不同，大概在干计件活时数量方面的情形除外(第 78 页)。 **!!**

……所以,尽管从局部看小农户的总收入不多,而纯利润却仍然较高……(第78页)

第I类。收入(单位马克)(第78页)

	农业收入		畜牧业收入		一般收入		总数	
	总数	每¼公顷	总数	每¼公顷	总数	每¼公顷	总数	每¼公顷
大农户	63652	28.37	27289	12.16	773	—0.34	91715	40.89
中等农户	1257	15.14	758	9.13	—	—	2015	24.27
小农户	618	15.46	491	12.27	—	—	1109	27.72

等等,等等,全是一样

!! 农民也可以大大紧缩自己的家庭开支(第80页),等等。同上:**第83页**(“量入为出”)}!!

他说,甜菜制糖业和酿酒业有同农业分离的趋势,等等,在**协作社**的帮助下,小农户也有利**可得**(第85页),等等。(参看**大卫**——老调重弹)

机器在农业中起不了那个作用。(**参看大卫**!)

!! “蒸汽犁根本不能降低产品价格,这是肯定无疑的”(第87页)(**参看本辛格和费舍**)

小农**自己动手修理**(!!)(第92页),这样他们的农具用的时间就长一些(第92页)——“因此手工业者从大农户赚的钱肯定比较多(不是因为大农户付的工钱高,而是因为)大农户随便扔掉工具或木板,而这些东西在小农户那里**很长时间内还**(!!)能派上用场。总之,尽量利用最不起眼的物品,从而可以把农户各种琐碎的日常开支压缩到最低限度,这是小农户所特有的重要优越性……”(第92页) !!

社会民主党在农村也威吓说,那里也会发生罢工,这一切对大农户说来要危险得多(94)。

大业主用于工人的费用更高些,因为他要供养工人的全家,而小业主多半只供养单身汉,虽然小业主给他们吃得好些——虽然农民给工人吃的东西比地主田庄里好得多,因而也贵得多,但是另一方面,正因为如此,这里年轻力壮、吃得不错的工人所创造的劳动生产率也高得多,这一事实起着重大的作用,何况还必须充分估计到业主提前劳动和与工人共同劳动的教育激励因素(第95页)。 ‖ 注意

"大农户和小农户的整个劳动组织情况,至少在西里西亚是这样的:它使人**根本无法怀疑**农民农户的劳动费用较低。"(第96页) ‖ 注意

——又是业主及**其子女**的劳动所起的促进作用(第96页)。农民给雇工吃的东西更好些。

病残和老年保险也是大农户的一项负担: }!

第II类

总数	490马克	大农户	0.30马克	每摩尔根
	34马克	中等农户	0.16马克	
	0马克	小农户	0　马克	

(第101页)社会民主党人先生们在农业问题上可耻地陷入了困境……

第102页。捷林论移民("劳动力由"土地占有者先生们"支配"!!),——而"大地产却不能够同这些人〈移民〉的**手**和**脚**所蕴含的那种不可计量的资本进行竞争"(捷林语,引自第102页)。 }!

第 106 页：在**商业**方面大农户往往占优势，但是**协作社**会帮助农民。

第 108 页：**农民**通常以**不大**有利的价格出卖粮食和牲畜[不过他又说，这可以用别的办法来弥补]。

<table>
<tr><td>注意</td><td>‖</td><td>"德国的容克并不是农民的敌人，除了无关紧要的、主要是内部的争论点外，他们两者有着共同的利益和共同的对手。这是一个近来正在得到广泛传播的信念。"（第 **113** 页）</td></tr>
</table>

这就是他——施图姆普费！

载于 1938 年《列宁文集》俄文版第 32 卷

译自 1969 年《土地问题笔记》俄文版第 263—271 页

二

评埃·施图姆普费
《小地产和粮食价格》一书

埃米尔·**施图姆普费**博士(《小地产和粮食价格》1897 年莱比锡版,**米亚斯科夫斯基**《国家和社会科学著作集》第 3 卷第 2 册)对德国各地区的小农户(**181** 个 10 公顷以下的农户)的内容相当丰富的家庭收支资料作了一番颇有意思的综述,但**只**限于这些农户买卖**农**产品的问题。

施图姆普费同大卫争论(《新时代》杂志 1894/95 年卷第 36 期),大卫利用了黑森调查资料,计算了买卖情况。(**屈恩**只计算了每公顷的出售情况。)施图姆普费从购进额中扣除 33%—40%作为产品的价值,——他说不能用所购产品的价格,而只能用生产这一产品所用**原料**的价格!! 这种(荒谬的)方法严重地损害了全书。(虽然他**只是在**能改变结果时搞这种重算!)

注意:
计算各种正数
和负数的**总和**　｜　不过,我还是要把作者每次所指出的这种重算的实例都翻看一遍:**第 19 号**(巴登,2—3 公顷)负数变为正数,**第 31 号**(巴登,**2—3 公顷**)也一样,第 50 号仍然是负数,**第 112 号**符腾堡 2—3 公顷

第 40 号仍然是正数	第 143 号仍然是正数
〃 41〃〃〃〃〃〃	〃151〃〃〃〃〃〃
〃 48〃〃〃〃〃〃	〃152〃〃〃〃〃〃
〃 49〃〃〃〃〃〃	第 154—161 号仍然是正数
〃 51〃〃〃〃〃〃	第 169 号仍然是正数
〃 60〃〃〃〃〃〃	〃170〃〃〃〃〃〃
〃 75〃〃〃〃〃〃	〃171〃〃〃〃〃〃
〃 79〃〃〃〃〃〃	〃172〃〃〃〃〃〃
〃 94〃〃〃〃〃〃	〃173〃〃〃〃〃〃
〃 98〃〃〃〃〃〃	〃174〃〃〃〃〃〃
〃100〃〃〃〃〃〃	〃175〃〃〃〃〃〃
〃111〃〃〃〃〃〃	第 179—181 号仍然是正数

这就是说，只有三个实例是用施图姆普费的荒谬方法歪曲了事实，把负数(买多于卖)都变成了正数。

在绝大多数实例中，结果没有变，**负数仍然是负数**。(施图姆普费分别就谷物(I)、畜产品(III)和其他农产品(II)计算出三种正数和负数)。

因此，只要作出*三个*更正，我就可以利用施图姆普费的表格及其关于**正数和负数**(整个卖出和购进的总计结果)的结论了。

施图姆普费分别对 I、II、III 的**卖出**和**购进**作了比较：

I　谷物和豆类	列表说明
	(1) I
II　所有其他农产品	(2) I + II
III　畜产品	(3) I + II + III

然后,施图姆普费把**德国南部**(巴登 60^{*)}、黑森 44、符腾堡 12+巴伐利亚)同**北部**(萨克森 6+28、西里西亚 24、汉诺威 7)分开,按各地区计算出单独的结果。我只选用德国**南部**和**北部**的结果。

(施图姆普费**亲自**收集了 52 个农户的材料!!:西里西亚 24 个+萨克森王国 28 个。)

---

*) 10 公顷以下的农户数目。施图姆普费只选用 10 公顷以下的农户,而把 10 公顷以上的农户列入专门的附录。

农户类别	德国南部和北部	农户数目	人口 14岁以上的	人口 14岁以下的
2公顷以下	南部	20	56	50
	北部	7	19	12
	总计	27	75	62
1½— 2公顷	南部	5	19	10
	北部	7	19	12
	总计	12	38	22
2 — 3公顷	南部	21	66	47
	北部	9	23	19
	总计	30	89	66
3 — 4	南部	10	40	17
	北部	12	32	24
	总计	22	72	41
4 — 6	南部	26	103	55
	北部	(25)	(74)	(49)
	总计	51	177	104
6 — 8	南部	23	102	31
	北部	2	7	4
	总计	25	109	35
8 —10公顷	南部	19	88	39
	北部	7	25	18
	总计	26	113	57

总之,施图姆普费的书显然是**带有偏见地**为税收**辩护**。

施图姆普费在开头部分分析了粮食价格对其他农产品价格的影响问题,(正确地)证明**粮食**价格具有巨大的决定一切的作用。

各有多少农户？卖出的多(＋)或购进的多(－) ＋	－	农 业 总面积	平均每公顷 成年人	儿童	成年人＋儿童(2个儿童)＝1个成年人)
6	14	24.54	2.28	2	3.30
7	—	13.06	1.45	0.9	1.9
13	14				
3	2	8.73	2.2	1.1	2.7
7	—	13.06	1.45	0.9	1.9
10	2				
16*)	5	52.83	1.25	0.89	1.69
9	—	24.42	0.94	0.77	1.32
25*	5				
9	1	37.20	1.07	0.45	1.29
12	—	42.93	0.74	0.55	1.01
21	1				
26	—	131.69	0.78	0.41	0.98
25	—	120.75	0.61	0.40	0.81
51	—				
22	1	156.99	0.65	0.20	0.75
2	—	14.50	0.48	0.27	0.61
24	1				
19	—	168.88	0.52	0.23	0.68
7	—	60.75	0.41	0.28	0.55
26	—				

德国谷物播种面积：1878 年占全部农业面积的 52.59%

1883 年占全部农业面积的 53.46%

1893 年占全部农业面积的 54.37%

*) 在施图姆普费的书中是 19 和 2，而在总计中是 28 和 2。

扩大其他谷物播种面积(也相应地扩大畜牧业),会迅速导致相应的生产过剩,从而把价格重新拉平(参看马克思论斯密,——施图姆普费不引用马克思的话,也不运用地租理论来研究这个问题)

施图姆普费用了黑体

“因此可以有充分根据确立这样一个定理:单位面积上的各种作物所提供的利润,不可能长期不合比例,而且经过或长或短的一段时间就会拉平。”(第15页)

施图姆普费还分析了畜产品的价格,以证明同样的情况。

施图姆普费同霍亨洛埃首相进行辩论,霍亨洛埃于1895年3月29日曾说:只有那些拥有12公顷以上土地的农户,即1 900万农业人口中只有400万人(按每个农户三个半人计算)从高价中得益。施图姆普费对农业人口作了下列大致的计算(根据1882年的资料)(第40页)

			农业人口(单位百万)
极小农户…………	2公顷以下	0.6 × 3.5	=2.1(单位百万)
小农户……………	2— 5公顷	0.99 × 4.5	=4.4 〃 〃 〃 〃
中等农户…………	5— 20 〃 〃	0.96 × 7	=6.7 〃 〃 〃 〃
大农农户…………	20—100 〃 〃	0.29 ×13	=3.7 〃 〃 〃 〃
大农户……………	100公顷以上	0.025×90	=2.2 〃 〃 〃 〃
			19.1 〃 〃 〃 〃

原文如此!在别的场合,施图姆普费又是另外的说法!

施图姆普费认为,在**300**万个2公顷以下的农户中,农业人口不超过60万。“1公顷以下的极小农户的户主……大多数是手工业者、小企业主、工厂工人等等,就是说什么人都有,唯独没有农民或独立的农村业主。”(第39页)

2公顷以下的农户平均每户为三个半人,因为"儿童往往一到成年就立即被雇去干活"(第40页)。

下面是根据施图姆普费的资料作的家庭成员的统计:

每个农户的情况(第82页)

类别		农户数目	成年人	儿童	总计
公顷数:	0 — 1½	15	2.5	2	4.5
	1½ — 2	12	3.16	2.6	5.76
	2 — 3	30	3	2.2	5.2
	3 — 4	22	3.27	1.86	5.1
	4 — 6	49	3.6	2.1	5.7
	6 — 8	25	4.3	1.4	5.7
	8 — 10	26	4.34	2.2	6.5
	10 — 20	37	6	2	8
	20 以上	12	8.75	2.1	10.85

于是施图姆普费得出结论说,如果对20—30公顷的农户来说"平均数"大约为11的话,那么对5—20公顷的农户来说"平均数"大约为7,对20—100公顷的农户来说大约为13。

(真滑稽! 他忘记了**雇佣**劳动!!)

(施图姆普费对农业人口分布的描述,对了解**雇佣劳动**的情况是颇有意义的。)

他说,所有农民,包括大农户的工人,都同粮食价格有利害关系!!

施图姆普费自己料到他所收集的资料(西里西亚和其他地方的,见上面①)未必可信(第50页),因此他预先申辩说:为什么从他的材料来看德国**北部**的条件有利得多,而德国**南部**却被认为经

————————
① 参看本卷第317页。——编者注

营水平较高呢?

于是施图姆普费猛烈抨击德国**南部**“……地产极端分散”(第48页)——1公顷土地分成10—12—20小块!——因此“农户占用劳动力愈来愈多”(第49页)——一般地说,南部的人口稳定得多(第49页)——他说可以看看**1895年巴伐利亚**的调查表,一份新调查表!——三圃制占优势(巴伐利亚;调查表)——“整个经济十分落后”(第51页),经常还有**事实上的**强迫轮作制,其次是“土地分散和插花给任何土壤改良都造成阻碍或困难”(第52页),常常使得异常完善的新式农具几

哈哈!! 乎不能推广使用(第52页),例如24个**巴伐利亚**村庄

哈哈! | 中,只有4个村使用条播机。“用条播机耕作的优越性是人所共知和无可辩驳的”(第52页),等等,其他机器也

! || 很少见,旧式犁“往往是最原始样式的”(第52页),碾压机无人知晓,等等……在机器技术装备方面的这种落后

哈哈!(现象……同一个施图姆普费在另外的场合为小农户辩护时,却又贬低机器的重要性!)

——**德国南部**调查表所描述的所有地方没有一部乳脂分离机(第53页)。“最终说明这种技术落后状况的”是来自克里斯塔茨霍芬和因格尔金根两地关于用马脱粒(人骑在马上)的报道——“这是原始落后的去皮方式”,——施图姆普费惊叹道。

……施肥的方法还需大大改进(第53页),等等。

{——可是却从《农民状况》中摘了一些**对**北部小农户**有利**的引证(第54—55页)。这些引证与布尔加柯夫的引证极为相似!**对照一下**!}

在西里西亚,农民有条播机、撒肥机,等等,等等(第55页),轮作制占优势,碾压机(第56—57页)。

"只需列举一下这些最重要的(原文如此!)农具,就足以发现德国南部和北部在农业方面的极大差别。"(第57页)其次"通常总是估计不足"(第58页)——在北部,有地主树立的**"好榜样"**(第59页)(原文如此!)、农民的"老师"(!)、样板、"农业的开拓者"(第59页)! 而在南部,在某种程度上根本没有大农户(第60页)。

!!
啊,
施图姆普费
先生!!

载于1938年《列宁文集》俄文版第32卷

译自1969年《土地问题笔记》俄文版第272—277页

三

对埃·施图姆普费《农业中的
大、中、小生产》一书中的资料的分析

（1903 年 2 月 10 日〔23 日〕以前）

施图姆普费

［桑巴特在《西里西亚省农业协会杂志》上（论小农业）的文章
　　（1898）。

库茨勒布在蒂尔农业年鉴第 14 卷上的文章（1885）。

桑巴特在社会政治协会讨论地产分配的会议上的发言记录（1882）。

桑巴特：《大、中、小地产的经营效率比较》。《西里西亚省农业协
　　会杂志》抽印本。]①

施图姆普费援引第 7、9—10、12、13、16 页。

　　《农业年鉴》。胡·蒂尔博士出版。第 31 卷（1902 年）
　　补卷第 1 卷。1902 年柏林版（第 287 页）

　　埃·施图姆普费博士。《农业中的大、中、小生产》。对它们的
优点和缺点的描述，从私有经济和国民经济的角度出发，以普鲁士
各农业协会收集的材料为基础。

---

①　在列宁的手稿上，方括号内的文字用铅笔画了两道线以示勾掉，看来是在校
　　订过程中勾掉的。——俄文版编者注

援引的材料来自：**莱奥·胡施克**博士：《根据中图林根的典型调查作出的关于大中小农户农业生产纯收入的统计》1902年耶拿版（古斯塔夫·费舍）。①

胡施克援引吕贝格的文章。《大、中、小地产的经济效果等等的比较研究》。**可是在哪儿呢**??

在《前言》中是通常的庸俗（而重要）的论断：英国人赞成大农户，法国人赞成小农户，德国人则赞成"适当的结合"（第1页）——"观点现在和将来都是永远正确的"（第1页） {！}

劳的尝试（4个农户）不成功：无法相比的（第2页）资料。捷林的学生的著作（《农业年鉴》第22卷(???)第1页及以下各页）不完全。

顺便说说：第4—5页已经指出，小农户中是自己的劳动（这也取决于他们并无奢求，第5页），大农户中重要的是：合理的生产，资本的力量。

只有来自普鲁士6个省的材料可用*）。63个农户：**22**个大农户，**24**个中等农户和**17**个小农户。

小农户——以本户劳动为主（第9页）——较通常描述得更加

---

*）另参看：《对石勒苏益格-荷尔斯泰因州各区内典型农户的描述》。《农业协会给石勒苏益格-荷尔斯泰因州的1898年年度报告》单行本1899年基尔版。

---

① 对莱·胡施克（关于小农业）的资料的分析，见本卷第399—405页。——编者注

广泛(第 10 页)。一个农户价值 3 万马克——小农户,因为有 4 个家庭成员劳动。

整个计算都是以摩尔根为单位(1 摩尔根=¼**公顷**;第 11 页)第 13 页。大农户——大多数投了雹灾和火灾保险。

<blockquote>小农户——往往没有。</blockquote> { 为了便于比较,减去
大农户的这笔开支。

第 15 页。农具损耗率(保养维修和折旧的比率)有时农户愈小便定得愈低,例如,萨克森第三个大农户为 20%,中等农户为 15%,小农户为 10%(第 15 页)。作者认为这是**对的**,因为据他说"这恰恰是农民地产、尤其是小农地产①的一个重要的优越性",因为小农劳动得更勤勉,是自己的家庭成员参加劳动,照管得更好,工具更简单,往往根本没有机器[这就是所谓的优越性!!]。

!! "无论如何,应当认为事实上存在着下列情况,即随着农户规模的增大,用于保养农具和有关资本的折旧的开支所占的百分数也在提高,何况有地产农民,尤其是有小地产的农民,相当一部分修理活儿都是自己干的。"(15)

	大农户	中等农户	小农户
通常…………	14%—16%	11%—13%	10%(第 16 页)
而在养有马匹的情况下(第 16 页)…	11%—12%	9%—10%	8%

(因为小农户对马匹照料得更精心,据说这是毫无疑义的!)

---

① 在所摘录的原书中为"企业"。——俄文版编者注

（A＝大农户。B＝中等农户。C＝小农户。）

"在自养马匹的情况下,大农户中马匹总价值的 2% 被列入养马风险开支项目,中等农户中为 1.75%,小农户中为 1.5%。"(17) 以防病死等等。[但为什么这里也是递进呢???]

"关于未计入的业主及其家属的劳动报酬问题"(17):采用了相应的代替物——农民劳动日的劳动价值(第 21 页:每户 **650—1 000 马克**等等)("所以我们可以把得到普通收入的普通工人家庭的收入作为有小地产的农民家庭的收入",第 18 页)而大农户——管理人员为

（A）**2 000—3 000** 马克(第 18 页)(和第 27 页)

（B）1 000—2 000 马克　中等农户(第 26 页)

（C）　650—1 000 马克　小农户(第 21 页)

中等农户——每户 **1 000—2 000** 马克(第 26 页)与总管持平。

自己生产的产品计算得很不准确,估价大都不完备(参看图表 II)。

住房的费用(22)。农民有比工人优越之处,因为他的住宅总是更好、更大[总是吗?]。"这个优越性被业主现金收入的相应降低所抵消。"(22)

第 22—25 页——详细地论述不能把无用的工人的生活费、特别是小农户中"多余的"女儿、老人等的生活费算在农户的账上(zur last legen)。援引了两个"农户劳动力过多"的实例(第 23 页)。只能将这些人(生活在农户中的人们)确实在农户中所从事的劳动的价值算在农户的账上(25)。

而最具代表性的是如下这段论述:

"正是在农民农户和小农农户中存在着与手工业者家庭和其他许多职业中常有的情况完全类似的情况。由于某些真正的或者臆想的原因,人们不会或者不愿让一个孩子或者几个孩子到外边去干活,即使孩子们的劳动力在家里得不到充分利用时也是如此。在这方面农民阶层中的情况通常甚至比诸如许多手工业者和官员家庭中的情况好得多,因为农民孩子的劳动力在相当大的程度上总是能在农户中派上用场,而与此同时,像手工业者和官员的女儿往往就只能在所谓的'手工活'中消磨时间了。"(25)

接下来就是(第28—158页)按比较系列编制的各农户的收支表(他说比较只能按系列进行,它不是根据不同条件得出的"平均值",而只是在**相同条件**的范围内的比较)。

所有的收支表都相当雷同和相当不完备:收支表**多半是不加区别地以大略估价的形式**编制的,没有牲畜饲料,等等。总的结果:更多的余额(=收入-支出,除以摩尔根数。实物与货币的收入和支出未加区别)。

小生产"有利"的原因看来可以归结为采用了一系列方法:(1)采用了不同的农具和牲畜的损耗率;(2)事先规定了不同的家属生活费;(3)牲畜饲养费据说全都相同而被略去,等等。

总的结果:见图表。

关于图表 VIIIc 中的术语"劳动报酬",应当说明:这=**劳动费用总额**(参看图表 VIIIa,第24栏),而且**实物报酬**包括:业主家庭的实物报酬(农产品和畜产品)和住房费用,其次是靠农户(农业+畜牧业)产品提供的职员和雇工的食物给养和实物报酬(农业和畜牧业),再次是职员和雇工以及获取实物报酬的雇工的住房费用,最后是酿酒的报酬。

货币工资包括“业主家属的货币工资”,全体人员的保险费和用于日工和计件工、用于雇工和职员的货币支出,最后是为雇工和职员购买肉类、粮食、油、蜡烛、日用食品等等的费用。

施图姆普费极其详细地反复解释小生产如何**有利**,如何赢利——既根据总收入,也根据纯收入!(第163页及以下各页)。

见图表

[最重要的图表:

图表Ⅰ。(a—c)17+24+22个农户。按各个农户划分的资料:土地数量,牲畜,工资,周转额。

图表Ⅱ。经营费用。片断的资料。

图表Ⅲ。余额。11个农户:大农户、中等农户和小农户。15个大农户和中等农户。12:大农户和小农户。13:中等农户和小农户。

图表Ⅳ。余额。占农户家产价值的百分比。10:大农户和中等农户。**9**个大农户和小农户。**7**个中等农户和小农户。

图表Ⅴ。土地,建筑物,平均每摩尔根土地所拥有的农具。14个农户:大农户、中等农户和小农户。

图表Ⅵ。牲畜,数目和价值。按每10摩尔根土地——14个大农户和中等农户;11个大农户和小农户;12个中等农户和小农户。

图表Ⅶ。添购肥料、饲料等。按每摩尔根土地:12个大农户和中等农户;9个大农户和小农户;10个中等农户和小农户。][①]

① 在列宁的手稿上,方括号内的文字勾掉了,看来是在校订过程中勾掉的。——俄文版编者注

农业生产中的“资本”(第 164 页及以下各页)

小农户在建筑物和农具方面的资金负担是否更重?

农具资金增长的百分比(图表 Vd 中为 13—16—17=100,121,134%)几乎等于固定资本增长的百分数(同上,219 及其他=100,119,121%)。

用于农具的年支出

小业主(每摩尔根)=	17.3 的 10%=1.75	即大业主的
中等业主	15.6 的 12%=1.87	负担据说
大业主	14 的 15%=2.10	更重!!
	(平均)	

=农民“自己”会修理的!*)

他认为,这并不奇怪,因为农民农户没有许多工具(167)——没有割草机等等也过得去,不会受到损失。

关于机器。他说连大农户也很少有机器(根据帝国统计)。使用机器的农户的百分比(自 1882 年至 1895 年)在小农户中增加得**更快些**。

[滑稽!小数字总是增加得快些。即以蒸汽脱粒机为例。2 公顷以下至 5 公顷的农户 1882 年为 1%,1895 年为 5.2%,增加了 **420**%。500 公顷以上

*) 第 172 页:“对此还应作个补充,即:农民——土地占有者,
!! 尤其是小农,修理农具时花的货币资金很少,多半是自己动手……例如许多小农户几十年不买新马车,因为已有的一辆或几辆马车
!!! 由于及时得到修理总是完好无损”,——据说大农户每过 1—2 年就要买新的!

的农户分别为 50% 和 83%——增加了 **63**%。于是施图姆普费就兴高采烈起来!!〕

(b)**牲畜**。(1)**役畜**(第 176 页)。

在平均每摩尔根土地拥有的役畜数量方面小农户处于不利的地位(第 177 页)。**但是**"另一方面,对于取得经营和财务成果具有决定意义的并不是牲畜的数量,而是牲畜的价值,只有它才能为估计牲畜的**大小**和**对饲料的需求**提供依据,简言之,为估计用于牲畜的**饲养**和折旧的**开支**提供依据。"(177。黑体是原作者用的)

注意
!

(小农户的"好处"=牲畜便宜些,差一些,吃的饲料少一些!!)

据说"众所周知",农民宁可要 2 匹小马,而不要 1 匹大马,而犍牛从两岁起就开始干活……*)"小农户的 2 匹马往往**不如**(未必差这么多)大农户的 1 匹马重。"(178)

"而饲养 2 匹波兰小马即使在体重相同的情况下也比饲养 1 匹比利时种马或克莱德斯达尔种马容易得多,**因为波兰小马从一开始就习惯于吃较便宜的**饲料(包括掺入少量谷物的粗饲料和马铃薯),但是**需要**照料的重役马一般需要较昂贵的谷物饲料。对这个因素不应估计不足,因为**不能不感到惊讶**的是,小农常常用**多么**〈黑体是原作者用的〉**便宜**的饲料来喂养自己的马匹,尤其是在它们干活不重的时候,他们还能够做到几乎每天维持与牲畜干活的分量相当的一份饲料。"(178—179)。因为"他(小业主)的役畜不像大农户的牲畜那样满负荷地干活"(179)。

注意
!!
注意
!

---

*)　例如第 **180** 页,——小农户"饲养的犍牛在其成长期间用来干较轻的活儿,到它们长足力气时便转交给大农户"。就是说自己用小牛耕地,把大牛交给"老爷"!"这就是小农户的好处"!!

!

没有关于牲畜饲料费用的资料(据说饲料因所干的活不同而大不一样,而且集约经营的甜菜种植户的饲料费用当然也比粗放经营的小农户的饲料费用相对说来高得多(179)。"同时我们至少可以认为,小农户按单位面积计算的每年用于喂养役畜的饲料的**价值**决不比大农户高。恰恰相反,极有可能比大农户低。"(179)

> 注意:[平均每摩尔根的饲料的价值不是更高或者说甚至更低!! 而小业主平均每摩尔根的牲畜的数量(甚至价格!)**更高**。就是说,显然是饲料**更差**]。

(役畜的)利息、风险和折旧的比率

大农户	5+2+3	=10 %	17.44马克	每摩尔根
中等农户	5+2+2.5	= 9.5%	— 马克	每摩尔根
小农户	5+2+2	= 9 %	13.12马克	每摩尔根

("好处"——**更少地**更新牲畜,**更加**意爱护牲畜!)。

以下是有关役畜的十分重要的内容:

!!‖　　　"首先,小农**在只用牝牛耕地的地方具有相当大的优越性**,这种情况在人口比较稠密、具有比较古老的文化和较好的交通工具的地区可以见到,即几乎在整个德国南部和西南部,在德国中部的相当大一部分、尤其是图林根,以及在萨克森(王国和各省),在德国东部——西里西亚都可以见到。在所有这些实例中,大农户用于役畜的附加开支为 17.44 马克,而小农户却花不了几马克。因为牝牛在合理地用来干活时,并不会失去作为奶牛和肉牛的品质,它们大多甚至比老在畜棚里关着还健壮,只需相应地增加饲料,以作为干活的补偿即可。这样一来,首先是**节省了**〈黑体是原作者用的〉

喂养役畜所需的饲料,因为用来喂养役用牝牛的饲料是按奶牛和肉牛所需饲料、而不是按役畜所需饲料计入的。应当认为,当前在中等集约化经营的情况下每40摩尔根中等质量的土地需要1匹较为强健的役马作为畜力,而它应有的'用于喂养'的饲料估计价值为每天0.50马克。一年共计为182.50马克,除以40摩尔根,这样每¼公顷为4.50马克。

“这样一来,除了在资本和役畜的利息、折旧、风险等附加费用上节省而外,**用牝牛干活的小农户可以比大农户节省如上所述的数额的钱**……”(182) 注意

“小农户在其畜力方面所固有的缺点,照我们看来,不在于财务,不在役畜的开支,恰恰相反,在这方面我们所看到的毋宁说是它们的优点;这种缺点在于牲畜力效率。 注意

大农户中完全合乎要求的重载马车干一切重活都胜过小农户中由一匹马或两匹马组成的轻型马车。这在深耕时看得最清楚:真正的深耕,尤其是在土壤坚硬的情况下的深耕,小农户只能在有限的规模内进行,这是毫无疑义的。尽管如此,由此产生的缺陷仍然不如想象的那样严重。”例如农民的糖用甜菜产量往往并不比邻近的地主差,这是因为:耕作得更精心,厩肥也更好,手工播种,工作更勤勉,几乎是对每个植株逐一进行管理,等等。 注意

“简而言之,尽管土地耕得不够深,终于还是获得了很好的收成,或者说至少在正确进行经营的情况下**可以**获得很好的收成。 注意 **因此,如果说勤勉的小农能够通过别的途径来使自己农户的这个缺点得到补偿的话,那么这正好需要他在**其他方面的**额外工作和额外生产**。假如他能在其他条件相同的情况下又使自己的田地得到深耕的话,那么上述额外工作和额外生产自然就会得到更好的 注意

注意 报偿。**因此，他的役畜的弱点仍然始终是他的农户经济上的不利方面**。小农户更普遍地采用手工劳动在某种程度上与此有关。下面我们还要回过头来讨论这个问题。因为无论运送什么东西，特别是在运送肥料和收割的庄稼时，小农户的赶车人由于自己的马

注意 车效率较低，不得不比大农户驾驭效率高的重载马车的赶车人多走很多路，因而浪费了时间，大农户的赶车人在同样一段时间内运

注意 送到目的地的货物，可能超过小农户的赶车人所运送的货物的30%—50%，而且经常超过将近100%。

然而如上所述，这一原因的财务影响是在另一个项目、在工资这个项目上暴露出来的，因此在这里可以不予考虑。”(184)

“中等农户的马匹其实与大农户的马匹在价格上几乎是相同的，然而小农户的马匹——如果从价格上判断的话——就差得多了，就是说平均起来大概个头小些，年龄大些，看来还有外貌上的缺点和干活方面的小毛病。事实上，在前10个比较系列的30个

注意 农户中，**马**的平均价值**在大农户中**为**468马克**，在中等农户中为

注意 433马克，**在小农户中**为**223马克**。”(184)

奶牛与肉牛。只提供了**牝牛**的数目和奶牛与肉牛的总价值。

我用牝牛数去除肉牛与奶牛总资本的算法对吗??

关于**牝牛**：“……大农户的牲畜多半个头更大些，价值更高些……”(187)

注意 农民的牲畜多得多(每摩尔根)，因此**厩肥**也多得多(188)(无资料)

c)农户的集约化程度

关于添购的资料(图表 VII)。

以上数字清楚地显示出大农户的性质,即它们是市场经济,具有无疑比农民农户高得多的生产集约化程度,而农民农户更多地是以避免买卖活动为目标,在一定的程度上仍然是自然经济(189)。在大农户中我国农户的平均添购量比农民农户高出 1—2 倍,而且看来几乎各地都是类似的情况。

注意

注意

尤其引人注目的是在购买饲料和肥料方面的显著差别,大农户所使用的饲料和肥料的数量比农民农户多 2—3 倍(190)。

部分是因为:农民往往更乐于把自己的粮食拿来喂牲畜,而不愿出售。

部分是因为:农民更善于设法对付,他们会利用除草时拔掉的飞廉、甜菜的茎叶和除草及培土时去掉的杂草、谷类作物去蘖时撇掉的分枝等等。

尽管如此,在添购方面的上述差别在相当程度上无疑是由**农民农户、尤其是小农农户牲畜饲养的集约化程度平均较低**所决定的,而且至少对我国**东北部**的相当一部分地区说来这一差别是不容置辩的。**饲养的这种较低的集约化程度所带来的自然后果就是产值较低**,这在产品出售时充分反映在总收入上,相反,在纯收入上却反映得不大明显,有时甚至毫无反映(190—191)。

注意

较少添购肥料:部分是由于农民有较多的粪肥,部分是由于较多的产品留做家用,没有出售。同时,中等农户平均每¼公顷**添购肥料量为 1.47 马克**,小农户为 1.20 马克,这个数字同大农户的 **5**

马克和 3.80 马克比起来简直是微不足道,这一差别的存在主要还应归之于农民农户的平均集约化程度较低。关于这一点,所有的经济描述也说得十分清楚(191)。

大农户购买的种子更多些。也许种子调换得更经常,品种更多样。

注意

图表 VIId。流动资本——评价。

(40%的固定生产资本)

关于哪些农户资本密集程度较高的问题:资本的**绝对量**(每 1 公顷)**到处都是小农户较高**(195),但"**决不能由此得出这些农户资本密集程度较高的结论**"。例如它们机器使用得较少,尽管它们平均每 1 公顷用于农具的投资较多,或者牲畜较多,因为它们的生产方向不同(畜牧业比农业多),等等。

如果在缺少直接证据的情况下可以作出间接的结论,那我们就可以说,根据大农户的现金周转额更大,用于购买种子、饲料、肥料和牲畜的开支多得多,以及它们花在工资等方面的现金更多这一事实,便可得出结论:大农户是在资本密集程度比农民农户高的情况下经营的,尽管农民农户现货储备(诸如饲料和禾秸)的价值可能更高些(第 196 页)。

4. 农业生产中人的劳动(196—)

每 1 公顷土地上**人的劳动**的数量? 没有资料。

用于人的劳动的**货币支出**的数量(197)。

图表 VIIIc。总结。关于货币工资的好处的论述:不依赖市场,不怕粮价下跌(202)。

《业主家庭的货币(和实物)报酬与农户的收入及支出的比较》(《抵御危机的能力》)(第 203 页)。图表 VIIId:6.6%—25.7%—87.1%。接着是图表 IX。

可见,农民省吃俭用,就可以在更大的程度上大大降低自己的开支(204)。

小农可以在贫困时满足于较低的甚至很低的报酬并可这样来渡过危机,而不致给农户本身造成损害(204)。

$\left.\begin{array}{c}\end{array}\right\}$!
注意
!

实物报酬也一样,"小农户可以轻而易举地通过削减价格昂贵的食品,如肉、油、蛋、全脂牛奶等的消费来实现(节约),同时相应地增加价格较为低廉的食品如土豆、谷物、豆类等等的消费,这样就不必担心真正完全断粮"(205)。

!

没有一个了解情况的人会对这样的说法提出异议,即:上述**节约潜力**也存在于现实生活中,而不只是单纯的理论,甚至**在极端贫困、确实到了真要挨饿的地步的情况下**,潜力还可能更大。此外,**小业主**在困难时期比较大业主、尤其是大田庄主**更容易做到"量入为出"**(205):……**从社会考虑**。

!!

原文如此!

作者在比较工资占其他支出总和的百分比时(图表 X)说:

之所以出现这一现象,首先是因为农户的费用随着地产规模的缩小而提高。其次,主要是因为大农户由于其集约化程度较高,平均的生产费用也较高。因此,作为供比较的规模,其数额也较大。最后,在同一个方面起作用的还有一个事实,即:生产规模愈小,"人的劳动"的因素就愈重要,与此同时,相应的支出项目也愈高(208)。

换言之,c 与 v 的比值增大了!

总产值(211—)

收获量——大多是估计(图表 XI)。

将产品折合成钱:

大农户(每¼公顷)比中等农户**多** 1.70(?)马克

大农户(每¼公顷)比小农户**少** 0.10 马克。

可见,小农户的情况最好(213)

((未必如此! 这里问题不在钱,而在实物!))

图表 XII:农户愈小,**休闲地**愈少。

大农户小麦比小农户多

小农户黑麦比大农户多

小农户马铃薯比大农户多

(尽管有酿酒厂!!)

(215:草场多半是大农户的较好:排水设备使用较多,肥料较多。)

农户的总收入(217—)

家庭经营消费(单位:马克/10 摩尔根)

我的 单位马克 总数	大农户	63	8 个农户的平均数	
327+ 63=390	中等农户	112	11 个农户的平均数	图表 XIIIb
294+112=406				
319+156=475	小农户	156	7 个农户的平均数	

然后作者提供了这样的(第 218 页)图表(根据图表 XIIIc)

（单位：马克/10摩尔根）

	出售农产品	添购饲料和种子	净出售总计	出售畜产品	添购牲畜	净出售	全部出售（净）	家庭经营消费价值	食品生产总价值
大 农 户	188	43	145	140	11	129	274	63	337
中等农户	88	18	70	206	14	192	263	112	374
小 农 户	82	16	66	237	6	231	297	156	453
大 农 户			53	—		47	100		
中等农户			27	—		73	100		
小 农 户			22	—		78	100		

按甜菜种植户的11个比较系列情况也是如此

	出售农产品	添购饲料和种子	净出售总计	出售畜产品	添购牲畜	净出售	全部出售（净）	家庭经营消费价值	食品生产总价值
大 农 户	351	58	293	192	39	173	466	62	529
中等农户	171	31	140	277	28	249	389	112	501
大 农 户			63	—		37	100		
中等农户			36	—		64	100		

注意

（作者强调指出，无论要得出什么结论，材料必须具有可比性、同类性。）

> 大农户的**土地**较好，质量上乘

结果当然完全对小农户有利。

按总数计算大农户比中等农户出售的产品稍多一些。但是如果将购买牲畜、种子和饲料的支出算做负债，而将家庭经营中的个人消费和以实物发放口粮算做资产，其次，如果考虑到由于农户的规模不同而产生的各类农户之间在土地质量方面的差别，那么中等农户平均起来毫无疑问现在就已在生产率方面明显地超过大农户，尽管应当承认，中等农户目前在许多方面，尤其是在生产的集约化程度、生产领导的才智、土壤的耕作及其改良的水平、产品牲畜的质量等方面还不如大农户。——这是指可比农户而且大概也是全部农户的平均数。——在我国主要是在东北部(222)。

[一头一尾是在整个这一问题上变戏法的绝好例子！农户类别较低,而生产率却较高!!产量高在这里还意味着三个方面的肆意滥用:土地(改良较少,难道土地质量较差不是因为千百年来对它养护较差吗?)、牲畜(较差和较弱)和干活的人(吃不饱),这难道还不清楚吗?]

假如中等农民文化水平再高一些,那就简直要交鸿运了!:

"经营的发展水平愈高,它的集约化程度愈高,总的教育水平愈高,生产率就愈高,农民农户就会变得'愈有竞争力'"(225,均为黑体!)

[这里作者忘记了,农民应付深耕的唯一手段是:额外劳动!!换言之:随着技术的不断进步,农民以额外劳动来应付竞争就会愈来愈困难,他的竞争力就会愈来愈小。]

"可见,小农户在单位面积上可以生产出更多的产品,与此相适应,靠他这点土地可以养活更多的人口,同时小农户也能够给市场提供数量更多的农产品。"(原作者均用了黑体,**225**)

而极小农户的情况与果园业近似,他们所获得的总产量是能够达到的最高值(226),因此关于总产值可以不假思索地提出这样的原理:**农户愈小,它的生产率、它的总产值就愈高**。"(黑体是原作者用的,226)

!

从对出售品种等等的比较中可以得出结论:

大农户为人民的膳食提供相对说来较多的谷物,农民农户则提供相对说来较多的肉食以及鸡蛋和家禽(228)。

第 228 页：一位报告人指出，为了比较总产值，应当加上大农户中雇工的家庭生产，例如养猪等等。施图姆普费说：这不很重要，假设 15 个工人平均每人 50 马克＝750 马克：1 000 摩尔根＝平均每 1 摩尔根 0.75 马克。

注意

粮价下跌对小农户说来并不那么危险，因为它的重点是**畜牧业**。

所以小农户的畜牧业发展较快：比较 1882 年和 1895 年的调查材料。小农户平均每 100 公顷土地的牲畜数量最多，而且它们的这个数字增长得也最快。

作者在逐户进行重新计算时，得出如下的结论：

可见，是小农户保证农业人口有最大的谋生和工作的机会，其次是大大落后于小农户的中等农户，最后是与中等农户差别甚微的大农户。

	大农户	中等农户	小农户	
每 1 平方公里（**100 公顷**）——	10.1	11.5	17.95 户	可以养活
	40	46	72 人	

计算：20.2×4×100＝	8 080	马克：800 马克
23	9 200	为工人家庭的
35.9	14 360	平均收入，标
（图表		准额
VIIIc）		

"……找到谋生和相应的工作机会。"（235）

结束语（236）：

农民农户的高产品率是以提供价高产品的畜牧业的大发展为前提的，而农民农户特有的劳动需求量大和与此相应的更多的谋生和投入劳动的机会,则是小农户在资本密集程度多半最低的情况下劳动密集程度更高的结果,是农民农户尤其是小农农户所固有的——例如在使用某些机器上的——某些不利方面的结果,是由于劳动的组织方式略有不同、变得对工人更为有利的缘故,而对真正的小农户来说,往往还由于存在劳动力的一定浪费,这种浪费与其说同生产条件有关,倒不如说同财产关系有关。我们在分析对(个别)农户的描述时已经在一定程度上考虑到了这种浪费劳动的最坏情况,并根据我们在计算纯利润时的说明作了修正。但我们这方面做得还很不充分,而为了避免在这些计算中出现有利于小农户的歪曲,是需要做得很充分的。不过,假使我们连上述的修正也不考虑的话,那么在**这种**情况下上面算出的其生活来源与小农户有关者的人数,就还会高出几个百分点(236)。

注意

施图姆普费:《小地产和粮食价格》1897 年莱比锡版(敦克尔和胡姆布洛特)。

是的,正是劳动的浪费!!

参看第	大农户	337 马克	每 10 摩尔根产值	202《劳动》
18 页①	中等农户	374		230 图表(VIIIc)
摘录	小农户	453		359

所以平均每 1 个劳动单位所得的产品,即全部产品为

大农户 ——1.668

中等农户——1.626

小农户 ——1.261

---

① 参看本卷第 339 页。——编者注

我的计算:平均每100公顷

全部产品

	人数		平均每人	
		（单位马克）		
大农户	40	13 480	337 马克	劳动
中等农户	46	14 960	325	生产
小农户	72	18 120	251	率!!!
	（第235页）	（第218页）		

在结束语中同胡施克博士的论战[①]（胡施克与考茨基意见一致,第239页)证明,从他的数字中得出的是相反的结论。胡施克只有4户,而且在一段时间内是小农户的纯收入最高,在另一段时间内又是大农户的纯收入最高,至于产量则是小农户的最高。

第242—245页是一些总结全书的简要论点。

"大农户总的说来是靠资本密集(购买种子、饲料和肥料最多)来经营的,而农民农户、首先是小农农户则显示出最高的劳动密集程度,这在小农户中有时导致家庭成员劳动力的浪费。"(243)

其中之一:

注意

---

① 列宁对莱·胡施克《根据中图林根的典型调查作出的关于大中小农户农业生产纯收入的统计》一书中资料的分析,见本卷第399—405页。——编者注

施图姆普费著

注意

表

IIIb IIIe

农户数目	(11)	(15)	(12)	(13)
		总收入(单位:马克/摩尔根)		
大农户…………	9.00	15.65	8.55	—
中等农户…………	13.06	18.05	—	11.95
小农户…………	12.26	—	12.21	11.72

ω

表Vd　　　　表VIc

农户数目	土地	建筑物	农具 未计入 酿酒用具	计入	马	役用犍牛	牝牛
	总价值(单位:马克/摩尔根)				平均每1000摩尔根头数		
	(14个农户总计)						
大 农 户	219	90	12.9	16.4	18.2	10.0	33.6
中 等 农 户	261	105	15.6	15.6	25.8	4.1	64.2
小 农 户	264	118	17.3	17.3	—	—	
			3				

作中的表格

表IV

	农户家产价值 （单位：马克/摩尔根）			纯利润 （单位：马克/摩尔根）			纯利润占农户家 产价值的百分比		
	(10)	(9)	(7)	(10)	(9)	(7)	(10)	(9)	(7)
	524	360	—	13.71	6.59	—	2.62	1.83	—
	629	—	487	20.15	—	13.82	3.21	—	2.84
	—	474	490	—	12.26	13.11	—	2.58	2.67

表VIc

	平均每10摩尔根 （单位马克）			我的计算		
				平均每头（单位马克）		
				所以，每头价值 （单位马克）		
马的价值	役用犍牛 的价值	肉牛和奶牛 的价值	马	犍牛	牝牛
14	14	14			
91.9	48.0	259	547	480	778
120.0	15.4	347	461	375	540
—	—	—			

β

表　VIc

	平均每1 000摩尔根头数			平均每10摩尔根的资本(单位马克)			γ 我的计算 每头价值		
	马	役用犍牛	牝牛	马	役用犍牛	肉牛和奶牛	马	犍牛	牝牛
农　　户	11	11	11	11	11	11			
大农户	17.9	6.7	35.5	87.5	30.0	265	448	448	746
中等农户	—	—	—	—	—	—	—	—	—
小农户	29.1	4.8	71.5	70.1	17.0	340	237	354	475
12 个 农 户									
大农户	—	—	—	—	—	—			
中等农户	22.4	6.6	53.8	99.9	22.2	302			
小农户	30.8	7.7	72.2	72.4	21.6	334			

γ

表　VIIc

	每10摩尔根的添购数(单位马克)				
	种　子	饲　料	肥　料	牲　畜	总　计
12 个 农 户					
大农户……………………	8.0	61.4	50.1	36.0	155.5
中等农户…………………	1.7	28.6	14.7	29.7	74.7
小农户……………………	—	—	—	—	—
9 个 农 户					
大农户……………………	6.0	53	38	9	106
中等农户…………………	—	—	—	—	—
小农户……………………	3.9	13	12	8	36.9
10 个 农 户					
大农户……………………	—	—	—	—	—
中等农户…………………	1	27.5	14.1	27.8	70.4
小农户……………………	2.8	20.6	14.1	6.8	44.3

表 VIId

每摩尔根（单位马克）						
固定资本		不变资本		流动资本	全部资本	纯利润
土地	建筑物	耕畜	农具			
（8个农户）						
大农户…………………	206	83	37	14	21	361	8.6
中等农户………………	266	119	43	16	24	468	13.7
小农户…………………	263	131	42	16	23	475	13.0
4 个农户						
大农户…………………	535	141	47	24	28	775	
中等农户………………	565	184	61	31	37	878	
小农户…………………	—	—	—	—	—	—	
10 个农户						
大农户…………………	—	—	—	—	—	—	
中等农户………………	252	118	42	16	24	452	
小农户…………………	248	137	42	17	24	468	

表 VIIIc

	每摩尔根支付工资					
	实物工资	货币工资	总计	按百分比计算		
	7个农户					
大农户…………	7.4	12.5	20.2	36.8	63.2	100
中等农户………	12.3	10.7	23.0	53.5	46.5	100
小农户…………	20.5	15.5	35.9	57.1	42.9	100
	注意(η)					
	11个农户					
大农户…………	8.07	16.47	24.54	33	67	100
中等农户………	13.01	12.04	25.05	52	48	100
小农户…………	—	—	—	—	—	—

表 VIIId

	货币工资中平均每摩尔根				
	用于业主的家庭成员	用于工人	按百分比计算		
	7个农户				
大农户…………	0.64	12.14	6.6	93.4	100
中等农户………	2.73	7.93	25.7	74.3	100
小农户…………	11.57	3.37	87.1	12.9	100

表IX

	总计		业主家庭成员的货币工资
	收入	支出	
	每摩尔根(单位马克)		
	10个农户		
大农户…………	38.3	28.4	0.8
中等农户………	43.0	25.7	3.14
小农户…………	36.4	15.1	9.76
	14个农户		
大农户…………	54.6	37.6	1.02
中等农户………	51.2	28	3.69
小农户…………	—	—	—

表　X

	偿付百分比（按总价值的4%计算）	除工资外的全部生产费用	实物工资	货币工资	按 百 分 比 计 算			

[单位:马克/摩尔根]

δ
%	%
100 —	92
100 —	115
100 —	163

c＝v＝
＝100

δ

10个(9个)(8个)农户

大 农 户	21.9	27.2	8.4	16.8	80.5	100	30.9	61.8
中等农户	25.2	22.4	12.1	13.6	112.5	100	54.	61.
小 农 户	25.9	17.1	14.	13.7	151.	100	82.	81.

7个(5个)农户

	c		v		c		v

大 农 户	15.5	18.3	7.8	13.4	85	100	43	73
中等农户	—							
小 农 户	19.1	13.6	21	15.2	140	100	154	119

6个(5个)农户

大 农 户								
中等农户	18.8	12.8	13.7	10.5	147	100	107	82
小 农 户	19.2	13.7	19.	13.5	141	100	138	98

表 XIb

产　量	产量(单位:公担/摩尔根)					
	小　麦	黑　麦	燕　麦	大　麦	马铃薯	糖用甜菜
	(11 个农户)					
大农户……………………	11.82	8.68	9.44	11.20	79.6	168
中等农户…………………	10.79	8.37	10.51	11.32	73.0	167.88
小农户……………………	—	—	—	—	—	—
a	+	+	—	—	+	+
	1.03	0.31	1.07	0.12	6.6	0.12
	[5 个农户]					
大农户……………………	11.27	8.63	9.17	9.57	73.8	
中等农户…………………	—	—	—	—	—	
小农户……………………	9.82	7.98	10.68	11.02	69.5	
a	+	+	—	—	+	
	1.45	0.65	1.51	1.45	4.3	
	[5 个农户]					
大农户……………………	—	—	—	—	—	
中等农户…………………	9.33	7.3	11.6	10.3	79.5	
小农户……………………	10.99	8.4	9.8	11.8	76.2	
	—	—	+	—	+	
	1.66	1.1	1.8	1.5	3.3	

a

表 XIIc

	播种面积占耕地面积的百分比				
	粮食作物	饲料作物	商品水果	无收成*)	草场和牧场
[15 个农户]					
大农户………	48.5	35.8	9.2	6.5	22.5
中等农户……	51.3	41.3	5.1	2.3	27.8
小农户………	—	—	—	—	—
[12 个农户]					
大农户………	47.9	38.4	5.9	7.8	26.
中等农户……	—	—	—	—	—
小农户………	60.5	34.7	2.7	2.2	28.7

表 XIId
[11 个农户]

大农户………	—	—	—	—	—
中等农户……	51.3	42.7	3.2	2.8	26.8
小农户………	59.6	35.1	2.9	2.4	30.1

*) 无收成＝种羽扇豆和休闲地。

第286页。表 XIIIc
（单位：马克/10摩尔根）

（单位：马克/10摩尔根）	农业产值					种子和饲料	畜牧业产值				添购牲畜	总计
	出售：				家庭经营消费		出售：			家庭经营消费		我的总计
	食品	饲料	糖用甜菜	马铃薯酒			乳制品	牲畜	蛋、家禽、蜜			
大农户……	143	13	—	31	—	43	66	72	2.3	—	11	327
中等农户……	62	17	9	—	—	18	38	159	8.7	—	14	294
小农户……	66	16	—	—	—	16	40	181	15.9	—	6	319
												我的总计
大农户……	217	14	100	20	—	58	66	123	3.3	—	39	543
中等农户……	120	13	38	—	—	31	83	183	10.8	—	28	448
小农户……	—	—	—	—	—	—	—	—	—	—	—	—

{ 显然，小农户的产值比中等农户高，是因为半饥半饱，出售了别人用以消费的东西，尤其是奶和肉。

小农户。**17 个农户**。土地 24—68 摩尔根(6—17 公顷)。总数=765.5÷17=45.03[摩尔根]=11.25[公顷]。

小农:只一户有犍牛(2)。**各户**均有作为役畜的**牝牛**。两户只有牝牛。

只有 4 户(17 户中)不给外人付工资,其余各户花 13—600 马克雇工(原文如此!!)　　　　　注意

中等农户(24)——66 至 403 摩尔根。总数=4 453÷24=185.5[摩尔根]=46.5 公顷。中等农民:4 户有犍牛。

大农户(22)——331 至 3 280 摩尔根(82.75 至 820 公顷)。大农:11 户有犍牛。

(ω)图表 IIIb

小农户收入额最高!!

所以,

(1)大农的**产量最高(图表 XIb)**αα

(2)大农的牲畜最好(VIc)β+γ

(3)大农农户的机械设备最好(X:C 与 V 之比)δ

(4)大农花在耕畜和农具上的费用最省(Vd、VIId)ε+ς

(5)大农的劳动费用最低(VIIIc)η

(6)大农只是用于出售的产值最高(XIIIc)

(7)大农对土地养护得最好。添购肥料、种子等。(VIIc)

第 7 页摘录①

小农 　　(1)牲畜饲养得较差

　　　　(2)耗尽牲畜的力气

　　　　　　　　（让牝牛拉套）

　　　　(3)土地施肥较差

　　　　(4)劳动较繁重

　　　　　　　（"勤勉"）

　　　　(5)迫使子女劳动

　　　　　　　（"优越性"）

　　　　(6)在机器上"节省"

　　　　(7)在饮食上"节省"(XIIIc)

　　　　　　　（"出售"）

译自 1969 年《土地问题笔记》俄文版
第 278—321 页

---

① 参看本卷第 330—332 页。——编者注

对古·费舍《机器在农业中的社会意义》一书的批注[103]

（1902 年）

古斯塔夫·费舍：《机器在农业中的社会意义》1902 年莱比锡版。（施穆勒主编的《……研究》第 20 卷第 5 分册。）

序言中引用了社会民主党人论小农户的著作。其中有**捷林**的《土地问题和社会主义》（反驳考茨基），施穆勒主编的《立法、行政和国民经济年鉴》杂志第 23 卷第 4 分册。

捷林已经指出，农业不同于工业——特别是在机器问题上。

第一章。《机器劳动的费用及其赢利的界限》。

"大农户最先具备使用农业机器的条件"（第 4 页）——起初连厂主也只关心大农户用的机器。现在他们同样给小农户提供机器。

作者想根据新资料确定这些新机器的界限。

下面是他计算的结果（第 24—25 页）：｛考茨基在《土地问题》第 94 页上根据克拉夫特的意见提出(α)**1 000** 公顷、(β)**70** 公顷为充分使用机器的界限。（第 5 页）

机器名称	经济效用的界限（单位公顷）	机器劳动的费用（在充分①使用的情况下）（单位马克/公顷）	手工劳动的费用①（单位马克/公顷）	充分使用的情况（单位公顷）	AA 见后面①（单位公顷）
(α)蒸汽犁(20 马力)……	192	34	51.20	500	
蒸汽犁(12 马力)	121	33.8	42.7	250	
撒播机………………	—	0.88	0.44	> 360	
(β)条播机(3.766 米)…	21.6	2.56	6.04	360	17
条播机(1.88 米)……	13.6	3.48	6.04	160	8.8
撒粪机………………	—	1.12	0.55	> 280	
中耕机(3.766 米)……	4	2.13	16	180	3.7
中耕机(2.0 米)……	1.2	2.06	16	75	1.1
单行中耕机…………	0.27	4.2	16	22.5	0.23
割草机………………	13.4 (或 6.7)	3.5	5	58	3.4
摇臂收割机…………	9.5	6.9	11	76	7.1
(β)自动打捆收割机……	—	11.25	11	> 76	24.3
手工收割机…………	8.1	7.0	11	68	5.1
干草摊晒机…………	2.9 (或 1.5)	6.3	12.5	35	0.95
马拉搂草机(有驭者座的)……	13.8 (或 6.9)	1	1.6	90	8.0(4)
马拉搂草机(无座的)…	9.45 (或 4.73)	1.2	1.6	67.5	3.9(1.9)

作者这样来计算他的效用界限：他以一天的工作量（平均一架蒸汽犁耕 5 公顷土地）为标准，确定在这一时间内手工（相应地使

① 参看本卷第 357—358 页。——编者注

用畜力)劳动的价格,然后计算出用机器劳动**最低限度**要**几天**可以达到**同样的**价格。这个最低限度的天数(折算成公顷)也就是他所说的界限。

(因此,这是**最低限度的**界限,在这一界限内,机器还**不会**比手工劳动便宜)。

作者时常引用本辛格的话(譬如把林保的意见同他作对比,林保认为只要马拉犁把地耕得同样深,马拉犁就不比蒸汽犁干得差:第 8 页)。 ‖ !

马铃薯种植机至今没有搞成(马铃薯大小不一,¼公顷土地所用的马铃薯种重 8 公担,而谷种还不到 1 公担)。但是不久前搞出了一种马铃薯种植挖坑机。这种机器挖的坑很均匀,有助于中耕和锄草,但马铃薯还得用手来点种(第 11 页)。它可以节省劳动,**提高收入** 5%(第 12 页)。 ‖ 注意

至今还造不出**完善**的马铃薯收获机和甜菜起拔机。

第二章。《小农户使用机器的可能性》。 (第 27 页)

	谷 物	**糖用甜菜**	**干 草**
与手工劳动相比**每**	17.52 马克	30.78	8.30
1 公顷降低费用**每**	÷52 公担(收获量)		(÷80 公担=)
1 公担降低费用	0.34 马克	0.05	0.10
	单位公担	(640 公担)	

看来,费用降低得**不多**。他说这是针对**本辛格**的,因为他**没有把使用畜力的费用加在机器上**(第 28 页)——“不完全正确”。

如果考虑到没有计入某些由役畜作动力的机器的畜力费用

(因为农户反正有牲畜而又未得到充分利用),那么经济效用的界限还要缩小(第28页)(见图表中的AA[1])。

“不言而喻,其地产规模勉强容许使用机器的业主同那些可以敞开使用机器或者接近这个水平的业主相比,他们处于不利的地位,因为每公顷土地机器使用费用的减少,并不是同机器使用时间的增加成比例的,不过起初减少得快,后来便愈来愈慢。”(第29页)

譬如一架割草机在1公顷土地上工作8天的费用为5.94马克

一架割草机在1公顷土地上工作20天的费用为5.24马克

哈哈!‖“……平均1公顷只减少70芬尼,这当然不算很多。”(第30页)

而且,小业主机器折旧费的百分比“其实”应当**更低**,因为他们更加细心。他说可参看奥哈根[2]、施图姆普费[3]、**赫克纳**(!)(《工人问题》1897年柏林版第226页)。

小业主可以**合作**使用机器:租用机器(通常是租用脱粒机。第31页)(租用蒸汽犁也是最方便的,第32页)(尽管**小农户**租来蒸汽犁也无法使用:第33页,地块太短)。

注意 参看 克拉夫基!! 注意 ‖ 出租机器的做法……十分普遍(第33页)。“大土地占有者把自己的条播机出租给……自己的小农户邻居……”

协作社比统计所表明的还要发达。在巴伐利亚,1890年有

① 见本卷第356页。——编者注

② 参看本卷第124、128页。——编者注

③ 参看本卷第312页。——编者注

282 个机器(脱粒机)协作社,但是很多农户以私人方式联合起来。

第三章。《机器对解决劳力问题所起的作用》。

　　机器在经常使用,尽管它们要**贵一些**(播种机等),因为**缺少劳动力**。在缺少劳动力的情况下机器能否有所帮助?

　　多数人的回答是肯定的(第 37 页)。**冯·德·哥尔茨表示怀疑**(会加剧冬季的失业现象,等等)。

　　下面是作者关于使用机器节省劳动的计算:(第 39 页。)

使 用 的 机 器 名 称	1天的工作量(单位公顷)	为此需要		用手工劳动完成同样的工作量		借助机器节省的劳动	
		男子	少年或妇女	男子的劳动日数	少年或妇女的劳动日数	男子的劳动日数	少年或妇女的劳动日数
撒播机……………………	9	1	—	2	—	1	—
条播机(3.77 米)…………	9	4	—	2	—	—2	—
条播机(1.88 米)…………	4	3	—	1	—	—2	—
撒粪机……………………	10	1	1	2.2	—	1.2	—1
中耕机(3.7 米)…………	9	3	—	—	120	—3	120
中耕机(将近 2 米)………	3.75	1	1	—	50	—1	49
割草机……………………	3.2	1	—	8	—	7	—
摇臂收割机………………	3.8	1	1	8	—	7	—1
自动打捆收割机…………	3.8	1	1	8	8	7	7
手工收割机………………	3.4	2	—	7	—	5	—
甜菜起拔机………………	1.7	2	9	—	13	—2	4
干草摊晒机………………	7	1	—	—	14	—1	14
马拉搂草机(有驭者座的)……	6	1	—	—	4.8	—1	4.8
马拉搂草机(无座的)…………	4.5	1	—	—	3.6	—1	3.6

"因此,除了春季和秋季使用的条播机和要求投入大体上同样劳动的撒肥机外,所有机器都表明它们比手工劳动节省劳动。"(第38页)

特别是中耕机(很重要)

还有收割机——所以要用自动打捆的,虽然它要贵一些(收获季节劳动力很少!)。蒸汽犁也是这样。

"上述所有机器都具有这样的优越性,就是它们可以使农村业主更多地摆脱对劳动力需求的依赖。他可以同过高的工资要求作斗争,否则他就得乖乖地受这种要求的摆布,而重要得多的是,他能够进行生产了,不然的话他也许根本找不到劳动力来干活。"(第40页)

撒肥机比没有经验的工人干得更好,撒得更均匀。

条播机——**节省**播种材料。

"乳脂分离器也是一种可以提供靠手工劳动无法达到的工作质量的机器。"(第41页)1900年德国有2 841个牛奶协作社。

1895年的统计进一步表明,恰恰是农民农户参加牛奶协作社的绝对数最大,然而在和现有农户数目的比例上,大农户无论如何还是领先得多。

"参加牛奶协作社或牛奶收集站的有"

(第41页)

	农户数目	各类农户所占的百分比
2公顷以下	10 300	0.3
2— 5公顷	31 819	3.1
5— 20公顷	53 597	5.4
20—100公顷	43 561	15.4
100公顷以上	8 805	35.1

"小农户较少参加牛奶协作社,部分是由于他们大都住在城市近郊,与最大的农户相比,它们更多地把自己的牛奶不经加工就直接卖给城市的买主"(第41页)。 **!?**

脱粒机导致以**自由工人**代替脱粒工人、合同日工(第42页)(参看麦克斯·维贝尔)。实物工资为**货币**工资所代替,——"因此,连较小的业主也开始比以前更多地依靠现金……　这是使用脱粒机所产生的社会不良后果"(第42页)。 **注意**

农业机器要求有更多知识的工人(同产业工人相比??)……

第四章。《**农业中的电力**》。

作者认为考茨基和普林斯海姆期望过高,他引用了两个**实际**用电的例子(1895—1896年皇家领地上的),他对一种计算方法提出异议,认为生产费用不是降低了而是提高了(降低是关于皇家领地的报告的作者得出的结论),并且说,"农户电气化还不能大大降低费用,尽管它也为进行生产劳动提供了种种方便舒适的条件"(第51页)。

对大农户来说便宜些吗? 便宜得不多,因为农业中使用的全是小发动机。

用电动机代替大田机器(普林斯海姆)——纯属空想。

结束语:

"由大中心电站生产电力仍将是最便宜的,小业主可以像大业主一样容易同大中心电站接通。大业主由于更会使用发动机、由于可能给他打个折扣而得到的好处将是微乎其微的。因此,社会关系是不会出现任何有损于小农户的变动的。"(第54页)

第五章。《**北美农业中的机器**》。

机器的经济效用的界限还要低(一定的),因为工资较高。

中等农场发展得最快(乔治·**C.霍姆斯**论美国农业的进步,载于1899年《美国农业部年鉴》)。

(320英亩=128公顷被认为是中等农户,因为整个经营都比较粗放:第58页。)

任何地方都不存在大农户吞并小农户的现象(第62页),机器不可能给大农户提供像在工业中那样的优势(第63页)。

随着集约化程度的提高,农户将变得愈来愈小。

小农户的机器和大农户的完全一样

例子:300—320英亩　1架带座犁　1架圆盘耙　1架条播机

和6 500英亩　22架带座犁　32架圆盘耙　10架条播机

等等(费舍看不出机器种类多有什么好处!)

? “因此,这里的大土地占有者没有从使用机器中得到任何好处”(第59页)?

?! 使用更充分吗?(在有的情况下1部打捆机管156英亩,小农户则是65英亩),不过这“仅仅是有限的”(第61页)。

!! 小业主更仔细、更细心,他把大业主作为对耕得最好的地块的奖励而付给工人的100美元节省了下来,等等(第59页)。

大的小麦农场只在北达科他才有,而且经营得很粗放。

结论(第64—66页)

……使用机器多半是由于缺少劳动力,等等,机器愈来愈多地

为小农户所使用

	从 1882 年到 1895 年增长的百分比(第 65 页)				
	蒸汽犁	条播机	收割机	蒸汽脱粒机	其他脱粒机
2 公顷以下	33	211	410	733	145
2— 5 公顷	257	187	669	414	187
5— 20 公顷	171	226	352	214	130
20—100 公顷	201	169	83	160	57
100 公顷以上	87	76	9	83	1

"这个对比表明,使用机器的农户数目增长的百分比,在小农户中……比在大农户中大得多……" 哈哈!

……这些数字最好不过地证明(!?),农业中的机器决不是大农户的世袭领地(第 66 页),因为对机器重要性的了解和使用机器的可能性甚至在极小农户中也正在迅速地增长。 原文如此!

载于 1962 年《列宁全集》俄文第 4 版第 40 卷

译自 1969 年《土地问题笔记》俄文版第 322—328 页

保·蒂罗《1866—1870年农业调查》一书札记[104]

(1902年4月16日〔29日〕和1903年4月之间)

保尔·蒂罗:《1866—1870年农业调查总结》1877年巴黎版。

调查共33卷,没有出售。前4卷是蒂罗先生归纳的一般性综述。虽然他的著作"荣获"金质奖章,但质量是极其低劣的。这不是调查资料汇编,而是主持调查的总委员会的"各项决定的资料"汇编。并且是这样一些决定,诸如应当免税进口机器,应当奖励发明者(第84—87页:根本没有关于使用机器的资料!!),——不应当实行劳动证(第81—84页),等等。根据《第三章。工资。计件工资》这一"章"的内容(内容等于零)即可对其他各章作出判断。

难怪该书(在英国博物馆)始终无人问津。

载于1962年《列宁全集》俄文
第4版第40卷

译自1969年《土地问题笔记》
俄文版第329页

昂·博德里亚尔《法国农业人口。第3辑。南部人口》一书札记[105]

(1901年和1903年1月之间)

博德里亚尔(昂利):《法国农业人口。第3辑。南部人口》1893年巴黎版

该书系用同前几卷一样的精神和风格写成,翻阅时只能稍加评论。

罗讷河河口。马赛城。对农业的描述非常肤浅。提到**对分制**(métayer,**méger**)的流行。还提到了图尔多纳伯爵的《法国对分制概论》(未注明地点和时间)。

比如:"……处于小地产所有者和农业工人地位的种地农民多数过着小康生活"——比如,支出为510法郎(丈夫+妻子),收入为850法郎。"因此,一家有500法郎,就可以(!!!)生活得相当不错(!!),还可以有些积蓄。"(!!)博德里亚尔通篇都是这样!

第267—269页论农业(在埃罗)同工业(生产呢绒)的"一致性"——比如维尔纳夫特的一个工厂(100个男子+300个妇女)。自1792年以来,业主都属于同一家族(迈斯特尔),工人们终生在工厂劳动,业主以"基督教"精神对待工人。工厂主是"在脱胎于工厂(=工厂领导机构)的地方自治委员会帮助下"对工厂这

个"小公社""进行管理",如此等等。博德里亚尔就是这样！看来，第3辑的独特之处是它的极端枯燥、单调、乏味和**毫无内容**。这位"著名的老家伙"的废话既叫人读不下去，也没有必要去读，只有像布尔加柯夫那样的"批评家"才会认真对待这样的著作家。

载于 1938 年《列宁文集》俄文版
第 32 卷

译自 1969 年《土地问题笔记》
俄文版第 330 页

埃·库莱的一本书的札记

(1903 年 2 月 10 日〔23 日〕以前)

埃利·库莱。《法国农业中的辛迪加运动和合作社运动》。农业联合会(博士论文)。1898 年蒙彼利埃版。

[附有参考书目,还提到了辛迪加开除农业工人的事实;根据浮光掠影的看法判断,不是一个社会主义者,**好像**是一个"讲坛主义者"。鲁瓦奈的资料。看来有一些颇有意思的资料。]

载于 1938 年《列宁文集》俄文版
第 32 卷

译自 1969 年《土地问题笔记》
俄文版第 331 页

古·鲁瓦奈《论农业辛迪加的危险和未来》一文札记

(1903 年 2 月 10 日〔23 日〕以前)

《社会主义评论》杂志*）(第 29 卷)1899 年 **2** 月(第 219—237 页)。

（经济评论。**古斯塔夫·鲁瓦奈先生**《论农业辛迪加的危险和未来》）

引证罗基尼《农业辛迪加》**106**一书第 42 页。

古·鲁瓦奈的文章是为评论**埃利·库莱**的书**107**而写的。古·鲁瓦奈把辛迪加看做是"农业党"一手搞的，——它们**主要**由大中土地占有者组成，——它们所做的有利于**工人**的工作**很少**，**少得可笑**，——它们的目的:建立土地占有者的托拉斯,销售农产品的联合组织——它们的政治纲领:维护大土地占有者的利益,由他们领导这整个运动,带领小土地占有者和工人,力求建立大土地占有者政党对国家的绝对统治。

辛迪加像所有托拉斯一样,尽心竭力地为社会主义工作。

在有 438 596 名成员(1897 年)的 **1 391** 个辛迪加中建立了:

---

*) 行政负责人是鲁道夫·西蒙先生。(巴黎 舒瓦瑟尔巷 78 号)每期 1 法郎。**免费赠送**一份 1885 年以来的文章目录。

　　"预防工伤事故协会——**1 个**；孤儿院（orphelinats）——**1 个**；职业介绍所——**13 个**；仲裁法庭、调解室——**3 个**；体力劳动救援会——**2 个**；实物救援会（向儿童赠送物品）——**1 个**；工具救援会（提供临时使用的工具和农具）——**2 个**"（第 225 页）。于是鲁瓦奈对德沙内尔加以嘲笑[108]。

注意

注意

　　鲁瓦奈还不止一次地引证罗基尼，同时谈到他的农村民主派＝300 000 个大土地占有者！！（第 231 页）。

载于 1938 年《列宁文集》俄文版
第 32 卷

译自 1969 年《土地问题笔记》
俄文版第 332—333 页

对诺西希书中资料的分析[109]

（1903年2月10日〔23日〕以前）

诺西希(《对社会主义的修正》,第2卷,现代土地问题)引用了关于恢复土地肥力的下述有趣资料

格朗多(东部农艺站站长)认为,**法国**有2 500万公顷耕种面积

	一年从土地上夺走： （单位公吨）	提供： （单位千吨）	
（氮）	613 000	285	4 900万头牲畜提供的肥料（根据蒂斯朗的计算）
（磷酸）	298 000	147	
（碳酸钾）	827 000	549	
	−	+	

{这是牲畜的总数,但不是所有牲畜都能提供肥料!}

也就是说,**亏空平均约为50%**!(第101页)

人造肥料也远远不能抵补从土壤中夺走的一切。

在英国,从土壤中夺走的磷酸平均为190万公担,而**海鸟粪**和**骨粉**只能抵补**一半**(第109页)。

因此,使用人造肥料的集约化经营,只是使私人占有者的腰包受益,而没有使土地受益(第109页)。

现在人们开始承认,单单使用无机和人造肥料是不够的。

每1公顷土地需要施用6万公斤肥料。

以前人们曾想用125公斤磷酸

    (第111页)+60公斤氮

          +60公斤碳酸钾来代替这些肥料

现在人们承认,单单使用无机人造肥料会使土壤板结,必须增施厩肥。

格朗多认为,在6万公斤肥料中,至少需要

2万公斤天然肥料。

格朗多:《东部农艺站年鉴》。

德埃兰:《最重要的栽培作物》。

特别是第27—29页(以及第188—193页)。

诺西希的结论(他运用了**现代**农艺学,引证了格朗多、德埃兰、沃尔尼、黑尔里格尔、敦克尔贝格、柯恩及其他许多人)

连集约化经营也常常变成**对土壤的掠夺**。

这种经营只能暂时地提高产量,但是不能长期稳定地提高土壤的肥力。

人粪也必须还田。(第102、108、112页)

载于1932年《列宁文集》俄文版第19卷

译自1969年《土地问题笔记》俄文版第334—335页

对爱·大卫《社会主义和农业》一书的批注[110]

（1903 年 3—4 月）

———

一

大　卫

20　**马克思主义**"简单地"把工业的规律"搬到了"农业方面。

23　引证《**农村的野蛮人**》①。

28　（在农民中用马克思主义的纲领进行鼓动的）"成绩"等于零。

> 机会主义者典型的鼠目寸光：从国际的决议开始，而不是从理论分析开始。

> 《共产党宣言》被弃置不顾。
> 空想社会主义也是如此
> 还有西斯蒙第，等等。

33　恩格斯为《农民战争》写的序言被忽略了

———

① 见本卷第 105—111 页。——编者注

33	马克思在第 1 卷中对农业注意得很少。
36	1851—1875 年间农民状况的改善。

$$\left(\begin{array}{c} 泥土地面等等不见了 \\ 南部和西部。 \end{array} \right)$$

"农民"的"崛起"

（而不是农民资产阶级的崛起??）

43	恩格斯在 1894 年[111]——"das Heitere"—— Rettungsvorschläge——"unheilbarer Widerspruch"(Absturz ersparen)① ⎫ ⎬ 懂啦！ ⎭
49	对马克思主义学说的"沉重打击"：1895 年的调查，中等农民的前进。
49	注释。小农户的定义＝不雇用固定的外来工人，也不从事副业 在它以下的是：极小农户 在它以上的是：中等农户（业主也劳动） 　　　　　　　　　大农户（业主进行监督）
51	1895 年的调查：小生产排挤大生产（！）
52	考茨基的《土地问题》——"绝望的尝试"

52：地产问题——在第 2 卷 ……

53	赫茨击败了考茨基。伯恩施坦。

---

① 这里列宁指的是大卫的如下思想："有趣的是(das Heitere)，恩格斯既指出农民毫无出路("absoluten Rettungslosigkeit"des Bauern)，同时却又提出拯救的建议(Rettungsvorschläge)，提出农民免遭破产(Absturz ersparen)的建议。"这些建议同恩格斯关于小农命运的观点有着不可调和的矛盾(unheilbarer Widerspruch)"。——俄文版编者注

56　　**小生产在集约化的部门中占优势**：转入集约化需要**小
　　　生产**（（＝没有雇佣工人！！？？　参看第 49 页））。

57　　科学**应当凌驾于党派之上**——捷林、康拉德——拥
　　　护小农户

59　　农民**按自己的方式准备社会主义**：合作社（"während
　　　die marxistischen Theoretiker"etc.)(die Wege…　dem
　　　Sozialismus)①

　　　　　　——**生产协作社**："联合原则和个体原则的妥协"。

　　　　　　——"还不是社会主义形式"，

　　　　　　——离这还远。但更少——"向资本主义过渡"
　　　（卡·考茨基）。

60　　‖——"社会化过程的强有力的开端"（＝合作社）

61　　……**第 1 章**．《**本质**差别》……

66　　……根本不存在……**集中**（1895 年的调查！！）

70　　……**工业——机械的过程**，**农业——有机的过程**
　　　（＝**实质！**）**不对**。

　　　　　　　　　｜骚动等｝

　　　（1）没有连续性。

　　　（2）变换工种。

　　　（3）空间的变化无常。（工作地点在改变。）

　　　（4）节奏由自然界决定。

---

① 　此处大卫的全文是："当马克思主义的理论家们（Während die marxistischen
　　Theoretiker）竭力按自己的方式向农民论证社会主义并使农民乐于接受的时
　　候，农民自己已经在积极工作，按自己的方式为社会主义清扫道路了（die
　　Wege… dem Sozialismus）。"——俄文版编者注

(5)劳动场所很宽阔。

(6)粪肥的生产——(没有相似之处!)。

(7)产品的数量只能缓慢地增加。

77　　植物和动物有机体的"营养〈原文如此!〉、繁殖、照管、保护":小农户做得并不差,往往还更好

77　　　空谈"自然界的保守性"(!!)

　　　——与之有关的"肥力递减规律"(!)("被误解了,但就其基本思想来说是正确的")。

简单协作

82　　……"邻居"对农民的"帮助"(哈哈!)。邻居的榜样(而不只是贫困)使小农勤劳不息。!!!

84　　……"此外"??? 马克思根本没有注意到(胡说),资本主义由于劳动者的反抗而需要实行监督。(并马上引了马克思的话!)。

86　　　——胡贝特·奥哈根(注意)——"有教益的研究性著作"

　　　小农户的田地耕作得更好。

88　　大农户活儿干得最差,支付的钱还多!

89　　反对农业教育……农民从小就在学习!!!

90　　当然有很多落后之处,但是多数大农户也并非示范农户!!

　　　　　　　　　　　　　　　(支吾搪塞的例子!)

92　　"紧要关头"。马克思是不对的:这里劳动力不够。

(懂啦!!)

92　　　农民在每块地上有更多的劳动力，

　　　　高度紧张，等等，狂热的劳动　　　　（"好处"）

94　　　**简单协作不能使大生产以同量的劳动力取得农民村**
　　　　社所取得的结果（胡说!!）

95　　　"一般的"家庭（6—4 人）多半是富足的……——哈哈!
　　　　"帮工"（"请求给予"）。

97—99　　大农户节省生产资料。**没有一桩事实!**

101　　　一般说来，大农户从土地上**收益**更多……

107　　　**对普鲁士地租田庄的建立……原则上必须欢迎……**
　　　　（原文如此!）……（原文如此!!）
　　　　（捷林……完全正确……）……对其余田庄主来说，劳
　　　　动力的数量很大……

109 和 **110**　**小农建房要便宜些**（黑体是大卫用的）——"优越性"
　　　　（奥哈根）
　　　　　　——"亲自参加就不致受人欺骗"　　　　（太好了!）

113　　　**施图姆普费**："农户愈小，地租愈高……"

114　　　工具上的节省（在大农户中）更胜于**"精心爱护"**（"亲
　　　　自修理"!!）　　　　　　　　　　　　（妙极了!）
　　　　施图姆普费：（"……6 年没有一架搂草机……"）
　　　　奥哈根

117　　　大农户在商业上的好处？小农户向**消费者**出售（原文
　　　　如此!）

117—118　结论：（合作社和农具上的节省等等的）**好处**多于与之
　　　　相抵的**坏处**（哈哈!）
　　　　简单协作不能给大农户带来任何好处。

第三章。分工。

农业和畜牧业是同极端的(!!)专门化相抵触的。

> 因此大卫避而不谈大农户中**更大程度的**、并非"极端的"专门化

141　　**大农户**对牲畜的照管很马虎。**农民则相反**……

（丹麦）

146　　（145 和无数各种各样的议论：）

农民的"个人利害关系"。

149　　最荒谬的是认为农民愚蠢：**各种各样的劳动**，等等。

152　　总的说来，在果园业和蔬菜业方面，**繁荣的**是小生产。

（非常说明问题！"数字"！！）

（**正是这样**！！）　 妙极了！ 　[2 公顷以上的只有 6%]

155　　农业排除了把依次变为毗邻（不对！　）

159　　在大农户中没有精密的手工艺工具（不对）

170　　马克思论农业中的机器（第 1 卷）……"毫不迟疑地加以采用"……

173　　不否认农业同加工业结合的好处，**但并不是普遍的**（!!!）

178　　脱粒机。（更贱而且更好。本辛格（第 175 页））。

大农户更常使用（小农户时常没有可脱粒的东西！！！小丑）。

"技术上"对小农户也没有任何阻碍（!!!）

181　　**蒸汽犁还不曾排挤掉一个小农户**　大胆！

183　并不是只有使用蒸汽犁才能**深耕**……　可怜的狡辩！

185　——蒸汽犁并不是万能犁　真新鲜！

191　卡·考茨基"关于蒸汽犁的幻想"(什么地方?? 骗子)。

192—193　《手工劳动和机器劳动》①——机器——**更便宜些**。

201　**小农户**也用得起电力(遁词!)

207　电犁不会引起任何"革命"(俏皮话的性质:脑筋有点愚钝)

209　引证**费舍**(所谓小业主并不害怕机器)……

221　"在小农户中,**牲牛**是**理想的**役畜,即最能加以合理使用和最便宜的役畜"(注意　注意)在新鲜空气中活动活动筋骨是有益的……
……更好的喂养[马尼洛夫精神!112]**便宜**而且:
奥哈根(**避而不谈较浅的**耕作!)

239　条播机"**完全用得起**"
[小数字的增长!](骗子)。

246　……收割机……是会得到采用的……

250—253　关于**机器**的**结论**。一系列**骗术**。**大农户是非机械化的**! 好处不大(只用费舍的**一个**例子,关于其他人却闭口不谈!!)并不能增加产量。[**谎言:同本辛格相反**]

257—258　……农业机器代替人的劳动这种作用将**完全丧失**……因为集约经营所增加的手工劳动比农业机器所代替的劳动多得多。

小丑:没有想透 $\frac{c}{v}$!!

① 见本卷第389—394页。——编者注

262 ……**只有**(??)转向粗放经营才能腾出农业工人。

265 英国降低地租=**国有土地贬值**。

267 农业机器不会导致**劳作自动化**? 转臂收割机?

271 农业机器对**女**工和**童**工**毫无过错**(?)

281 与“机器狂人”相反,繁重的机械劳动并未减少

反动分子。为什么? 奴隶便宜

284—285 子女的劳动:小农户**最有利的条件**。(庸人)

282 体力**劳动将存在下去**(而不是娱乐)

288 ——“应该有**好几百万人**以从事机械劳动为业” 机会主义者对未来的理想!

292 劳动保护和儿童保护——由大农户负担费用……

“节省高工资”——他忘记了!!!
参看布尔加柯夫

301 使用机器延长了劳动日 в.с.[1] **没有一个地方** 大胆……

299 东普鲁士的工人运动…… 农村的“闭塞”……

323 东普鲁士的工人状况。

不是小农户而是**大**农户全靠劳动者的贫困来维持……

325 农业工人无法理解,**大生产怎么会比小生产更有利**。原文如此!

327 农村中的**生产协作社**? 理想?

---

① 手稿上以 в.с. 开头的几个词未判读出来。在列宁谈到的那一处,大卫是这样写的:“至于专门谈到劳动时间,那么没有一个地方听说过使用农业机器延长了劳动日。”——俄文版编者注

他**把**它们同商品经济中的公会**混为一谈**。参看 328 页:可能会要求谷物税的。　糊涂虫!

328　**上升为小农!!**(“正统的马克思主义者定会说:‘决无此事!’”)

342—343　“对土壤进行集约化的(深的……第 344 页)机耕”(为了保温)……　小农户???

352　深耕……不能**老搞,应当“合理运用”**

352—355　农户愈大,进行合理监督愈困难,——而小农则是把**心和脑**都用上了!!

357　改良土壤。　小农户???

360　小业主**同样**参加改良土壤　露骨的撒谎!。

362　土壤改良决不只限于大地产……

数字中**缺少点每类农户的百分比!!**

“……根源已一清二楚了……”

389　人造肥料。

小农有更多的实际知识　哈哈!

小农更细心

小农“……并无障碍……”

415—417　?)　农户愈小,协调(就肥料来说)和肥力的**提高**就愈容易……

417　小块土地农业同工业劳动相结合是一种“**协调的生活**”……职业的更换,等等。　(“民粹派”)

420　消灭城乡对立……“只是”要花费**几百年的时间**

(谢谢!)

424	小农户平均每公顷土地有更多的牲畜——因而有更多的肥料……　简单！
427	……"牢靠的财产"：受到大卫的赞扬……　"兴趣"……
428	——"理想主义者或蠢驴"　有代表性……哼！
429	关于租佃排挤自营的"错觉"。

第　八　章

439	欧洲引种更多样的作物，特别是在 19 世纪——小农户？
440—441	改良品种的选择和培育。—————小农户？
455	选种。"现代选粮筒，等等"小农户？
456	——在漫长的冬季夜晚的辛勤劳动！！！"小生产具有决定性的优势"
459	轮作是消灭杂草的最有效的手段之一……　小农户？
463	……关心的眼光……———
465	消灭害虫和害畜——照管作物，等等。
466	"独立耕种土地的小业主因其在所有这些作业（灭虫、保护作物等等）中的地位而具有的优越性，是大业主所不可企及的〈黑体是大卫用的〉。诚然，现在很多小农户由于户主的愚昧无知而呈现出比大农户更为悲惨的景象。但愚昧无知并非小农户所特有的、其本性所固有的〈黑体是大卫用的〉缺陷。"
	大卫的全部观点都在这里了！
479	牲畜的繁殖。参看牛的重量。
480	平均重量的增长——在小农户那里？？
481	在畜牧业组织中位居最前列的是拥有中小农户的地区

(! 仅仅如此!)

486 小农户饲养牲畜,大农户则"使用"牲畜 参看瓦·沃·113

490 给牲畜提供……足够数量的干净禾秸——————————
小农户?

494—495 **施图姆普费**:农民是更好的畜牧工作者

504 约在 1850—1880 年(第 503 页)**草屋顶**在德国南部消失了,盖起了更好的马厩,等等,等等。 注意(参看第 36 页)

509 修理工作…… 农民不用花钱……自己修理…… 这给农民省下不止一个塔勒。 当然啦!

511 说"家庭工业"是"正常的补充"(马克思),是不正确的,这"无论如何不对头"。 真有趣! 对比民粹派!

512 (和 518) "在**小地产**中**最低的**(!)("最高的"又是什么呢???)界限是这样的地块,即它只给独立的农民家庭的全体成员提供**充分的**!! 工作和正常的食物!" 充分! 极其少见

说什么决不能同**低于**这个界限的**小块地**相混淆……只能把问题搞乱(!!)

一个人人皆知的道理:没有足够土地的人……需要从事其他职业。

513 在集约化的影响下最小地块的减少…… **黑希特**

513—516,**特别注意** **516** (乐观主义者)

518 乡村手工业者属于**工业工人**大军

"从事农业的独立农民则属于另一个经济范畴"

(不错!! 但属于**什么**范畴呢,可爱的大卫?)

528　　　考茨基的"毫无根据的论断",制糖

工业是农业大工业的典范 ｝骗子!

和**占总数**的百分比……

"这不需要进一步说明"——一点不错!

528—529　"大农户因其动力和工具较好或较便宜而具有的一

切优越性,独立小农户可通过精耕细作更多地得到。"

(("实质"))

529　　　不是**依赖**(农民对糖厂的依赖),而是"组织"——!

531　　　加工厂的数字,**这蠢货是生吞活剥地抄下来了。**

532　　　"……绝大多数加工农产品的农户同小农户有联系"

露骨的歪曲!

533—534　没有任何工业化,——**相反**(!!),——考茨基那里只

有"神圣的黑格尔"、"完美的辩证过程"。

539　　　合作制……**是一种改造力量,协作社的新经济原**

则——生产协作社

540　　　**乳制品的制作最为活跃——**

541—542　丹麦……"合理的"分工……

(**546** 参看托拉斯)

550—551　1898 年丹麦有 **179 740** 个牛栏

有 30 头以上奶牛的　　7 544＝ 4%

有 10—29 头奶牛的　49 371＝27.82

不到 10 头奶牛的　　122 589＝68.97 其中 **1—3** 头的

70 218＝39.85%

(???)　　　　　179 504　100.79(??)

因此:

单位千   大约

$$7.5(30\ 头以上) \times 30 = 225$$
$$49.4(10\ —\ 29) \times 11 = 536$$
$$52.4(\ 4\ —\ \ 9) \times 5 = 250$$
$$\underline{70.2(\ 1\ —\ \ 3) \times 1.5 = 100}$$

179.5(单位千) $\underline{1\ 111}$(单位千)

1 111 000 头奶牛中,大约 900 000 头属于合作牛奶场,也就是说 **33%拥有将近 75%!!!**

555	**嘲笑说,出售牛奶会使营养更差**——多庸俗!
556	附注:**班格认为农民比工人吃得好。**
560	小农对危机有更大的抵御能力:"**小农能够极度节制自己**"
561	牛奶协作社"远不是一种社会主义现象",但"更难说"是"纯资本主义的"。
569	注意 ("托拉斯")——粮食、牛奶等等托拉斯。大卫把它们同工会加以比较!!("没什么可反驳的")
573	法国——高度发达的协作社。
576	**丹麦的农民+英国的工人**(直接销售)——

((啊,多庸俗!

581	!(协作社组织的两个部分,农民和工人,——正在夺取**资本主义企业主**的立足点
586	英国的消费合作社不赞成**农民在农业中集体化**
588	反对"理论上的乐观主义者"!!(个人利益,等等!)
592	互贷协会——置高利贷者于死地(反对**马克思主义**!!)

合作制思想的"创造力"把马克思主义关于农民"必然

|| 灭亡"的学说弄到了荒谬绝伦的地步。

598　　普遍建立消费协作社将使农民摆脱**资本主义的中介人**。

（大卫错误的根源在于他把摆脱中介人、摆脱商人同摆脱**资本**混为一谈。）

601　　**"把农民和工业工人的利益统一起来"**（黑体是大卫用的）。

604　　——农民协会和工人消费合作社是**组织系统的细胞**（（当然，＝如像托拉斯））

611　　肥力递减"规律"——**它最充分地反映出无机物生产和有机体生产的差别!!** 具有极其重大的意义

614　　杜尔哥（参看"技艺不可能有更多的作为"）

615　　（1）只是从集约化的一定阶段起，收入（用于开销）才减少

　　　（2）规律**丝毫**不涉及从一个科学技术阶段向另一个阶段的转变。

　　　（只在某一阶段上。）

617　　约·斯图·穆勒——"基本上是对的……"

619　　**马克思鄙视作为土地肥力规律的基础的伟大真理**……

620　　——他涉猎经济史领域是**假的**。

621　　马克思在《资本论》第 3 卷下册第 227 页中自相矛盾——　　　　　　<u>（大卫这头蠢驴）</u>

626　　……地租……来自土地……!!!

635　　……**分工**……在农业中……**不起任何作用**

　　　　　　　　　　　　| 大胆! 歪曲的典型! |

637   ……把(劳动)任意增加 10 倍的事是没有的……

643   在德国(在个别大农户中),100 年里收获量**增加了一倍**
（法国 1 020—1 580 百升）

644   生产率**没有成倍提高**（"肯定没有"）（费用、肥料等等
增加）

⌈生产率的提高——是**劳动**生产率吗,大卫先生? 大
概超过一倍! 这与**不变资本**费用的增长有什么关系
⌊呢?? 经济学家!

644   毫无疑问……**活**劳动的实物消耗增加了 ⌈大胆!⌉
⌈引证⌉:生产费用!!! ——⌈哈哈!⌉

644   生产率提高了,但是与工业相比,提高得较少。

（1）**自然界的保守性**

645   （2）限制使用可减少劳动的发明。"随着集约化程度的
提高,机器劳动的**百分比**的增加(!)不如手工劳动"
$$\left(\frac{c}{v}?\right)$$

654   "机器的运用和产量的增加在**有机体**生产中是互相敌
对的"(!!)

"集约化程度愈高,机器劳动愈少"。

655   **莫·黑希特**——"典型的"（他的资料） （!）

656   班格在《新时代》杂志上:收入随着农户规模的缩小而
增加(在独立农户这一类别中的**提高**)。

659   （费舍:）大业主给劳动出色的工人付奖金。"小业主可
以省去这笔开支。"

660   农业中**雇佣劳动减少,独立劳动增加**。

667   "肥力递减规律"导致全世界播种面积的扩大(海外的

竞争）

载于1932年《列宁文集》俄文版第19卷

译自1969年《土地问题笔记》俄文版第336—350页

二

摘自**大卫的著作**：

第109页："小业主建房比大业主要便宜些。"自己动手干。

　　　　"这个优越性"（原文如此！）也适用于建筑物的维修
　　　　方面。

第115页（摘自奥哈根的著作）：小业主22年没有买过大车（大
　　　　业主10—12年就把他的车用坏并卖给铁匠）……

第152页："总的说来，在果园业和蔬菜业中也像在农业中一样，
　　　　繁荣的(!)是小生产。"

　　　　　　参看统计‖注意

　221：　"在小农户中，**牝牛**是理想的役畜，即最能加以合理使
　　　　用和最便宜的役畜。"(!!)

第528—529—532页。像布尔加柯夫那样招摇撞骗，说小农户
　　　　　　　　　往往兼营甜菜制糖业和马铃薯加工业。

550—551。丹麦((和封面))

　424：　小农户每**公顷**的牲畜比大农户多**1倍**。(参看德雷克斯
　　　　勒[114])。

载于1938年《列宁文集》俄文版
第31卷

译自1969年《土地问题笔记》
俄文版第351页

《手工劳动和机器劳动》一书摘录[115]

（1904 年秋）

《手工劳动和机器劳动》（劳动问题委员会第 13 年度报告。1898
年,第 1 卷和第 2 卷。1899 年华盛顿版）

　　[一部很有意思的有独创性的著作,在手工生产和机器生产问
题上非常宝贵的著作。按制成品或已完成的活儿(统称"单
元"——共为 672 个单元)对手工劳动和机器劳动的劳动时
间、工序数目和各类工人的数目以及劳动费用(＝在每件产品
上支付的劳动报酬的价值)进行了比较。在每个单元中对每
道工序(operation)分别列举了同样的资料。可惜资料过于零
散,而且没有试图加以总结,或者说没有试图作出用数字表示
的、哪怕是大致的一般性结论。

　　参看第 **93** 页:关于农业的一般性结论:

"这 27 个单元所代表的全部农作物,获得了各不相同的收获量,由
于用现代方式代替了原始的耕种土地的方法,在不同的情况下所
得的收入大不相同。除了第 22 个单元外,每种情况下都有收入,
这种收入在某些场合下,比如在第 3 个和第 26 个单元中,达到了
很大的数额,尽管它同加工工业的收入额当然是无法相比的。按
27 个单元所作的计算表明,如果使用改良农具,目前一个人能够
播种和收获的庄稼平均比过去使用原始方法耕种土地时多 1 倍。"

（这 27 个单元是种植苹果树,生产小麦、棉花、大麦、浆果、烟草、马铃薯等等。在第 1 卷中,每个单元都划分为若干道工序。)**一般说来**,机器生产的工序要多得多(分工! 比如靴鞋业:手工生产 45—102 道工序,而机器生产为 84—173 道工序),但是在农业中有时正好**相反**(甚至多半相反)。原因是在机器生产中几道工序合成了一道工序。比如第 27 个单元,小麦,20 蒲式耳(1 英亩)。

手工耕作为 8 道工序

机器耕作为 5 道工序

动　力
犍牛和手

手工：

Ia——耕地

Ib——播种

Ic——耙地

机器：

I ——耕地、播种、耙地(犁、播种机和耙——动力:蒸汽)。

见单页上的例子①。
{ 两卷本
共 1597 页 }

关于各道工序的资料很好地说明了**分工**的情况。可惜没有试图对一系列"单元"作出总结。

其次应当把**不光以手为动力**的**工序的数目**(以及工序的百分

———————

① 参看本卷第 392 页。——编者注

比)加以总计。

没有参加手工劳动和机器劳动的工人的**平均年龄**(和性别)的总数。

没有手工劳动和机器劳动的**工资**的总数。

这些本来都可以(而且应当)按**单元**数目和**工序**数目加以统计的。缺了这些,便只剩下**例子**和说明了。

正文(第1卷)**只有分别**对每个单元所作的解释性注释,因此没有**任何综合性的东西**。

(对于**详细**了解**各个**单元中的分工、机器在**各道工序**中的作用、工人的专业的重要性和这些专业的英文名称来说,这都是十分重要的东西。但所有这些都只不过是未经加工的原始材料,只不过是手册一类的东西。)

指出下面这点非常重要:为了**十分准确地**比较各种生产系统的技术水平,必须**按照工序加以分解**。这是唯一科学的方法。如采用在农业上,收获该有多大!

第6卷和第7卷都是同前一页一样的报表,都是有关**生产费用**的。这两大卷就调查的**数百个**企业中的每一个企业提供有关生产费用、材料、工资等等的极其详尽的数字,还有生活费用及收支表、劳动生产率水平等等。遗憾的是,这纯粹是原始材料,不作加工几乎是没有用的(除非用来作个别查询)。奇怪的是,这些著作的作者们根本没有打算进行总结和作出一些一般的结论!

摘自《手工劳动和机器劳动》一书

《手工生产和机器生产概况》中的一些例子

单元编号	名称	种类 手工	种类 机器	数量	生产年份 手工	生产年份 机器	进行的各工序种 手工	进行的各工序种 机器	劳动的各工人类 手工	劳动的各工人类 机器	劳动时间 手工 时分	劳动时间 机器 时分	劳动费用（单位美元） 手工	劳动费用（单位美元） 机器
2	苹果树	嫁接32个月的苹果树		10 000（1英亩）	$18\frac{69}{71}$	$189\frac{3}{5}$	17	20	37	125	1 240.4	870.24	193.5	111.6
14	葱	葱	葱	250（1英亩）（蒲式耳）	1850	1895	9	10	28	675	433.55	223.23	30.8	22.3
27	小麦	小麦	小麦	20（1英亩）（蒲式耳）	$18\frac{29}{30}$	$189\frac{5}{6}$	8	5	4	10	64.15	2.58	3.7	0.7
69	靴	廉价的男靴，等等		100双	1859	1895	83	122	2	113	1 436.40	154.5	408.5	35.4
91	面包	1—磅面包		1 000	1897	1897	11	16	1	12	28	8.56	5.6	1.5
176	车轮	大车的车轮，等等		1套	1860	1895	13	30	2	27	37	4.23	9.3	0.7
212	裤子	劣等棉布裤子，等等		12打	1870	1895	6	13	1	16	1 440	148.30	72	24.4
241	劣等棉布	显然是布料的等级		500码	1893	1895	19	43	3	252	7 534.1	84.14	135.6	6.8

这是从第 1 卷中摘录的总表、引言和分析。

第 2 卷中只有每个单元的每道**工序**的图表。我举第 2 卷中图表的标题为例:(1)工序数目;(2)已完成的活儿(对每道工序的描述);(3)机器、器具或使用的工具(每道工序分别使用的);(4)动力(手、脚、马、牛、蒸汽、电等等);(5)一架机器所需要的人;(6)一个单元中的雇佣工人——(工人的)人数和性别;职业(手艺或车间);——年龄(工人的年龄);——劳动时间;——劳动报酬(按……定价)劳动费用(按劳动时间定价,或实行计件工资按件数定价)。

例如第 **241** 号。手工劳动:**3 个家庭主妇**(只有女性)忙里偷闲地劳动,**50 岁**;没有任何机器。

机器生产:大部分是以蒸汽为动力的机床和机器。一天劳动 11 个小时。年龄从 10 岁(原文如此!)到 50 岁。**男性女性**均有。

或者是第 27 号(小麦)。手工劳动:手,犍牛。4 个"**粗工**",21—30 岁。犁、镰刀、连枷、铲。

机器生产:多铧犁、播种机、联合**收割机和脱粒机**。蒸汽动力和马力。**10** 个雇佣工人(全是专业人员:技工、司炉、运水工人、脱粒机手、收割机手、缝麻袋工人、装麻袋工人、赶牲口工人)。

试对农业的 27 个单元加以总结:

> Σ=**27** 英亩
> 包括各种各样生
> 产部门

年 份	各种工序数目:	各类工人数目:	劳动时间 时 分	劳动费用 单位美元
1829—1872	手工　304	366	9 758	1 037.5
1893—1896	机器　292	1 439	5 107	597.8

如果除去第 14 号(葱)这个单元的手
工工人——28 和机器工人——675,
那么各类工人的数目为:

　　手工工人 338

　　机器工人 764

如果再减去苹果树(第 2 号)这个单
元的手工工人——37、机器工人——
125 和第 19 号(草莓)这个单元的手
工工人——32、机器工人——156,即
可得到:

　　手工工人 269

　　机器工人 583,仍然高出 1 倍多!

　　27 个单元中,只在一种情况下(第 22 号,烟草)机器生产的劳
动时间和劳动费用较多(199 和 353 小时;5.9 和 30.2 美元)。作
者指出:"22 号单元是在总劳动时间上唯一在最近一年比上一年
几乎高出一倍的一个,这一事实只能用上面已经说过的原因加以
解释"(第 93 页)——第 91 页:"这两个时期的劳动方法差别太
大,无法比较。"

载于 1962 年《列宁全集》俄文
第 4 版第 40 卷

译自 1969 年《土地问题笔记》
俄文版第 352——357 页

阿·迪里厄《关于热尔省农民的专著》一书札记

（不晚于 1904 年 12 月）

阿尔塞·**迪里厄**先生。关于热尔省农民的专著（附有关于继承权的论文）。1865 年巴黎版。

专著讲的是一个小村，共 13 户。作了详细的描述：自然条件、一般条件等，**一个**极为详尽的收支表和关于继承的长篇大论。提供了 13 户的清单，指明每户的土地数量、牲畜头数、家庭成员和是否做日工（"做日工的家庭"，5 户不做，8 户做）。

现就翻阅中那些引人注意之处加以评注。

土地耕作还停留在古罗马时代的水平（14），——刚刚才开始被四圃制所取代。马具是科卢麦拉[116]时代的水平（15）。

"他们的节俭是超乎一切预料的。有些人把全部粮食卖掉去购买土地，然后便成年累月地过着用煮卷心菜和酸模草来充饥的日子；另有一些人在口粮里掺上麸皮和各种粗粮，菜汤里只放上一撮盐；他们把面包烘干，让油变味儿，为的是可以少吃一些"（24），等等。

用木焦油照明(自己制作)。

妇女的宗法式的服从。信教(偏见)。婚嫁习俗。

家庭:丈夫 40 岁,妻子 42 岁,岳母 62 岁,2 个子女——女孩 7.5 岁,男孩 2 岁。

给雇佣工人(多少?)管 36 天的饭。

食物数量:粮食——1 275 公斤(每公斤 0.352 法郎);油脂和鹅肉——95 公斤(每公斤 1.40 法郎);奶和蛋——64 公斤(每公斤 1.50 法郎);肉和鱼——18 公斤(每公斤 1.316 法郎);蔬菜和水果——612 公斤(每公斤 0.146 法郎);调料(食盐,醋,糖)——56 公斤(每公斤 0.293 法郎);葡萄酒——1 371 公斤(每公斤 0.134 法郎)。总计=882.75 法郎实物+23.95 法郎现金。

1 份收支表(很详细的)

	法郎	法郎
全部收入=	1 964.94 实物+1 029.19 现金	=2 994.13
全部支出=	1 280.05 实物+1 714.08 现金	=2 994.13

> 于是总计=将近 3 000 法郎=将近 1 200 卢布。1 200÷5=每年 1 个人(不分性别)240 个卢布。
>
> 同俄国农民相比是很高的支出。

[编制收支表既根据收入和支出的总数,也根据各项农活和各类产品的"账目"。]

法　郎

支出：	实　物	现　金
食物………………	882.75	23.95
住房*)………………	168.95	9.00
服装………………	62.45	337.89
精神需求等等………	29.00	26.08
捐税和债务的利息……	——	97.88

这是我的总计	1 143.15	494.80

而接下来是：

每年的储蓄

"包括等等……"

(原文如此!)……	94.02	1241.26
	1 237.17	1 736.06
而书中为	1 280.05　（?)	1 714.08 (?)

[总之收支表编制得极其"巧妙"，按照复式记账法，将**一切实物**和农民自己劳动应得的工资折合成现金，并有所有各项利息和"工业利润"(?)等等，等等。

例如

总数不相吻合。鬼才弄得清这个收支表!!

这里还有"土地开垦"的"账目"：

---

*)　——　这里包括房屋价值的利息。

法　郎

	实　物		现　金
收入·················*)	2 664.69	+	1 344.00
支出·················	2 664.69	+	1 344.00

而且这里包括本户劳动(623.25),"资本"(不动产,牲畜[原文如此!],工具等等)的利息,而且**这些利息计入实物支出**(!),最后,"生产利润"=274.49+721.75]

　　　看来,这个收支表没有用处(除非分别就每个细小栏目对它进行 ? 全面修订?)

译自1969年《土地问题笔记》俄文版
第358—363页

----

　　*)　这里包括720法郎,"算是参加开垦的4头牝牛所干的活儿,每年180天"(!)

对莱·胡施克的资料的分析[117]

（论小农业）

（1910年9月和1913年之间）

胡施克

（论小农业）

用做饲料的小麦和黑麦 百分比		用做饲料的百分比① 燕　麦		大　麦
5.84	小农户	69.0 77.7	（第52页）	35.0 20.5
9.09	中等农户 I	72.39 68.31	（第75页）	12.22 13.90
29.56	中等农户 II	54.01 75.91	（第93页）	52.59 46.52
3.55	大农户	82.72 74.70	（第112页）	11.81 24.08
（第165页）		总计＝574.72÷8 ＝71.84%		总计＝216.62÷8 ＝27.08%

① 每类农户都有两行百分比数，上面的数字是1887—1891年的，下面的数字是1893—1897年的。——俄文版编者注

因此,关于牲畜饲料的资料:

(10年来的平均数)

	大牲畜的头数	谷物(单位公担)	饲料地(单位公顷)	饲料的开支(单位马克)	燕麦地(单位公顷)	全部饲料地
小农户	11	47.5	5.5	90	2	7.5
		4.3	0.50	8		0.68
中等农户 I	29	131	15.5	1 290	7.6	23.1
		4.5	0.53	44		0.79
中等农户 II	25	203.5	12.0	404	6.9	18.9
		8.1	0.48	16		0.76
大农户	67	184	42.1	3 226	8.9	51.0
		2.7	0.63	48		0.76
	总计=132	565.5	75.1			总计=100.50
		4	0.57			0.75

下面=每头大牲畜的平均数①

为了准确地计算每个农户的饲料地,应当把用做饲料的4种谷物(小麦、黑麦、大麦和燕麦)数目折合成**公顷**,应当(1)从总收获量中减去种子;(2)用播种每种谷物的**公顷**数除取得的纯收获量;(3)再用所得的商数除用做饲料的**公担**数。

这样一种按4种谷物、4类农户和两个5年所进行的计算是十分累赘的。

不过如果干脆把**全部**燕麦算做**饲料**,那差错也大**不**了,因为**未**

① 在手稿上,列宁在该表标题《因此,关于牲畜饲料的资料》上面,用铅笔加写了这样一行字:"下面=每头牲畜的平均数"。这句话指的是本表第2、第3、第4栏即"谷物"、"饲料地"和"饲料的开支"等项的下面一行数字。——俄文版编者注

用做饲料的燕麦被用做饲料的大麦(Gerste)拉平了。

因此,我们且把全部燕麦地当做饲料面积,(也就是说,燕麦+混合谷物+全部饲草+小麦)。

这些资料表明了如此(相对)稳定的平均数,看来是可以相信的:每 0.75 公顷 1 头大牲畜。但是为了同全德统计资料作比较,应当注意到胡施克对大牲畜的计算同我的计算**不同**。差别不是由于标准不同,而是由于**胡施克**对牲畜的分类极为详细。胡施克把马驹、幼畜、牛犊、仔猪(第 53 页,注 1)都加以区别,而我根据 1907 年 6 月 12 日的一般农业调查资料是**无法**考虑到这些详细区别的。

可见,为了比较,就得把胡施克的资料折合成 1907 年 6 月 12 日的资料的标准,即**全部**马和**全部**牛=1.0,**全部**猪=$\frac{1}{4}$;**全部**绵羊=$\frac{1}{10}$。 ‖ 注意

于是可得:

				饲料地公顷数
10(8)年来的平均数	小农户:	13.45	1	7.5
	中等农户 I:	31.85	头	23.1
	中等农户 II:	36.81	大	18.9
	大农户	88.8	牲	51.0
		170.91	畜	100.50
				0.58

在整个德国(1907 年)——13 648 628 公顷饲料地(草场+饲料作物+燕麦+混合谷物)养活大牲畜 29 380 405 头,即每头为 **0.46**。

这很像是真实的,因为胡施克的业主都(很)**出色**。

从‖胡施克‖的资料中可以得出这样的结论

(1) 大农户花在**人造肥料上**的费用要多得多(**第 144 页**)

(2) 〃〃〃 的地耕得更深些(**第 152 页,注 2**)

(3) 〃〃〃 的**农具配备得**更完善些

(4) 〃〃〃 可以在时间上保证极大地提高收获量

(5) 〃〃〃 的牲畜饲养得更好些

(6) 〃〃〃 花在保险上的费用更多些(第 139 页)

(7) 〃〃〃 的产品可卖更好的价钱(**第 146 页**)(**第 155 页**)

			1887/1891	1893/1897	(第 139 页)
参看第 144页	补(1) **每公顷**	小农户	17.18	16.91−	每公顷
		中等农户	40.48	32.60−	单位马克
			22.80	20.74−	种子
		‖大农户	**41.34**	48.95+	饲料
					肥料

补(3)。农具清单,第 **107** 页及其他各页,第 47 页。

用于每公顷上的农具、建筑物和
排水设备的维修费(单位马克)

	1887/1891	1893/1897		
小农户	14.10	7.43	−6.67	为什么
中等农户	13.38	15.95	+2.57	是这样?
	10.70	9.91	−0.79	
大农户	9.64	11.95	+2.31	

补 4。4 种谷物(黑麦、小麦、燕麦＋大麦)平均每**公顷**的收获量
（单位**公担**）

	1887/91	1893/97		
(第 51 页)小农户	20.46	20.66	＋0.20	注意:
(第 73 页)中等农户	17.90	17.13	－0.77	大农户的土地
(第 92 页)	19.09	21.06	＋1.97	更差些
(第 111 页)大农户	17.46	19.77	＋2.31	(**第 125 页**)

牲畜饲料(单位公担)

牲畜头数 (折合成 大牲畜[1])	牲畜 价格			小麦	黑麦	大麦	燕麦	总计
10.75	2 765	(第 47 页)	1887/91	2.19	1.68	14.24	30.74	48.85
＋11.3	3 019	小农户	1893/97	1.44	0.40	8.81	35.56	46.21
				－	－	－	＋	－
26.8	9 474	(第 74 页)		12.78	1.34	21.16	77.04	112.32
＋30.6	11 091	中 等 农 户 I		14.26	6.38	29.75	99.87	150.26
				＋	＋	＋	＋	＋
23.5	10 574	(第 87 页)		12.71	2.39	59.24	94.33	168.67
＋25.9	10 971	中 等 农 户 II		25.71	33.74	57.38	122.09	238.92
				＋	＋	－	＋	＋
67.1	23 442	(第 112 页)		18.61	0.63	15.90	128.83	163.97
－66.6	23 300	大农户		15.40	1.15	41.25	146.60	204.40
				－	＋	＋	＋	＋

---

1) 胡施克得出 9.4 和 10(第 53 页)，但这并不是按他自己所定的标准得出来的(第 53 页)。

?

=多年生

饲料作物?

土地的利用(单位公顷)

	小麦、黑麦、燕麦+大麦	马铃薯	(豌豆、蚕豆、野豌豆)豆科植物	1 饲用甜菜	2 饲用野豌豆、玉米、红三叶草+苜蓿	糖用甜菜	总计	3 草场	全部土地总计	饲料地总计(1+2+3)
小农户……	6.6	1	0.4	1	4	—	13.00	0.5	13.64	5.50
中等农户I……	33.5	4	5	2	12[1] +1.5[2]	3	61	—	(50.16) 61.12	15.50
中等农户II……	20.5	2.5	4	2.5 (油菜)	9	2.5 休闲地	43.5	0.99	45.06	12.49
大农户……	45.0	6.0	8.0 +2.0	6.0 油菜 4.0 饲用甜菜	2.0 {混合谷物、玉米及其他} +25(?[3])	2.5 3.0	101	5.08	108.42	(?)42.08

(1) 多年生饲料作物……

(2) 育肥混合饲料

(3) "其他"(第110页)? 101−76=25

牲畜的价值

α)第1个5年 β)第2个5年	头数 （折合成大牲畜）	单位马克	一头大牲畜的平均价格	
I(小农户) α)	53.85÷5=10.75	2 765.00		52.3×10=
（第47页） β)	56.60÷5=11.32	3 019.00		=523÷2=261.5
	110.45÷10=11.04	5 784		
		÷2=2 892.0	261.5	5 784÷110.45=
II(中等农户) α)	134.2÷5=26.8	9 474.0		=52.3×5=261.5
（第69页） β)	153.2÷5=30.6	11 091.0		
	287.4÷10=28.74	20 565		
		÷2=10 282.50	357.5	20 565÷287.4=
				=71.5×5=357.5
III(中等农户) α)	70.6÷3=23.5	10 574.66		
（第87页） β)	129.7÷5=25.9	10 971.00		
	200.3÷8=25.04	21 545.66		
		÷2=10 772.83	430.0	21 545.66÷200.3=
				=107.5×5=537.5
				107.5×8=
				=860÷2=430
IV(大农户) α)	333.5÷5=67.1	23 442.0		
（第107页） β)	333.25÷5=66.6	23 300.0		
	666.75÷10=66.8	46 742		
		÷2=23 371.00	349.5	46 742÷668.75=
				=69.9×5=349.5

第123页：

I—	13.64公顷	11	一头大牲畜
II—	61.10	29	
III—	45.06	25	
IV—	108.41	67	

不对。应当是

2 892÷11.04

等等。但是**比例**不会变。

载于1938年《列宁文集》俄文版第31卷

译自1969年《土地问题笔记》俄文版第364—369页

三

欧美资本主义农业研究资料

德国农业统计(1907年)[118]

(1910年9月—1913年)

共44页。纵40×(横)33格①

德意志帝国统计	德国统计出版物: **普特卡默和米尔布雷希特**。 柏林法兰西街**28号**。 (目录**免费**)。

第212卷。1907年6月12日职业和生产普查。**农业生产统计**。

前三个分卷:**1a;1b;2a**

摘自图表4和图表5("册**1b**")的"说明"。这些数字最初收集于1907年。"按全体人员的多寡划分为这11类,其根据是引导卡字母C1—3中的资料;因此,把临时帮忙的家庭成员(C2b)和非固定劳力(C3c)(第455页)也考虑进去了。""……14—64栏分类的农户数目"(按工人数划分的企业:1人,2人,等等,直到200

① 这个计算(40×33格)是指手稿笔记本的大小(开本),笔记本的纸是带格的。——俄文版编者注

人),"通常少于第1栏的农户总数"(**所有的**农业"企业"的数目),
"因为除此而外这里还有工人数量最多的农户和没有工人的农户"
(455)。

　　总之,所有 3 卷(**1a,1b** 和 **2a**)中的**全部**重要内容都抄到这本
笔记本中了。

> 略去了次要的内容:林业,局部栏目和细节栏目,牲畜总头数
> 栏中的家禽,等等。

　　为了说明在农业中按性别和年龄划分劳动力是多么不利,我
引用了 1907 年 6 月 12 日普查中有关**整个工业**的资料(1910 年
《统计年鉴》)。全体人员=**14 348 016** 人,其中妇女——**3 510 464**
(=24.4%)。看来按年龄划分的**只是**帮工和工人。他们的总数=
男 **7 474 140** + 女 **1 862 531**,共计=9 336 671;其中 16 岁以上
的——男 6 923 586+女 1 663 070;14—16 岁的——男 527 182+女
190 454,共计=717 636;**14 岁以下的**:男 23 372 + 女 9 007[共计
=32 379=9 336 671 的 0.3%]

$$\begin{cases} 14—16 \ 岁的 \cdots\cdots 717\ 636 \\ 14 \ 岁以下的 \cdots\cdots \ \underline{\ \ 32\ 379} \end{cases}$$
$$750\ 015 = 8.0\%$$

　　其次,临时帮忙的家庭成员(男 141 295 + 女 790 602)划分
为:16 岁以上的——男 126 738 + 女 767 127;**16 岁以下的**:男
14 557+女 23 475。

德意志帝国统计,第 **202** 卷。1907 年 6 月 12 日职业和生产普查。**职业统计**(根据 1907 年 6 月 12 日普查),第 **202** 卷(1909 年)。(定价 6 马克。) ⎱ 第 202 卷的准确标题。⎰

> 第 1 篇。**引言**

> 第211卷(**在整理中**)——资料的总结性叙述。

1895 年统计:**德意志帝国统计**,新编。第 **112** 卷(1898 年柏林版):《从 1895 年 6 月 14 日农业普查资料看德意志帝国的农业》。

册 **2a**。表 10。

葡萄种植户

(按葡萄园面积)

	葡萄种植户数	这些户拥有			葡萄种植户中其主要职业不是农业的业主
		总面积(单位公顷)	葡萄园占地面积(单位公顷)	其他农业用地面积	
2公亩以下	2 239	4 287	23	3 726	1 228
2— 5	25 240	61 016	836	52 440	11 665
5—10	56 183	149 617	3 922	135 135	23 127
10—20	79 031	270 713	10 998	235 714	25 900
20—50	99 805	409 727	30 806	334 396	23 054
50— 1公顷	44 373	227 764	29 328	171 583	7 156
1— 2	16 167	124 645	20 973	85 140	2 578
2— 3	2 747	35 262	6 315	19 777	541
3— 4	868	25 104	2 927	10 620	189
4— 5	437	10 433	1 860	5 218	114
5公顷以上	768	44 098	7 119	13 581	201
总 计	327 858	1 362 666	115 107	1 067 330	95 753

(1)上＝总数
(2)　＝以农为主的户
(3)下＝以农为辅的户

我略去了此表中许多有关**自有**地和**租**地的详细情况。

册 **1a**。表 1。　　　　表

	所有农户		总　面　积　中			农　户	
	户数	面积（单位公顷）	自 有 地	租 地	其 他 土 地	菜 园 专用地	马铃薯 专用地
0.5公顷 以下	2 084 060 89 166 1 994 894	619 066 142 995 476 071	369 752	157 132	92 182	623 711	360 944
0.5—2 公顷	1 294 449 369 224 925 225	1 872 936 725 021 1 147 915	1 333 022	426 380	113 534	13 263	21 831
2—5	1 006 277 718 905 287 372	4 306 421 3 153 829 1 152 592	3 501 620	713 415	91 386	1 200	249
5—20	1 065 539 980 970 84 569	13 768 521 12 702 834 1 065 687	12 401 022	1 239 747	127 752	289	74
20—100	262 191 254 661 7 530	12 623 011 12 097 243 525 768	11 622 873	946 723	53 415	27	2
100 以上	23 566 23 110 456	9 916 531 9 696 179 220 352	7 873 850	2 028 962	13 719	3	—
其　中 200 公顷以上	12 887 12 737 150	7 674 873 7 555 522 119 351	6 063 052	1 607 373	4 448	—	—
总　计	5 736 082 2 436 036 3 300 046	43 106 486 38 518 101 4 588 385	37 102 139	5 512 359	491 988	638 495	383 100
5—10 公顷	652 798 589 266 63 532	5 997 626 5 376 631 620 995	5 266 586	671 655	59 385	233	54
10—20 公顷	412 741 391 704 21 037	7 770 895 7 326 203 444 692	7 134 436	568 092	68 367	56	20

(1)总数
(2)以农为主的户
(3)以农为辅的户①

2。

| 拥　有 | | 总　面　积　中 | | | 总面积中的农业用地 |
林　业 用　地	荒地和 不宜耕 种的土地	耕　地 (单位公顷)	园圃用地 (供观赏的 花园除外)	葡　萄　园 (单位公顷)	面积总数
38 762	22 788	246 961	76 431	6 256	359 553 24 400 335 153
118 994	61 782	976 345	71 296	29 046	1 371 758 462 317 909 441
237 117	117 939	2 350 006	73 454	39 346	3 304 878 2 446 400 858 478
445 922	218 712	7 728 039	138 511	34 185	10 421 564 9 710 848 710 716
141 258	80 009	7 220 699	79 810	5 878	9 322 103 9 064 769 257 334
13 630	8 775	5 910 304	42 214	657	7 055 018 6 953 946 101 072
8 411	5 231	4 683 308	31 867	236	5 555 793 5 495 247 60 546
995 683	510 005	24 432 354	481 716	115 368	31 834 874 28 662 680 3 172 194
					2 公顷以下　1 731 311 2—20　13 726 442 20 公顷以上 16 377 121
240 369	117 892	3 379 657	69 450	23 379	4 607 090 4 182 257 424 833
205 553	100 820	4 348 382	69 061	10 806	5 814 474 5 528 591 285 883

---

①　此表的下一栏是按列宁的想法从手稿第 17 页(本卷第 443 页——编者注)移
　　过来的。该栏上面的数字为总户数,中间的数字为以农为主的户,下边的数
　　字为以农为辅的户。——俄文版编者注

(1) 上＝**男**

(2) 下＝**女**

(3) 下＝**共计**

┌─────────────────────────┐
│ 本表及以后的表中,所有的总数 │
│ （男＋女）都是**我**计算出来的。 │
└─────────────────────────┘

册 **1b**。表 4：按人数和

	截至 1907 年 6 月 12 日的从业人数		1906 年 6 月 13 日至 1907 年 6 月 12 日期间的最高从业人数		农户的从		
					1		
	总　计	其中的固定劳力	总　计	其中的非固定劳力	农户数	人　员	
						1907 年 6 月 12 日	最高数
0.5 公顷以下	522 343	325 043	964 858	516 509	1 060 700	147 753	381 957
	1 491 964	528 973	1 648 732	231 555		912 947	991 575
	2 014 307	854 016	2 613 590	748 064			
0.5—2 公顷	801 850	492 153	1 240 243	563 252	492 565	60 418	242 890
	1 536 895	802 695	1 812 754	397 971		432 147	524 494
	2 338 745	1 294 848	3 052 997	961 223			
2—5 公顷	1 330 625	1 012 783	1 709 508	519 004	93 154	23 101	69 240
	1 583 252	1 066 337	1 941 006	498 023		70 053	109 349
	2 913 877	2 079 120	3 650 514	1 017 027			
5—20 公顷	2 324 888	1 882 107	3 045 451	992 858	14 227	8 391	23 602
	2 270 970	1 618 741	3 024 803	1 047 081		5 836	20 285
	4 595 858	3 500 848	6 070 254	2 039 939			
20—100 公顷	1 139 898	919 070	1 565 150	613 760	755	589	2 353
	929 535	634 009	1 310 234	593 277		166	1 382
	2 069 433	1 553 079	2 875 384	1 207 037			
100 公顷以上	728 224	542 097	844 301	301 164	62	62	694
	509 105	291 815	625 384	330 517		—	611
	1 237 329	833 912	1 469 685	631 681			
其中 200 公顷以上	560 063	416 934	636 171	218 795	30	30	453
	380 727	218 221	458 853	239 469		—	494
	940 790	635 155	1 095 024	458 264			
总　数	6 847 828	5 173 253	9 369 511	3 506 547	1 661 463	240 314	720 736
	8 321 721	4 942 570	10 362 913	3 098 424		1 421 149	1 647 696
	15 169 549	10 115 823	19 732 424	6 604 971		1 661 463	2 368 432
5—10 公顷	1 239 883	1 001 675	1 593 788	483 185	11 822	6 563	17 668
	1 251 454	892 956	1 616 384	502 028		5 259	15 890
	2 491 337	1 894 631	3 210 172	985 213		11 822	
10—20 公顷	1 085 005	880 432	1 451 663	509 673	2 405	1 828	5 934
	1 019 516	725 785	1 408 419	545 053		577	4 395
	2 104 521	1 606 217	2 860 082	1 054 726			

性别划分的人员情况

业人员(包括农户总管)中:

	2			3			4—5	
农户数	人员		农户数	人员		农户数	人员	
	1907 年 6月12日	最高数		1907 年 6月12日	最高数		1907 年 6月12日	最高数
324 880	250 567 399 193	318 171 434 458	66 372	79 406 119 710	95 129 130 939	19 644	34 269 48 554 82 823	39 695 53 319 93 014
426 043	319 863 532 223	446 119 618 457	182 016	224 209 321 839	277 889 367 778	81 584	151 820 194 193 346 013	176 531 220 032 396 563
330 535	296 159 364 911	414 281 474 573	312 821	431 143 507 320	539 652 611 119	222 679	449 854 498 361 948 215	529 782 577 755 1 107 537
121 400	126 194 116 606	212 595 208 956	252 719	385 231 372 926	542 336 537 519	475 524	1 058 301 1 032 429	1 361 568 1 344 729
2 354	2 943 1 765	7 977 6 302	8 605	15 911 9 904	33 406 24 169	57 167	150 793 111 409 262 202	247 806 193 646 441 452
32	55 9	392 375	49	95 52	522 462	158	500 233 733	1 378 999 2 377
15	24 6	237 252	14	32 10	181 209	27	88 36	362 331
1 250 244	995 781 1 414 707 2 410 488	1 399 535 1 743 121 3 142 656	822 582	1 135 995 1 331 751 2 467 746	1 488 934 1 671 986 3 160 920	856 756	1 845 537 1 885 179 3 730 716	2 356 760 2 390 480 4 747 240
102 110	104 613 99 607 204 220	166 855 165 933	194 618	290 540 293 314 583 854	389 482 397 234	274 771	590 891 599 881 1 190 772	728 042 738 760 466 802
19 290	21 581 16 999	45 740 43 023	58 101	94 691 79 612	152 854 140 285	200 753	467 410 432 548 899 958	633 526 605 969 1 239 495

[转下页]

[接上页]

农 户 的 从 业 人 员

	6—10			11—20			21—30		
	农户数	人员		农户数	人员		农户数	人员	
		1970年6月12日	最高数		1907年6月12日	最高数		1907年6月12日	最高数
0.5公顷以下	2 239	6 007 9 095 15 102	7 203 10 338 17 541	183	1 325 1 212	1 793 1 487	33	483 356	567 454
0.5—2公顷	11 710	33 370 45 959 79 329	38 251 51 753 90 004	972	6 147 7 096	7 263 8 093	144	2 115 1 372	2 788 1 918
2—5公顷	32 692	102 339 116 750 219 089	115 989 132 611 248 600	2 450	15 942 17 842	18 246 20 252	344	4 692 3 530	5 719 4 126
5—20公顷	185 008	629 332 629 739 1 259 071	766 674 778 448 1 545 122	11 760	76 534 80 289	87 732 93 320	1 363	16 593 16 632	18 976 19 151
20—100公顷	150 553	609 305 494 583 1 103 888	827 983 690 869 1 518 852	36 727	259 354 229 139	322 736 289 113	4 026	50 242 47 615	60 187 58 008
100公顷以上	992	5 551 2 610 8 161	10 345 6 736 17 081	3 569	35 656 20 330	49 619 33 356	3 966	61 029 39 705	76 503 54 314
其中200公顷以上	118	608 337 945	2 001 1 662 3 663	377	4 379 1 753	6 923 3 933	1 058	18 704 8 823	23 959 14 126
总　计	383 194	1 385 904 1 298 736 2 684 640	1 766 445 1 670 755 3 437 200	55 661	394 958 355 908 750 866	487 389 445 621 933 010	9 876	135 154 109 210 244 364	164 740 137 971 302 711
5—10公顷	62 941	206 045 214 834 420 879	242 528 252 678 495 206	3 741	24 802 26 293 51 095	27 973 29 895	511	6 356 6 152 12 508	7 329 6 962
10—20公顷	122 067	423 287 414 905 838 192	524 146 525 770 1 049 916	8 019	51 732 53 996	59 759 63 425	852	10 237 10 480	11 647 12 189

(包括农户总管)中:

31—50			51—100			101—200			200 以上		
农户数	人员		农户数	人员		农户数	人员		农户数	人员	
	1907 年 6月 12日	最高数		1907 年 6月 12日	最高数		1907 年 6月 12日	最高数		1907 年 6 月 12 日	最高数
21	590 202	976 579	16	852 229	1 322 371	11	912 436	962 556	1	179 30	179 30
60	1 484 811	1 810 1 042	25	1 099 581	1 300 667	10	862 446	1 109 569	3	463 228	516 175
111	2 758 1 381	3 229 1 790	50	2 303 1 271	2 543 1 482	18	1 548 829	1 760 930	4	786 1 004	980 945
482	10 027 8 180	11 701 9 886	174	7 244 4 289	8 867 5 294	47	3 942 2 479	4 684 3 097	15	3 099 1 565	3 273 1 650
1 167	23 278 19 968	28 875 25 538	320	13 236 7 763	16 475 11 525	95	8 687 4 440	10 719 6 241	27	5 560 2 783	5 936 2 946
5 956	141 141 95 068	164 612 118 881	6 230	255 654 177 056	289 423 212 650	2 115	160 220 119 793	176 208 136 154	406	68 261 54 249	74 315 60 858
3 379	87 952 48 939	103 628 64 070	5 431	229 374 152 908	258 941 183 845	2 043	154 674 116 005	169 638 131 735	388	64 198 51 910	69 826 58 191
7 797	179 278 125 610 304 888	211 203 157 716 368 919	6 815	280 388 191 189 471 577	319 930 231 989 551 919	2 296	176 171 128 423 304 594	195 442 147 547 342 989	456	78 348 59 859 138 207	85 199 66 604 151803*)
164	3 441 2 760 6 201	4 087 3 366	76	3 282 1 722 5 004	3 772 2 102	16	1 460 728 2 188	1 740 930	9	1 890 904 2 794	2 041 999
318	6 586 5 420	7 614 6 520	98	3 962 2 567	5 095 3 192	31	2 482 1 751	2 944 2 167	6	1 209 661	1 232 651

*) 总计最高数(6 名工人以上)=6 088 551。总计(最高数)=19 507 799。

从＝男
上到＝女
下＝共计

同上。表5。按在生产中的地位

	农户总管				家庭	
	α 总计	其中			β 经常参加劳动者	
		自耕户	租地户	其他(经理人员、总管等等)	男女	其中14岁以下的
0.5公顷以下	279 464 135 017 414 481	135 084 92 817 227 901	98 928 33 816 132 744	45 452 8 384 53 836	31 353 369 641 400 994	2 364 2 841 5 205
0.5—2公顷	363 273 123 044 486 317	304 138 110 100 414 238	45 309 10 901 56 210	13 826 2 043 15 869	98 286 643 391 741 677	7 904 8 311 16 215
2—5公顷	681 216 73 917 755 133	635 969 70 880 706 849	38 392 2 611 41 003	6 855 426 7 281	272 863 920 203 1 193 066	16 468 16 647 33 115
5—20公顷	936 185 57 062 993 247	906 121 55 692 961 813	25 478 1 028 26 506	4 586 342 4 928	626 299 1 247 274 1 873 573	26 790 25 239 52 029
20—100公顷	242 975 13 585 256 560	228 370 12 974 241 344	11 360 451 11 811	3 245 160 3 405	185 277 275 514 460 791	5 258 4 749 10 007
100公顷以上	22 980 775 23 755	12 978 552 13 530	5 107 167 5 274	4 895 56 4 951	4 191 6 193 10 384	104 139 243
其中200公顷以上	12 702 436 13 138	6 287 301 6 588	2 957 108 3 065	3 458 27 3 485	1 548 2 138 3 686	76 107 183
总计	2 526 093 403 400 2 929 493	2 222 660 343 015 2 565 675	224 574 48 974 273 548	78 859 11 411 90 270	1 218 269 3 462 216 4 680 485	58 888 57 926 116 814
	220 716	(而总户数为225 697)			415 295	
5—10公顷	562 393 35 692 598 085	544 423 34 868 579 291	15 448 618 16 066	2 522 206 2 728	333 626 741 594 1 075 220	15 548 14 927 30 475
10—20公顷	373 792 21 370 395 162	361 698 20 824 382 522	10 030 410 10 440	2 064 136 2 200	292 673 505 680 798 353	11 242 10 312 21 554

及性别划分的农户人员情况

成员		外来劳力					
γ临时参加劳动者		监督和财会人员(α)男女	固定劳力		(α),(β)和(γ)中14岁以下的	非固定劳力	
男女	其中14岁以下的	δ	男女雇工(β) ε	日工、工人和英斯特(γ) ζ		男女 η	其中14岁以下的
123 306	19 191	1 003	4 297	8 926	177	73 994	681
888 204	17 871	469	19 617	4 229	259	74 787	620
1 011 510	37 062	1 472	23 914	13 155	436	148 781	1 301
184 838	38 533	1 646	12 094	16 854	717	124 859	1 564
612 088	34 070	486	27 245	8 529	647	122 112	1 192
796 926	72 603	2 132	39 339	25 383	1 364	246 971	2 756
177 721	49 761	2 131	32 958	23 615	3 028	140 121	2 756
376 646	42 233	555	59 365	12 297	2 251	140 269	1 947
554 367	91 994	2 686	92 323	35 912	5 279	280 390	4 713
170 486	66 132	4 965	254 249	60 409	16 750	272 295	9 984
358 981	56 446	1 614	281 870	30 921	7 002	293 248	5 498
529 467	122 578	6 579	536 119	91 330	23 752	565 543	15 482
32 320	12 431	10 146	359 451	121 221	13 702	188 508	12 038
82 948	10 508	3 577	278 809	62 524	4 141	212 578	8 230
115 268	22 939	13 723	638 260	183 745	17 843	401 086	20 268
1 040	117	44 341	147 731	322 854	4 301	185 087	18 118
3 052	105	6 229	68 265	210 353	3 689	214 238	18 123
4 092	222	50 570	215 996	533 207	7 990	399 325	36 241
442	20	35 494	106 702	260 488	3 223	142 687	12 907
1 163	33	4 222	48 452	162 973	2 929	161 343	13 181
1 605	53	39 716	155 154	423 461	6 152	304 030	26 088
689 711	186 165	64 232	810 780	553 879	38 675	984 864	45 151
2 321 919	161 233	12 930	735 171	328 853	17 989	1 057 232	35 610
3 011 630	347 398	77 162	1 545 951	882 732	56 664	2 042 096	80 761
101 259		6 754	497 655	91 394		288 171	
108 928	39 776	2 264	77 028	26 364	6 171	129 280	3 769
221 400	34 115	641	101 642	13 387	3 187	137 098	2 266
330 328	73 891	2 905	178 670	39 751	9 358	266 378	6 035
61 558	26 356	2 701	177 221	34 045	10 579	143 015	6 215
137 581	22 331	973	180 228	17 534	3 815	156 150	3 232
199 139	48 687	3 674	357 449	51 579	14 394	299 165	9 447

[转下页]

[接上页]

	只有这一栏的总数（男＋女）是原稿提供的。其他栏中的总数都是我计算出来的。	因此,在 20—50 公顷这组农户中,雇佣工人也比本户工人多	
	人员总数	(我的计算)劳力总数	
		$(\alpha+\beta+\gamma)$ 本户劳力	$(\delta+\varepsilon+\zeta+\eta)$ 雇佣劳力
0.5 公顷以下	522 343 1 491 964 2 014 307	1 392 862 1 826 985	99 102 187 322
0.5—2 公顷	801 850 1 536 895 2 338 745	1 378 523 2 024 920	158 372 313 825
2—5 公顷	1 330 625 1 583 252 2 913 877	1 370 766 2 502 566	212 486 411 311
5—20 公顷	2 324 888 2 270 970 4 595 858	3 396 287	1 199 571
20—100 公顷	1 139 898 929 535 2 069 433	372 047 832 619	557 488 1 236 814
100 公顷以上	728 224 509 105 1 237 329	10 020 38 231	499 085 1 199 098
其中 200 公顷以上	560 063 380 727 940 790	18 429	922 361
总　　计	6 847 828 8 321 721 15 169 549	6 187 535 10 621 608	2 134 186 4 547 941
	1 621 244	737 270	883 974
5—10 公顷	1 239 883 1 251 454 2 491 337	998 686 2 003 633	252 768 487 704
10—20 公顷	1 085 005 1 019 516 2 104 521	664 631 1 392 654	354 885 711 867

(我的计算)14 岁以下的工人数			童工在工人总数中所占的百分比			平均每一农户拥有工人数		
总　计	本户工人	雇佣工人	总计	本户工人	雇佣工人	总计	本户工人	雇佣工人
44 004	42 267	1 737	2.2	2.3	0.9	1.0	0.9	0.1
92 938	88 818	4 120	3.9	4.4	1.3	1.8	1.6	0.2
135 101	125 109	9 992	4.6	4.9	2.4	2.9	2.5	0.4
213 841	174 607	39 234	4.7	5.1	3.3	4.3	3.2	1.1
71 057	32 946	38 111	3.4	3.9	3.1	7.9	3.2	4.7
44 696	465	44 231	3.6	1.2	3.7	52.5	1.6	50.9
32 476	236	32 240	3.5	1.2	3.5	73.0	1.4	71.6
601 637	464 212	137 425	3.9	4.4	3.0	2.6	1.8	0.8
						3.3		
119 759	104 366	15 393	4.8	5.2	3.1	3.8	3.1	0.7
94 082	70 241	23 841	4.5	5.0	3.3	5.1	3.4	1.7

册 **2a**。表 6：农 户 拥

	为自用养有				
	α 既无家禽，又无其他牲畜 α	β 有家禽，但无任何其他牲畜 β	有其他牲畜，但无任何家禽 γ	既有家禽，又有其他牲畜 δ	共计 (β—δ)
0.5公顷以下	714 035	185 382	498 870	685 773	1 370 025
0.5—2公顷	93 210	44 308	217 790	939 141	1 201 239
2—5公顷	17 812	7 884	69 634	910 947	988 465
5—20公顷	7 075	2 089	28 304	1 028 071	1 058 464
20—100公顷	1 569	207	3 346	257 069	260 622
100公顷以上	331	28	1 228	21 979	23 235
其中200公顷以上	140	16	820	11 911	12 747
总　计	834 032	239 898	819 172	3 842 980	4 902 050
			4 662 152		
20—50公顷					
5—10公顷	4 824	1 574	21 179	625 221	647 974
10—20公顷	2 251	515	7 125	402 850	410 490

我略去了养有鸡、鸭、鹅的农户的数目(和这些家禽的数目)

有的牲畜总头数。

下列畜禽的农户数目:						
大牲畜				养有绵羊的农户数目	养猪的农户数目	养有山羊的农户数目
χ 这类农户总数	他们有					
	马,但无牛	λ 牛,但无马	马和牛			
164 907	6 573	157 024	1 310	48 348	923 528	705 477
670 552	26 766	618 821	24 965	49 122	908 996	627 417
954 878	20 685	760 651	173 542	55 202	828 156	219 306
1 053 432	9 916	364 882	678 634	140 365	972 062	193 464
260 051	1 368	6 762	251 921	85 909	246 512	35 093
23 182	133	163	22 886	11 875	20 566	2 618
12 722	53	81	12 588	7 964	11 182	1 415
3 127 002	65 441	1 908 303	1 153 258	390 821	3 899 820	1 783 375
644 040	7 292	299 631	337 117	65 583	585 724	120 813
409 392	2 624	65 251	341 517	74 782	386 338	72 651

[转下页]

[接上页]

	牲 畜 总 头 数				
	马	牛		绵 羊	猪
		总　　数	其中牝牛		
0.5 公顷以下	9 598	196 262	173 567	179 402	1 975 177
0.5—2 公顷	61 769	1 119 370	852 962	236 359	2 407 972
2—5 公顷	241 636	3 154 323	2 030 808	359 943	3 107 038
5—20 公顷	1 323 490	7 873 092	3 989 026	1 448 545	6 334 146
20—100 公顷	1 202 174	5 305 871	2 285 643	2 326 268	3 655 146
100 公顷以上	652 436	2 327 291	1 007 959	4 371 103	1 386 272
其中 200 公顷以上	491 670	1 692 299	713 947	3 864 778	1 026 651
总　　　计	3 491 103	19 976 209	10 339 965	8 921 620	18 865 751
20—50 公顷					
5—10 公顷	528 088	3 748 898	2 042 953	537 561	3 158 595
10—20 公顷	795 402	4 124 194	1 946 073	910 984	3 175 551

（我的计算）

		业主中		
山羊		$(\underline{\underline{\alpha}}+\underline{\underline{\beta}})$ 无任何牲畜者	$(\Sigma-\underline{\underline{\kappa}})$ 无大牲畜者	$(\Sigma-\underline{\underline{\kappa}}+\underline{\underline{\lambda}})$ 无马者
1 312 416		899 417	1 919 153	2 076 177
1 384 810		137 518	623 897	1 242 718
419 208	2公顷以下	1 036 935	2 543 050	3 318 895
		25 696	51 399	812 050
429 656		9 164	12 107	376 989
99 506		1 776	2 140	8 902
8 314		359	384	547
4 440		156	165	246
3 653 910		1 073 930	2 609 080	4 517 383
255 190		6 398	8 758	308 389
174 466		2 766	3 349	68 600

同上。表 7。农 户 使 用

最近一年内使用下列各种机器的农户	蒸汽犁			撒播机		
	农户	自有的		农户	自有的	
		农户	自有的蒸汽犁数量		农户	自有的撒播机数量
0.5 以下	18 466	5	1	1	2 696	68	68
0.5—2	114 986	13	3	4	11 442	468	471
2—5	325 665	23	5	7	15 780	4 219	4 225
5—20	772 536	81	25	26	87 921	63 067	63 183
20—100	243 365	319	21	23	73 481	67 958	69 919
100 以上	22 957	2 554	360	381	15 594	15 527	28 255
200 以上	12 652	2 112	321	341	9 429	9 412	20 347
总　　计	1 497 975	2 995	415	442	206 914	151 307	166 121
5—10 公顷	419 170	31	15	15	33 272	19 220	19 246
10—20 公顷	353 366	50	10	11	54 649	43 847	43 937

我作的标记：

A＝使用机器的农户总数

B＝自己有机器的农户总数

C＝"自有的"该种机器数量

农 业 机 器 的 情 况：

收 割 机			条播机和点播机			中 耕 机		
农户	自 有 的		农户	自 有 的		A	B	C
	农户	自有的收割机数量		农户	机器数量			
231	178	189	998	21	23	31	13	13
1 132	569	598	3 899	224	226	270	200	202
6 812	4 422	4 459	4 983	1 578	1 581	1 140	1 052	1 060
137 624	125 640	130 561	33 123	24 319	24 370	4 146	3 726	3 773
136 104	131 292	158 375	30 795	28 125	28 438	6 011	5 597	5 794
19 422	19 297	47 381	9 327	9 274	13 493	2 814	2 793	4 978
10 943	10 887	32 270	5 761	5 741	9 479	1 716	1 706	3 537
301 325	281 398	341 563	83 125	63 541	68 131	14 412	13 381	15 820
36 261	30 816	31 128	10 443	6 273	6 280	1 395	1 214	1 227
101 363	94 824	99 433	22 680	18 046	18 090	2 751	2 512	2 546

［转下页］

[接上页]

	蒸汽脱粒机			(其他脱粒机)			马铃薯种植机		
	A	B	C	A	B	C	A	B	C
0.5 以下	10 468	116	125	5 431	444	444	4	3	3
0.5—2	60 750	680	702	39 321	10 370	10 405	71	32	32
2—5	127 739	1 455	1 500	163 287	116 187	116 297	55	29	29
5—20	203 438	3 360	3 441	539 285	502 826	503 717	312	204	204
20—100	69 005	4 311	4 380	190 618	185 895	187 317	866	679	681
100 以上	17 467	9 906	10 436	9 061	8 656	9 746	1 352	1 342	1 624
200 以上	10 721	7 702	8 202	3 649	3 488	4 212	1 010	1 005	1 271
总　　计	488 867	19 828	20 584	947 003	824 378	827 926	2 660	2 289	2 573
5—10 公顷	118 840	1 687	1 733	275 793	249 979	250 490	116	84	84
10—20 公顷	84 598	1 673	1 708	263 492	252 847	253 227	196	120	120

总计——仅 A 各栏的总数为 2 424 543,而 C 各栏的总数为

马铃薯挖掘机			籽粒轧碎机			乳脂分离机 (分离器)		
A	B	C	A	B	C	A	B	C
5	2	2	34	33	33	757	670	684
29	4	4	446	437	437	11 720	10 463	10 550
93	61	63	2 476	2 410	2 414	56 955	53 210	53 328
4 196	3 672	3 691	12 943	12 735	12 750	180 641	175 221	175 467
5 442	5 040	5 193	9 686	9 591	9 627	80 137	78 293	78 556
1 239	1 227	1 839	3 747	3 735	4 009	6 696	6 570	6 897
647	640	1 103	2 615	2 612	2 840	3 512	3 438	3 686
11 004	10 006	10 792	29 332	28 941	29 270	336 906	324 427	325 482
713	571	573	4 916	4 808	4 816	85 986	82 807	82 903
3 483	3 101	3 118	8 027	7 927	7 934	94 655	92 414	92 564

1 808 704

[1895 年 只 计

同上。表 8。农户

	同　下　列　各　厂		
	糖　　厂	酿　酒　厂	淀　粉　厂
0.5 以下	8	582	9
0.5—2	12	4 199	7
2—5	23	11 459	10
5—20	67	13 859	29
20—100	118	2 750	60
100 以上	231	3 910	319
200 以上	170	3 056	281
总　　计	459	36 759	434
5—10 公顷	33	8 800	19
10—20 公顷	34	5 059	10

算 了 前 5 类]

同副业的关系：

有　关　系　的　农　户　数　目			
面粉磨坊	啤 酒 厂	锯 木 厂	制 砖 厂
1 265	191	360	248
3 893	494	889	616
8 383	1 009	1 908	1 285
16 747	2 812	4 895	3 178
4 193	1 343	1 504	1 952
943	185	498	1 449
656	85	386	1 072
35 424	6 034	10 054	8 728
9 467	1 281	2 511	1 621
7 280	1 531	2 384	1 557

同上。表 9。农户户主和其他生产

	农户户主和其他生产管理				
				A．1．农	
	独 立 的			**119**	
	总　计	其　中		管 理 和	男　女
		无副业者	有副业者	监督人员	雇　工
0.5 公顷以下	85 213	66 111	19 102	14 175	1 502
0.5—2 公顷	364 755	253 337	111 418	4 591	778
2—5 公顷	717 699	495 439	222 260	406	127
5—20 公顷	980 145	809 107	171 038	255	30
20—100 公顷	253 877	230 363	23 514	216	4
100 公顷以上	22 731	18 259	4 472	140	—
200 公顷以上	12 568	9 541	3 027	64	—
总　　计	2 424 420	1 872 616	551 804	19 783	2 441
5—10 公顷	588 958	468 744	120 214	142	25
10—20 公顷	391 187	340 363	50 824	113	5

总计 A(A.1+A.2—6)=0.5 公顷以下=494 761 ⎫
　　　　　　　　　　　　0.5—2　公顷=568 575 ⎬=1 063 336

管理人员按其主要职业的划分:

人员按其**主要职业**划分如下:

业	A. 2—6. 蔬菜业、畜牧业、渔业等等		工 业			
			独 立 的		辅 助 人 员	
日工工人	独立的	辅助人员	总　计	其中从事手工业者	总计	其中学徒、助手和工人
351 347	11 940	30 584	253 194	17 663	752 278	703 935
155 330	13 007	30 114	203 677	10 042	305 102	291 039
16 636	5 564	12 688	108 968	2 206	65 004	61 212
1 078	2 040	4 979	37 575	201	5 477	4 613
7	411	197	3 512	4	128	43
—	41	7	230	—	7	—
—	18	1	82	—	1	—
524 398	33 003	78 569	607 156	30 116	1 127 996	1 060 842
1 053	1 458	2 628	28 811	174	4 950	4 276
25	582	2 351	8 764	27	527	337

[转下页]

[接上页]

	按其**主要职业**划分的农户户					
	C. 1—11 商业和保险业		**C. 12—26** 运输业和通讯		**C. 27** 旅店和酒店	
	独立的	辅助人员	独立的	辅助人员	独立的	辅助人员
0.5 公顷以下	70 786	14 878	11 993	104 011	27 837	863
0.5 公顷至 2 公顷	40 908	3 089	10 046	32 454	23 104	210
2—5	17 703	540	7 544	8 286	17 454	54
5—20	7 215	92	3 646	11 06	12 728	12
20—100	720	8	243	20	818	—
100 以上	36	—	3	—	10	—
200 公顷以上	13	—	1	—	2	—
总　　计	137 368	18 607	33 475	145 877	81 951	1 139
5—10 公顷	5 386	75	2 768	985	9 281	10
10—20 公顷	1 829	17	878	121	3 447	2

这个字母是我加的

我的计算

主和其他生产管理人员: D 家庭劳务和不固定的雇佣劳动	E 公私职务和自由职业	F 无职业和未注明职业	G 靠主人维持生活的家仆	H 根本没有职业或只有副业的家庭经济的成员	K 公用企业的管理人员	总计	其中包括雇佣工人（用红铅笔标出的各栏的总数）
17 351	101 442	227 116	323	5 746	1 481	2 084 060	1 273 137 +14 175
3 780	29 086	70 333	32	2 108	1 945	1 294 449	530 889 +4 591
501	11 297	13 823	9	242	1 732	1 006 277	
52	3 916	3 307	6	30	1 850	1 065 539	
2	756	407	1	3	861	262 191	
—	61	57	—	—	243	23 566	
—	24	13	—	—	100	12 887	
21 686	146 558	315 043	371	8 129	8 112	5 736 082	
44	2 636	2 515	6	26	1 041	652 798	
8	1 280	792	0	4	809	412 741	

册 1b:表 3。耕地

	有耕地的农户数目	总面积(单位公顷)	总面积中		
			总计	春小麦	冬小麦
				粮食谷物,	
0.5 公顷以下	1 352 763	368 098	246 961	1 299	1 912
0.5—2 公顷	1 232 970	1 588 736	976 345 [49.1] 5.0	8 115 [0.4] 2.6	21 819 [0.9] 1.8
2—5 公顷	985 613	3 948 861	2 350 006 [54.6] 9.6	17 468 [0.4] 4.9	99 763 [2.3] 7.5
5—20 公顷	1 050 696	13 124 460	7 728 039 [56.1] 31.6	72 891 [0.5] 20.3	430 479 [3.1] 32.5
20—100 公顷	259 475	11 942 678	7 220 699 [57.2] 29.6	106 714 [0.9] 29.8	426 074 [3.4] 32.2
100 公顷以上	23 262	9 368 409	5 910 304 [59.6] 24.2	151 878 [1.5] 42.4	343 725 [3.5] 26.0
200 公顷以上	12 769	7 379 305	4 683 308	114 751	262 029
总　计	4 904 779	40 341 242	24 432 354 [56.7] 100.0	358 365 [0.8] 100.0	1 323 772 [3.1] 100.0
			<2 公顷)1 223 306 2 — 20)10 078 045 >20)　13 131 003	9 414 90 359 258 592	23 731 530 242 769 799
5—10 公顷	641 983	5 634 959	3 379 657	26 818	178 520
10—20 公顷	408 713	7 489 501	4 348 382	46 073	251 959

下方的百分比(察恩,1910 年,第 574 页[120]):[　]=占农户总分比,等等。[见本笔记第 **30** 页①]

① 见本卷第 439 页。——编者注

及其耕作情况

的　耕　地　数

其中播种有 {所有这 7 种＝谷物播种总面积 / 根据察恩的"文章"}

双粒小麦根据"察恩的文章"	黑麦	大麦	燕麦	混合禾本科作物	糖用甜菜
1 615	32 386	8 511	10 667	1 444	1 257
14 235	260 602	56 479	105 499	15 809	8 473
[0.6]　6.9	[11.8]　4.8	[2.6]　4.0	[4.7]　2.7	[0.7]　1.9	[0.4]　1.9
53 576	648 844	157 406	371 046	51 873	18 858
[1.2]　23.1	[15.1]　10.6	[3.7]　9.7	[8.6]　8.8	[1.2]　5.8	[0.4]　3.7
117 920	2 106 517	542 951	1 473 212	204 784	77 582
[0.9]　50.5	[15.3]　34.5	[4.0]　33.5	[10.7]　35.0	[1.5]　22.7	[0.6]　15.1
42 730	1 795 482	476 069	1 384 181	273 528	125 961
[0.3]　18.9	[14.2]　29.4	[3.8]　29.4	[10.9]　32.9	[2.2]　30.3	[1.0]　24.5
1 460	1 262 945	379 896	865 713	354 560	281 691
[0.0]　0.6	[12.8]　20.7	[3.8]　23.4	[8.7]　20.6	[3.6]　39.3	[2.8]　54.8
282	1 018 704	298 069	651 013	288 599	221 857
231 536	6 106 776	1 621 312	4 210 318	901 998	513 822
[0.5]　100.0	[14.2]　100.0	[3.7]　100.0	[9.8]　100.0	[2.1]　100.0	[1.2]　100.0
15 850	292 988	64 990	116 166	17 253	9 730
171 496	2 755 361	700 357	1 844 258	256 657	96 440
44 190	3 058 427	855 965	2 249 894	628 088	407 652
63 433	916 289	239 689	624 989	81 684	31 327
54 487	1 190 228	303 262	848 223	123 100	46 255

[转下页]

面积的百分比(＝43 106 486),第二个数字是占**该**谷物总面积的百

[接上页]

（此表系**全部**照录。）

	总 面 积 中 的 耕 地 数					
	其 中 播 种 有				大田牧场	（秋　　耕）休闲地
	马 铃 薯	饲料作物	大田蔬菜	其他大田作　物		
0.5 公顷以下	166 327	8 139	7 787	3 733	745	1 139
0.5 — 2 公顷	333 605	80 516	20 877	29 127	11 836	9 353
	20.1　15.8	3.6　3.4	1.1　10.8	1.3　3.1	0.5　1.2	0.4　1.0
2 — 5 公顷	447 484	262 426	42 916	94 397	42 207	41 742
	10.4　14.1	6.1　10.1	1.0　16.2	2.2　8.9	1.0　3.9	1.0　4.2
5 — 20 公顷	948 993	841 726	100 569	308 102	221 618	280 695
	6.9　29.9	6.1　32.6	0.7　37.9	2.2　29.0	1.6　20.4	2.0　28.4
20 — 100 公顷	609 723	720 375	62 546	310 916	492 910	393 490
	4.8　19.2	5.7　27.9	0.5　23.5	2.5　29.2	3.9　45.5	3.1　39.5
100 公顷以上	667 698	671 500	30 841	316 388	315 073	266 936
	6.7　21.0	6.8　26.0	0.3　11.6	3.2　29.8	3.2　29.0	2.7　26.9
200 公顷以上	562 501	528 225	22 351	254 403	246 139	214 385
总　　计	3 173 830	2 584 682	265 536	1 062 663	1 084 389	993 355
	7.4　100.0	6.0　100.0	0.6　100.0	2.5　100.0	2.5　100.0	2.3　100.0
2 公顷以下）	499 932	88 655	28 664	32 860	12 581	10 492
2 — 20 公顷）	1 396 477	1 104 152	143 485	402 499	263 825	322 437
20 公顷以上）	1 277 421	1 391 875	93 387	627 304	807 983	660 426
5 — 10 公顷	470 609	381 869	49 776	134 387	79 264	102 003
10 — 20 公顷	478 384	459 857	50 793	173 715	142 354	179 692

根据察恩的百分比：

	粮食谷物		各类谷物播种总面积		菜园地		草　　场		肥沃的牧场		葡萄园	
2公顷以下	13.7	4.3	21.7	3.7	5.9	30.7	12.6	5.2	0.5	1.5	1.4	30.6
2—5	19.0	10.2	32.5	9.5	1.7	15.2	18.6	13.5	1.0	4.9	0.9	34.1
5—20	19.8	34.0	36.0	33.5	1.0	28.8	16.8	38.9	1.5	24.1	0.3	29.6
20—100	18.8	29.6	35.7	30.5	0.6	16.6	12.7	26.8	3.3	49.2	0.1	5.1
100 以上	17.8	21.9	33.9	22.8	0.4	8.7	9.4	15.6	1.7	20.3	0.0	0.6
总　　计	18.6	100.0	34.2	100.0	1.1	100.0	13.8	100.0	2.0	100.0	0.3	100.0

	农业用地总面积		林业用地		小块牧场		荒地和不宜耕种的土地		其他土地		总面积	
2公顷以下	69.5	5.4	20.6	6.7	2.2	5.2	2.4	4.0	5.3	12.4	100.0	5.8
2—5	76.8	10.4	15.2	8.5	2.2	9.1	3.1	9.1	2.7	11.0	100.0	10.0
5—20	75.7	32.7	15.4	27.6	2.6	33.5	4.4	40.9	1.9	25.4	100.0	31.9
20—100	73.9	29.3	17.3	28.5	2.8	33.7	4.4	37.4	1.6	19.5	100.0	29.3
100 以上	71.1	22.2	22.2	28.7	2.0	18.5	1.3	8.6	3.4	31.7	100.0	23.0
总计	73.9	100.0	17.8	100.0	2.5	100.0	3.4	100.0	2.4	100.0	100.0	100.0

同上。表 2。**农业工人户和日**

	农 业 户 总 数		总 面 积 中 有		
	农　户	面　积	自有地	租　地	其他土地*)
0.5 公顷以下	357 945	85 395	16 332	20 068	48 995
0.5—2 公顷	182 806	182 068	77 613	60 207	44 248
2—5 公顷	34 998	113 967	73 209	35 407	5 351
5—20 公顷	3 751	27 679	19 590	7 434	655
20—100 公顷	—	—	—	—	—
100 公顷以上	—	—	—	—	—
200 公顷以上	—	—	—	—	—
总　　　计	579 500	409 109	186 744	123 116	99 249
2 公顷以下 2—20 公顷 20 公顷以上					
5—10 公顷	3 687	26 769	18 945	7 183	641
10—20 公顷	64	910	645	251	14

---

*) 其他土地＝公地、德普坦特土地等等。

> 我对此表作了大量删节。略去了有关自有地和
> 租地等等细节。

工户的数目和面积

总 面 积 中 有:				只有下列土地的农户	
耕　　地	园圃用地 (供观赏的 花园除外)	葡 萄 园	农业用地 总 面 积	菜 园 地	马铃薯地
64 735	11 104	580	79 383	43 904	113 345
132 140	8 210	1 627	167 420	1 034	13 388
72 877	2 222	504	101 679	45	38
16 123	409	43	24 018	—	—
—	—	—	—		
—	—	—	—		
—	—	—	—	—	
285 875	22 245	2 754	372 500	44 983	126 771
15 665	398	43	23 235	—	—
458	11	—	783	—	—

每 个 农 户 平 均 拥 有		全 部 牲 畜 数 (折合成大牲畜计算)
农 业 用 地 (单位公顷)	全 部 牲 畜 (折合成大牲畜计算)	
0.17	0.4	826 963
1.1	1.5	1 922 168
3.2	4.2	4 243 647
		10 960 779
35.5	29.2	7 662 750
299.3	159.6	3 764 098
5.5	5.1	29 380 405
		2 749 131
		15 204 426
		11 426 848
7.0	7.8	5 141 657
14.1	14.1	5 819 122

| 平 均 每 个 固 定 工 人 拥 有 | | 下　　面: |
农 业 用 地 (单位公顷)	全 部 牲 畜 (折合成大牲畜计算)	其中包括 固定工人 全体工人数
0.4	0.9	2 014 307 854 016
1.6	1.5	2 338 745 1 294 848
1.6	2.3	2 913 877 2 079 120
		4 595 858 3 500 848
6.0	4.9	2 069 433 1 553 079
8.4	4.5	1 237 329 833 912
		940 790 635 155
3.1	2.9	15 169 549 10 115 823
2公顷以下:		4 353 052 2 148 864
2—20:		7 509 735 5 579 968
20公顷以上:		3 306 762 2 386 991
2.4	2.7	2 491 337 1 894 631
3.6	3.6	2 104 521 1 606 217

德意志帝国统计,第 112 卷。

1895 年关于拥有牲

1895 年	农 户 数	无 牲 畜 农　户	从事农业生产或牛奶生产的	
			有 牲 畜 的 农 户 总 数	这类农户 总　　数
2 公顷以下	3 237 030	831 771	2 405 259	965 517
2—5	1 016 318	26 658	989 660	960 110
5—20	998 804	9 090	989 714	985 911
5—10 ⎫	605 814	6 542	599 272	596 429
10—20 ⎭	392 990	2 548	390 442	389 482
20—100	281 767	1 837	279 930	279 274
100 公顷以上	25 061	380	24 681	24 638
1895:	5 558 980	869 736	4 689 244	3 215 450
1907:	5 736 082	1 073 930	4 662 152	3 127 002
	+ 177 102	+ 204 194	— 27 092	— 88 448
1895				
½—1 公顷	676 215	91 406	584 809	521 172
1—2 公顷	707 235	51 708	655 527	243 588*)
1882:	5 276 344	834 441	4 441 903	3 255 887

有 下 列 牲 畜 的

	无 牲 畜		有 牲 畜 总 数	
	1895	1882	1895	1882
2 公顷以下	25. 70	26. 30	74. 30	73. 70
2—5	2. 62	2. 36	97. 38	97. 64
5—20	0. 91	0. 56	99. 09	99. 44
20—100	0. 65	0. 26	99. 35	99. 74
100 公顷以上	1. 52	0. 38	98. 48	99. 62
总　　计	15. 65	15. 81	84. 35	84. 19

*) 这两个数字位置有误:

　　　　243 588 应在 50 公亩—1 公顷项内,

　　　　521 172 应在 1 公顷—2 公顷项内。

为了进行比较,我用的是

畜的农户数的资料:

农户中为自用而**饲养**下列牲畜者

有大牲畜的农户			有下列其他牲畜的农户		
其　　中			绵　羊	猪	山　羊
马和牛都有	有马无牛	有牛无马			
28 954	40 080	896 483	141 466	1 731 919	1 330 953
152 440	20 968	786 702	80 057	799 803	192 272
584 561	10 601	390 749	184 648	887 424	160 808
278 748	7 536	310 145	87 985	527 741	98 071
305 813	3 065	80 604	96 663	359 683	62 737
267 190	1 473	10 611	122 498	266 073	34 306
24 357	149	132	15 072	22 222	2 609
1 057 502	73 271	2 084 677	543 741	3 707 441	1 720 948
1 153 258	65 441	1 908 303	390 821	3 899 820	1 783 375
+95 756	− 7 830	− 176 374	− 152 920	+ 192 379	+ 62 427
+87 926					
5 067	12 213	226 308	34 911	428 775	357 522
21 752	18 829	480 591	41 101	483 609	246 734
996 244	42 180	2 217 463	749 217	2 950 588	1 505 357

农　户　的　百　分　比

有 大 牲 畜		马 和 牛 都 有		有 马 无 牛		有 牛 无 马	
1895	1882	1895	1882	1895	1882	1895	1882
29.83	35.84	0.89	0.91	1.24	0.64	27.70	34.29
94.47	95.18	15.00	14.83	2.06	1.47	77.41	78.88
98.71	99.17	58.53	57.31	1.06	0.78	39.12	41.08
99.12	99.68	94.83	94.87	0.52	0.28	3.77	4.53
98.31	99.55	97.19	99.07	0.79	0.13	0.53	0.35
57.84	61.71	19.02	18.88	1.53	0.80	37.50	42.03

	1895年			
	农户数目		有牛的业主数目	
	无大牲畜	无　马	1895年	1907年
2公顷以下	2 271 513	3 167 996	925 437	802 120—
2—5公顷	56 208	842 910	939 142	934 193—
5—20公顷	12 893	403 642	975 310	1 043 516+
5—10公顷	9 385	319 530	588 893	636 748+
10—20公顷	3 508	84 112	386 417	406 768+
20—100公顷	2 493	13 104	277 801	258 683—
100公顷以上	423	555	24 489	23 049—
1895年	2 343 530	4 428 207	3 142 179	3 061 561—
1907年	2 609 080	4 517 383	3 061 561	
	+265 550	+89 176	—80 618	
			3 213 707	
			(1882)	

参看施梅尔茨勒的文章[121]

注 意

有牛农户平均每户有牛

1895年	**1907年**	+%
1.53	1.64	7.2
2.98	3.38	10.3
5.05	5.89	16.6
8.42	10.14	20.4
16.74	20.51	22.5
79.92	100.97	26.3

有牲畜的业主总数

	1895年	**1907年**
0.5公顷以下	1 164 923	1 184 643+
0.5—2公顷	1 240 336	1 156 931—
2公顷以下	2 405 259	2 341 574—
2— 5	989 660	980 581—
5—10	599 272	646 400+
10—20	390 442	409 975+
2—20公顷	1 979 374	2 036 956+
20—100	279 930	260 415—
100公顷以上	24 681	23 207—
20公顷以上	304 611	283 622—
总 计	4 689 244	4 662 152—
1882年:	4 441 903	

［1895年牝牛未单独列出］

牲 畜 总 头 数

	马			牛			
	1895年	**1907年**		1895年	**1907年**		
0.5公顷以下	14 528	9 598	—	237 606	196 262	—	
0.5至2公顷	74 356	61 769	—	1 177 633	1 119 370	—	
50公亩—1公顷	21 866			305 904			(1895=100)
1—2公顷	52 490			871 729			**1907**:
2公顷以下	88 884	71 367	—	1 415 239	1 315 632	—	
2— 5	225 998	241 636	+	2 802 900	3 154 323	+	112.5
5— 20	1 147 454	1 323 490	+	6 227 233	7 873 092	+	126.
5— 10	441 345	528 088	+	2 974 531	3 748 898	+	126.0
10— 20	706 109	795 402	+	3 252 702	4 124 194	+	126.8
20—100	1 254 223	1 202 174	—	4 650 993	5 305 871	+	114.1
100公顷以上	650 739	652 436	+	1 957 277	2 327 291	+	118.8
总计＝	3 367 298	3 491 103	+	17 053 642	19 976 209	+	

1882	3 114 420		15 454 372
		牝牛：	12 689 526
	1882		
		牡牛：	2 764 846

的 增 长 情 况

绵羊			猪			
1895年	**1907年**		1895年	**1907年**		
223 453	179 402	—	1 473 823	1 975 177	+	
344 234	236 359	—	1 992 166	2 407 972	+	
142 297			873 416			(1895=100)
201 937			1 118 750			
567 687	415 761	—	3 465 989	4 383 149	+	126.4
489 275	359 943	—	2 338 588	3 107 038	+	132.8
1 871 295	1 448 545	—	4 210 934	6 334 146	+	150.0
682 591	537 561	—	2 106 453	3 158 595	+	
1 188 704	910 984	—	2 104 481	3 175 551	+	
3 498 936	2 326 268	—	2 658 560	3 655 146	+	132.9
6 165 677	4 371 103	—	888 571	1 386 272	+	167.2
12 592 870	8 921 620	—	13 562 642	18 865 751	+	

21 116 957　　　　8 431 266

[转下页]

[接上页]

	山羊		折合成大牲畜 绵羊=1/10;猪=1/4;山羊=1/12			
				见第43页①		
	1895年	**1907年**	1895年	1907年		
0.5公顷以下	1 260 176	1 312 416	747 951	826 963	+ 79 012	
0.5—2公顷	1 225 174	1 384 810	1 886 552	1 922 168	+ 35 616	
50公亩—1公顷	754 841					1895年
1—2公顷	470 333					=100
2公顷以下	2 485 350	2 697 226	2 634 503	2 749 131	+ 114 628	
2—5公顷	295 194	419 208	3 687 071	4 243 647	+ 556 576	
5—20公顷	252 096	429 656	8 635 557	10 960 779		126.9
5—10公顷	148 328	255 190	4 023 109	5 141 657	+1 118 548	
10—20公顷	103 768	174 466	4 612 448	5 819 122	+1 206 674	
20—100公顷	64 374	99 506	6 925 115	7 662 750	+ 737 635	
100公顷以上	8 237	8 314	3 447 412	3 764 098	+ 316 686	
总计	3 105 251	3 653 910	25 329 658	29 380 405	+ 4····	
1882年	2 452 527					

① 见本卷第480页。——编者注

	农户			总面积			农业耕地面积		
	1895年	1907年		1895年	1907年		**1895年**	**1907年**	
0.5公顷以下	1 852 917	2 084 060	+	522 712	619 066	+	327 930	359 553	+
0.5—2公顷	1 383 450	1 294 449	—	1 893 202	1 872 936	—	1 460 514	1 371 758	—
2公顷以下	3 236 367	3 378 509	+	2 415 914	2 492 002	+	1 808 444	1 731 311	—
2—5	1 016 318	1 006 277	—	4 142 071	4 306 421	+	3 285 984	3 304 878	+
5—10	605 814	652 798	+	5 355 138	5 997 626	+	4 233 656	4 607 090	+
10—20	392 990	412 741	+	7 182 522	7 770 895	+	5 488 219	5 814 474	+
2—20	2 015 122	2 071 816	+	16 679 731	18 074 942	+	13 007 859	13 726 442	+
20—100	281 767	262 191	—	13 157 201	12 623 011	—	9 869 837	9 322 103	—
100公顷以上	25 061	23 566	—	11 031 896	9 916 531	—	7 831 801	7 055 018	—
20公顷以上	306 828	285 757	—	24 189 097	22 539 542	—	17 701 638	16 377 121	—
总计	5 558 317	5 736 082	+	43 284 742	43 106 486	—	32 517 941	31 834 874	—

察恩的文章,《年鉴》1910 年第 588 页	马			牛			绵羊			
	1907	1895	1882	1907	1895	1882	1907	1895	1882	1907
2 公顷以下	2.1	2.6	1.8	6.6	8.3	10.4	4.7	4.5	3.6	23.2
2—5 公顷	6.9	6.7	6.5	15.8	16.4	16.9	4.0	3.9	3.5	16.5
15—20 公顷	37.9	34.1	34.2	39.4	36.5	35.7	16.2	14.8	12.7	33.6
20—100 公顷	34.4	37.3	38.6	26.6	27.3	27.0	26.1	27.8	26.0	19.4
100 公顷以上	18.7	19.3	18.9	11.6	11.5	10.0	49.0	49.0	54.2	7.3
总　计	100	100	100	100	100	100	100	100	100	100
每 100 公顷农业用地										
2 公顷以下	4.1	4.9	3.1	76.0	78.3	88.4	24.0	31.4	41.2	253.2
2—5 公顷	7.3	6.9	6.4	95.4	85.3	81.8	10.9	14.9	22.8	94.0
5—20 公顷	12.7	11.8	11.6	75.5	64.1	60.2	13.9	19.3	29.4	60.8
20—100 公顷	12.9	12.7	12.1	56.9	47.1	42.1	25.0	35.5	55.5	39.2
100 公顷以上	9.2	8.3	7.5	33.0	25.0	19.8	62.0	78.7	147.1	19.6
总　计	11.0	10.4	9.8	62.7	52.4	48.5	28.0	38.7	66.3	59.3

猪		山羊		
1895	1882	1907	1895	1882
25.6	24.7	73.8	80.0	80.6
17.2	17.6	11.5	9.5	9.2
31.0	31.4	11.8	8.1	7.9
19.6	20.6	2.7	2.1	2.1
6.6	5.7	0.2	0.2	0.2
100	100	100	100	100

191.7	114.1	155.8	137.4	108.2
71.2	46.6	12.7	9.0	7.1
43.3	28.9	4.1	2.6	2.1
26.9	17.5	1.1	0.7	0.5
11.3	6.2	0.1	0.1	0.1
41.7	26.5	11.5	9.5	7.7

察恩的文章,第593页
每10 000个农户的强制出售情况
(巴伐利亚)
(**1903—1907**)

2公顷以下	41.6
2—5	39.7
5—10	35.0
10—20	32.9
20—50	46.3
50—100	102.4
100公顷以上	193.2
	39.4

奇怪的情况:
从1882年起**牝牛**数量减少!!
大概是不可比的材料。
1882:

	牝牛	猪
2公亩以下	2 405	11 908
2—5公亩	8 164	41 524
5—20公亩	64 527	258 184
20公亩—1公顷	565 230	1 027 664
1—2	937 158	744 402
		2 083 682
2—5	2 385 617	1 487 852
5—10	2 133 423	1 307 490
10—20	2 267 912	1 339 383
		4 134 725
20—50	2 528 533	1 383 768
50—100	728 778	348 797
		1 732 565
100—200	313 957	136 012
200—500	455 384	204 181
500—1 000	249 831	116 865
1 000公顷以上	48 607	23 236
		480 294
总计=	12 689 526	8 431 266

	1	2	3	4
见第 45 页①	按有职业者的**主要**职业划分的人口情况			
	有职业者	靠主人维持生活的家仆	无主要职业的家庭成员	属于该职业(第 1—3 栏)的全部人员
∑[共计] A1　m[男] 　　w[女]	2 295 210 1 997 419 297 791	118 677 3 861 114 816	4 723 729 1 902 489 2 821 240	7 137 616 3 903 769 3 233 847
A2	137 710 112 367 25 343	15 731 206 15 525	282 476 112 442 170 034	435 917 225 015 210 902
A3	17 416 14 960 2 456	5 529 102 5 427	21 475 7 197 14 278	44 420 22 259 22 161
B1	44 368 30 845 13 523	3 272 30 3 242	19 671 6 306 13 365	67 311 37 181 30 130
B2	28 722 26 468 2 254	428 — 428	67 834 25 490 42 344	96 984 51 958 45 026
B3	3 476 3 257 219	390 2 388	2 937 820 2 117	6 803 4 079 2 724

---

①　见本卷第 482 页。——编者注

②　这里同手稿上一样,第 7 栏和第 8 栏的位置是颠倒的。见本卷第 482 页上列

5	6	8②	7②	9
有职业者(第1栏)中		以前一栏所列的职业为副业者	有职业者(第1栏)中有副业者,特别是有农业副业者	从事相应职业(第1栏+第8栏)的人员总数
无副业者	有副业者			
1 779 464	515 746	1 334 235	48 749	3 629 445
1 508 547	488 872	1 221 485	42 686	3 218 904
270 917	26 874	112 750	6 063	410 541
107 089	30 621	613 701	7 590	751 411
84 176	28 191	570 865	6 520	683 232
22 913	2 430	42 836	1 070	68 179
15 130	2 286	326 049	676	343 465
12 899	2 061	303 203	568	318 163
2 231	225	22 846	108	25 302
42 547	1 821	1 001	924	45 369
29 213	1 632	769	830	31 614
13 334	189	232	94	13 755
20 074	8 648	1 064	7 927	29 786
17 871	8 597	997	7 893	27 465
2 203	51	67	34	2 321
3 109	367	229	169	3 705
2 894	363	221	167	3 478
215	4	8	2	227

[转下页]

宁的注释。——编者注

[接上页]

	1	2	3	4
	按有职业者的**主要**职业划分的人口			
	有职业者	靠主人维持 生活的家仆	无主要职业 的家庭成员	属于该主要职业 （第1—3栏） 的 全 部 人 员
[共计]	3 883 034	123	94 889	3 978 046
C1 [男]	1 051 057	—	37 772	1 088 829
[女]	2 831 977	123	57 117	2 889 217
	1 332 717	82	24 428	1 357 227
C2	707 538	—	9 697	717 235
	625 179	82	14 731	639 992
	259 390	776	572 324	832 490
C3	213 717	—	216 958	430 675
	45 673	776	355 366	401 815
	236 534	1 248	690 610	928 392
C4	219 220	—	276 140	495 360
	17 314	1 248	414 470	433 032
	1 343 225	1 231	691 009	2 035 465
C5	646 236	—	265 412	911 648
	696 989	1 231	425 597	1 123 817
总计	9 581 802	147 487	7 191 382	16 920 671
ⅠA	5 023 084	4 201	2 860 723	7 888 008
	4 558 718	143 286	4 330 659	9 032 663

5	6	8	7	9
有职业者(第1栏)中		以前一栏所列的职业为副　业　者	有职业者(第1栏)中有副业者,特别是有农业副业者	从事相应职业(第1栏＋第8栏)的人员总　　　数
无副业者	有副业者			
3 741 662	141 372	2 951 361	1 239	6 834 395
980 807	70 250	589 229	762	1 640 286
2 760 855	71 122	2 362 132	477	5 194 109
1 319 072	13 645	79 539	617	1 412 256
697 078	10 460	21 914	599	729 452
621 994	3 185	57 625	18	682 804
19 108	240 282	63 962	238 219	323 352
13 104	200 613	55 512	198 884	269 229
6 004	39 669	8 450	39 335	54 123
4 670	231 864	6 040	231 719	242 574
4 001	215 219	5 267	215 096	224 487
669	16 645	773	16 623	18 087
1 317 664	25 561	116 403	936	1 459 628
632 159	14 077	52 448	504	698 684
685 505	11 484	63 955	432	760 944
8 369 589	1 212 213	5 493 584	538 765	15 075 386
3 982 749	1 040 335	2 821 910	474 509	7 844 994
4 386 840	171 878	2 671 674	64 256	7 230 392

这里似乎有误。[①]

《土地问题》第244页的划分情况（单位千）[122]

	1882 年	1895 年	1907 年
a)	2 253	2 522 +	2 450 —
c 1)	1 935	1 899 —	3 883 +
Ⅰ（a+c 1)	4 188	4 421 +	6 333 +
Ⅱc 3)	866	383 —	259 —
Ⅰ + Ⅱ	5 054	4 804 —	6 592 +
b)	47	77	76
c 2)	1 589	1 719	1 333
c 4 和 c 5	1 374	1 445	1 580
Ⅲ（b+c 2+c 4+c 5）	3 010	3 241 +	2 989 —

他们从事副业的情况

	1882 年	1895 年	1907 年
a)	2 120	2 160	2 274
c 1)	664	1 061	2 951
c 2)	9	60	80
b)			2
c 3)			64
c 4—5)			122
	351	297	188
总计………	3 144	3 578	5 493

---

① 这句话是后来加上的。它指的是第454—457页图表中列宁后来已作了改正的那两个地方（见本卷第482页。——编者注）。——俄文版编者注

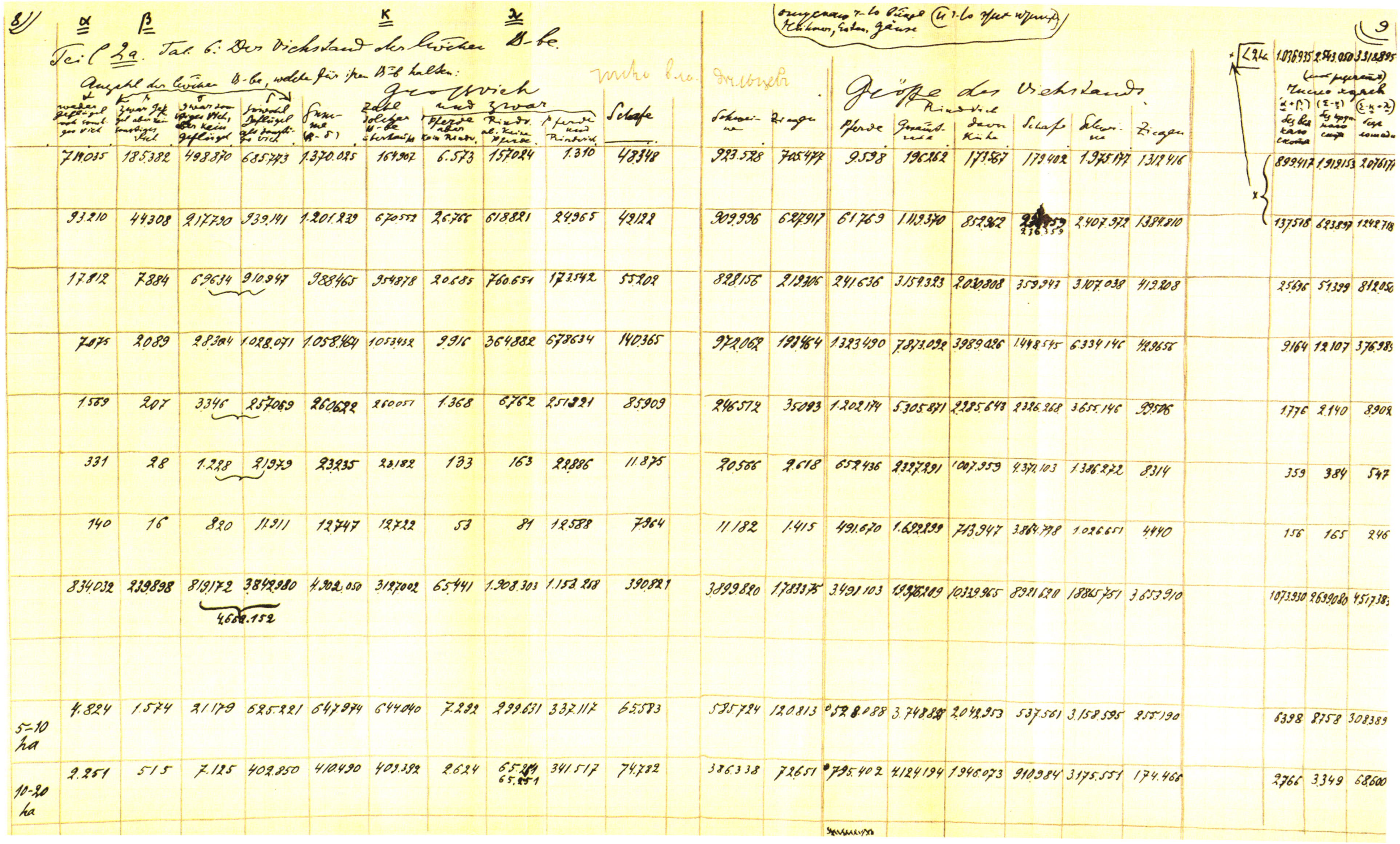

Teil 2a. Tab. 6: Der Viehstand der Güter B-be.

Anzahl der Güter B-be, welche für ihren B-b halten: — Großvieh und zwar — Schafe — Schweine, Ziegen — Größe des Viehstands

α	β				Großvieh und zwar				Schafe	Schweine	Ziegen	Pferde	Rindvieh	davon Kühe	Schafe	Schweine	Ziegen		(Σ+β)	(Σ−β)	(Σ·K−Σ)
711.035	185.382	498.870	685.743	1.370.025	164.907	6.573	157.024	1.310	48.348	923.528	705.477	9.538	196.262	173.587	179.402	1.975.177	1.317.416		899.417	1.913.153	2.076.174
93.210	44.308	217.730	939.141	1.201.239	670.552	26.766	618.821	24.965	49.122	909.996	627.917	61.769	1.119.370	852.362	236.359	2.407.372	1.389.810		137.598	623.897	1.248.718
17.812	7.884	69.634	910.947	988.465	954.878	20.685	760.651	173.542	55.202	828.156	212.306	241.636	3.159.323	2.030.808	359.943	3.107.038	412.208		25.636	51.399	81.2050
7.875	2.089	2.8304	1.028.071	1.058.464	1.053.452	9.916	364.882	678.634	140.365	972.062	192.484	1.323.490	7.873.092	3.989.025	1.448.545	6.334.146	42.9658		9.164	12.107	376.983
1.589	207	3.346	257.069	260.622	260.051	1.368	6.762	251.321	85.909	246.572	35.093	1.202.174	5.305.871	2.285.643	2.326.268	3.655.146	99.506		1.776	2.140	8.908
331	28	1.228	21.979	23.235	23.182	133	163	22.886	11.875	20.566	2.618	652.436	2.327.291	1.007.959	4.371.103	1.386.272	8.314		359	384	547
140	16	820	11.911	12.747	12.722	53	81	12.588	7.964	11.182	1.415	491.670	1.692.899	743.947	3.864.798	1.026.651	4.440		156	165	246
834.032	239.898	819.172	3.842.980	4.202.050	3.127.002	65.441	1.908.303	1.152.218	390.821	3.899.820	1.783.375	3.491.103	19.376.209	10.339.965	8.921.520	18.857.51	3.653.910		1.073.930	2.639.080	4.517.383

(β: 4.660.152)

5—10 ha																					
4.824	1.574	21.179	625.321	647.974	644.040	7.232	299.631	337.117	65.583	525.724	120.813	528.088	3.748.882	2.043.353	537.561	3.158.595	255.190		6.398	8.758	308.389

10—20 ha																					
2.251	515	7.125	402.850	410.490	409.392	2.624	65.384 / 65.851	341.517	74.782	386.338	72.651	795.402	4.124.194	1.946.073	910.984	3.175.551	174.466		2.766	3.349	68.600

耕地的分类(第15页)①

	(见第15页①)粮食谷物(前5页)	α 燕麦和混合禾本科作物	β 糖用甜菜和马铃薯	γ 饲料作物	α+β+γ 〰〰	蔬菜等	其　他	总　计	大田牧场和休闲地	总　计
2公顷以下	406 973	133 419	509 662	88 655	731 736	28 664	32 860	1 200 233	23 073	1 223 306
2—20公顷	4 247 815	2 100 915	1 492 917	1 104 152	4 697 884	143 485	402 499	9 491 783	586 262	10 078 045
20公以上	4 986 973	2 877 982	1 685 073	1 391 875	5 954 930	93 387	627 304	11 662 594	1 468 409	13 131 003
总　计	96 641 761	5 112 316	3 687 652	2 584 682	11 384 550	265 536	1 062 663	22 354 610	2 077 744	24 432 354

	〰〰 草　场(公顷)	〰〰 肥沃的牧场	园圃用地(供观赏的花园除外)	葡萄园	农业用地总数	〰〰 较小的牧场
2公顷以下	312 372	12 604	147 727	35 302	1 731 311	55 674
2—20公顷	3 114 864	248 037	211 965	73 531	13 726 442	452 162
20公顷以上	2 524 394	593 165	122 024	6 535	16 377 121	553 456
总　计	5 951 630	853 806	481 716	115 368	31 834 874	1 061 292

	牲畜头数折合成大牲畜计算
2公顷以下……	2 749 131
2—20公顷……	15 204 426
20公顷以上……	11 426 848
	29 380 405

2 524 000公顷草地载畜11 427 000头(折合成大牲畜)=0.220②

3 115 000公顷草地载畜15 204 000头(折合成大牲畜)=0.204②

结论是:(20公顷以上的农户)比(2—20公顷的农户)有**更多**的谷物作牲畜饲料。(2—20公顷的农户)拥有的草场比(20公顷以上的农户)少一半以上;拥有的牲畜则几乎多一半。

① 参看本卷第436—437页。——编者注

② 0.220和0.204这两个数字是指有地20公顷以上和2—20公顷两类农户每头牲畜占有的草场公顷数。——俄文版编者注

农户中的雇佣劳动情况	平均每个农户 的 工 人 总 数	农 户 数	工人总数
几乎不用雇佣劳动……………………	(1—3)	3 689 289	6 539 697
雇佣工人占很少数…………………	(4—5)	856 756	3 730 716
雇佣工人占多数…………………	(6 个以上)	466 095	4 899 136
(第 41 页)总计…		5 012 140	15 169 549
无产者农户和小农户…………………	(5 公顷以下)	4 384 786	7 266 929
中等农户…………………	(5—10 公顷)	652 798	2 491 337
大农户和资本主义农户…………………	(10 公顷以上)	698 498	5 411 283
总计……		5 736 082	15 169 549

细节均见**沃尔弗**《肥料》一书。1887 年巴黎版,国

关于厩肥数量的计算问题见下列资料:**加罗拉**:《肥料》(1903页。**施特克哈尔特**的方法:饲料(干饲料的重量)+铺垫草(垫圈

同上,在克拉夫特的

J. 弗里奇:《肥料》(1909 年巴黎版?;国立图书馆:**8 开本**,+同样是干燥的铺垫草。总数×4。按其他作者的方法,则(干的)铺垫草和饲料的总数乘以 1.3 公斤(马);1.5——役牛;厄泽和施特克哈尔特的方法是一样的。]

———————————————

*) 按第 41 页[见本卷第 478 页。——编者注]上注明的各个

大　约*)数		平均每个农户拥有			农业机器的大约*)数	平均每个农户拥有农业机器
农业用地面　积（单位公顷）	牲畜总数折合成大牲畜计算	工　人	土　地	牲　畜		
5 706 798	7 263 322	1.77	1.5	1.9	167 699	0.05
7 050 002	7 515 336	4.3	8.2	8.7	547 084	0.6
19 078 074	14 601 747	10.5	40.1	31.3	1 093 924	2.3
31 834 874	29 380 405	3.0	6.3	5.8	1 808 707	0.36
5 036 189	6 992 778					
4 607 090	5 141 657				210 179	
					398 495	
22 191 595	17 245 970				1 200 033	
31 834 874	29 380 405				1 808 707	

立图书馆。**8 开本**。共 **9 558 页**,第 100 页及以下各页。

年巴黎版,——国立图书馆藏,**8 开本**,共 **11 409 页**)第 121—124 的干草)乘 1.3(马),2.3(牝牛),1.2(绵羊),2.5(猪)。

《农业词典》8 开本,共 10 575 页

13 195 页),第 98 页。[**按沃尔弗**的方法:$\frac{1}{2}$干饲料[Trockensubstanz] 是将干燥后称出的铺垫草和饲料总数加倍]。**按厄泽**先生的方法, 2.3——牝牛;2.5——猪;1.2——绵羊。(平均 1.8)。[这就是说,

类别的三种工人的百分比标出。

(从上至下:(1)男(2)女(3)共计。)

(a)=临时工人占工人总数的百分比。

农　业　中　的　女

	固定工人(劳力)											
	本户工人				雇佣工人				总计			
		%	其中14岁以下	%		%	其中14岁以下	%		%	其中14岁以下	%
0.5公顷以下	504 658 815 475		5 205	0.6	24 315 38 541		436	1.1	325 043 528 973 854 016		5 641	0.7
0.5—2公顷	766 435 1 227 994		16 215	1.3	36 260 66 854		1 364	2.3	492 153 802 695 1 294 848		17 579	1.4
2—5公顷	994 120 1 948 199		33 115	1.7	72 217 130 921		5 279	4.0	1 012 783 1 066 337 2 079 120		38 394	1.8
5—10公顷	777 286 1 673 305		30 475	1.8	115 670 221 326		9 358	4.2	1 001 675 892 956 1 894 631		39 833	2.1
10—20公顷	527 050 1 193 515		21 554	1.8	198 735 412 702		14 394	3.5	880 432 725 785 1 606 217		35 948	2.2
20—100公顷	289 099 717 351		10 007	1.4	344 910 835 728		17 843	2.1	919 070 634 009 1 553 079		27 850	1.7
100公顷以上	6 968 34 139		243	0.7	284 847 799 773		7 990	0.9	542 097 291 815 833 912		8 233	0.9
其中200公顷以上												
总　计	3 865 616 7 609 978		116 814	1.5	1 076 954 2 505 845		56 664	2.3	5 173 253 4 942 570 10 115 823		173 478	1.7
2公顷以下												
2—20												
20公顷以上												

工　和　童　工：

临　时　工　人（劳力）

本 户 工 人				雇 佣 工 人				总　　计			
	(α)%	其中 14 岁以下	%		(α)%	其中 14 岁以下	%		(α)%	其中 14 岁以下	%
888 204 1 011 510	55	37 062	3.6	74 787 148 781	79	1 301	0.8	962 991 1 160 291	58	38 363	3.3
612 088 796 926	39	72 603	9.1	122 112 246 971	78	2 756	1.1	734 200 1 043 897	45	75 359	7.2
376 646 554 367	22	91 994	16.5	140 269 280 390	68	4 713	1.7	516 915 834 757	29	96 707	11.5
221 400 330 328	11	73 891	22.4	137 098 266 378	54	6 035	2.3	358 498 596 706	24	79 926	13.4
137 581 199 139	14	48 687	24.4	156 150 299 165	42	9 447	3.1	293 731 498 304	23	58 134	11.6
82 948 115 268	14	22 939	19.9	212 578 401 086	32	20 268	5.0	295 526 516 354	25	43 207	8.3
3 052 4 092	11	222	5.4	214 238 399 325	33	36 241	9.0	217 290 403 417	32	36 463	9.0
2 321 919 3 011 630	29	347 398	11.2	1 057 232 2 042 096	45	80 761	3.9	3 379 151 5 053 726	33	428 159	8.4

[转下页]

[接上页]

	工人总数											
	本户工人				雇佣工人				总计			
		%	其中14岁以下	%		%	其中14岁以下	%		%	其中14岁以下	%
0.5公顷以下	1 392 862 1 826 985		42 267	2.3	99 102 187 322		1 737	0.9	1 491 964 2 014 307		44 004	2.2
0.5—2公顷	1 378 523 2 024 920		88 818	4.4	158 372 313 825		4 120	1.3	1 536 895 2 338 745		92 938	3.9
2—5公顷	1 370 766 2 502 566		125 109	4.9	212 486 411 311		9 992	2.4	1 583 252 2 913 877		135 101	4.6
5—10公顷	998 686 2 003 633		104 366	5.2	252 768 487 704		15 393	3.1	1 251 454 2 491 337		119 759	4.8
10—20公顷	664 631 1 392 654		70 241	5.0	354 885 711 867		23 841	3.3	1 019 516 2 104 521		94 082	4.5
20—100公顷	372 047 832 619		32 946	3.9	557 488 1 236 814		38 111	3.1	929 535 2 069 433		71 057	3.4
100公顷以上	10 020 38 231		465	1.2	499 085 1 199 098		44 231	3.7	509 105 1 237 329		44 696	3.6
其中200公顷以上												
总计	6 187 535 10 621 608		464 212	4.4	2 134 186 4 547 941		137 425	3.0	8 321 721 14 169 549		601 637	3.9
2公顷以下	2 771 385 3 851 905				257 474 501 147				4 353 052			
2—20	3 034 083 5 898 853				820 139 1 610 882				7 509 735			
20公顷以上	382 067 870 850				1 056 573 2 435 912				3 306 762			

α=本户工人;β=监工、总管,等等;γ=固定的男女雇工;δ=固定的日工和工人;ε=非固定劳力

察恩的文章1《年鉴》,1910年第595页	普鲁士					总计=100% 绝对数	巴伐利亚					总计=100% 绝对数
	α	β	γ	δ	ε		α	β	γ	δ	ε	
2公顷以下	88.5	0.1	1.5	0.8	9.1	2 594 470	89.3	0.1	1.9	1.0	7.7	382 369
2— 5公顷	84.5	0.1	3.2	1.2	11.0	1 497 799	89.6	0.1	3.6	1.0	5.7	461 674
5— 20公顷	72.1	0.1	10.9	2.1	14.8	2 518 338	79.2	0.1	13.2	1.3	6.2	934 697
20—100公顷	38.9	0.6	29.5	9.9	21.1	1 374 647	50.8	0.3	35.8	3.9	9.2	301 141
100公顷以上	2.9	3.9	17.5	44.4	31.3	1 035 270	5.0	4.6	22.1	41.5	26.8	21 771
总计	65.9	0.6	10.5	7.6	15.4	9 020 524	78.5	0.1	12.4	2.0	7.0	2 101 652
	萨克森						符腾堡					
2公顷以下	84.9	0.3	1.4	2.1	11.3	94 372	90.9	0.1	1.2	0.8	7.0	220 355
2— 5公顷	81.7	0.2	4.4	2.0	11.7	68 985	90.8	0.1	2.7	0.8	5.6	238 979
5— 20公顷	69.0	0.3	19.9	2.0	8.8	166 231	77.6	0.1	12.7	1.8	7.8	236 082
20—100公顷	34.4	1.6	42.4	8.3	13.3	86 601	46.8	0.8	32.5	5.1	14.8	51 785
100公顷以上	3.4	6.1	18.2	39.8	32.5	34 972	5.5	4.7	23.3	29.7	36.8	4 821
总计	62.6	1.0	17.8	6.2	12.4	451 161	83.1	0.1	7.6	1.6	7.6	752 022

	全德国(总计=15 169 549人)				
	α	β	γ	δ	ε
2公顷以下	88.5	0.1	1.4	0.9	9.1
2— 5公顷	85.9	0.1	3.2	1.2	9.6
5— 20公顷	73.9	0.1	11.7	2.0	12.3
20—100公顷	40.2	0.7	30.8	8.9	19.4
100公顷以上	3.1	4.1	17.4	43.1	32.3
总计	70.0	0.5	10.2	5.8	13.5

察恩的文章(1910 年,第 567 页) 把 2— 5 公顷的农户称做小农户
把 5— 20 公顷的农户称做中等农户
把 20—100 公顷的农户称做大农户 } 哈—哈!

按主要职业为独立农业业主的农户户主:

1907 年 6 月 12 日的情况同 1906—1907 年的最高数字的百分比关系*)

(察恩的文章 1910 年,第 567 页)	1907 绝对数	%	1895 绝对数	%	男	女	总计
2 公顷以下	449 968	13.3	564 077	17.4	60.1	87.5	76.8
2— 5	717 699	71.3	733 813	72.2	77.8	81.6	79.8
5— 20	980 145	92.0	906 786	90.8	76.3	75.1	75.7
20—100	253 877	96.8	270 931	96.2	72.8	70.9	72.0
100 公顷以上	22 731	96.5	23 523	93.9	86.3	81.4	84.2
总计	2 424 420	42.3	2 499 130**)	45.0	73.1	80.3	76.9

*) 察恩,1910 年,第 568 页:1907 年 6 月 12 日的工人总数同**最高数字**的比较。

**) 参看本笔记第 38 页[见本卷第 472 页。——编者注]下方。

按主要职业为非独立农业业主的农户户主

第 **211** 卷 第 **89** 页 (《职业和社会划分》)[123]		工业中	交通部门　中	商业和小饮食业　中	雇佣劳动,职业不固定	总计
总　　计	1907 1895	1 127 996 790 950	145 877 101 781	19 746 13 593	21 686 36 737	
0.5 公顷以下	1907 1895	752 278 514 840	104 011 67 632	15 741 10 493	17 351 29 078	
0.5—2 公顷	1907 1895	305 102 227 928	32 454 27 250	3 299 2 513	3 780 6 910	
2—5 公顷	1907 1895	65 004 44 479	8 286 6 146	594 472	501 685	
5 公顷以上	1907 1895	5 612 3 703	1 126 753	112 115	54 64	

由于德国职业统计异常混乱,下面察恩为 C1(家庭成员)所作的简单明了的比较(第 **486** 页)就是十分重要的了,所谓属于该职业的人,是指"有职业者,包括他们的无业家庭成员和他们的家仆"。

属于该职业的人

	1882 年	1907 年	增　加	单位百万
独立的(A 包括 A1 C1)	20 586 372	20 881 542	295 170	+0.3
职员……………………	829 865	3 067 649	2 237 784	2
工人(C 不包括 A1 C1)	18 398 378	28 396 761	9 998 383	10
总计:……	39 814 615	52 345 952	12 531 337	

关 于 牲 畜 饲

	禾 秸	燕麦、牧草和干草			
	α 7 种谷物*) (公顷)	β 燕　麦	γ 牧　草	δ 草　场	β+γ+δ
0.5 公顷以下	57 834 7	10 667	8 139 1	29 370 3	48 176 5
0.5—2 公顷	482 558 25	105 499	80 516 4	283 002 14	469 017 24
2—5	1 399 976 33	371 046	262 426 5	800 045 19	1 433 517 34
5—10	2 131 422 41	624 989	381 869 7	1 056 821 20	2 063 679 40
10—20	2 817 332 45	848 223	459 857 8(1)	1 257 998 22(2)	2 566 078 44
20—100	4 504 778 59	1 384 181	720 375 9(3)	1 595 781 21(4)	3 700 337 48
100 公顷以上	3 360 177 89	865 713	671 500 18	928 613 25	2 465 826 65
总　　计	14 754 077 50	4 210 318	2 584 682 9	5 951 630 20	12 746 630 43
2 公顷以下					
2—20 公顷					
20 公顷以上					

---

*)　所有前 7 种,包括燕麦和混合禾本科作物①

(1)7.9　　　(2)21.6　　　总计＝29.5

(3)9.4　　　(4)20.8　　　总计＝30.2

---

①　见本卷第 436—437 页。——编者注

料 的 资 料： ［下方＝按大牲畜折算的
每 100 头牲畜拥有量］

牧　　场			ε＋ζ＋η	混合禾本科作物＋糖用甜菜＋马铃薯	饲料地总面积 β＋γ＋δ＋混合禾本科作物
ε 大田牧场	ζ 肥沃的牧场	η 小牧场			
745	535	13 833	15 113 / 2	169 028	49 620 / 6
11 836	12 069	41 841	65 746 / 3	357 887	484 826 / 25
42 207	42 027	96 771	181 005 / 4	518 215	1 485 390 / 35
79 264	77 783	140 225	297 272 / 6	583 620	2 145 363 / 41
142 354	128 227	215 166	485 747 / 8	647 739	2 689 178 / 46
492 910	419 935	357 443	1 270 288 / 16	1 009 212	3 973 865 / 52
315 073	173 230	196 013	684 316 / 18	1 303 949	2 820 386 / 75
1 084 389	853 806	1 061 292	2 999 487 / 10	4 589 650	13 648 628 / 46
					534 446
					6 319 931
					6 794 251

1895年:	农户	总面积	农业用地总面积(包括菜园和葡萄园) 〔各表中第3栏和第4栏就是这样标明的,而正文中的第3栏则称做:农业耕地面积〕	耕地、草场、牧场及其他(不包括菜园和葡萄园)农业耕地面积
½—1公顷	676 215	617 416	462 711	430 351
1—2公顷	707 235	1 275 786	997 803	947 796
5—10公顷	605 814	5 355 138	4 233 656	4 168 205
10—20公顷	392 990	7 182 522	5 488 219	5 436 867
总计	5 558 317	43 284 742	32 517 941	32 062 491

平均每100个农户中有租地的农户为		平均每100公顷土地中有租地	
1895	1882	1895	1882
51.66	49.94	24.79	27.71
49.55	44.79	15.93	14.61
35.91	31.41	8.17	7.25
22.62	19.08	7.30	7.09
37.56	36.77	19.18	22.39
46.91	44.02	12.38	12.88

1895 年

	农户拥有:				总面积中有:	
	完全是自有地	完全是租地	租地超过一半	租地不到一半	自有地(单位公顷)	租地(单位公顷)
2 公顷以下	1 009 126	831 107	377 190	463 510	1 575 672	598 851
2—5	443 268	47 185	95 745	360 663	3 364 418	659 894
5—10	323 420	12 194	36 686	197 422	4 726 447	550 978
10—20	261 101	7 513	14 256	90 597	6 626 528	473 903
5—20	584 521	19 707	50 942	288 019	11 352 975	1 024 881
20—100	208 674	9 969	8 202	45 558	12 102 060	960 200
100 公顷以上	15 401	4 991	1 229	3 193	8 875 255	2 116 215
总　计	2 260 990	912 959	533 308	1 160 943	37 270 380	5 360 041

> 　　至于其他土地,1895 年分为 4 种(德普坦特土地,公地,村社土地,对分制土地),不必在此一一列举。

	%	%	%	%	%	%
2 以下	31.18	25.68	11.65	14.32	65.22	24.79
2—5	43.62	4.64	9.42	35.49	81.23	15.93
5—20	58.52	1.97	5.10	28.84	90.55	8.17
20—100	74.06	3.54	2.91	16.17	91.98	7.30
100 以上	61.45	19.92	4.90	12.74	80.45	19.18
总　计	40.68	16.43	9.59	20.89	86.11	12.38

1895年	A 1 农业		A 2—6 蔬菜业、渔业及其他		B 工业		C 1—10 商业		C 11—21 运输业和通讯		C 22 小饮食业及其他	
	独立户	非独立户	独立户	非独立户	独立户	非独立户	独立户	非独立户	独立户	非独立户	独立户	非独立户
2公顷以下	564 077	689 523	24 163	52 329	534 323	742 768	105 018	12 234	23 539	94 882	41 971	772
2—5	733 813	25 212	4 578	10 602	121 263	44 479	17 315	419	6 432	6 146	16 308	53
5—20	906 786	2 066	2 286	4 476	44 204	3 588	7 519	99	2 818	729	12 715	11
20—100	270 931	148	592	194	4 320	111	787	5	197	24	1 209	—
100公顷以上	23 523	88	132	4	180	4	43	—	8	—	14	—
	2 499 130	717 037	31 751	67 605	704 290	790 950	130 682	12 757	32 994	101 781	72 217	836
5—10	538 417	1 822	1 567	2 386	33 123	3 252	5 541	75	2 132	655	8 872	6
10—20	368 369	244	719	2 090	11 081	336	1 978	24	686	74	3 843	5

关于 A1 的详细情况。农业

1895 年	D 不固定的雇佣劳动	其他职业	总计	独立农户	工业、商业和其他行业的独立户	雇佣工人	其他职业或职业不明者	独立户 无副业者	独立户 有副业者	非独立户 总管、监工	非独立户 男女雇工	非独立户 日工、工人
2 公顷以下	35 988	314 780	3 236 367	588 240	704 851	1 628 496	314 780	416 983	147 094	18 888	57 039	613 596
2—5	685	29 013	1 016 318	738 391	161 318	87 596	29 013	546 361	187 452	437	481	24 294
5—20	64	11 443	998 804	909 072	67 256	11 033	11 443	768 440	138 346	205	54	1 807
20—100	—	3 249	281 767	271 523	6 513	482	3 249	247 037	23 894	142	—	6
100 公顷以上	—	1 065	25 061	23 655	245	96	1 065	17 986	5 537	88	—	—
	36 737	359 550	5 558 317	2 530 881	940 183	1 727 703	359 550	1 996 807	502 323	19 760	57 574	639 703
5—10	52	7 914						444 417	94 000	110	45	1 667
10—20	12	3 529						324 023	44 346	95	9	140

照**德意志帝国统计**第112卷校对过(不准确的数字用□框了起来)

为了进行比较,我从《政治科学简明词典》(1909年第3版)第1卷第245—246页摘录了1882年和1895年的主要数据:

		2公顷以下	2—5	5—20	20—100	100公顷以上	总　计
农户数目	1882年:	3 061 831	981 407	926 605	281 510	24 991	5 276 344
	%	58.03%	18.60%	17.56%	5.34%	0.47%	100%
〃 〃 〃 〃	1895年	3 235 169	1 016 239	989 701	281 734	25 057	
		58.22	18.29	17.97	5.07	0.45	
按《德意志帝国	1895年	3 236 367	1 016 318	998 804	281 767	25 061	5 558 317
		58.23	18.28	17.97	5.07	0.45	100%
统计》	1907年:	58.9	17.5	18.6	4.6	0.4	100
他们拥有	1882年:	1 825 938	3 190 203	9 158 398	9 908 170	7 286 263	31 868 972
农业用地	%	5.73	10.01	28.74	31.09	24.43%	100%
面　积	1895年	1 807 870	3 285 720	9 720 935	9 868 367	7 829 007	
		5.56	10.11	29.90	30.35	24.08%	100%
	1895年	1 808 444	3 285 984	9 721 875	9 869 837	7 831 801	32 517 941
	1907年	5.4	10.4	32.7%	29.3%	22.2%	100%

总 面 积	1882年	2 159 358	3 832 902	11 492 017	12 415 463	10 278 941	40 178 681
		5.37	9.54	28.60	30.90	25.59	100%
	1895年	2 415 914	4 142 071	12 537 660	13 157 201	11 031 896	43 284 742
		5.58	9.57	28.96	30.40	25.49	100%
	1907年	5.8	10.0	31.9	29.3	23.0	100%

1882年:

	农户数目	他们的土地总面积(单位公顷)	农业用地
5—10	554 174	4 780 980	3 906 947
10—20	372 431	6 711 037	5 251 451

(同上,249)

按主要作物分类的耕地面积(公顷和百分比)

德意志帝国1893年:[摘自政治科学简明词典]	谷物和豆类	块根作物	牧　草	商业性作物	大田牧场和休闲地
	15 992 120	4 237 661	2 519 375	261 090	2 760 347
	60.9%	16.2%	9.6	1.0	10.5%

注意　1895年的统计**没有**按谷物种类划分耕地，甚至**没有**把耕地从农业用地面积中区分出来。

用更合理的分类

	农户数目	工人(1907 年 6 月 12 日)			其中临时工人		
		总　计	本户工人	雇佣工人	总　计	本户工人	雇佣工人
0.5 公顷以下	2 084 060	2 014 307	1 826 985	187 322	1 160 291	1 011 510	148 781
0.5 — 2 公顷	1 294 449	2 338 745	2 024 920	313 825	1 043 897	796 926	246 971
2 — 5 公顷	1 006 277	2 913 877	2 502 566	411 311	834 757	554 367	280 390
5 — 10 公顷	652 798	2 491 337	2 003 633	487 704	596 706	330 328	266 378
10 — 20 公顷	412 741	2 104 521	1 392 654	711 867	498 304	199 139	299 165
20 — 100 公顷	262 191	2 069 433	832 619	1 236 814	516 354	115 268	401 086
100 公顷以上	23 566	1 237 329	38 231	1 199 098	403 417	4 092	399 325
	5 736 082	15 169 549	10 621 608	4 547 941	5 053 726	3 011 630	2 042 096

类别		平均每一(按工人数量划分的)农户拥有					
0.5 以下		1.3	1.2	0.1			
0.5 — 2		1.9	1.7	0.2			
2 — 5		2.9	2.5	0.4			
5 — 10		3.8	3.1	0.7			
10 — 20		5.1	3.4	1.7			
20 — 100		7.9	3.2	4.7			
100 以上		52.5	1.6	50.9			
总　计		3.0	2.1	0.9			
2 公顷以下	3 378 509	4 353 052 1 324 193	3 851 905	501 147			395 752
2 — 20	2 071 816	7 509 735 3 655 513	5 898 853	1 610 882			845 933
20 公顷以上	285 757	3 306 762 1 868 122	870 850	2 435 912			800 411

铅笔字＝包括男子②

① 手稿上表的上方用铅笔写着:"农户总数＝5 012 140"和"总数"(最高数)＝
② 列宁这里指的是第 2 栏中倒数第 1、3、5 条下方的数字。手稿上这些数字是

法制表的尝试： 下面是男子数目①

按农户中从业工人的总数划分的农户

工人的最高数	其中临时工人	1—3名工人			4—5名工人		
		农户数目	工人数	也是最高数	农户数目	工人数	也是最高数
2 613 590	748 064	1 451 952	1 909 576 477 726	2 352 229	19 644	82 823 34 269	93 014
3 052 997	961 223	1 100 624	1 890 699 604 490	2 477 627	81 584	346 013 151 820	396 563
3 650 514	1 017 027	736 510	1 692 687 750 403	2 218 214	222 679	948 215 449 854	1 107 537
3 210 172	985 213	308 550	799 896 401 716	1 153 062	274 771	1 190 772 590 891	1 466 802
2 860 082	1 054 726	79 796	215 288 118 100	392 231	200 753	899 958 467 410	1 239 495
2 875 384	1 207 037	11 714	31 278 19 443	75 589	57 167	262 202 150 793	441 452
1 469 685	631 681	143	273 212	3 056	158	733 500	2 377
19 732 424	6 604 971	3 689 289	6 539 697 2 372 090	8 672 008	856 756	3 730 716 1 845 537	4 747 240
			%			%	
			94.8			4.1	
			80.9			14.8	
			58.1			32.5	
			32.1			47.8	
			10.2			42.8	
			1.5			12.6	
			0.0			0.1	
5 666 587		2 552 576	3 800 275	4 829 856	101 228	428 836	489 577
9 720 768		1 124 856	2 707 871	3 763 507	698 203	3 038 945	3 813 834
4 345 069		11 857	31 551	78 645	57 325	262 935	443 829

[转下页]

19 507 799"。——俄文版编者注
用铅笔写上的。——俄文版编者注

[接上页]

	按农户从业工人的总数划分的农户						(绝对数:第7页)①妇女占工人总数的百分比		
	6名以上工人			按工人数划分的农户总数					
	农户数	工人数	也是最高数	农户数	工人数	也是最高数	总计	本户工人	雇佣工人
0.5公顷以下	2 504	21 908 10 348	26 817	1 474 100	2 014 307	2 472 060	74.1	76.2	53.2
0.5—2公顷	12 924	102 033 45 540	117 254	1 195 132	2 338 745	2 991 444	65.7	68.1	50.3
2—5公顷	35 669	272 975 130 368	310 602	994 858	2 913 877	3 636 353	54.4	54.7	51.6
5—10公顷	67 458	500 669 247 276	586 402	650 779	2 491 337	3 206 266	50.2	49.8	51.9
10—20公顷	131 391	989 275 499 495	1 226 351	411 940	2 104 521	2 858 077	48.4	46.3	49.8
20—100公顷	192 915	1 775 953 969 662	2 357 151	261 796	2 069 433	2 874 192	44.8	44.7	45.1
100公顷以上	23 234	1 236 323 727 512	1 463 974	23 535	1 237 329	1 469 407	41.0	26.2	41.6
总计	466 095	4 899 136 2 630 201	6 088 551	5 012 140	15 169 549 6 847 828	19 507 799	54.8	58.2	46.9

类别		工人占分类工人总数的百分比	每个农户拥有工人的平均数							
0.5以下		1.1	8.7							
0.5—2		4.3	7.0							
2—5		9.4	7.7							
5—10		20.1	7.4							
10—20		47.0	7.5							
20—100		85.9	9.2							
100以上		99.9	53.2							
总计			10.5							

	农户数	工人数	也是最高数	农户数	工人数	也是最高数			
2公顷以下	15 428	123 941	144 071	2 669 232	4 353 052	5 463 504			
2—20	234 518	1 762 919	2 123 355	2 057 577	7 509 735	9 700 696			
20公顷以上	216 149	3 012 276	3 821 125	285 331	3 306 762	4 343 599			

① 见本卷第420页。——编者注

			A1和A2—6	B和C	第13—14页②用红铅笔标出的	E、F、H和K
			包括按主要职业划分的业主			
	(第2页)①有副业的农户	农户总数	独立农户	独立的工业和手工业者、商人,等等	雇佣工人	职员,其他职业或职业不明者
0.5公顷以下	1 994 894	2 084 060	97 153	363 810	1 287 312	335 785
0.5—2	925 225	1 294 449	377 762	277 735	535 480	103 472
2—5	287 372	1 006 277	723 263	151 669	104 251	27 094
5—10	63 532	652 798	590 416	46 246	9 918	6 218
10—20	21 037	412 741	391 769	14 918	3 169	2 885
20—100	7 530	262 191	254 288	5 293	583	2 027
100公顷以上	456	23 566	22 772	279	154	361
总计	3 300 046	5 736 082	2 457 423	859 950	1 940 867	477 842
2公顷以下	2 920 119	3 378 509	474 915		1 822 792	
2—20	371 941	2 071 816	1 705 448		117 338	
20公顷以上	7 986	285 757	277 060		737	

[转下页]

① 见本卷第412页。——编者注

② 见本卷第432—435页。——编者注

[接上页]

	农业机器的使用：(下方:平均每 100 农户)						(第21页)①	农业和各种加工业结合的数字(第12页)②
	使用机器的农户数目(占农户数目的百分比)	A栏总计 使用各种机器的架次	除手工脱粒机和乳脂分离机外的全部机器	自 有 机 器 数			牲畜总数折合成大牲畜计算	
				(其 他)				
				手工脱粒机	乳脂分离机	总 计		
0.5 公顷以下	18 466 0.9%	20 660	457	444	684	1 585 0.1	826 963	2 663
0.5—2	114 986 8.8%	129 163	2 676	10 405	10 550	23 631 1.1	1 922 168	10 110
2—5	325 665 32.3%	379 343	15 338	116 297	53 328	184 963 18.3%	4 243 647	24 077
5—10	419 170 64.2%	567 766	65 102	250 490	82 903	398 495 61.4	5 141 657	23 732
10—20	353 366 85.6%	635 934	176 900	253 227	92 564	522 691 126.6	5 819 122	17 855
20—100	243 365 92.8%	602 464	282 430	187 317	78 556	548 303 209.1	7 662 750	11 920
100 公顷以上	22 957 97.4%	89 273	112 396	9 746	6 897	129 039 547.5	3 764 098	7 535
总计	1 497 975 26.1%	2 424 603 ? 543	655 299	827 926	325 482	1 808 707 31.5	29 380 405	97 872
2 公顷以下	133 452					25 216	2 749 131	12 773
2—20	1 098 201					1 106 148	15 204 426	65 664
20 公顷以上	266 322					677 342	11 426 848	19 455

---

① 见本卷第 450 页。——编者注
② 见本卷第 430—431 页。——编者注

《奥地利统计》，第 83 卷，第 1 分册。奥地利。1902 年 6 月 3 日农业普查。均详见黑皮笔记[124]

| 全帝国总数 | | A. 纯家庭农户 | | 积极参加经济活动的人数 | | | | | | |
按生产面积划分的类别	农户总数	1.仅业主参加劳动的	2.家庭成员参加劳动的	总计	a) 业主	b) 家庭成员	c) 职员	d) 监督人员	e) 家仆	f) 日工
总计:	**2 856 349**	**547 107**	**1 677 830**	**9 070 682**	**3 424 016**	**4 389 405**	**12 294**	**57 657**	**942 766**	**244 544**
—0.5 公顷	343 860	150 944	181 323	676 498	378 485	285 573				
0.5—1 公顷	369 464	115 117	227 109	846 265	427 081	401 905				
1—2 公顷	561 897	126 203	379 991	1 477 786	662 367	775 754				
2—5 公顷	792 415	114 833	545 274	2 454 298	954 844	1 384 305				
5—10 公顷	383 331	29 719	227 476	1 412 013	476 644					
10—20 公顷	242 293	8 565	91 456	1 044 972	325 083					
20—50 公顷	127 828	1 441	23 602	706 665	171 126					
50—100 公顷	17 372	182	1 299	126 291	17 791					
100 公顷以上	17 889	103	300	325 894	10 595					

关于第 22 页[①]上的图表

这个图表摘自第**202**卷，原为该卷图表1。

我的图表中有两处错误，无意之中把**第 7** 和**第 8** 栏的位置弄颠倒了。这是一。

其次，第 8 栏里的数字移位了[②]。两处错误**都已标出**。

这个图表讲的是 **I 类职业**（职业种类 A1）＝农业、用于农业的牲畜的饲养、牛奶业、牛奶站、农业中的酿酒业、果园、蔬菜业、烟草业，等等（第 5 页）（职业类 A1）

"职业部类 A 等等（第 4 页）包括：

（a）独立者以及农户负责管理的职员及其他管理人员；（b）不负责管理的职员，一般具有科学、技术和商业知识的行政和监督人员，以及财会人员和办事人员；（c）其他帮工、学徒、工厂雇佣工人和日工，包括从事工业的家庭成员和仆人。"（第 4 页）

"I 类职业 A（职业种类 A1）中包括：

A（1）占有者、共同占有者；A（2）租地者、继承租地者；A（3）负责管理的职员、其他生产管理人员；B（1）农场中的职员，以及实习人员、学徒；B（2）监督人员；B（3）财会和办事人员；C（1）在户主的农场中工作的家庭成员；C（2）农业中的男、女雇工；C（3）耕种自有地或租地的农业工人和日工；C（4）既不耕种自有地也不耕种租地、但耕种其他土地的农业工人和日工；C（5）不耕种任何土地的农业工人和日工。"（第 5 页）

我没有摘录 IB 类职业＝蔬菜业和畜牧业（职业种类 A2、

---

① 参看本卷第 454—455 页。——编者注
② 手稿第 8 栏内（1—5 类）的数字移位了。本卷内这些数字的位置已照列宁的说明恢复过来（见本卷第 457 页。——编者注）。——俄文版编者注

A3);IIA 林业和狩猎(职业种类 A4)和 IIB 渔业(职业种类 A5,A6),它们同 IA 组成**职业部类** A。按这个职业部类得出 A、B、C 的总数,但是**没有再划分为** A1—3、B1—3、C1—5。

载于 1938 年《列宁文集》俄文版
第 31 卷

译自 1969 年《土地问题笔记》
俄文版第 373—446 页

整理1907年6月12日
德国农业普查资料的提纲[125]

(1910—1913年)

德国农业中的资本主义。从1907年普查资料看德国农业经济。

从1907年6月12日普查看德国农业的资本主义制度

以下是整理1907年6月12日(农业)普查资料中开列的几类主要问题(或题目)

第1—8页[126]

(I.8—20)

§I.(第8—20页)

"德国三个基本类别的农户"

§II.无产者农户。

(20—30)

1.0.**绪论**。问题的一般提法:"面积"。我对全部资料的分析。

2.1.**基本类别**。
无产者农户,——农民农户,——资本主义农户。三个类别的相互关系。

这种分类的意义。其正确性的证明。

§III.(30—40)

§IV.(40—50)

I+II

§V (50—59)

§VI (60—73)

§VII(73—87)

3. **雇佣劳动**。

4.2. 女工和童工。小生产的"可1恶的特权"。

5.3. 劳动力与农业用地面积和牲畜数量。(小生产中的浪费)

6.4. 机器(对比**匈牙利**统计[127])。

———————————————————①

7.5. **牲畜**。{ 牲畜数量增加。畜牧业主人数减少。} 因此,剥夺加强。

对比**丹麦的**资料(对比荷兰和瑞士的资料)

分类 { **注　意** 美国和俄国的统计 }

9.6. 户主的主要**职业**(对比 1895 年)[128](有副业户)。

10.7. **按工人人数划分**的家庭农户、**家庭**资本主义农户和资本主义农户。

补6 8. 加工业。

8.9. 土地的利用。[**牲畜数量与饲料地面积**。参看德雷克斯勒

———————————————————

① 这条线在手稿上是用红铅笔划的,表示列宁在他的文章《现代农业的资本主义制度》(第一篇文章)中使用德国农业普查资料的整理提纲到此为止。——俄文版编者注

尔的著作[129]和**匈牙利**统计。]

10. 按在生产中的地位划分的农村人口(资料是不可比的)。

11. 葡萄酒酿造业。(没有任何有意思的东西。)

11.12. **同 1895 年比较**。**中等**(农)户增加。向**畜牧业**过渡。

美国和俄国的统计

(1)美国统计,关于分类,

(2)丹麦统计

(3)瑞士统计 }关于牲畜的集中,

(4)匈牙利关于工具的统计

(5)俄国关于合作社的统计。

为第二篇文章留下的题目:

8. 畜牧业。户主减少而牲畜数量增加＝剥夺。对比丹麦和瑞士的资料。

9. 牲畜的饲养。对比饲料地面积(参看德雷克斯勒尔的著作)。

10. 主要职业和副业。非耕作者和半耕作者。对比 1895 年。

11. 家庭农户,家庭资本主义农户和资本主义农户。三个基本类别。

12. 对比 1895 年。注意:美国关于两个类别的统计。

图表：(第一篇文章中的[130])

(1)第 19 页——三个基本类别(和雇佣劳动)——

(2)第 31 页——7 类中每一农户的工人(本户工人和雇佣工人)人数

(3)第 38 页——7 类中临时工人的百分比

(4)第 42 页——7 类中妇女的百分比

(5)第 45 页——7 类中儿童的百分比——

(6)第 52 页——7 类中农户的平均面积和每一个工人的平均面积

(7)第 62 页——**7** 类中的机器(百分比,自有机器的数量和百分比)

(8)第 69 页——雇佣劳动和机器(**3** 类)

(9)第 79 页——农户中的犁——8 类——

(10)第 86 页——7 类中在 1882 年、1895 年、1907 年使用机器架次的百分比。

载于 1938 年《列宁文集》俄文版
第 31 卷

译自 1969 年《土地问题笔记》
俄文版第 447—449 页

丹 麦 统 计[131]

(1910 年 12 月—1913 年)

丹 麦 统 计

我曾有后
5 本（⊔）
1888 — 1909

(牲畜)**1838 年**:统计表,最早的一辑,第 5 分册。——**1861 年**:同上,第 3 辑,第 3 卷。——**1866 年**:同上,第 3 辑,第 10 卷。——**1871 年**:同上,第 3 辑,第 24 卷。——**1876 年**:第 4 辑,C 类,第 1 号。——**1881 年**:第 4 辑,**C 类**,第 **3** 号。——1888 年:第 4 辑,C 类,第 6 号。——1893 年:第 4 辑,C 类,第 8 号。——1898 年:第 5 辑,C 类,第 2 号(和《统计通报》第 4 辑,第 5 卷,第 4 分册)。——1903 年:《统计通报》,第 4 辑,第 16 卷,第 6 分册。——1909 年:《统计表》,第 5 辑,**C 类**,第 5 号。

丹 麦 牲 畜 数 量:

	牛（单位头）	全部牲畜（折合成大牲畜计算）[1]：	人口	有牛的农户数目	大车	其他马车	双套马车	1898年。第13页★牲畜折算标准[马=3；牛=1；绵羊=$\frac{1}{6}$；猪=$\frac{1}{4}$]	1898年第25页★人口（概数）农村地区	农户总数	他们共计有牛（单位头）
1838：	854 726	1 565 538						2 162 707			
1861：	1 118 774	1 856 041						2 464 768			
1871：	1 238 898	2 008 606	1 811 000					2 606 293			
1881：	1 470 078	2 278 135	1 999 000	176 452				2 902 718			
1888：	1 459 527	2 338 042	2 140 000	177 186	265 775	123 305	136 534	2 983 022	1 411 547		
1893：	1 696 190			179 800				3 343 148	1 423 613		
1898：	1 744 797			180 641	292 703	159 330	143 875	3 563 975	1 444 700	278 673	1 744 797
1903：	1 840 466			179 225				3 815 000			
1909：	2 253 982			183 643	327 003	206 076	166 531			274 248	2 218 350

1838—

1888：+70.76%+49.34%

1) 1头牛=1；1匹马=$1\frac{1}{2}$；1头驴=$\frac{1}{2}$；1只绵羊和1只山羊=$\frac{1}{10}$；1头猪=$\frac{1}{4}$。总计中**无山羊且无驴**。（1888年，第XVI页）。

（1903年没有按类别划分的牛的头数资料。）

按牛的数量划分的农户数目：

	1	2	3	4—5	6—9	10—14	15—29	30—49	50—99	100—199	200头以上	总计
1909：	9 167	16 785	19 092	31 273	32 710	22 498	37 384	11 360	2 440	640	294	183 643
1903：												
1898：	18 376	27 394	22 522	27 561	26 022	20 375	30 460	5 650	1 498	588	195	180 641
1893：	20 596	27 714	21 908	26 877	25 494	19 802	29 865	5 335	1 447	594	168	
1888：	29 394	32 115	19 982	22 889	23 013	19 855	24 383	3 638	1 233	555	129	177 186

	第48页★		土地	牛	(第162页)		
	农　户	百分比	百分比	百分比	有牛的农户数目	百分比	牛的头数
3.3公顷以下	101 124	42.2	2.6	4.9	38 696	38%	105 923
3.3—9.9公顷	50 732	21.2	9.1	12.3	49 558	98%	267 817
9.9—29.7公顷	55 703	23.3	31.2	35.2	55 188	99%	767 355
29.7公顷以上	31 916	13.3	57.1	47.6	31 781	99%	1 039 740
总计＝	239 475	100.0	100.0	100.0	175 223	73%	2 180 835
					+4 738		+37 515
					179 961		2 218 350

1909年丹麦统计
第48页★；第162页

α)3.3公顷以下＝大体为无产者和半无产者
β)3.3—9.9公顷＝小农
γ)9.9—29.7公顷＝大农，农民资产阶级
δ)29.7公顷以上＝资本主义农业

	农 户 百分比	土 地 百分比	牛 百分比
α+β))	63.4	11.7	17.2
δ))	13.3	57.1	47.6
γ+δ))	36.6	88.3	82.8%

按牛的数量划分的农户数目

	1881	**1888**
1— 3 头	79 320	81 491
4—14	67 122	65 757
15—49	28 089	28 021
50 头以上	1 921	1 917
总计	176 452	177 186

（第 42 页★）

按牛的数量划分的农户数目 　　　增加或减少

	1898	百分比	1909	百分比	1898—1909
1— 3 头	68 292	37.8	45 044	24.5	−34.0%
4—14	73 958	40.9	86 481	47.1	+16.9%
15—49	36 110	20.0	48 744	26.6	+35.0%
50 头以上	2 281	1.3	3 374	1.8	+46.3%
总计=	180 641	100.0	183 643	100.0	+ 1.7%

牛的数量比较：

（第 18 页★）

	每 1000 居民	平均每 1000 公顷
丹麦……………	837(682)[1]	578(38)[2]
德国……………	330(343)	382(29)
俄国……………	270(292)	68(5)

> 在德国,10—20公顷的农户占
> 有33%的雇佣工人　**注意**

---

1) 括弧内是 1883—1888 年的数字

2) 同上,**按每平方公里**计

> 100公顷＝1平方公里

1898 年

	农户数 百分比
无地	4.82
少于 1 吨的 Hartkorn①	52.49
1—4 吨的　　　"	16.34
4 吨以上的　　　"	10.69
	84.34
面积不详的地块	16.46
	总计=100.80

按牛的数量
划分的农户数目

1885		1888	1881	
147 584	[50 头以上　]	1 917	1 921	——　4
— 2 671	[15—49　头]	28 021	28 089	——　68
144 913	[4—14　头]	65 757	67 122	—1 365
87 621 +	[1— 3　头]	81 491	79 320	+2 171
232 534			176 452	

载于 1938 年《列宁文集》俄文版
第 31 卷

译自 1969 年《土地问题笔记》
俄文版第 450—454 页

---

① Hartkorn 是按收获量确定土地税的土地面积单位。少于 1 吨的 Hartkorn 意为：
"收获量少于 1 吨的地块"。——编者注

奥地利农业统计[132]

摘　　录

（1910 年和 1912 年之间）

注意　《奥地利统计》第 **83** 卷（第 LXXXIII 卷）第 1 分册。（1902 年）。

该卷名称:《1902 年 6 月 3 日农户普查总结》(及其他)。**1909年维也纳版。**[①]

奥地利农业统计。

奥地利统计手册。

第 27 年卷——1908 年……（以前）

第 28 年卷[*)]——1909 年（最后一年）

1902 年 6 月 3 日农户普查总结（第 27 年卷第 138 页）。

百分比

农户总数…………………… 2 856 349	100
纯农业户…………………… 2 133 506	74.7
农业和林业兼营户……… 713 382	25.0
纯林业户………………… 9 461	0.3

农户的平均规模（单位公顷）:

总面积＝10.5 公顷

生产面积＝9.9 公顷

---

*) 第 29 年卷——1910 年（1911 年维也纳版。6 克朗）。**没有任何**关于农业统计的**东西**。只有对前几年情况的介绍。有关于工业的资料。

使用农业机器的
按机器
指明使用机器及

	总计*)	2 公顷以下	2—100 公顷	100 公顷以上
机器总数	**947 111**	**139 548**	**796 811**	**10 752**
铡草机	804 427	109 218	685 418	9 791
净化和筛分机	372 501	33 273	332 186	7 042
脱粒机	328 708	10 089	310 316	8 303
播种机	75 331	3 580	66 208	5 543
破碎机	45 117	9 073	33 682	2 362
搂草器和干草摊晒机	14 326	76	9 859	4 391
割草机	13 151	68	10 182	2 901
乳脂分离机	8 674	248	7 543	883
块根作物挖掘机	6 175	205	4 720	1 250
玉米行间中耕器	4 608	277	3 863	468
撒粪机	2 438	25	979	1 434
干草和稻草压捆机	1 668	255	1 147	266
蒸汽犁	383	—	45	338
轻便轨道	122	—	16	106

*) 使用机器的农户

所占的百分比……	33.2	10.9	51.10	60.1

农业和林业兼营户：

种类划分：

耕地面积的户数①

2—5公顷	5—10	10—20	20—50	50—100
288 931	**220 588**	**174 876**	**100 520**	**11 896**
248 163	190 237	149 706	87 038	10 274
87 271	92 355	95 292	52 322	4 946
43 142	76 744	109 982	72 595	7 853
6 592	11 993	25 450	19 840	2 333
9 216	7 417	8 403	7 475	1 171
155	417	2 134	5 511	1 642
261	575	2 530	5 616	1 200
562	799	2 488	3 246	448
608	904	1 498	1 356	354
490	698	1 321	1 113	241
54	97	183	406	239
250	248	276	284	89
1	—	4	19	21
—	3	1	5	7

---

① 本图表中的数字列宁系摘自《奥地利统计》第83卷,第1分册第XXXIV页和第27—29页。图表的前半部分(第456页)是全文照录,后半部分(第457页)则是选录资料中的一些图表综合而成。——俄文版编者注

农业和林业兼营户按**生产**面积大小(与总面积、农业用地面积、耕地面积、草场面积等等区别开)划分的分类表

(第 27 年卷,第 141 页)

总数是我算出的

0.5 公顷以下	343 860	
0.5—1 公顷	369 464	
1—2 公顷	561 897	
2—5 公顷	792 415	
5—10 公顷	383 331	
10—20 公顷	242 293	
20—50 公顷	127 828	100—200……8 099①
50—100 公顷	17 372	200—500……6 050
100公顷以上	17 889	500—1 000……2 100
总计	2 856 349	>1 000……1 640

没有按面积的总分类,而只有占地 100 公顷以上

面积单位

	农户数目	耕地	草场	菜园	葡萄园
总计	2 856 349	10 624 851	3 072 230	371 240	242 062
100 公顷以上	17 889	1 640 937	391 047	32 617	7 372
100 公顷以下	2 838 460	8 983 914	2 681 183	338 623	234 690

① 这些有关占地 100 公顷以上的几类农户的详细数字列宁系引自《奥地利统计手册》1909 年第 28 年卷(第 149 页)。——俄文版编者注

(第 27 年卷,第 143 页)

	按农业用地面积大小划分	%	按生产面积大小划分[1]	%
2 公顷以下……	1 322 565	46.5	1 275 221	44.8
2— 5 公顷…………	810 225	28.5	792 415	27.7
5— 20 公顷…………	613 290	21.6	625 624	21.9
20—100 公顷…………	89 342	3.1	145 200	5.1
100 公顷以上……	11 466	0.3	17 889	0.7
	2 846 888	100.0	2 856 349	100.0

和 100 公顷以下的农户的资料:(按生产面积)[2]

公顷:

牧 场	山地牧场	森 林	湖泊、沼泽、池塘和不宜耕种的土地	总 计
2 655 371	1 399 724	9 777 933	1 857 373	30 000 784
652 273	900 899	5 477 565	750 866	9 853 576
2 003 098	498 825	4 300 368	1 106 507	20 147 208

① 以下表中的数字列宁系引自《奥地利统计手册》1908 年第 27 年卷,第 141 页和第 142 页。——俄文版编者注

② 这一表中的数字引自《奥地利统计手册》1908 年第 27 年卷,第 146—147 页。——俄文版编者注

（第28年卷，

按人员情况和

	纯家庭农户	
	只是业主参加劳动	家庭成员参加劳动
0.5公顷以下……………………	150 944	181 323
0.5— 1公顷………………	115 117	227 109
1— 2公顷………………	126 203	379 991
2— 5公顷………………	114 833	545 274
5— 10公顷………………	29 719	227 476
10— 20公顷………………	8 565	91 456
20— 50公顷	1 441	23 602
50—100公顷………………	182	1 299
100公顷以上……………………	103	300
总计………………………	547 107	1 677 830

第 152 页）

生产面积划分的农户：

雇有非本户人员的农户				
无职员和监督人员				雇有职员和监督人员
只雇有家仆	只雇有日工	雇有家仆和日工	只雇有外来工人	
有时也雇有外来工人				
7 569	1 093	79	1 000	1 852
10 326	2 688	173	12 960	1 091
25 146	5 441	503	22 945	1 668
72 380	13 675	1 952	41 286	3 015
81 182	12 027	3 302	26 546	3 079
107 401	8 193	6 955	15 960	3 763
79 277	3 469	9 887	4 702	5 450
9 189	579	2 060	332	3 731
3 844	207	828	79	12 528
396 314	47 372	25 739	125 810	36 177

［转下页］

[接上页]

人 员 情 况

	总人数	男				女			
		16岁以上	%	16岁以下	%	16岁以上	%	16岁以下	%
0.5公顷以下	676 498	295 781		28 917		321 197		30 603	
0.5—1公顷	846 265	366 460	43.1	44 368	5.7	389 709	45.4	45 728	5.8
1—2公顷	1 477 786	632 150		96 609		651 033		97 994	
2—5公顷	2 454 298	1 045 423	42.6	191 088	7.8	1 032 920	42.1	184 867	7.5
5—10公顷	1 412 013	612 615	43.9	114 465	7.5	578 558	41.6	106 375	7.0
10—20公顷	1 044 972	466 357		70 279		444 227		64 109	
20—50公顷	706 665	329 369	47.6	44 257	6.1	296 132	41.3	36 907	5.0
50—100公顷	126 291	66 803		6 311		48 233		4 944	
100公顷以上	325 894	228 949	70.3	7 500	2.3	83 220	25.6	6 225	1.9
总　计	9 070 682	4 043 907	44.6	603 794	6.6	3 845 229	42.5	577 752	6.3

	有 职 业 者 的 数 目				
业 主	家庭成员	职 员	监 工	家 仆	日 工
378 485	285 573	86	1 895	8 935	1 524
427 081	401 905	18	1 103	12 440	3 718
662 367	775 754	24	1 686	29 984	7 971
954 844	1 384 305	40	3 051	91 136	20 922
476 644	789 325	67	3 114	120 151	22 712
325 083	474 248	116	3 884	214 674	26 967
171 126	237 972	320	5 716	259 787	31 744
17 791	27 642	533	4 146	60 306	15 873
10 595	12 681	11 090	33 062	145 353	113 113
3 424 016	4 389 405	12 294	57 657	942 766	244 544

[转下页]

[接上页]

	纯家庭农户	雇有非本户 人员的农户	农户总数①
0.5 公顷以下	332 267	11 593	343 860
0.5— 1 公顷	342 226	27 238	369 464
1— 2 公顷	506 194	55 703	561 897
2— 5 公顷	660 107	132 308	792 415
5—10 公顷	257 195	126 136	383 331
10—20 公顷	100 021	142 272	242 293
20—50 公顷	25 043	102 785	127 828
50—100 公顷	1 481	15 891	17 372
100 公顷以上	403	17 486	17 889
	2 224 937	631 412	2 856 349
5 公顷以下		226 842	2 067 636
5—10 公顷		126 136	383 331
10 公顷以上		278 434	405 382
		631 412	2 856 349

---

① 表中这三栏内的数字是列宁用《奥地利统计手册》1909 年第 28 年卷(第 152 页)上表 6 中的数字组合而成。——俄文版编者注

兼从事下列雇佣劳动的农户数目①			**(我算出的总数)**	兼营手工业的农户数目
农业雇佣劳动	工业雇佣劳动	未确切说明的雇佣劳动	提供雇佣工人的农户总数	
103 949	47 585	25 072	176 606	27 266
131 738	36 152	27 587	195 477	27 271
190 504	44 314	39 090	273 908	39 782
186 271	38 381	37 082	261 734	47 611
58 173	11 437	14 036	83 646	23 833
670 635	177 869	142 867	991 371	165 763
(α+β)有人当雇佣工人和手工业者的农户总数			(α)	(β)
1 049 655			907 725	141 930
107 479			83 646	23 833
1 157 134			991 371	165 763

［转下页］

---

① 本表和以下各表中关于兼营其他生产或从事雇佣劳动的农户的数字,列宁系引自《奥地利统计》第83卷第1分册第41页。——俄文版编者注

[接上页]

	兼营其他农业企业的农户数	兼营工业企业的农户数	男子总数	妇女总数	%
0.5 公顷以下			324 698	351 800	52.0
0.5—1 公顷	13 187	127 088	410 828	435 437	51.5
1—2 公顷			728 759	749 027	50.7
2— 5 公顷	8 659	72 385	1 236 511	1 217 787	49.6
5—10 公顷	5 540	35 551	727 080	684 933	48.5
10—20 公顷	4 922	21 689	536 636	508 336	48.6
20—50 公顷	4 130	12 595	373 626	333 039	47.1
50—100 公顷	1 354	2 702	73 114	53 177	42.1
100 公顷以上	3 396	4 726	236 449	89 445	27.4
	41 188	276 736	4 647 701	4 422 981	48.7

5 公顷以下	221 319
5 — 10 公顷	41 091
10 公顷以上	55 514
	317 924

儿童总数 (16 岁 以下)	%	本户工人 总　数	雇佣工人 总　数	工人总数	
59 520	8. 8	664 058	12 440	676 498	
90 096	10. 6	828 986	17 279	846 265	
194 603	13. 2	1 438 121	39 665	1 477 786	
375 955	15. 3	2 339 149	115 149	2 454 298	
220 840	15. 6	1 265 969	146 044	1 412 013	
134 388	12. 8	799 331	245 641	1 044 972	
81 164	11. 3	409 098	297 567	706 665	
11 255	9. 0	45 433	80 858	126 291	
13 725	4. 2	23 276	302 618	325 894	
1 181 546	13. 0	7 813 421	1 257 261	9 070 682	
					使用机器的农户数目
		5 270 314	184 533	5 454 847	428 479
		1 265 969	146 044	1 412 013	220 588
		1 277 138	926 684	2 203 822	298 044
		7 813 421	1 257 261	9 070 682	947 111

第28年卷,第150页
按生产面积划分的牲畜饲养统计表

	马	牛	山羊	绵羊	猪	有牲畜的农户总数①
a) 有上述牲畜的农户数目						
2公顷以下	78 750	720 490	244 373	71 004	486 891	
2— 5公顷	230 079	714 530	62 709	73 713	462 421	761 527
5— 20公顷	307 765	595 890	66 541	97 087	473 947	
20— 50公顷	79 769	121 655	20 797	32 657	110 988	122 844
50—100公顷	10 410	14 692	3 265	6 679	12 816	14 934
100公顷以上	10 771	12 110	2 156	4 178	7 695	12 620
总　计:	717 544	2 179 367	399 841	285 318	1 554 758	2 544 792
b) 牲 畜 数 量						
2公顷以下	110 101	1 232 007	446 808	503 187	813 836	
2— 5公顷	379 087	1 975 503	148 818	599 797	981 935	
5— 20公顷	626 149	3 343 032	145 683	890 110	1 680 992	
20— 50公顷	215 739	1 493 417	50 397	379 272	674 273	
50—100公顷	39 286	301 599	15 339	127 702	108 629	
100公顷以上	170 569	679 699	19 711	302 278	105 430	
总　计:	1 540 931	9 025 257	826 756	2 802 346	4 365 095	
有上述牲畜的农户数目						
0.5公顷以下	5 790	86 197	93 321	14 501	98 340	215 941
0.5— 1公顷	13 973	199 278	80 781	19 627	135 465	298 474
1— 2公顷	58 978	435 015	70 271	36 876	253 086	507 990
5— 10公顷	176 081	362 559	34 941	55 561	275 007	373 892
10— 20公顷	131 684	233 331	31 600	41 526	198 940	236 570
牲 畜 数 量						
0.5公顷以下	7 535	121 406	157 412	103 588	151 416	
0.5— 1公顷	18 515	297 048	149 762	130 128	217 274	
1— 2公顷	84 051	813 553	139 634	269 471	445 146	
5— 10公顷	336 128	1 616 774	80 243	503 797	808 701	
10— 20公顷	290 021	1 726 258	65 440	386 313	872 291	

载于1938年《列宁文集》俄文版第31卷

译自1969年《土地问题笔记》俄文版第455—468页

----

① "有牲畜的农户总数"一栏以及"有上述牲畜的农户数目"和"牲畜数量"两表内的数字,列宁系引自《奥地利统计》第83卷第1分册第21页。——俄文版编者注

《符腾堡统计年鉴》和 《巴伐利亚王国统计》 两书的札记和摘录[133]

（不早于1910年）

符腾堡统计年鉴

王国统计局出版

1908年卷

1909年斯图加特版

第2分册。

《1907年12月2日普查所表明的符腾堡的畜牧业》。

[编制者]财政官员**特留金格尔**博士。

本书中有对拥有不同数量牲畜的业主的分类统计。下面是**整**个符腾堡的总计（括号内为第2分册——第2册——的页码）：

（第17页）　　　　　　　　　　　　　　　　　拥有下列头数成年牛

符腾堡：	1	2	3	4	5	6	7—10	11—20
1907	27 245	64 227	37 938	23 213	11 581	6 686	10 365	4 553
1897	35 278	70 270	33 780	21 468	10 341	5 999	10 170	4 152
1907 增加 （＋） 减少 （－）	－8 033	－6 043	＋4 158	＋1 745	＋1 240	＋687	＋195	＋401
同1897年 相比较	－22.7%	－8.6%	＋12.3%	＋8.1%	＋11.9%	＋11.5%	＋1.9%	＋9.6%

拥 有 成 年 牛 的 农 户：	占总数的百分比	
	1897 %	1907 %
有 1— 2 头	54.9	49.0
"3 — 4"	28.8	32.8
"5 — 6"	8.5	9.8
"7 —10"	5.3	5.6
"11—20"	2.2	2.4
"21—50"	0.26	0.37
"51头以上	0.04	0.03
共　计	100	100

关于第17页上的图表，作者说道：

其次，为了对牲畜总头数的变化情况有一个概念，1907年也像
1897年一样，逐户计算了每一农户的**成年牛**的数量。结果如下
（第17页的表格①）：

————————

① 见本页至下页的图表。——编者注

(两岁口及两岁口以上)的各类农户数目：

		拥有下列头数的农户中牛的数量：					
21—50	51 以上	1	2	3—4	5—6	7—10	11 以上
698	71	27 245	128 454	206 666	98 021	84 209	85 857
494	62	35 278	140 540	187 212	87 699	82 650	74 677
+204	+9	−8 033	−12 086	+19 454	+10 322	+1 559	+11 180
+41.3%	+14.5%	−22.8%	−8.6%	+10.4%	+11.8%	+1.9%	+14.9%

第 15 页
- 农户总数—461 351
- 1907 年有牲畜农户—271 589—58.9%
- 有牛农户 1897——196 356
  - 1907——187 425
  - —8 931—46%
- 牛
  - 1897———992 605 头
  - 1907—— 1 073 122 ″
  - +80 517+8.1%

有牛农户数目的减少(如果只是指有成年牛，即两岁口以上的，那么近 10 年来(1897 年：192 014，1907 年：186 577)减少了 5 437 户)只限于有 1—2 头牛的两类下等户。其他各类都增加了。而增加得比其他各类都快的是拥有 21—50 头牛的那一类，从 494 户增加到 698 户，即增加了 204 户=41.3%。从第 17 页上的图表可以看出在上升的年份里——1897 年和 1907 年(正如 1907 年在个别地区那样)拥有成年牲畜的农户与牛的总头数的百分比关系。据此，1897 年有 3 头牛以上的人占有牛者总数的

!! 45.1%，而1907年则占51%。近10年来这类农户大为增加，无疑可以把它看做这一时期**农民生活水平提高的可喜标志**(黑体是原作者用的)(第16页)。

自1831年**至**1907年。我只取其中两年——1897年和1907年。

牲 畜 总 头 数：

	马	牛	绵羊	猪	山羊	*)# 全部大牲畜折合成牛	# 全部大牲畜 每100公顷土地	每100个居民[2)]
1897年12月1日	107 140	992 605	341 250	433 507	82 737	1 302 712	66.8	61.7
1907年12月2日	115 352	1 073 122	278 337	537 185	88 201	1 415 630	72.5	60.3

有牲畜的农户总数 —271 589

扣除只养蜂的农户后 —270 348

其 中

有马无牛	有	小牲畜[3)]或家禽	2 840
	无		2 680
有牛无马	有	小牲畜或家禽	139 700
	无		3 032

---

*) ⅔匹马、10只绵羊、4头猪、12只山羊作为一个单位=1头牛(第4页和第5页)。

2) 按算出的“中等居民阶层”1907年=23 475 000。

3) 小牲畜指绵羊、猪、山羊。

有马及牝牛者	有	小牲畜………………	44 150
		或	
	无	家　禽………………	543

有成年牲畜(两岁口以上)者……………………………………………… 186 577
有牝牛者…………………………………………………………………… 185 067
只有小牲畜或家禽者………………………………………………………… 77 366
有猪者……………………………………………………………………… 180 064
只有猪者…………………………………………………………………… 4 250
有山羊者…………………………………………………………………… 47 267
只有山羊者………………………………………………………………… 3 210
有家禽者…………………………………………………………………… 248 321
只有家禽者………………………………………………………………… 38 311

出售单价

(马克):

	1883	1892	1900	1907
马(整匹)	409	429	539	590
牛(整头)	187	194	211	264
猪(整头)	42	46	48	55
山羊(整只)	14	15	18	24

一头的毛重

(整头牛)

	1883	1892	1900	1907
公斤………………	295	310	326	346
猪				
(一年以上)……	118	—127	—139	—135

关于自然经济和货币经济问题

有趣的屠宰统计

	1904 年 农户家中屠宰的牲畜数	屠宰场屠宰的牲畜数	屠宰的牲畜总数	1907 年 农户家中屠宰的牲畜数	屠宰场屠宰的牲畜数	屠宰的牲畜总数
牛	6 882	329 236	336 118	6 839	357 016	363 855
	2. 05%	97. 95%	100%	1. 88%	98. 12%	100%
绵羊	3 518	29 498	33 016	4 412	28 809	33 221
	10. 65%	89. 35%	100%	13. 28%	86. 72%	100%
猪	182 122	477 112	659 234	185 366	496 814	682 180
	27. 63	72. 37	100%	27. 17%	72. 83%	100%
山羊	6 864	19 749	26 613	6 094	21 736	27 830
	25. 79	74. 21	100%	21. 89%	78. 11%	100%
总计	199 386	855 595	1 054 981	202 711	904 375	1 107 086
	18. 89	81. 11	100%	18. 31%	81. 69%	100%

巴伐利亚的畜牧业状况

根据 1907 年 12 月 2 日的牲畜普查材料

第 **72** 分册。巴伐利亚王国统计。

1909 年慕尼黑版

1907 年 12 月 2 日的牲畜总数

	马	392 091
	牛	3 725 430
	绵羊	735 113
	猪	2 056 222
	山羊	308 150
折合成牛*)后的总数		4 926 813

---

*) 1［头］牛 = ⅔匹马 = 10 只绵羊 = 4 头猪 = 12 只山羊（第 13 页）。

牛

总面积中平均每100公顷土地有牛

		1904		1873
	符腾堡	—53.8	符腾堡	—48.5
(第16页)	**巴伐利亚**	—46.2	萨克森	—43.2
	萨克森	—45.6	巴登	—41.3
	巴登	—44.5	**巴伐利亚**	—40.4
	黑森	—41.7	黑森	—37.0
	阿尔萨斯—洛林	—36.4	阿尔萨斯—洛林	—28.9
	普鲁士	—32.0	普鲁士	—24.8
	德国	35.8	德国	29.2

(牛)

从下面的材料可以看出，在上巴伐利亚、下巴伐利亚和施瓦本等地区，集中的程度尤为突出。

下面就是**各个**地区牛的头数增长的材料：

牛(第16页)

	上巴伐利亚	下巴伐利亚	普法尔茨	上普法尔茨	上法兰克尼亚	中法兰克尼亚	下法兰克尼亚	施瓦本
1900年12月1日	697 214	586 117	245 678	382 528	300 200	351 902	349 711	555 813
1904年12月1日	731 804	598 449	255 415	372 947	289 421	338 883	337 599	581 369
1907年12月2日	778 349	623 751	253 873	400 453	314 622	372 633	354 169	627 580
	头数的年平均增长额或减少额							
1900/04	8 648	3 083	2 434	—2 395	—2 695	—3 255	—3 028	6 389
1904/07	15 515	8 434	— 514	9 169	8 400	11 250	5 523	15 404

下面是按牲畜数目划分的各类农户:(第 64 页)

有下列头数 牛 的 农 户	农　户		牛	
	数　量	百分比	数　量	百分比
[从]1 至 2 头——	99 534	19.8	159 757	4.3
3—9 头——	277 528	55.1	1 497 507	40.2
10—19 头——	97 976	19.5	1 291 874	34.7
20 头以上——	28 393	5.6	776 292	20.8
总　　计	503 431	100	3 725 430	100.0

关于这点,作者说道:(第 64—65 页)

拥有 1 至 2 头牛的农户大约占全部农户的 ⅕。这些农户拥有的牛则略少于总头数的 1/20。这些农户多半属于最小的农户。他们的情况大致相当于统计材料所表明的巴伐利亚占地 1 公顷以下的从事农业生产的农户的地位。

拥有 3 至 9 头牛的农户在有牛农户中占一半以上。这些农户拥有的牛占总头数的 4/10。同时,拥有 10 至 10[①] 头牛的农户占农户的 ⅕,即占总头数的 ⅓。这两类农户多半是在巴伐利亚仍然十分普遍的、拥有的农业用地在 20 公顷以下的小农户和中等农户。

拥有 20 头牛以上的农户,在全部农户中所占的比重最小(5.6%)。然而,他们拥有的牛却占总头数的 ⅕。由于农业生产统计材料表明拥有 20 公顷以上土地的大农户占全部农户的 6%,大地产只占全部农户的 0.1%,于是拥有牛 20 头以上的农户就构成大农户的大部分。

---

① 此处似有误,应为"19"。——编者注

在总结时应着重指出，拥有牛(10头以内)的较小农户尽管占农户总数的3/4，但他们拥有的牛还不到总数的一半。绝大部分的牛倒是集中在两类上等农户(拥有的牛在10头以上)的手中，尽管这类农户只占有牲畜农户总数的1/4。由此可见大农户在畜牧业中起着决定性的作用。因此，他们在保证供应居民肉类和畜产品方面具有特殊的作用。这一作用所以增大，还因为有较多数量牲畜的农户比较小农户能提供数量更多的畜产品。较小农户必须将牲畜主要用于保证本户的消费①。(第65页)

① 参看本卷第516页的图表。——编者注

（数字下方为百分比）

地　　区：	拥有[下列头数]牛的农户数					[拥有下列头数的]农户中的牛的数量				
	1—2头牛	3—9	10—19	20以上	总　计	1—2	3—9	10—19	20以上	总　计
上巴伐利亚	12 545	37 652	20 057	9 643	79 897	20 186	213 290	271 116	273 757	778 349
	15.7	47.1	25.1	12.1	100	2.6	27.4	34.8	35.2	100%
下巴伐利亚	16 622	35 445	15 778	7 168	75 013	26 800	187 835	214 166	194 950	623 751
	22.2	47.2	21.0	9.6	100	4.3	30.1	34.3	31.3	100
普法尔茨	21 413	34 367	3 518	413	59 711	33 626	165 106	43 501	11 640	253 873
	35.9	57.5	5.9	0.7	100	13.3	65.6	17.1	4.6	100
上普法尔茨	11 795	29 201	12 142	2 322	55 460	18 878	156 783	162 315	62 477	400 453
	21.3	52.6	21.9	4.2	100	4.7	39.2	40.5	15.6	100
上法兰克尼亚	9 509	29 452	9 438	814	49 213	15 092	159 473	119 638	20 149	314 622
	19.3	59.8	19.2	1.7	100	4.8	50.8	38.0	6.4	100
中法兰克尼亚	9 167	29 541	11 908	1 674	52 290	14 944	160 697	155 257	41 735	372 633
	17.5	56.5	22.8	3.2	100	4.0	43.1	41.7	11.2	100
下法兰克尼亚	13 689	45 261	6 339	628	65 917	22 267	234 403	78 873	18 626	354 169
	20.8	68.7	9.6	0.9	100	6.3	66.2	22.3	5.2	100
施瓦本	4 794	36 609	18 796	5 731	65 930	7 964	219 650	247 008	152 958	627 580
	7.3	55.5	28.5	8.7	100	1.3	35.0	39.3	24.4	100
全王国	99 534	277 528	97 976	28 393	503 431	159 757	1 497 507	1 291 874	776 292	3 725 430
	19.8	55.1	19.5	5.6	100	4.3	40.2	34.7	20.8	100

此处是一些关于屠宰[牲畜]的有趣的材料：

屠宰牲畜 共　　计			其　中 在农户中屠宰的——
4 235 676	屠宰牲畜	1 904—3 285 583	950 093
4 290 071		1 907—3 344 255	945 816　（第69页）
+54 395		+58 672	−4 277

在100头供屠宰包括在农户中屠宰的牲畜中：犍牛占0.57%（整个巴伐利亚）、牡牛——0.68%、牝牛——4.3%、幼畜2.5%、牛犊——1.4%、猪——31.5%、绵羊——11.4%、山羊28.5%,而其他各类牲畜共占22.1%(第71页)。

在供屠宰的100头牲畜中,

拥有下列数量居民的乡镇各宰杀：

	2 000人 以　下	自2 001人 至5 000人	5 001人— 20 000人	20 001人 —50 000人	50 001人— 100 000人	100 000人 以　上
猪	56.7	14.2	3.2	1.4	0.49	0.12
各类牲畜	45.6	8.8	2.3	0.98	0.32	0.08
每1000居民平均有被屠宰的牲畜头数：						
各类牲畜	515.5	773.1	890.3	923.1	712.0	915.3

根据被屠宰的牲畜数目,每一个居民平均有肉(公斤)：牛肉——20.95＋猪肉＝25.36＋其他肉类——1.28。共计——**47.59**公斤肉(第77页)。

一头**牛**的毛重为：1883年——296公斤

1892年——312公斤　（第14页）

1900年——335公斤

!!!　顺便说说……"鉴于繁殖山羊对比较贫穷的居民阶级说来是有利可图的……山羊的繁殖……备受关注,这就是很可喜的事情了"(第 53 页)。

> 同时参看第 **64** 分册:《巴伐利亚农业统计材料。根据 1894—1902 年的材料》1903 年慕尼黑版。

巴伐利亚的农业。

根据 1907 年 6 月 12 日的普查材料

第 **81** 分册:《巴伐利亚王国统计汇编》。

1910 年慕尼黑版

> 参看 E. 彼得西利:《根据 1907 年 6 月 12 日职业和生产统计材料所作的实验和观察》。普鲁士王国统计局杂志。**1909** 年第 49 年卷。

该处作了详尽的计算(百分比等),这些计算提供了各项主要总数,对整个德意志帝国也适用。

顺便指出,列入饲料面积的有草场＋种牧草的大田＋富足的牧场(第 141 页★)。对巴伐利亚作了计算,即不同规模的农户每 100 公顷饲料面积上平均有多少马、牛和牝牛。随着农户规模的扩大,除了马以外,其他牲畜均有规律地大幅度地减少了。142★—3★作者关于这一点的论断是杂乱无章和自相矛盾的典型。

下面是巴伐利亚的数字:

巴伐利亚 (第 141 页★)

每 100 公顷饲料地平均有

	马	牛	牝牛
2公顷以下	9.6	262.2	206.7
2— 5	8.3	264.6	176.3
5— 20	18.0	212.6	101.8
20—100	28.9	170.5	71.8
100公顷以上	13.4	91.1	47.6
总计	19.6	205.3	104.4

参看第 111 页★,该处有关于饲料面积的详细情况(草场+富足的牧场+种牧草的大田)。

巴伐利亚饲料面积总数=358 969 公顷(第 110 页★)

=全部播种面积的 12.9%

而谷物的播种面积=1 749 644=耕地的 62.8%

(第 111 页★) 占全部农业用地面积的百分比

((巴伐利亚))	种植饲料作物的大田	草场(包括富足的牧场)	种植饲料作物的总面积	每类农户中……每 100 公顷种植谷物面积平均有种植饲料作物(草场+饲料作物+富足的牧场)的土地(单位公顷)
2 公顷以下	6.6	28.3	34.9	118.5
2— 5	8.3	31.1	39.4	101.8
5— 20	8.7	32.5	41.2	98.3
20—100	8.3	33.0	41.3	95.3
100 公顷以上	10.4	38.7	49.1	140.8
总 计	8.5	32.4	40.9	99.1

在第 134 页★上,对根据农业普查和牲畜普查所得的牲畜数

德国全国牲

（绝对数字

	马			
	1895—1907	1882—1895	1882—1907	1895—1907
2 公顷以下	－ 17 517	＋ 32 011	＋ 14 494	－ 99 607
	－19.7	＋56.3	＋25.5	－7.0
2—5	＋15 638	＋ 22 490	＋ 38 128	＋ 351 423
	＋6.9	＋11.1	＋18.7	＋12.5
5—20	＋176 036	＋ 82 364	＋258 400	＋1 645 859
	＋15.3	＋7.7	＋ 24.3	＋26.4
20—100	－ 52 049	＋ 52 562	＋ 513	＋ 654 878
	－4.1	＋4.4	＋ 0.04	＋14.1
100 公顷以上	＋1 697	＋ 63 451	＋ 65 148	＋ 370 014
	＋0.3	＋10.8	＋11.1	＋18.9
总　　计	＋123 805	＋252 878	＋376 683	＋2 922 567
	＋3.7	＋8.1	＋12.1	＋17.1

字作了比较。差别相当大,有时为＋,有时为－。

(第 162 页★)

畜数量变化

和百分比)

牛			猪	
1882 — 1895	1882 — 1907	1895 — 1907	1882 — 1895	1882 — 1907
−199 570	−299 177	+917 160	+1 382 307	+2 299 467
−12.4	−18.5%	+26.5%	+66.3	+110.4
+193 314	+544 737	+768 450	+850 736	+1 619 186
+7.4	+20.9	+32.9	+57.2	+108.8
+710 557	+2 356 416	+2 123 212	+1 564 061	+3 687 273
+12.9	+42.7	+50.4	+59.1	+139.3
+475 400	+1 130 278	+996 586	+925 995	+1 922 581
+11.4	+27.1	+37.5	+53.4	+111.0
+419 569	+789 533	+497 701	+408 277	+905 978
+27.3	+51.3	+56.0	+85.0	+188.6
+1 599 270	+4 521 837	+5 303 109	+5 131 376	+10 434 485
+10.3	+29.3	+39.1%	+60.9	+123.8%

（第 183 页★）　　德意志帝国。

各类农户每 100 公顷农业面积平均有：

		蒸汽犁	蒸汽脱粒机	其他脱粒机	播种机	割草机	中耕机	分离器	磨粉机
2 公顷以下	1907	0.00	2.1	1.3	0.6	0.04	0.01	0.4	0.01
	1895	0.00	1.1	0.5	0.5	0.01	0.1	0.2	—
	1882	0.00	0.1	0.2	0.2	0.00			
2— 5	07	0.00	12.7	16.2	2.1	0.7	0.1	5.7	0.2
	95	0.00	5.2	6.6	1.3	0.1	0.9	1.4	
	82	0.00	1.0	2.4	0.5	0.01	—		
5— 20	07	0.01	19.1	50.6	11.4	12.9	0.4	17.6	1.2
	95	0.01	10.9	31.9	5.2	0.7	3.1	4.0	
	82	0.00	3.8	14.9	1.7	0.2	—		
20—100		0.1	26.3	72.7	39.8	51.9	2.3	30.6	3.7
		0.1	16.6	64.1	22.0	6.9	7.9	8.4	
		0.03	6.4	40.9	8.2	3.8	—		
100 公顷以上		10.8	74.1	38.4	105.7	82.4	11.9	28.4	15.9
		5.3	61.2	60.5	107.5	31.8	31.6	17.3	
		2.8	33.5	60.1	61.3	29.3			
总　　计	07	0.1	8.5	16.5	5.1	5.3	0.3	5.9	0.5
	95	0.03	4.7	10.7	3.0	0.6	1.3	1.6	
	82	0.02	1.4	5.7	1.2	0.4	—		

德意志帝国的农业副业

（第209页★）

	糖厂	百分比	酿酒厂		磨坊		啤酒厂		锯木厂		制砖厂	
2公顷以下	20	0.001	4 781	0.1	5 158	0.2	685	0.02	1 249	0.04	864	0.03
2 — 5	23	0.002	11 459	1.1	8 383	0.8	1 009	0.1	1 908	0.2	1 285	0.1
5 — 20	67	0.01	13 859	1.3	16 747	1.6	2 812	0.3	4 895	0.5	3 178	0.3
20 — 100	118	0.05	2 750	1.0	4 193	1.6	1 343	0.5	1 504	0.6	1 952	0.7
100 公顷以上	231	1.0	3 910	16.6	943	4.0	185	0.8	498	2.1	1 449	0.1
总　计	459	0.01	36 759	0.6	35 424	0.6	6 034	0.1	10 054	0.2	8 728	0.2%

（%=占全部企业的%）

德意志帝国（第125页★）	农业用地面积 占总面积的百分比	草场 占总面积的百分比	草场 占农业用地面积的百分比	耕地 占总面积的百分比	耕地 占农业用地面积的百分比	种植的大田（百分比）牧场	小麦	黑麦	大麦
2公顷以下	69.5	12.5	18.0	49.1	70.7	2.7	1.3	24.0	5.3
2—5	76.7	18.6	24.2	54.6	71.1	5.0	2.3	27.6	6.7
5—20	75.7	16.8	22.2	56.1	74.2	6.5	1.5	27.3	7.0
20—100	73.9	12.6	17.1	57.2	77.5	7.4	0.6	24.9	6.6
100公顷以上	71.1	9.4	13.2	59.6	83.8	8.4	0.0	21.4	6.4
总　计	73.9	13.8	18.7	56.7	76.7	6.9	0.9	25.0	6.6
（全帝国的）绝对数字	(31 834 874)	(5 951 630)		(24 432 354)		(1 682 137)	(231 536)	(6 106 776)	(1 621 312)

种 植 的 田 地(百 分 比)

	燕麦	谷物	糖用甜菜	马铃薯	饲料作物	大田蔬菜	其他大田作物	田间牧场	休闲地
2公顷以下	9.5	1.4	0.8	40.9	7.2	2.3	2.7	1.0	0.9
2—5	15.8	2.2	0.8	19.0	11.2	1.8	4.0	1.8	1.8
5—20	19.1	2.6	1.0	12.3	10.9	1.3	4.0	2.9	3.6
20—100	19.2	3.8	1.7	8.4	10.0	0.9	4.3	6.8	5.4
100公顷以上	14.6	6.0	4.8	11.3	11.4	0.5	5.4	5.3	4.5
总计	17.2	3.7	2.1	13.0	10.6	1.1	4.4	4.4	4.1
(全帝国的)									
绝对数字	(4 210 318)	(901 998)	(513 822)	(3 173 830)	(2 584 682)	(265 536)	(1 084 389)*	(1 062 663)	(993 355)
							田间牧场	其他大田作物	

* 在1910年慕尼黑版的《巴伐利亚的农业。根据1907年6月12日的普查材料。第81分册。巴伐利亚王国统计汇编》一书第125页上，1 084 389是田间牧场一栏的总计数字，而1 062 663则是种植其他大田作物的田地一栏的总计数字。

“农业人口的组成”(百分比)(第86页★)

德意志帝国(第85页★)	户主+帮工——家庭成员	从事计算和监督的人员	固定的男女雇工	固定日工	季节工	在帮工——家庭成员中										
						男	女	固定工	临时工	14岁以下	男	女	固定工	非固定工	男雇工	女雇工
2公顷以下	88.5	0.1	1.4	0.9	9.1	14.8	85.2	38.7	61.3	4.4	48.6	51.4	21.0	79.0	3.3	9.4
2—5	85.9	0.1	3.2	1.2	9.6	25.8	74.2	68.3	31.7	7.2	48.3	51.7	31.8	68.2	8.0	14.4
5—20	73.9	0.1	11.7	2.0	12.3	33.2	66.8	78.0	22.0	7.3	49.3	50.7	59.2*	47.1	21.2	23.5
20—100	40.2	0.7	30.8	8.9	19.4	37.8	62.2	80.0	20.0	5.7	54.9	45.1	67.6	32.4	29.1	22.5
100公顷以上	3.1	4.1	17.4	43.1	32.3	36.1	63.9	71.7	28.3	3.2	58.4	41.6	66.7	33.3	12.3	5.7
总计	70.0	0.5	10.2	5.8	13.5	24.8	75.2	60.8	39.2	6.0	53.1	46.9	55.1	44.9	17.8	16.2
(全帝国的)绝对数字	(10 621 608)	(77 162)	(1 545 951)	(882 732)	(2 042 096)											

* 在1910年慕尼黑出版的《巴伐利亚的农业。根据1907年6月12日的普查材料。第81分册。巴伐利亚王国统计汇编》一书的第86页上为52.9。

	日工		非固定劳力		14岁以下的非固定劳力		
	男	女	男	女	总计	男	女
2公顷以下	5.1	2.5	39.7	39.3	1.0	1.1	0.9
2— 5	5.7	3.0	34.1	34.1	1.7	2.0	1.4
5— 20	5.0	2.6	22.7	24.4	2.7	3.7	1.9
20—100	9.8	5.1	15.2	17.2	5.1	6.4	3.9
100公顷以上	26.9	17.5	15.4	17.9	9.1	9.8	8.5
总 计	12.2	7.2	21.7	23.2	4.0	4.6	3.4

注意:注意:**1902年6月3日**的**奥地利普查**

‖在第72页上列举了关于**奥地利**的材料(1902年)(奥地利统计,第83卷,第1分册,第XXXVIII页),该处“只使用家庭成员劳动的农户”的百分比为78%(全部农户为2 856 349),按类分为:

2公顷以下——30.8+61.8=92.6

2— 5公顷——14.5+68.8=83.3

5— 20公顷——6.1+51.0=57.1

20—100公顷——1.1+17.1=18.2

100公顷以上——0.6+1.7=2.3

总计 =19.2+58.8=78%

第一竖行数字指“只是业主干活的”农户,第二竖行数字为“家庭成员也干活的”农户。总计数字为**全部**“只使用家庭成员劳动的农户”。

在该笔记第 86 页★上,对关于 1882 年、1895 年和 1907 年农业中的职业类型的统计材料作了比较:独立业主、"有 1 名家庭成员作帮工(第 1 页)"等等。

关于这一点作者在**第 1 页**上写道:"三年普查材料中,家庭成员数量的巨大差别十分引人注目,这种差别是不可能符合实际情况的"。

(第 87 页★)

接下来是详细情况。

"从这些统计图表中可以看出,各农户中从业的家庭成员的数量,根据这三个调查材料,**是不可比的**。"(第 88 页★,黑体是原有的)。据说这话对没有职业的家庭成员也同样适用。不过据说 1882 年和 1907 年家庭成员的数量还是可比的(此处的材料同 1895 年也是不可比的)。

至于说到农业工人,那么此处的材料也**是不可比的**(第 89 页★)。

德意志帝国(第 34 页★和第 35 页★)

占农业生产的百分比 绝对数字:		2 公顷	2—5	5—20	20—100	100 公顷以上
1907＝5 736 082	1907	58.9	17.5	18.6	4.6	0.4
1895＝5 558 317	1895	58.2	18.3	18.0	5.1	0.4
1882＝5 276 344	1882	58.0	18.6	17.6	5.3	0.5

占农业用地面积的百分比

	(31 834 874)	1907	5.4	10.4	32.7	29.3	22.2
绝对数字	(32 517 941)	1895	5.6	10.1	29.9	30.3	24.1
	(31 868 972)	1882	5.7	10.0	29.8	31.1	24.4
占总面积	(43 106 486)	1907	5.8	10.0	31.9	29.3	23.0
的百分比	(43 284 742)	1895	5.6	9.6	28.9	30.4	25.5
	(40 178 681)	1882	5.4	9.5	28.6	30.9	25.6

　　作者把拥有2公顷以下农业用地的农户列入小农户。

（第16页★）

小　农　户——　2—　　5

中等农户——　5—　20

大　农　户——20—100

大　生　产——100以上

旧观点！　旧观点！

1907 年和 1895 年**德意志帝国**的

	只　有 自　有　地		租　　地		只有租地		每 100 农户平均有 只有其他 土　地	
	1907	1895	1907	1895	1907	1895	1907	1895
2 公顷以下	34.9	31.2	50.5	51.7	26.6	25.7	12.3	13.2
2— 5	44.0	43.6	51.3	49.6	4.7	4.6	1.0	1.2
5— 20	58.6	58.5	38.5	35.9	2.3	2.0	0.5	0.6
20—100	75.3	74.1	23.3	22.6	4.1	3.5	0.3	0.4
100 公顷以上	61.0	61.5	38.4	37.6	21.9	19.9	0.1	0.3
总　　计	42.9	40.7	47.1	46.9	17.2	16.4	7.6	8.0

	A.农业和林业	B.手工业和工业	C.商业和运输业
1907	17 681 176	26 386 537	8 278 239
	28.6%	42.8%	13.4
1895	18 501 307	20 253 241	5 966 846
	35.8%	39.1%	11.5
1882	19 225 455	16 058 080	4 531 080
	42.5%	35.5	10.0%

　*)　这些材料指的是德意志帝国的全体居民(第 9 页★)。

　　*)　巴伐利亚农业居民(A)的百分比最大:1907 年为 40.3%,其
巴登——32.7%、黑森——27.7%、阿尔萨斯—洛林——31.2%。

自营经济和租地经济(第48页★)

部分其他土地			每100公顷土地平均有					
		自 有 地		租 地		其他土地	
1907	1895	1907	1895	07	95	07	95
5.4	9.1	68.3	65.2	23.4	24.8	8.3	10.0
8.9	13.6	81.3	81.2	16.6	15.9	2.1	2.9
4.8	9.1	90.1	90.5	9.0	8.2	0.9	1.3
1.8	4.6	92.1	92.0	7.5	7.3	0.4	0.7
1.6	2.1	79.4	80.4	20.5	19.2	0.1	0.4
5.8	9.7	86.1	86.1	12.8	12.4	1.1	1.5

D.各种类型的家庭劳动和雇佣劳动	E.公职和自由职业	F.[从业]人员和各类职业的材料	总　　计
792 748	3 407 126	5 174 703	61 720 529
1.3	5.5	8.4	100
886 807	2 835 014	3 327 069	51 770 284
1.7	5.5	6.4	100
938 294	2 222 982	2 246 222	45 222 113
2.1	4.9	5.0	100

次是符腾堡——37.7%、普鲁士——28.6%、萨克森——10.7%、

译自1980年《列宁文集》俄文版
第39卷第59—79页

施梅尔茨勒《农业地产的
分配及其对农业生产率和
农业发展的影响》一文札记

（不早于 1913 年 7 月）

施梅尔茨勒博士：《农业地产的分配及其对农业生产率和农业发展的影响》。（《德意志帝国年鉴》1913 年第 46 年卷第 6 册第 401—433 页）

> 作者是个庸人，他把大、中、小不同的农户混为一谈，但是对新文献作了许多有意思的说明和引证。

（施图姆普费）

平均**每公顷**土地的建筑物价值		马克
	大农户·····················	360
（第 407 页）	中等农户·····················	420
	小农户·····················	472

文献资料：

威纳尔和**阿尔伯特**合著《19 世纪末的德国农业生产》1900 年柏林版。

麦·捷林：《地产的分配和小地产的保障》。社会政治协会学

报第 **58** 卷(1893 年)。

弗·布林克曼:《英国农业的基础》1909 年汉诺威版。

科伊普—弥勒:《农业大生产和小生产的国民经济意义》1913 年柏林版。[定价 11 法郎 25 生丁]。

2) 《德国农业协会丛书》。第 **118**、**133**、**123**、**218**、**130** 册。

1) 《蒂尔农业年鉴》1905 年版第 955 页。

恩·劳尔:《农业中估价……的原则和方法》1911 年柏林版。

(文集):《农业生产方面的最新经验》1910 年柏林版。

彼得西利:《普鲁士农业的分化和结构》。载于 1913 年普鲁士王国统计局杂志。

H. 洛施:《符腾堡人口的经济等结构的变化》(载于 1911 年《符腾堡统计年鉴》)。

莫·黑希特:《巴登的农业》1903 年卡尔斯鲁厄版。

克万特 1)[134]:平均**每公顷**土地的建筑物价值		马克
这意味着"修理费、保险费和折旧费较高"。	5 公顷以下的农户	1 430
	5— 20 公顷的农户	896
	20—100 公顷的农户	732
	100—500 公顷的农户	413
	500 公顷以上的农户	419

福格莱博士 2)[135]算出的

每公顷土地的此类费用的平均数	马 克
中等农户	64.48
大农户	57.63

《瑞士农业赢利调查》。农民秘书处的报告。1911 年伯尔

尼版。

1907 年的德国(阿尔图尔·舒尔茨博士在哪里?)(第 410 页)

计算出的固定 从业人员总数	平均每个固定从业人员有				
	马	牛	猪	绵羊	家禽
2— 5 公顷 2 346 000	0.10	1.34	1.19	0.15	6.25
5— 20 公顷 3 891 000	0.34	2.02	1.62	0.37	7.09
20—100 公顷 1 804 000	0.67	2.94	2.02	1.28	7.85
100 公顷以上 1 068 000	0.61	2.18	1.29	4.10	3.35

报告认为,小生产总的说来较差(第 414 页)。虽有特种作物,蔬菜业,但它们的作用很小。

(第 415 页)1907 年平均每 100 公顷农业耕地面积种植谷物为

	德 国	巴伐利亚
2 公顷以下	31.2	29.4
2— 5 公顷	42.4	38.8
5— 20 公顷	47.5	41.8
20—100 公顷	48.3	43.5
100 公顷以上	47.6	34.9

产量统计(1901—1910 年)

(单位公担)

据说,结果不利于小生产		小麦	黑麦
	德国	19.6	16.3
	比利时	23.6	21.7
	丹麦	27.8	17.3
	法国	13.6	10.6
	大不列颠	21.4	17.6

			1901—1909年企业主及其家庭一个男劳动日的劳动收入
每**公顷**土地上的工具投资	5公顷以下	395 法郎	2.01 法郎
	5—10公顷	309 法郎	2.27 法郎
	10—15公顷	253 法郎	2.31 法郎
	15—30公顷	231 法郎	2.23 法郎
	30公顷以上	156 法郎	4.15 法郎

		农业可用地（单位公顷）	其中耕地
各类农户中每个劳动力平均拥有 2)**136**	15公顷以上	4.67	2.87公顷
	10—15公顷	3.63	1.88公顷
	10公顷以下	2.59	1.32公顷

畜牧业：巴伐利亚（1907）平均每100公顷农业耕地面积拥有

		牛（第419页）
据说，大农户的牲畜一般较好：（第419页）参看《德国农业协会丛书》第**218**册	2公顷以下	137.6
	2— 5公顷	125.1
	5— 20公顷	109.8
	20—100公顷	98.6
	100公顷以上	62.7

第420页：（摘自《巴伐利亚王国统计汇编》第81分册第146页★）

注意：	巴伐利亚：饲养下列牲畜的每一农户拥有						平均每100公顷农业用地面积有牛（单位头）		
	牛			猪					
			1882—1907年增加的百分比			增加的百分比			增加的百分比
	1907	1882	百分比	1907	1882	百分比	1907	1882	百分比
2公顷以下	1.9	1.7	11.8	1.9	1.6	18.8	137.6	131.9	4.3
2— 5公顷	3.7	3.2	15.6	2.7	2.1	28.6	125.1	107.3	16.6
5— 20公顷	8.7	7.3	19.2	4.6	3.4	35.3	109.8	92.3	19.0
20—100公顷	21.4	17.3	23.7	10.2	7.1	43.7	98.7	80.7	22.3
100公顷以上	82.7	54.1	52.9	48.7	21.1	130.8	62.7	50.3	24.7

下列农户生产每公斤牛奶的费用

面积 5—10 公顷的为 16.34 生丁
〃 〃 10—20 〃 〃 〃 14.97 〃
〃 〃 20—30 〃 〃 〃 14.43 〃
〃 〃 30 公顷以上的为 12.60 〃

施梅尔茨勒的文章载于《巴伐利亚农业协会周刊》1912 年第 **47** 期和以后几期。

《瑞士农业赢利调查》，见上引周刊（第 422 页）

		除森林外每公顷土地的总收入（1901—1909 年）	纯收入在生产资本中所占的百分比（1901—1909 年）	同 1901—1905 年相比，1906—1909 年每公顷耕地总收入的增长	
				全部总收入增长百分比	牲畜总收入增长百分比
小农户…………	5 公顷以下	169.70	2.35	+3.7	14.6
小的中等农户……	5—10 公顷	148.20	2.91	17.7	21.2
中等农户………	10—15 公顷	128.55	3.34	16.2	21.8
大的中等农户……	15—30 公顷	122.00	3.42	20.5	22.0
大农户…………	30 公顷以上	**100.00**	4.48	16.9	15.7

据说,社会民主党的两翼都错了:激进派的错误是忘记了农业和工业的差别,而修正主义者的错误在于他们认为小生产的优越性是(向小生产发展的)原因(第 433 页)。作者是个**中间派**(!!),蠢货。说什么中小农户(5—20 公顷)在加强,1907 年的土地面积统计,等等,等等。

载于 1938 年《列宁文集》俄文版第 31 卷

译自 1969 年《土地问题笔记》俄文版第 469—473 页

恩·劳尔《最近 25 年来瑞士农业发展的统计摘要》一书札记[137]

（1913 年）

《最近 25 年来瑞士农业发展的统计摘要》（恩·劳尔）。1907
年布鲁格版。

瑞士农业参与国内粮食供应的情况（估算）。

80 年代初＝1 850 000 公担[①]＝需求量的 38.5%

现在　　＝　850 000 公担＝需求量的 14.3%

粮食播种面积减少　　　　　　　　　　　　　　　　　%

　　苏黎世州(1885)——15 490 公顷　(1896)13 590——12.3

　　伯尔尼州(1885)——48 170 公顷　(1905)43 340——10.0

　　瓦特州　(1886)——38 510 公顷　(1905)28 330——27.2

	1886	1906	增减的百分比
牲畜占有者数目…………………	289 274	274 706	－ 5.04
农业户中的牲畜占有者…………	258 639	239 111	－ 7.55
马匹占有者……………………	56 499	72 925	＋29.07
牛的占有者……………………	219 193	212 950	－ 2.85
小牲畜占有者…………………	232 104	206 291	－11.55
马……………………………	98 622	135 091	＋36.98
牛……………………………	1 212 538	1 497 904	＋23.54
猪……………………………	394 917	548 355	＋38.86
绵羊…………………………	341 804	209 243	－38.78
山羊…………………………	416 323	359 913	－13.55

---

　　① 1公担为 100 公斤。——编者注

牲畜的总价值

	1886	1906	增减的百分比
马…………………………………	51 245 千法郎	94 523	+ 84.45
牛…………………………………	360 853 〃 〃 〃	527 797	+ 46.26
猪…………………………………	20 997 〃 〃 〃	42 655	+103.15
其他等等………………………			
总计………………………………	448 579 〃 〃 〃	680 722	+ 51.75

奶的生产

奶牛………………………………	663 102	785 577	+ 18.47
奶羊………………………………	291 426	251 970	− 13.55
牛奶产量………………………	14 678 000(百升) (2 210 升)	20 818 000(百升) (2 650 升)	+ 41.84
羊奶产量………………………	874 000(百升) (300 升)	756 000 (300 升)	− 13.55
奶的总产量……………………	15 552 000(百升)	21 574 000(百升)	+ 38.72
居民用奶量……………………	7 217 000(百升) (250 升)	10 391 000 (300 升)	+ 44.00
繁殖和肥育牛犊用奶量………	2 437 000	3 124 000	+ 27.80
繁殖山羊用奶量………………	87 000	75 000	− 13.80
繁殖猪用奶量…………………	117 000	160 000	+ 36.75
浓缩和制作小儿奶粉用奶量…	369 000	886 000	+140.11
制作巧克力用奶量……………	15 000	100 000	+566.67
阿尔卑斯山区农场加工业用奶量……………………………	5 311 000	6 838 000	+ 28.75
农户和家庭用奶量……………	5 450 000	6 563 000	+ 20.42
奶的销售量……………………	10 102 000	15 095 000	+ 49.43
其中出口的奶和乳制品…	3 500 000	4 502 000	+ 28.63
其中内销的奶和乳制品…	6 602 000	10 593 000	+ 60.45
奶的产值………………………	215 500 000 法郎	333 210 000 法郎	+ 54.62
除繁殖和肥育牲畜用奶外的奶的产值……………………	175 597 000 法郎	286 180 000	+ 62.05

	1886	1906	增减的百分比
瑞士肉类生产总值⋯⋯⋯⋯	126 612 000法郎	214 810 000	＋70.72
瑞士肉类消费总值⋯⋯⋯⋯	172 080 000	285 171 000	＋65.71
1公斤肉的价值⋯⋯⋯⋯⋯	1.514	1.625	＋ 7.33
人均肉类消费量⋯⋯⋯⋯⋯	39.353公斤	50.103公斤	＋27.31
肉类消费量(单位公担)⋯⋯⋯	1 136 000	1 755 000	＋54.48
其中国内自产	829 000	1 333 000	＋60.79
其中国外进口	307 000	422 000	＋37.45

总产值(估算)

	80年代中期(单位千法郎)	百分比	现在(单位千法郎)	百分比	增减的百分比
谷物⋯⋯⋯⋯⋯⋯⋯⋯⋯⋯	39 000	7.16	21 300	2.92	－45.38
马铃薯⋯⋯⋯⋯⋯⋯⋯⋯⋯	24 471	4.50	27 000	3.70	＋10.33
大麻和亚麻⋯⋯⋯⋯⋯⋯⋯	1 894	0.35	1 900	0.26	＋ 0.32
烟草⋯⋯⋯⋯⋯⋯⋯⋯⋯⋯	1 000	0.17	1 000	0.14	－
各种栽培作物⋯⋯⋯⋯⋯⋯	250	0.04	400	0.05	＋60.00
用于饲养非农用马匹的干草⋯	3 600	0.66	4 500	0.62	＋25.00
葡萄⋯⋯⋯⋯⋯⋯⋯⋯⋯⋯	49 240	9.05	45 000	6.16	－ 8.61
果树⋯⋯⋯⋯⋯⋯⋯⋯⋯⋯	49 500	9.09	60 000	8.21	＋21.21
蔬菜⋯⋯⋯⋯⋯⋯⋯⋯⋯⋯	25 926	4.76	26 400	3.61	＋ 1.83
牛的繁殖⋯⋯⋯⋯⋯⋯⋯⋯	6 485	1.19	5 600	0.77	－13.64
牛的肥育(包括为出口肥育)⋯	96 250	17.68	156 300	21.40	＋62.39
马⋯⋯⋯⋯⋯⋯⋯⋯⋯⋯⋯	288	0.05	350	0.05	＋21.52
猪⋯⋯⋯⋯⋯⋯⋯⋯⋯⋯⋯	38 221	7.02	61 480	8.43	＋60.85
绵羊⋯⋯⋯⋯⋯⋯⋯⋯⋯⋯	3 800	0.70	2 590	0.35	－31.84
山羊⋯⋯⋯⋯⋯⋯⋯⋯⋯⋯	12 250	2.25	13 260	1.81	＋ 8.24
家禽⋯⋯⋯⋯⋯⋯⋯⋯⋯⋯	13 256	2.43	14 000	1.91	＋ 5.61
养蜂⋯⋯⋯⋯⋯⋯⋯⋯⋯⋯	2 286	0.41	3 000	0.41	＋31.23
乳制品⋯⋯⋯⋯⋯⋯⋯⋯⋯	176 597	32.49	286 180	39.20	＋62.05
总计⋯⋯⋯⋯	544 314	100.00	730 260	100.00	＋34.16

农业原料和机器的进口

	80年代中期 （单位公担）	现在 （单位公担）	增减的 百分比
肥料和废料………………………	181 720	913 340	＋ 402.60
饲料……………………………	516 000	1 456 390	＋ 182.25
⎧ 糠、油饼、磨碎的油饼……	27 410	366 310	＋1 236.41
⎨ 玉米……………………	287 370	634 620	＋ 120.83
⎩ 面粉…………………………	86 230	171 850	＋ 99.30
禾秸和垫圈用的禾秸…………	110 000	567 410	＋ 415.82
种子……………………………	24 130	11 450	－ 52.55
农业机器和工具………………	1 340	40 340	＋2 910.45
	1885—1888年	1905年	
竞争的农产品的进口…………	198 381	351 681	＋ 77.27
	（单位千法郎）		
出口…………………………	78 399	81 512	＋ 3.97
	（单位千法郎）		

农业人口

	1888年	1900年	百分比
属于农业的人口………………	1 092 827	1 047 795	－ 4.17
男子…………………………	568 024	555 047	－ 2.28
妇女…………………………	524 803	492 748	－ 6.10
技术和管理人员			
男子…………………………	—	464	
妇女…………………………	—	14	
男仆…………………………	61 320 ⎫	57 849 ⎫	－ 5.66
女仆…………………………	9 927 ⎪	6 779 ⎪	－ 31.71
男日工………………………	35 258 ⎬	37 234 ⎬	＋ 5.60
女日工………………………	8 921 ⎪	8 348 ⎪	－ 6.42
	115 426 ⎭	110 210 ⎭	

载于1938年《列宁文集》俄文版
第31卷　　　　　　　　　　　译自1969年《土地问题笔记》
　　　　　　　　　　　　　　俄文版第474—477页

恩·耶尔迪《农业中的电动机》一书札记[138]

(1914 年 9—10 月)

恩斯特·耶尔迪:《农业中的电动机》1910 年伯尔尼版。

作者是毕业于伯尔尼吕蒂农业学校的实践家。这所学校本身就用电动机来干农活。作者收集了有关瑞士农业中的电动机的材料。结论:大力向农民协作社推荐电动机。

"操作简便可靠,磨损极少,适应性强,能立即启动,很少需要维修,因此电动机的保养费很少,这些都是任何其他机器发动机目前达不到的…… 由于生产方式的关系,大农户自备电动机在大多数情况下都能得到补偿。建议中小农户合伙购置和使用电动机……"(第79页)。

$$1 伏特 \times 1 安培 = 1 瓦特$$

马力 $\begin{cases} 千瓦 = 1\ 000 瓦特 \\ 1 马力 = 736 瓦特 \end{cases}$

电的价格:

"一个有效马力——

使用 1 小时的费用"。

(第78页)

a.电动机

(4 马力)——**26 生丁**

b.1 个人工——300 生丁

c.1 匹马牵引——100 生丁

| 因此,电动机比一切动力都便宜(除了水力)。 | d. 水力(非常便宜)

几生丁

e. 内燃机(4 马力)——60 生丁 |

作者(根据官方统计)计算出瑞士的水力资源为 **722 600** 马力。概算为(24 小时内)750 000 马力。更准确地说,大约 100 万马力＝1 400—2 400 万人力(第 13 页)。

载于 1962 年《列宁全集》俄文
第 4 版第 40 卷

译自 1969 年《土地问题笔记》
俄文版第 478—479 页

美国的资本主义和农业[139]

（1914—1915 年）

引言的提纲
美国农业调查

美国作为先进的资本主义国家的意义。榜样。走在所有国家前头。比所有国家自由等等。

农业演进问题的意义、重要性和复杂性。

美国农业统计。每 10 年一次的人口普查。同样的材料。

吉姆美尔是资产阶级观点的**集大成者**。他在**这方面**的一篇短文抵得上几卷书。

他的立场的实质是：“**劳动**”农业（或农民）或**资本主义**农业。基本论点。“资本主义的衰落”？

提纲的几种方案

一

3 个主要地区和 **2 个小地区**

3个**地区**和2个**小地区**(9个地区)。

> 比较 **1900 年**版的摘录第 4 页:1900 年分 5 个地区[①]是**更为合理的**。

人口密度。

城市人口的百分比。

人口的增长。

垦殖开发(移民宅地)。

农场数目的增加。

耕地的增加。

农业的集约化

 { 资本
 { 肥料。

雇佣劳动。

(农)作物。

收获量。

农场的平均面积及其变化

 { 按地区
 { 按时期。

农场总价值以及农具＋机器的价值的配置的百分比。

饲料和畜产品的买进卖出。

南部的黑人及其逃往城市。移民及其对城市的向往。

农业中的雇佣劳动。

---

① 见本卷第 567 页。——编者注

> 雇佣劳动费用。
> 职业统计。

自耕农与佃农

　总体情况

　南部情况。

抵押土地的农场。增加。

马匹的情况及其变化。

农场数目(分类)和变化。

耕地面积(同上)和变化。

产乳**牲畜**(及其集中)……

南部的种植园。

工农业的阶级结构和发展的概况。

三种分类方法。注意)

　　　　　(1900 年)……

大地产及其面积的减少。

二

主要的:3 个**地区**和

(A)北部的 2 个地区(新英格兰＋大西洋岸中部各州)……

> **补充**：**工业**品价格

(B)南部——"资本主义的衰落"。

(C)按土地面积分类的总结。

(D)3 种分类方法的比较。

垦殖开发。

大地产。

自耕农与佃农。

农业和工业的**概况**。

三

1. **引言**。问题的意义。材料。“吉姆美尔”。

2. 3个(+2个)**主要**地区的概况(**概**述)　或第3—5节

(垦殖开发中的)西部	从垦殖开发地区向定居地区过渡
(工业的)北部	(1个地区)
(蓄奴的)南部	(1个地区)

3. 农场的平均面积(1850—1910)

---

4. 按土地面积分类。

5. **同上**。总价值以及机器价值的配置的百分比。

6. 按收入分类。

7. 按主要收入来源(“专业”)分类。

8. 3种分类方法的比较。

9. 小农被剥夺。

{美国各种分类方法的总结
自耕农与佃农
马匹情况} 抵押土地的农场。

10. 农业中的雇佣劳动。

11. 大地产土地面积的急剧减少。

12. 概况。

以下(第 13 节以后)大体为:

14. 小农被剥夺

    (α)逃离农村

    (β)自耕农

    (γ)马匹情况

    (δ)农场的债务。

15. 概况　**注意**＋

    (((＋把美国和俄国加以比较,假设全部土地转归农民。)))

15. 工业和农业演进情形的比较。

16. **总结和结论**。

> 在第 3 节内加上北部
> **大农场**的百分比

补充:收入高的企业的百分比

3 英亩以下	5.2	注意
3— 10 英亩	0.6	
10— 20 英亩	0.4	
20— 50 英亩	0.3	
50—100 英亩	0.6	

＋牲畜的价格

补充:大地产,土地的百分比

     1900 年   1910 年

      23.6   19.7

＋土地的价值：

      7.1%   7.6%

＋牲畜的增加

草场＋土地：第 **6** 页。

标题的方案

大致是：

美国的资本主义和农业。

（关于农业中资本主义发展规律的新材料。）

关于农业中资本主义发展规律的新材料。

第一编。美国的资本主义和农业。

各种方案的片断

一

I.

从工役地租到资本主义地租。

马克思。

III. 土地的投资额。

二

"总结和结论"

(A) { 同样的材料。

繁多的色彩。

(B)"七个论题"。

16. 总结和结论。

> 第 **20** 页:
>
> ＋引文

三

国家的幅员和多样性。

演进中繁多的色彩和倾向:

3. ‖(α)大工业的集约化。

4. ‖(β)粗放经营(畜牧业——数百俄亩)

2.   (γ)垦殖开发。

1.   (δ)从封建制度向资本主义过渡(蓄奴制)

(ε)农场面积的比较(?)

1. ⊥ 机器

2.   雇佣劳动

3.   大农场排挤小农场

4. ⊥ 按土地面积分类缩小了这种排挤现象。

5. ‖ 在农场面积缩小的情况下资本主义的发展(集约化)。

6. ‖ 小农被剥夺

$$\left.\begin{array}{l}\text{自耕农与佃农}\\\text{牲畜的占有}\\\text{债务。}\end{array}\right\}$$

7. ‖ 同工业的一致性(第 15 节)。

四

10. 通常采用的经济研究方法的缺点。

11. 按产品产值划分的小农场和大农场。

11. 比较大小农场的更精确的方法。

12. 农业中的各种农场类型。

13. 农业中大生产排挤小生产的现象是怎样被缩小的?

五

4. **农场的平均面积**。

南部"资本主义的衰落"

| 全美国 | 南部,北部 | 北部的两个地区 | 西部 | 南部 |
| = | − + | − | ± | |

5. 北部"资本主义的解体"。

新英格兰+大西洋岸中部各州。

6. **资本主义性质**。

6. **按农场面积分类。总结。**

7. 同上，南部。

8. **北部**　新英格兰＋大西洋岸中部各州。

9. **西部**

10. **农业的资本主义性质**

11. **按价值分类**(总价值和机器价值)

12. 按收入分类

13. 按专业分类

14. 3种分类方法的比较

15. **剥夺**

16. **概况**

六

10. 按农场土地面积分类的缺点

11. 按收入水平分类

12. 按专业(按主要收入来源)分类法

13. 三种分类方法的比较。

{把美国和俄国加以比较,假设全部土地转归农民}注意

七

加利福尼亚

每英亩

	1910	**1900**
雇佣劳动	4.38	**2.16**
肥　料	0.19	0.08

（按土地面积分类）**掩盖了**小生产的破产：

‖把**少数**繁荣的农场同**大量**落后和濒临破产的农场混在一起

注意

补充：

在收入高的农场（2 500 美元以上）中，最小农场和小农场的

百分比较高

3 英亩以下	——	5.2
3— 10 英亩		0.6
10— 20 英亩		0.4
20— 50 英亩		0.3
50—100 英亩		0.6

目录的方案

一

目录：

1. 3 个地区概述。垦殖开发中的西部。

2. 工业的北部。

3. 原先蓄奴的南部。

4. 农场的平均面积。

　　　　　　"南部资本主义的解体"。

5. **农业的资本主义性质**。

6. 农业集约化程度最高的地区。

7. **机器和雇佣**劳动。

8. **大农场排挤小农场**(耕地)。

9. 续。关于价值的材料。——

10. 按土地面积分类的缺点。——

11. 按产品产值划分农场的分类法。——

12. 按主要收入来源划分农场的分类法。——

13. 三种分类方法的比较。——

14. **小农被剥夺**。

15. 工业和农业演进**情形**的比较。

16. 总结和结论。第 155—161 页。

　　　　　　完。

┌─────────────────────────────────┐
│ ——就是说:"重写"各节"标题" │
└─────────────────────────────────┘

二

载于 1932 年《列宁文集》俄文版
第 19 卷

译自 1969 年《土地问题笔记》
俄文版第 480—486 页

美国农业统计札记

（1914—1915 年）

美国农业统计所提供的最有趣的东西（就新颖和在经济学中的重要性而言），就是**三种**分类方法的对比：（1）按土地面积（通常的分类方法），（2）按主要收入来源，（3）按总收入——即未用做饲料的产品的价值（大概是货币总收入）。

第二种和第三种分类方法是极有价值和极有教益的新方法。

关于第二种分类方法不必赘述。它的意义在于能说明**偏重于商业性**农业某一方面的农场属于哪种经济类型。这种分类方法出色地表明不同类型的农场（按土地面积）是**不可比的**，从而表明按土地面积分类的方法（以及由这种分类法得出的结论）可以应用的**范围**。

补（1）。这类农场按土地面积是不可比的：以**干草和谷物**为主要收入来源。农场的平均面积——159.3 英亩（见我的摘录第 7—8 页）[①]。平均的劳动费用——每个农场 76 美元（每英亩 0.47 美元）。

---

① 见本卷第 574 页。——编者注

　　花卉和植物。平均面积=6.9英亩。平均的劳动费用=每个农场 675 美元,每英亩 **97. 42** 美元,即 9 742÷47=207 倍还多。

　　当然,以**花卉**为主要收入来源的农场数目是微不足道的(0.1%),而以**干草和谷物**为主要收入来源的农场数目则很大(23.0%),但是如果算平均数,就会造成一种假象。谷物(干草和谷物)农场的数量是花卉农场的 200(214)倍(1 319 856÷6 159=214),但是它们每英亩的平均工资支出只是花卉农场的 $1/207$。

　　作相应的更动后,蔬菜农场(占全部农场的 2.7%,"劳动"费用=每英亩 1.62 美元,而平均劳动费用为 0.43 美元),以及水果农场(占全部农场的 1.4%,劳动费用为每英亩 2.46 美元)等等的情况也是如此。

　　谷物农场就土地来说规模很大(平均 159.3 英亩),但收入很少(指总收入)——平均每个农场总收入为 665 美元。"花卉"农场平均每个农场 6.9 英亩,每个农场总收入为 2 991 美元。水果农场——平均每个农场 74.8 英亩,每个农场总收入为 915 美元,等等。

　　或者以乳制品为例。农场面积**小于**平均数,是 121.9 英亩比146.6,更小于谷物农场(159.3 英亩),总收入却**超过** 787 美元(平均数为 656 美元,干草和谷物农场为 760 美元)。每个农场的劳动费用=105 美元(平均数为 64 美元,干草和谷物农场为 76 美元),每英亩 0.86 美元,即比平均费用(每英亩 0.43 美元)高 1 倍。他们每英亩的牲畜价值为 5.58 美元(平均数为 3.66 美元),每英亩的农具和机器价值为 1.66 美元(平均数为 0.90 美元)。

　　这不是美国特有的现象,而是一切资本主义国家的**惯例。在**从谷物农场**转为**牛奶农场**的情况下**,它说明了什么呢?

例如(α)10 个谷物农场转为牛奶农场。

(β)10 个农场×160＝1 600 英亩

÷120(牛奶农场的平均规模)

＝13 个农场

生产规模缩小了。小规模经营胜利了！

劳动费用　 $10×76＝760$ 美元　　　(α)

(β)　 $13×105＝1 365$ 美元　　(β)　**几乎多 1 倍!!**

就是说,转为牛奶农场——转为蔬菜业(蔬菜、水果等等)也一样——会导致农场平均土地面积减少,导致其**资本主义**费用增加(＝其资本主义性质的加强),导致生产扩大

(总收入: $α＝760×10＝7 600$ 美元

$β＝787×13＝10 231$ 美元)

补(2)。按土地面积分类的方法适用于哪些范围呢？适用于**大多数普通的**谷物农场。在美国,干草和谷物农场＝23%,畜牧农场(粗放的　注意[间有集约经营的])＝27.3%,混合农场＝18.5%。合计＝68.8%。因此,一般规律也**可能**在总平均数中**显露出来**。但仅仅限于总计数字中,仅仅限于**没有**发生从旧农场向新农场的明显**转变**(然而哪里没有这种转变呢?)、各农场每公顷(每英亩)土地相等的投资额不变的情况下。

美国统计的一大缺点是缺乏**综合表**。在同一类型农场范围内把按土地面积划分的农场材料加以比较是极为重要的。这点没有做到。

现在来谈谈第三种新型的分类法——按总收入分类。

把它同第一种通常的(按土地面积的)分类法加以比较是很有教益的。

每英亩的牲畜数量(价值)。按土地面积:**有规律地**、毫无例外地**减少**,从每英亩 **456.76** 美元(3 英亩以下的农场)到每英亩 2.15 美元(1 000 英亩以上的农场),即相差 200 多倍! 这种比较是可笑的,因为比较的是**不同规模的农场。**

按总收入:**增加**(有两个不算很大的例外:收入为 **0** 和收入在 **2 500** 美元以上的直至最高值)和土地面积的**增加**(也有两个例外:0 和最低值)是**平行的**。

每英亩的工资(劳动)费用。

按土地面积。从 40.30 美元(3 英亩以下)**减少**(有一个例外)到 0.25 美元(1 000 英亩以上)。相差 150 倍!!

按总收入。从 0.06 美元有规律地**增加**到 0.72 美元。

肥料费用。按土地面积。从每英亩 2.36 美元**减少**到 0.02 美元。

按总收入**增加**(有一个例外)。

从 **0.01** 美元到 0.08(0.06)美元,

每英亩的农具和机器费用。

按土地面积　**减少**

从 **27.57** 美元到 **0.29** 美元。

按总收入　**增加**(有一个例外)

从 **0.38** 美元到 **1.21**(0.72)美元。

平均耕地面积。

‖ 按土地面积　从 **1.7** 英亩**增加**到 **520** 英亩。

按总收入   从 **18.2** 英亩**增加**到 **322.3** 英亩(有一个例外)。

按收入分类法把**面积**大的和**面积**小的农场归在了一起,只要它们的资本主义程度是相同的。像**土地**这样的"**因素**",其举足轻重的意义在这种分类法中仍旧存在并很突出,但它也(同样)从属于**资本**。

按收入分类法:各类农场用于工资的费用,按农场计算差别**很大**(4—786 美元),按英亩计算则差别相对较小(0.06—0.72 美元)。

按土地面积分类法:各类农场用于工资的费用按农场计算,差别**不太**大(16—1 059 美元),按英亩计算则差别很大(40.30—0.25 美元)。

按土地面积:各类农场的收入(每个农场总收入)为 592 美元—1 913 美元(55 334 美元),就是说,差别**很小**。

总结:以总收入为尺度和以土地面积为尺度,(美国)小农场和大农场的比例(从一些重要标志以及对资本主义经济说来是最重要的工资费用标志来看)**正好**相反。

应当指出,美国农业统计揭示了它同欧洲大陆的一个**基本**区别。

在美国,极小(无产者?)农场的百分比是**微不足道的**:20 英亩(=8 公顷)以下的农场占 11.8%。

在欧洲,极小农场的百分比**很高**(在德国,**2 公顷**以下的极小农场超过½)。

在美国,农业资本主义**更纯一些**,分工**更明确一些**;同中世纪、同依附于土地的劳动者的联系**更少一些**;地租的压迫轻一些;商业性农业同自然经济的农业的混淆程度轻一些。

载于 1932 年《列宁文集》俄文版
第 19 卷

译自 1969 年《土地问题笔记》
俄文版第 487—490 页

美国农业统计^{*)}

（第 1—12 页摘录）

（1914—1915 年）

（摘录的）

页　码

1——**按土地面积**和**按收入**综合分类的农场数目。

2——两种分类**相互**综合的农场数目的百分比。

3——各地区农场土地面积的比较。

4——无。

5——**按土地面积**和**按主要收入来源**综合分类的农场数目。

6——**按主要收入来源**分类——在总数中所占的百分比。

7 和 8——按主要收入来源分类的农场的平均数。

9—10——**按土地面积**和**按收入**[[未予综合]]分类的农场的
平均数（及在总数中所占的百分比）

11 和 12——无。

美国统计中最有意思的是综合了（虽然还不够彻底）**三种分类**
方法：按土地面积，按收入和按主要收入来源。

把**按土地面积**分类和**按收入**分类（摘录第 10 页和第 9 页^①）
加以比较，即可清楚地看出**第二种**分类的优越性。

*)　**大约 1697** 页。1900 年第十二次人口普查。普查报告。
第 5 卷。农业。1902 年华盛顿版。

---

① 　见本卷第 575—579 页。——编者注

（绝对

按土地

全美国

按收入分类：	农场数目： 5 739 657	3 英亩以下 41 882	3—10 226 564	10—20 407 012	20—50 1 257 785
0 美元	53 406	1 346	5 166	8 780	12 999
1— 50	167 569	6 234	38 277	33 279	45 361
50— 100	305 590	7 971	55 049	64 087	89 424
100— 250	1 247 731	13 813	86 470	182 573	454 904
250— 500	1 602 854	4 598	28 025	89 116	471 157
500—1 000	1 378 944	2 822	8 883	21 295	154 017
1 000—2 500	829 443	2 944	3 351	6 412	25 691
2 500 美元以上	154 120	2 154	1 343	1 470	4 232
0—100 美元	526 565	15 551	98 492	106 146	147 784
1 000 美元以上	983 563	5 098	4 694	7 882	29 923

低收入农场（0—100 美元）的大约百分比	大约:9.1	37	43	25	12
高收入农场（1 000 美元以上）的大约百分比	17.2	13	2	1.9	2

数）

面积分类

50—100	100—175	175—260	260—500	500—1 000	1 000英亩以上
1 366 167	1 422 328	490 104	377 992	102 547	47 276
6 159	12 958	1 451	2 149	1 110	1 288
19 470	18 827	2 333	2 290	902	596
44 547	33 168	4 922	4 197	1 428	797
271 547	176 287	33 087	21 061	5 497	2 492
495 051	358 443	87 172	53 121	12 108	4 063
420 014	492 362	152 544	97 349	22 398	7 260
101 790	310 420	182 868	149 668	34 210	12 089
7 589	19 863	25 727	48 157	24 894	18 691
70 176	64 953	8 706	8 636	3 440	2 681
109 379	330 283	208 595	197 825	59 104	30 780
5	4	1.8	2.2	3	5
8	24	43	52	57	66

现将两种主要分类方法(按土地面积和按收入)的比较列表如下：

按未用做饲料的产品的一定价值划分的农场数目的百分比：

	占全部农场的百分比	0	1—50	50——100	100——250	250——500	500——1 000	1 000——2 500	2 500以上	
全部农场	100	100	100	100	100	100	100	100	100	
3英亩以下	0.7	2.5	3.7	2.6	1.1	0.3	0.2	0.4	1.4	
3— 10英亩	4.0	9.7	22.8	18.0	6.9	1.7	0.6	0.4	0.9	
10— 20英亩	7.1	16.5	19.9	21.0	14.6	5.6	1.5	0.8	1.0	
20— 50	21.9	24.3	27.1	29.3	36.5	29.4	11.2	3.1	2.7	
50— 100	23.8	11.5	11.6	14.6	21.8	30.9	30.5	12.3	4.9	增加
100— 175	24.8	24.3	11.2	10.8	14.1	22.4	35.7	37.4	12.9	
175— 260	8.5	2.7	1.4	1.6	2.7	5.4	11.1	22.0	16.7	注意
260— 500	6.6	4.0	1.4	1.4	1.7	3.3	7.1	18.0	31.2	**最高值**
500—1 000	1.8	2.1	0.5	0.5	0.4	0.8	1.6	4.1	16.2	减少
1 000英亩以上	0.8	2.4	0.4	0.2	0.2	0.2	0.5	1.5	12.1	

	农场类别	占全部农场的百分比	按一定面积(英亩)划分的农场数目的百分比:									
			3英亩以下	3—10	10—20	20—50	50——100	100——175	175——260	260——500	500——1 000	1 000以上
未用做饲料的产品的价值	0美元	0.9	3.2	2.3	2.2	1.0	0.5	0.9	0.3	0.6	1.1	2.7
	1— 50	2.9	14.9	16.9	8.2	3.6	1.4	1.3	0.5	0.6	0.9	1.3
	50— 100	5.3	19.0	24.3	15.7	7.1	3.3	2.4	1.0	1.1	1.4	1.7
	100— 250	21.8	33.0	38.1	44.8	36.2	19.9	12.4	6.8	5.6	5.4	5.3
	250— 500	27.9	11.0	12.4	21.9	37.5	36.2	25.2	17.8	14.0	11.8	8.6
	500—1 000	24.0	6.7	3.9	5.2	12.3	30.7	34.6	31.1	25.8	21.8	15.3
	1 000—2 500	14.5	7.0	1.5	1.6	2.0	7.4	21.8	37.3	39.6	33.3	25.6
	2 500美元以上	2.7	5.2	0.6	0.4	0.3	0.6	1.4	5.2	12.7	24.3	39.5
	合计=	100.0	100.0	→	减少	最低值		→ 增加			100.0	100.0
	500美元以下	58.8										
	500—1 000	24.0	6.7	3.0	5.2	12.3	30.7	34.6	31.1	25.8	21.8	15.3
	1 000美元以上	17.2	12.2	2.1	2.0	2.3	8.0	23.2	42.5	52.3	57.6	65.1

第 LXI 页正文中提供的有关各地区典型农场的很有价值的说明

地　　　区	英　亩　数	总收入(来自未用做 饲料的产品) 单位美元	主要收入来源
大西洋岸北部区………	50—100	500—1 000	牲畜或乳制品
中　北　区………	100—175	500—1 000	牲畜或干草和谷物
西　部　区………	100—175	500—1 000	牲畜或干草和谷物
大西洋岸南部区………	20—50	250—500	棉　　花
中　南　区………	20—50	250—500	棉　　花

1900 年分 5 个地区：

（1）大西洋岸北部区＝1910 年的新英格兰＋大西洋岸中部各州。

（2）大西洋岸南部区＝与 1910 年相同。

（3）中北区＝1910 年中部西北各州＋中部东北各州。

（4）中南区＝1910 年中部东南各州＋中部西南各州。

（5）西部区＝1910 年山区各州＋太平洋岸各州。

绝对数

按土地面积

主要收入来源：	农场总数	3 英亩以下	3—10 英亩	10—20 英亩	20—50
全美国…………	5 739 657	41 882	226 564	407 012	1 257 785
干草和谷物………	1 319 856	1 725	26 085	59 038	190 197
蔬菜……………	155 898	4 533	23 780	23 922	41 713
水果……………	82 176	1 979	10 796	13 814	22 604
畜牧业…………	1 564 714	13 969	56 196	81 680	257 861
乳制品…………	357 578	5 181	15 089	20 502	59 066
烟草……………	106 272	397	5 827	12 317	26 957
棉花……………	1 071 545	997	25 025	112 792	426 689
大米……………	5 717	123	996	614	1 185
食糖……………	7 344	50	345	629	2 094
花卉……………	6 159	3 764	1 387	492	355
温室产品………	2 029	121	262	307	429
芋类……………	441	171	141	47	31
咖啡……………	512	47	200	94	68
混合产品………	1 059 416	8 825	60 435	80 764	228 536
下面画有横线的都是高度资本主义的作物	724 126	16 366	58 823	72 738	154 502

(第 18 页,表 3):
(单位英亩)划分的农场

50—100	100—175	175—260	260—500	500—1 000	1 000 英亩以上
1 366 167	1 422 328	490 104	377 992	102 547	47 276
294 822	415 737	152 060	137 339	33 035	9 818
30 375	22 296	5 069	3 086	813	311
15 813	10 858	3 061	2 131	781	339
384 874	423 741	156 623	125 546	38 163	26 061
90 814	104 932	35 183	20 517	4 514	1 780
25 957	21 037	7 721	4 836	1 063	160
238 398	164 221	52 726	35 697	11 090	3 910
814	810	396	385	206	188
1 787	1 029	391	380	233	406
112	43	4	2	—	—
387	302	96	86	32	7
31	8	2	4	2	4
30	25	16	13	7	12
281 953	257 289	76 756	47 970	12 608	4 280
166 120	161 340	51 939	31 440	7 651	3 207

表 18(第 248 页)

用以对按主要收入

在总数中

全美国:	干草和谷物	蔬菜	水果	畜牧业	乳制品	烟草	棉花
农场数目…………	23.0	2.7	1.4	27.3	6.2	1.9	18.7
农场英亩数………	25.0	1.2	0.7	42.2	5.2	1.1	10.7
农场财产总值……	31.1	2.7	2.1	36.6	8.3	1.0	5.4
农场和改良设备的价值…………	35.2	2.8	2.4	34.3	7.3	1.0	5.3
建筑物价值………	24.8	3.5	2.4	33.7	12.0	1.5	4.8
农具和机器的价值…	28.7	2.8	1.9	30.9	9.4	1.1	6.3
牲畜价值…………	21.7	1.2	0.7	51.3	7.9	0.8	6.1
产品价值…………	26.6	2.8	2.0	32.8	7.5	1.7	12.2
劳动总费用………	27.4	**4.5**	**4.1**	27.8	**10.3**	**1.5**	7.4
肥料总费用………	14.6	10.9	3.4	14.0	7.5	5.2	22.5

四个类别的综述:

(1)□=雇佣劳动费用的百分比大大超过土地的百分比的作物。换句话说,是高度**资本主义**的农场。

(2)棉花=资本主义不甚发达的特种作物。特殊的经济关系(黑人劳动,自然经济形式:奴隶制的痕迹及其在资本主义基础上的恢复)。

(3)畜牧业——资本主义最不发达。

(4)干草和谷物="中等的"+混合产品。

摘录

来源分类作一般说明

所占的百分比

大米	食糖	花卉	温室产品	混合产品	农场的专业			
					高度资本主义的农场合计□	高度资本主义的农场(无乳制品)*)	中等农场(干草和谷物+混合产品)	资本主义不发达的农场(牲畜+棉花)
0.1	0.1	0.1	<**)	18.5	12.5	6.3	41.5	46.0
0.1	0.3	<	<	13.5	8.6	3.4	38.5	52.9
0.1	0.7	0.3	0.1	11.6	15.3	7.0	42.7	42.0
0.1	0.7	0.2	0.1	10.6	14.6	7.3	45.8	39.6
0.1	0.4	0.6	0.1	16.1	20.6	8.6	40.9	38.5
0.2	4.4	0.2	0.1	14.0	20.1	10.7	42.7	37.2
0.1	0.2	<	<	10.0	10.9	3.0	31.7	57.4
0.2	1.0	0.5	0.3	12.4	16.0	8.5	39.0	35.0[140]
0.5	4.0	1.1	0.6	10.8	26.6	16.3	38.2	35.2
0.1	3.8	0.6	0.2	17.2	31.7	24.2	31.8	36.5

---

　　*) 这些高度资本主义的农场的特点是,农场面积几乎比平均数小一半(6.3%的农场占有3.4%的土地),使用的肥料是平均数的**7倍**(占肥料的24.2%和土地的3.4%)。正是这些作物10年来(1899－1909年)增长最快:这一时期谷物总面积增加＝+**3.5%**,大米+**78.3%**,烟草+**17.5%**,食糖+**62.6%**,蔬菜+**25.5%**,花卉+**96.1%**。

　　**) ＜＝不到0.1‰。

平　均　价　值

	土地平均价值		农具和机器平均价值		全部牲畜平均价值	
	每个农场	每英亩	每个农场	每英亩	每个农场	每英亩
全美国…………	2 285	15.59	133	0.90	536	3.66
干草和谷物………	3 493	21.93	166	1.04	506	3.17
蔬菜……………	2 325	35.69	138	2.12	244	3.74
水果……………	3 878	51.82	175	2.34	251	3.35
畜牧业…………	2 871	12.66	151	0.66	1 009	4.45
乳制品…………	2 669	22.05	201	1.66	676	5.58
烟草……………	1 214	13.47	77	0.85	235	2.61
棉花……………	653	7.82	45	0.53	176	2.11
大米……………	2 205	11.59	212	1.11	317	1.67
食糖……………	12 829	35.30	4 582	12.61	957	2.63
花卉……………	4 550	656.90	222	32.04	63	9.07
温室产品…………	6 841	83.73	266	3.26	228	2.79
芋类……………	968	22.56	15	0.35	107	2.50
咖啡……………	3 083	22.48	63	0.46	160	1.16
混合产品…………	1 317	12.33	101	0.94	291	2.73

全 美 国

农场财产总值 (单位美元)		百分比	农场数目	
每个农场	**每英亩**			
3 574	24. 39	100	5 739 657	全部农场
4 834	30. 34	23.0	1 319 856	干草和谷物
3 508	53. 85	2.7	155 898	蔬菜
5 354	71. 54	1.4	82 176	水果
4 797	21. 14	27.3	1 564 714	畜牧业
4 736	39. 12	6.2	357 578	乳制品
2 028	22. 51	1.9	106 272	烟草
1 033	12. 36	18.7	1 071 545	棉花
3 120	16. 40	0.1	5 717	大米
20 483	56. 36	0.1	7 344	食糖
8 518	1 229. 72	0.1	6 159	花卉
9 436	115. 49	不到 $\frac{1}{10}$	2 029	温室产品
1 276	29. 73		441	芋类
3 775	27. 53		512	咖啡
2 250	21. 07	18.5%	1 059 416	混合产品

总计＝100.0

蔬菜	2.7	谷物	23.0
水果	1.4	牲畜	27.3
牛奶	6.2	混合产品	18.5
总计＝10.3%			68.8
		棉花　＋	18.7
			87.5%
		＋	12.5% 特种作物
			100.0

按主要收入来源分类的农场*)

全美国：	1899年农场雇佣劳动平均费用（单位美元）		（全部土地）农场英亩数	1899年未用做饲料的产品的价值（单位美元）	1899年的平均肥料费用（单位美元）	平均耕地面积	每个农场非耕地面积
	每个农场	每英亩	每个农场平均	每个农场平均	每英亩	每个农场	
全部农场……	64	0.43	146.6	656	0.07	**72.3**	＋74
干草和谷物……	76	0.47	159.3	760	0.04	111.1	＋48
蔬菜……	106	1.62	65.1	665	0.59	33.8	＋31
水果……	184	2.46	74.8	915	0.30	41.6	＋33
畜牧业……	65	0.29	226.9	788	0.02	86.1	＋140
乳制品……	105	0.86	121.9	787	0.09	63.2	＋58
烟草……	51	0.57	90.1	615	0.30	53.0	＋37
棉花……	25	0.30	83.6	430	0.14	42.5	＋41
大米……	299	1.57	190.3	1 335	0.07	80.9	＋110
食糖……	1 985	5.46	363.4	5 317	0.77	140.5	＋223
花卉和植物……	675	97.42	6.9	2 991	7.41	5.6	＋1
温室产品……	1 136	13.91	81.7	4 971	0.84	67.7	＋14
芋类……	51	1.18	42.9	425	0.18	6.8	＋36
咖啡……	360	2.62	137.1	568	0.08	27.6	＋110
混合产品……	37	0.35	106.8	440	0.08	46.5	＋60

*) 第 CXXVIII 页。

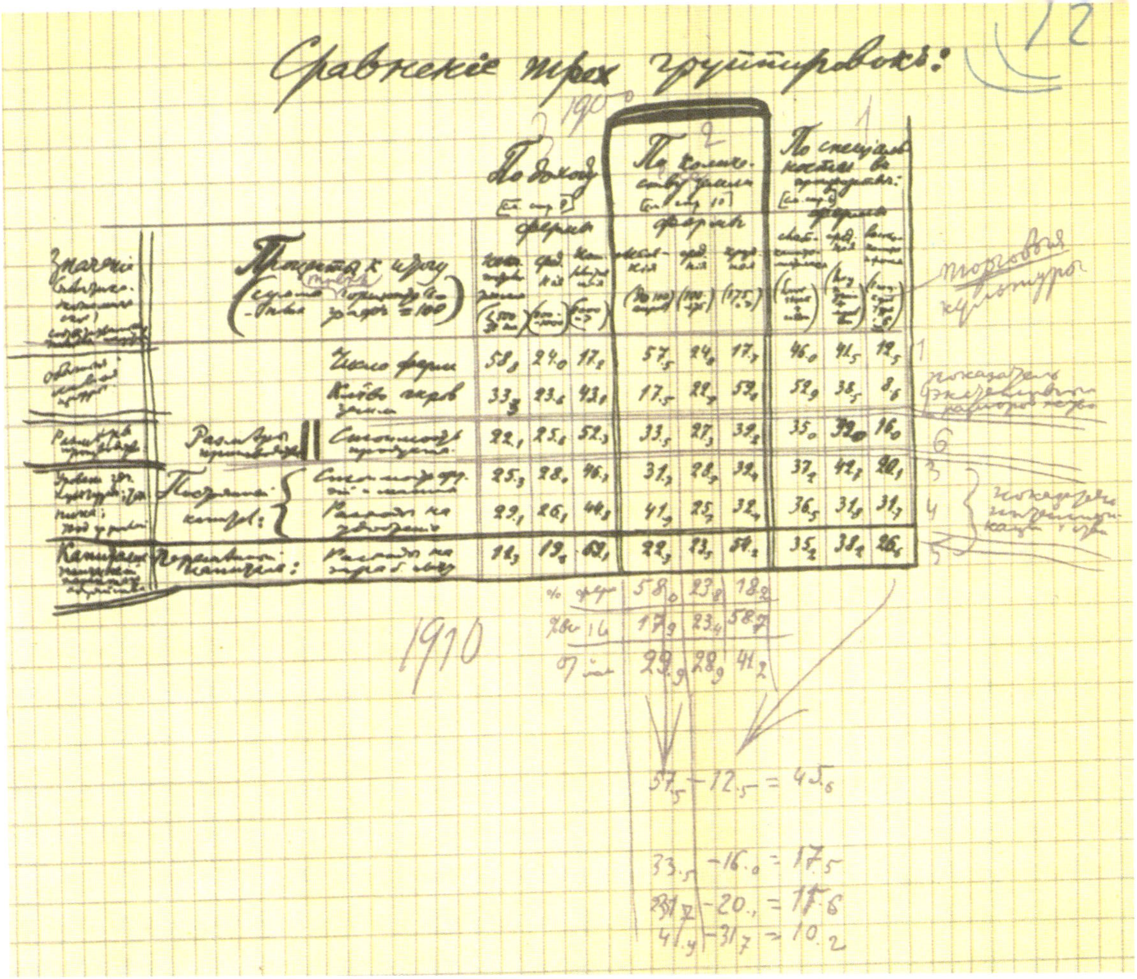

1914—1915 年
列宁《美国农业统计》
手稿第 13 页

全美国①	收入在 100 美元以下的低收入农场	收入在 500 美元以下的非资本主义农场	收入在 500—1 000 美元的中等农场	资本主义农场*) 收入在 1 000 美元以上的高收入农场
农场数目……………	9.1	58.8	24.0	17.2
每个农场英亩数……	5.1	33.3	23.6	43.1
农场财产总值………	2.5	23.7	26.1	50.2
农场和改良设备价值…………	2.3	22.0	25.8	52.2
建筑物价值…………	2.6	28.8	28.4	42.8
农具和机器价值……	2.0	25.3	28.0	46.7
牲畜价值…………	3.2	24.6	24.2	51.0
产品价值…………	0.7	22.1	25.6	52.3
雇佣劳动总费用……	0.9	11.3	19.6	69.1
肥料总费用………	1.3	29.1	26.1	44.8

*) 必须承认收入在 1 000 美元以上的农场为**资本主义**农场，因为它们用于**工资**的支出很高：每个农场 158—786 美元。

必须承认收入在 500 美元以下的农场为**非资本主义**农场，因为它们用于**工资**的支出是微不足道的：每个农场 18 美元以下。

① 此图表系列宁根据第 576—577 页图表内的资料编制而成。——俄文版编者注

百分比

1899年按未用做饲料的

全 美 国			总 计	0
农场数目				0.9
每个农场英亩数				1.8
农场财产总值				0.7
农场和改良设备价值				0.6
建筑物价值				0.3
农具和机器价值				0.4
牲畜价值				1.4
产品价值				—
雇佣劳动总费用				0.3
肥料总费用				0.2
平均劳动费用(第128页,图表122)	单位美元	每个农场		24
		每 英 亩		0.08
平均每个农场英亩数			146.6	283.2
1899年的平均肥料费用	单位美元	每个农场		2
		每 英 亩		0.01
全部牲畜总值	单位美元	每个农场	536	840
		每 英 亩	3.66	2.97
农具和机器价值	单位美元	每个农场	133	54
		每 英 亩	0.90	0.19
平均每个农场耕地面积(单位英亩)			72.3	33.4

（表18,第248页）

产品的价值划分的类别（单位美元）

1—50	50—100	100—250	250—500	500—1 000	1 000—2 500	2 500 以上
2.9	5.3	21.8	27.9	24.0	14.5	2.7
1.2	2.1	10.1	18.1	23.6	23.2	19.9
0.6	1.2	6.6	14.6	26.1	33.3	16.9
0.6	1.1	6.0	13.7	25.8	34.9	17.3
0.7	1.6	8.6	17.6	28.4	31.5	11.3
0.5	1.1	6.9	16.4	28.0	30.9	15.8
0.6	1.2	6.8	14.8	24.2	29.3	21.7
0.1	0.6	5.9	15.5	25.6	32.0	20.3
0.2	0.4	2.5	7.9	19.6	35.9	33.2
0.2	0.9	7.9	19.9	26.1	27.0	17.8
4	4	7	18	52	158	786
0.06	0.08	0.11	0.19	0.36	0.67	0.72
62.3	58.6	67.9	94.9	143.8	235.0	1 087.8
1	2	3	7	10	18	63
0.01	0.03	0.05	0.07	0.07	0.08	0.06
111	118	167	284	539	1 088	4 331
1.78	2.01	2.46	3.00	3.75	4.63	3.98
24	28	42	78	154	283	781
0.38	0.48	0.62	0.82	1.07	1.21	0.72
18.2	20.0	29.2	48.2	84.0	150.5	322.3

按土地面积(单位英亩)

全美国		3英亩以下	3—10英亩	10—12英亩	20—50英亩	50—100英亩	100—175英亩
农场数目…………………		0.7	4.0	7.1	21.9	23.8	24.8
每个农场英亩数………		—	0.2	0.7	4.9	11.7	22.9
农场财产总值…………		0.4	1.2	2.1	7.9	16.6	27.9
农场和改良设备价值…		0.2	0.9	1.8	7.2	16.0	28.1
建筑物价值……………		0.8	2.7	3.6	10.7	20.4	28.9
农具和机器价值………		0.3	1.2	2.2	9.0	19.0	28.9
牲畜价值………………		1.2	0.8	1.5	7.0	14.4	25.6
产品价值………………		0.7	1.2	2.5	10.8	18.3	27.3
雇佣劳动总费用………		0.9	1.1	1.8	6.2	12.3	23.5
肥料总费用……………		0.4	1.5	3.4	14.9	21.7	25.7
劳动费用	每个农场	77	18	16	18	33	60
	每英亩	40.30	2.95	1.12	0.55	0.46	0.45
平均每个农场英亩数…		1.9	6.2	14.0	33.0	72.2	135.5
平均每个农场未用做饲料的产品的价值…		592	203	236	324	503	721
肥料费用	每个农场	4	4	5	7	9	10
	每英亩	2.36	0.60	0.33	0.20	0.12	0.07
牲畜价值	每个农场	867	101	116	172	325	554
	每英亩	456.76	16.32	8.30	5.21	4.51	4.09
农具和机器价值	每个农场	53	42	41	54	106	155
	每英亩	27.57	6.71	2.95	1.65	1.47	1.14
每个农场耕地…………		1.7	5.6	12.6	26.2	49.3	83.2

概　　算:

1910年使用雇佣工人的农场为45.9%。1900—1910年间雇佣工人数目增加了27%—48%(**大约数**)。

假定1900年使用雇佣工人的农场为**40**%。

使用雇佣工人的中等农场为40%,那么24.8×40=9.92。约为**10**%。

使用雇佣工人的小农场为平均数的$\frac{2}{5}$,即$40\times\frac{2}{5}=\frac{80}{5}=16$。57.5×16=**9.2=9**%。

使用雇佣工人的大农场为平均数的3倍,40×3=120%。17.7×120=21.24%。

9%——10%——21%。

划分的类别　　　　　　归并为几大类(按英亩)

175—260英亩	260—500英亩	500—1 000英亩	1 000英亩以上	总计	20英亩以下	所有100英亩以下	100—175英亩	175英亩以上	
8.5	6.6	1.8	0.8		11.8	57.5	24.8	17.7	农场数目
12.3	15.4	8.1	23.3		0.9	17.5	22.9	59.6	土地
15.1	15.3	5.9	7.6		3.7	28.2	27.9	43.9	土地价值
15.9	16.4	6.1	7.4		2.9	26.1	28.1	45.8	
13.9	12.0	4.0	3.0		7.1	38.2	28.9	32.9	
13.6	13.1	5.1	7.6		3.7	31.7	28.9	39.4	工具和机器
13.3	15.2	7.0	14.0		3.5	24.9	25.6	49.5	产品价值
13.7	13.6	5.2	6.7		4.4	33.5	27.3	39.2	劳动费用
14.6	17.1	8.8	13.7		3.8	22.3	23.5	54.2	和 肥 料
12.5	10.0	4.2	5.7		5.3	41.9	25.7	32.4	费　　用
109	166	312	1 059						
0.52	0.48	0.47	0.25						
210.8	343.1	661.9	4 237.3	146.6					
1 054	1 354	1 913	5 334	656					
14	15	22	66	10					
0.07	0.04	0.03	0.02	0.07					
834	1 239	2 094	9 101	536					
3.96	3.61	3.16	2.15	3.66					
211	263	377	1 222	133					
1.00	0.77	0.57	0.29	0.90					
129.0	191.4	287.5	520.0	72.3					

假定：

((1900：‖ 22.3 ‖ 23.5 ‖ 54.2[雇佣劳动费用的百分比]

×40

9.0+9.4+21.6=40%

约为：11+12.3+17.7=40

三种分类方法的

有关的数量指标的(政治—经济)意义:	在总数中所占的百分比(三个横栏合计=100)		3 按收入[见第9页]① 非资本主义农场(收入在500美元以下)	中等农场(500—1 000美元)	资本主义农场(1 000美元以上)
普通的和基本的数字:		农场数目	58.8	24.0	17.2
		土地英亩数	33.3	23.6	43.1
生产规模	生产规模	产品价值	22.1	25.6	52.3
耕作水平;技术设备;对土地的管理	不变资本	工具和机器的价值	25.3	28.0	46.7
		肥料费用	29.1	26.1	44.8
农场的资本主义性质	可变资本:工资费用		11.3	19.6	69.1

1910	占农场的百分比
	占全部土地的百分比
	工具和机器

① 见本卷第575页。——编者注

比较:1990 年

2 按土地面积 [见第 10 页]①			1 按生产专业: [见第 6 页]②				
小农场(100 英亩以下)	中等农场(100—175 英亩)	大农场(175 英亩以上)	资本主义不发达的农场(牲畜和棉花)	中等农场(干草和谷物+混合产品)	高度资本主义的农场(特种作物)		←**商业性**作物
57.5	24.8	17.7	46.0	41.5	12.5	1	
17.5	22.9	59.6	52.9	38.5	8.6	2	农场粗放程度的标志
33.5	27.3	39.2	35.0 **141**	39.0	16.0	6	
31.7	28.9	39.4	37.2	42.7	20.1	3	农场集约程度的标志
41.9	25.7	32.4	36.5	31.8	31.7	4	
22.3	23.5	54.2	35.2	38.2	26.6	5	
58.0	23.8	18.2					
17.9	23.4	58.7					
29.9	28.9	41.2					

57.5	−12.5=45.0
33.5	−16.0=17.5
31.7	−20.1=11.6
41.9	−31.7=10.2

① 见本卷第 579 页。——编者注

② 见本卷第 571 页。——编者注

美国1910年第十三次人口普查。第

（第30页,表2）

美国三个主要地区	土地 总面积		总人口:					城市人口		
	单位 百万 英亩	百分比	（单位 百万） 1910	百分比	（单位 百万） 1900	百分比	1900— 1910年 入口增长 百分比	（单位 百万） 1910	1900	1900— 1910 年增长 百分比
北部……	587.8	30.9	55.8	60.6	47.4	62.3	17.7	32.7	25.2	29.8
南部……	562.1	29.5	29.4	32.0	24.5	32.3	19.8	6.6	4.7	41.4
西部……	753.4	39.6	6.8	7.4	4.1	5.4	66.8	3.3	1.7	89.6
全美国…	1 903.3	100.0	92.0	100.0	76.0	100.0	21.0	42.6	31.6	34.8

（经过改进的）　　　　　　　　（第34页,表3）

	农场耕地 （单位百万英亩）			耕地 百分比 (1910)	农场耕地 在总面积中 所占的百分比		农场耕地 的百分比	耕地在 总面积中 所占的 百分比
	1910	1900	增长 百分比		1910	1900	1910	1910
北部……	290	261	10.9	60.6	70.4	65.1	70.1	49.3
南部……	150	126	19.5	31.5	63.1	64.4	42.5	26.8
西部……	38	27	39.8	7.9	14.7	12.4	34.2	5.0
全美国…	478	414	15.4	100.0	46.2	44.1	54.4	25.1

5卷。农业。1913年华盛顿版

农村人口 (单位百万) 1910	1900	1900—1910年增长百分比	城市人口百分比 (1910)	农场数目 (单位千) **1910**	**1900**	增长百分比	农场土地总面积 (单位百万英亩) **1910**	**1900**	增长百分比
23.1	22.2	3.9	58.6	2 891	2 874	0.6	414	383	8.0
22.7	19.9	14.8	22.5	3 097	2 620	18.2	354	362	-2.1
3.5	2.3	49.7	48.8	373	243	53.7	111	94	18.2
49.3	44.4	11.2	46.3	6 361	5 737	10.9	879	839	4.8

(第37页,表4)　　(第42页,表7)

平均每个农场英亩数 全部土地: **1910**	**1900**	增长百分比	耕地: **1910**	**1900**	增长百分比	农场财产总值 (单位百万美元) 1910	1900	增长百分比	土地和建筑物价值 (单位百万美元) 1910	1900	增长百分比
143.0	133.2	7.4	100.3	90.9	10.3	27 481	14 455	90.1	23 650	12 041	96.4
114.4	138.2	-17.2	48.6	48.1	1.0	8 972	4 270	110.1	7 353	3 279	124.3
296.9	386.1	-23.1	101.7	111.8	-9.0	4 538	1 715	164.7	3 798	1 295	193.4
138.1	146.2	-5.5	75.2	72.2	4.2	40 991	20 440	100.5	34 801	16 615	109.5

	土地价值（单位百万美元）			建筑物价值（单位百万美元）			农具和机器价值（单位百万美元）			牲畜价值（单位百万美元）		
	1910	1900	增长百分比	1910	1900	增长百分比	1910	1900	增长百分比	1910	1900	增长百分比
北部……	19 129	9 369	104.2	4 521	2 672	69.2	856	517	65.6	2 975	1 897	56.8
南部……	5 926	2 562	131.3	1 427	717	99.0	293	180	62.9	1 325	811	63.5
西部……	3 420	1 127	203.5	377	167	125.0	116	53	119.0	625	367	70.1
全美国…	28 475	13 058	118.1	6 325	3 556	77.8	1 265	750	68.7	4 925	3 075	60.1

价值（单位百万美元）

	第538页，表**8** 总收获量 (α)	第476页，表**3** 乳制品 (1)	第494页，表**21** 羊毛	第507页表**33** 家禽	第507页表**33** 蛋类	第517页，表**41** 蜂蜜和蜂蜡	第520页，表**45** 出售或屠宰的全部牲畜	（我的计算）全部畜产品 (β)	（我的计算）全部农产品 (α+β)
	1909	**1909**	**1909**	**1909**	**1909**	**1909**	**1909**	**1909**	**1909**
北部……	3 120	477	23	129	205	3	1 258	2 095	5 215
南部……	1 922	114	6	61	75	2	414	672	2 594
西部……	445	57	36	12	26	1	161	293	738
全美国…	5 487	648	65	202	306	6	1 833	3 060	8 547

1899年的同上材料：（单位百万美元）

		(2)					
北部……	1 812	346	18	90	103	3	? 不可比的资料（第520页）
南部……	989	97	4	40	32	2	
西部……	198	29	23	6	9	1	
全美国…	2 999	472	45	136	144	6	

第560页，表**24**。 农场每英亩耕地平均费用

	被统计的需支付雇佣劳动费用的农场所占的百分比	劳动费用 **1909**	劳动费用 **1899**	肥料费用 **1909**	肥料费用 **1899**	**雇佣劳动**费用增长百分比
北部………………	55.1	1.26	0.82	0.13	0.09	+70.8
南部………………	36.6	1.07	0.69	0.50	0.23	+87.1
西部………………	52.5	3.25	2.07	0.06	0.04	+119.0
全美国……………	45.9	1.36	0.86	0.24	0.13	+82.3

（见背面）①

附注：(1)在原书中总计=656，但这是错误的。除去（注意）

① 参看本卷第624—625页。——编者注

(第43页,表8)每英亩土地上的农场财产平均价值(美元和百分比)

农场财产总值			土　地			建筑物			农具和机器			牲　畜		
		增　长			增　长			增　长			增　长			增　长
1910	1900	百分比	1910	1900	百分比	1910	1900	百分比	1910	1900	百分比	1910	1900	百分比
66.46	37.77	76.0	46.26	24.48	89.0	10.93	6.98	56.6	2.07	1.35	53.3	7.20	4.96	45.2
25.31	11.79	114.7	16.72	7.08	136.2	4.03	1.98	103.5	0.83	0.50	66.0	3.74	2.24	67.0
40.93	18.28	123.9	30.86	12.01	157.0	3.40	1.79	89.9	1.04	0.56	85.7	5.63	3.92	43.6
46.64	24.37	91.4	32.40	15.57	108.1	7.20	4.24	69.8	1.44	0.89	61.8	5.60	3.67	52.6

第540页,表10
总收获量的价值的百分比(1909)

总收获量的价值(百分比)	被统计土地(英亩)的收获量	谷物	干草和饲料	烟草和棉花	蔬菜	水果和坚果	以上各项总计
100	93.7	**62**.6	18.8	0.9	7.5	3.3	93.1
100	92.8	29.3	5.1	**46.**8	7.5	2.6	91.3
100	82.2	33.1	**31**.7	0.0	8.5	**15**.5	88.8
100	92.5	48.6	15.0	16.9	7.6	4.0	92.1

(第543页,表12)

农场耕地百分比(1909)

100	67.8	**46**.2	18.8	0.1	1.5	0.1	66.7
100	63.3	32.1	5.7	**21**.9	1.5	0.1	61.3
100	51.4	24.1	**24**.2	0.0	1.4	0.1	49.8
100	65.1	40.0	15.1	7.0	1.5	0.1	63.7

家庭消费。——(2)包括家庭消费。

全　美　国	(第97页,表1) **占有形式** 农场数目 (单位千) 1910	1900	增　长 百分比	(第99页,表3) 平均每个农场 土地面积 1910	1900	增　长 百分比	平均每个农场 耕地面积 1910	1900	增　长 百分比
所有类别……………………………	6 361	5 737	10.9	138.1	146.2	−5.5	75.2	72.2	4.2
由产权人经营的农场…………	3 949	3 653	8.1	151.6	152.2	−0.4	78.5	76.2	3.0
拥有全部产权的………	3 355	3 202	4.8	138.6	134.7	2.0	69.7	69.2	0.7
(拥有部分产权)又租地的………………	594	451	31.6	225.0	276.4	−18.6	128.1	125.7	1.9
由管理人员经营的农场………	58	59	−1.7	924.7	1 481.2	−37.6	211.9	184.6	14.8
由佃农经营的农场……………	2 354	2 025	16.3	96.2	96.3	−0.1	66.4	61.9	7.3
分成制佃农……………	1 528	1 273	20.0	93.2	92.4	0.9	69.1	65.0	6.3
交货币地租佃农………	826	752	9.9	101.7	102.9	−1.2	61.3	56.7	8.1

(第105页,表7)农场数分布百分比(竖行总计=100)	美　国 1910	1900	北　部 1910	1900	南　部 1910	1900	西　部 1910	1900	第106页,表9 北　部(α) 1910	1900	北　部(β) 1910	1900
由产权人经营的农场	62.1	63.7	72.4	72.6	49.9	52.3	83.8	80.3	139.8	133.0	93.9	88.1
由管理人员经营的农场	0.9	1.0	1.2	1.1	0.5	0.7	2.2	3.1	301.7	340.9	163.5	152.0
由佃农经营的农场	37.0	35.3	26.5	26.2	49.6	47.0	14.0	16.6	144.9	124.5	115.0	96.1

(第102页,表6)农场数目(单位千)	1910	1900	1890	1880	农场百分比 1910	1900	1890	1880
产权人和管理人员农场………	4 007	3 712	3 270	2 984	63.0	64.7	71.6	74.4
佃农农场………	2 354	2 025	1 295	1 025	37.0	35.3	28.4	25.6
分成制…………	1 528	1 273	840	702	24.0	22.2	18.4	17.5
交货币地租制…	826	752	455	323	13.0	13.1	10.0	8.0
合计=	6 361	5 737	4 565	4 009	100.0	100.0	100.0	100.0

(第141页,表27) 全美国	农场数目(单位千) 有家禽的 **1910**	**1900**
合计…………	6 035	5 498
产权人自耕农场	3 794	3 535
管理人员农场	52	54
佃农农场	2 189	1 909

（第115页，表19）农场数目（单位千）和增（减）百分比

	北部 1910	北部 1900	北部 增长百分比	南部 1910	南部 1900	南部 增长百分比	西部 1910	西部 1900	西部 增长百分比
总数……………………	2 891	2 874	0.6	3 097	2 620	18.2	373	243	53.7
产权人农场…………	2 091	2 088	+0.1	1 544	1 370		312	195	
{拥有全部产权的……	1 749	1 794	−2.5	1 329	1 237	7.5	276	171	61.9
{拥有部分产权的……	342	294	16.5	215	133	61.3	36	24	49.8
管理人员农场………	34	33	2.9	16	19	−13.2	8	7	7.3
佃农农场……………	766	753	.	1 537	1 231		53	40	
{分成制农场…………	483	479	0.6	1 021	772	32.2	25	21	14.7
{交货币地租农场……	283	274	3.3	516	459	12.3	28	19	47.7

平均每个农场英亩数（α）全部土地（β）耕地

南部 (α) 1910	南部 (α) 1900	南部 (β) 1910	南部 (β) 1900	西部 (α) 1910	西部 (α) 1900	西部 (β) 1910	西部 (β) 1900
149.3	162.8	56.4	55.4	241.5	282.8	84.5	94.5
1 514.7	2 734.1	198.6	169.4	2 323.2	3 303.9	439.1	363.2
64.5	71.2	39.3	38.1	313.1	337.4	151.5	148.3

有牲畜的农场在农场总数中占的百分比 1910 1900 我的计算	（第145页，表28）有马的农场数目（单位千） 1910	1900	有马的农场百分比（我的计算） 1910	1900	（我根据第145页表.28《各地区》栏作的统计）有马的农场数目（单位千） 北部 1910	北部 1900	南部 1910	南部 1900	西部 1910	西部 1900
94.9—95.8	4 693	4531	73.8	79.0	2 600	2 620	1 771	1 694	320	217
96.1—96.7	3 216	3107	81.5	85.0	1 873	1 901	1 075	1 032	267	175
89.6—91.7	46	48	79.3	81.3	29	28	11	14	7	6
92.9—94.2	1 431	1 376	60.7	67.9	698	691	685	648	46	36

有马的农场百分比（我的统计）①		北部 1910 百分比	北部 1900 百分比	南部 1910 百分比	南部 1900 百分比	西部 1910 百分比	西部 1900 百分比
	总计……………………	89.9	91.1	57.1	64.6	85.8	89.3
	自耕农场………………	89.6	91.0	69.6	75.2	85.6	89.8
	管理人员农场…………				−5.6		
	佃农农场………………	91.1	91.8	44.6	52.7 −8.1	86.8	90.0

① 这里的百分比是列宁后来用铅笔填上的。苏共中央马克思列宁主义研究院中央党务档案馆保存有一张计算这些百分比的单页。——俄文版编者注

(第158页,表1)**抵押土地的农场**

	1910	1900	1890
拥有产权的农场数目………	3 948 722	3 638 403	3 142 746
抵押土地的农场数目………	1 327 439	1 127 749	886 957
百分比……………………	33.6	31.0	28.2
抵押土地的〔北部………	41.9	40.9	40.3
农场的百分比〈南部………	23.5	17.2	5.7
第160页 〔西部………	28.6	21.7	23.1
抵押土地的农场数目………	1 006 511		886 957
土地和建筑物的价值………	6 330 百万美元		3 055
债务总额……………………	1 726 〃 〃 〃		1 086
债务占农场价值的百分比…	**27.3%**		**35.5%**

?　　　　至于说到抵押土地的这部分农场的数目有所增长,那么应当记住,抵押债务并非不繁荣的必然标志。毫无疑问,1910年的美国农场总的说来要比前两次普查时更加繁荣。不过据说在最繁荣的州内,如艾奥瓦和威斯康星,抵押土地的农场的百分比最高。抵押有时是因为穷困,有时是为了改良土壤,等等。(第158页)

注意　　　　有些种植园分成若干由产权人经营但以抵押顶部分地价的小农场,这一情况大概同南部抵押土地的农场数增加不无关系。(第159页)

黑人(总的说是有色人种,但这里大部分是黑人)农场数目＝**920 883**(＝14.5%)(1910)。其中北部只有**17 884**个农场,西部为**12 858**个农场。**南部**为**890 141**个农场,其中产权人农场为**218 467**,佃农农场为**670 474**,管理人员的农场为**1 200**。

因此,在南部,白人中产权人比佃农多,而黑人正好相反。

在 1900 年，黑人的农场数为 767 764（其中 740 670 个农场在**南部**）。因此，黑人的农场数增加 **19.6**%，白人的农场数增加 **9.5**%。

白人的农场的土地总面积增加 4.4%，黑人的农场的土地总面积增加 11.7%。

白人的农场的耕地面积增加 15.2%，黑人的农场的耕地面积增加 19.5%。

白人的农场的财产总值增加 99.6%，黑人的农场的财产总值增长 134%。

农场：南部	白人 **1910**	白人 **1900**	黑人 **1910**	黑人 **1900**	平均每个农场土地面积 白人 1910	白人 1900	黑人 1910	黑人 1900
总计………	100	100	100	100	141.3	172.1	47.9	52.1
产权人……	60.1	63.0	24.5	25.2	162.1	177.2	71.8	71.6
管理人员…	0.7	0.0	0.1	0.2	1 612.1	2 962.8	291.5	269.0
佃农………	39.2	36.1	75.3	74.6	83.8	92.5	39.6	44.9

在**南部**，白人**分成制佃农**从 492 000 增加到 637 000（+29.5%），黑人**分成制佃农**从 281 000 增加到 384 000（+37.0%）

白人农场和黑人农场的牲畜头数和价值。

全美国的农场总数：（第 248 页）

		头数	价值（单位美元）
奶牛	白人	19 655 747	683 996 175
	黑人	969 685	22 240 132
马	白人	16 780 511	1 903 612 666
	黑人	649 907	54 942 151
骡	白人	3 133 740	413 530 751
	黑人	653 576	84 451 579

关于相对于**产权人**的**佃农**的作用、意义和地位问题：

佃农农场主的土地价值要比建筑物、设备、农具和耕畜的价值大得多。这在相当大的程度上是因为佃农农场主一般不如产权人农场主富裕，他们为自己购置贵重设备的能力也不如产权人农场主(第 100—101 页)。全美国的平均数(1910 年)为:产权人农场主的土地价值＝其全部财产的 66.8%,而"佃农"农场主的土地价值＝其全部财产的 74.9%(第 101 页,图表 5)。

关于出租农场的产权人问题,作者(第 102 页)引证了 1900 年人口普查的研究资料。当时研究了(出租)农场的产权人**名单**。据说,不存在集中和土地占有者不在自己地产、种植园居住的土地占有形式("absentee landlordism")。出租农场的产权人多半是过去的佃农农场主,"他们或者是完全告退——去从事其他职业,或

| 注意 | 者是在国内其他开发更晚的地区获得了农场"。"南部的条件一向和北部有些不同,南部有很多佃农农场是那些规模巨大的、产生于国内战争以前的种植园的一部分"。 |

| 注意 | 在南部,"靠佃农,主要是黑人佃农经营的制度代替了靠奴隶劳动经营的制度"。(第 102 页)[1] |

关于租佃问题:

| 注意 | "租佃制度的发展在南部最引人注目,那里许多过去由奴隶劳动耕作的大种植园,在很多情况下都已分为许多小的地块(小块土地),出租给佃农。正如第 1 章中比较详细解释的那样,在很多情况下,这些种植园直到现在实质上还是作为农业单位经营着,因为佃农受到一定程度的监督,和北部农场里的雇佣工人受到监督多少有点相像。"(第 104 页)[2] |

---

① 见本版全集第 27 卷第 158 页。——编者注
② 同上。——编者注

> "在山区和太平洋沿岸区……佃农农场的百分比特别小;毫无疑问,产生这种情况主要是由于这两个地区不久以前才有人居住,这里很多农场主是移民宅地所有者,他们是从政府那里得到土地的。"(第104页)①

注意　　　　　　　　　　　　　　　　　　　注意

在整个第 2 章("占有形式")中都没有分析土地**所有者数目增加**(或减少)的原因。这些作者是一帮资产阶级恶棍:他们恰恰把最重要的东西(小地产被剥夺)掩盖起来了!!

农村人口增加(1900—1910 年)+11.2%	剥夺
农场数目增加……………… +10.9%(较少)	明显
产权人数目增加……………… + 8.1%(更少)	增加!!

但如果看一看**北部**、**南部**和**西部**,那么这种增加就益发清楚了。

农场总数从 5 737 372 增加到 6 361 502,即增加了 **624 130**(第 114 页,图表 18),即增加了 10.9%。但是在**北部**,只增加了 0.6%(+16 545 个!!)。这是停滞。而且在北部 4 个地区中的 3 个地区,即在新英格兰、大西洋岸中部以及东部各州,农场的绝对数也减少了。中部东北各州,**农场的绝对数减少了**(减少 **32 000**)。只是在中部西北各州增加了 **49 000**(因此合计=增加 16 500)。但是在中部西北各州还有像北达科他、南达科他、内布拉斯加、堪萨斯这样一些州,那里直到现在还在大量分配移民宅地(见《统计汇编》第 **28** 页)。

---

① 见本版全集第 27 卷第 222—223 页。——编者注

总之,在整个北部,产权人的数目为:

$$1900 \text{ 年} \text{——} 2\ 088\ 000$$
$$1910 \text{ 年} \text{——} 2\ 091\ 000$$
$$+3\ 000 = 0.1\%!!!$$

在整个北部

而在这个北部,集中了美国耕地总面积的 60%(1910 年)!!

在这个北部,耕地数量增加了 10.9%,从 261 000 000 英亩增加到 290 000 000 英亩!!

	产权人:	拥有部分产权者:
1900	1 794 216	293 612
1910	1 749 267	342 167
	−44 949	+48 555

总之,产权人的数目减少了!!

拥有部分产权者增加了!!

在西部,农场数目和产权人数目的增加是可以理解的:这一地区正变得人烟稠密起来,移民宅地在增加(见《统计汇编》第 28 页,和前面引自汇编第 104 页和第 3 页的引文)①。

而南部呢?? 这里农场数目的增加主要是(1)靠佃农农场(主要是黑人)部分的增加。这意味着加重对黑人的剥削。其次(2)产权人数目也在增加。为什么?? 显然是因为种植园分成小块。从第 265 页(图表 8)可以看出,美国 1 000 英亩以上的农场的土地减少了 30 702 109 英亩(减少 15.5%)。其中北部增加 2 321 975 英亩。西部减少 1 206 872 英亩。几乎完全是由于南部减少 31 817 212 英亩(减少 27.3%)。在农场增加的总数(增加

---

① 见本卷第 591 页。——编者注

624 130)中,南部占 477 156[*](即占大部分,约¾),而且小农场的数目增加了:

20 英亩以下＋115 192

20—49 英亩＋191 793

50—99 英亩＋111 690

总计＝418 675

奴隶制种植园的解体过程,这就是实质!!

南部(农场数目)

白人农场主:	有色人种 农 场 主
2 206 406	890 141
1 879 721	740 670

其中白人的产权人比佃农多,而黑人的情况则**相反**。

---

[*] 1910 年:3 097 547(南部)(农场数目)

1900 年:2 620 391

＋　　 477 156

	(第257页,表1) (农场数目)		（我简化的数字）同上(单位千)		(第309页,表18) 有马农场数目	
	1910	1900	1910	1900	1910	1900
总　数 …………	6 361 502	5 737 372	6 361	5 738	4 692 814	4 530 628
20 英亩以下 …	839 166+	673 870	839	674	408 601+	373 269
20— 49 英亩…	1 414 376+	1 257 496	1 415	1 258	811 538—	834 241
50— 99 英亩…	1 438 069+	1 366 038	1 438	1 366	1 116 415—	1 123 750
100—174 英亩…	1 516 286+	1 422 262	1 516	1 422	1 302 086+	1 260 090
175—499 英亩…	978 175+	868 020	978	868	890 451+	798 760
500—999 英亩…	125 295+	102 526	125	103	116 556+	96 087
1 000 英亩以上 …	50 135+	47 160	50	47	47 167+	44 431

	(第257页,表1) 农场增长数 (1900—1910)		(第257页,表1) 农场全部土地 (单位英亩)			
	增长数	增长百分比	1910	1900	增长数	增长百分比
总　数 …………	624 130	10.9	878 798 325	838 591 774	40 206 551	4.8
20 英亩以下……	165 296	24.5	8 793 820	7 180 839	1 612 981	22.5
20— 49 英亩…	156 880	12.5	45 378 449	41 536 128	3 842 321	9.3
50— 99 英亩…	72 031	5.3	103 120 868	98 591 699	4 529 169	4.6
100—174 英亩…	94 024	6.6	205 480 585	192 680 321	12 800 264	6.6
175—499 英亩…	110 155	12.7	265 289 069	232 954 515	32 334 554	13.9
500—999 英亩…	22 769	22.2	83 653 487	67 864 116	15 789 371	23.3
1 000 英亩以上 …	2 975	6.3	167 082 047	197 784 156	−30 702 109	−15.5

　　*)　关于马的占有情况必须指出,有马骡农场数的增长抵不

1910 年为 1 869 005（=29.4%）。**南部增长**最多,1900 年为
南部,有马骡农场数的增长也抵不上失去马匹的农场数的减少。

(我简化的数字)*) 同上(单位千)		有马农场百分比		(第257页,表2) 在总数中所占的百分比 农场数目		农场全部土地		农场耕地		农场耕地所占的百分比	
1910	1900	**1910**	**1900**	1910	1900	1910	1900	1910	1900	1910	1900
4 693	4 531	73.8	79.0	100	100	100	100	100	100	54.4	49.4
409	373	48.9	52.4	13.2	+11.7	1.0	+ 0.9	1.7	+ 1.6	90.9	89.7
812	834	57.4	66.3	22.2	+21.9	5.2	+ 5.0	7.6	− 8.0	80.6	79.4
1 116	1 124	**77.6**	**82.2**	22.6	−23.8	11.7	−11.8	14.9	−16.2	69.0	68.3
1 302	1 260	**86.5**	**88.6**	23.8	−24.8	23.4	+23.0	26.9	−28.6	62.7	61.4
890	799	91.0	92.0	15.4	+15.1	30.2	+27.8	33.8	+32.7	61.0	58.2
117	96	93.2	93.7	2.0	+ 1.8	9.5	+ 8.1	8.5	+ 7.1	48.8	43.4
47	45	94.1	94.2	0.8	= 0.8	19.0	−23.6	6.5	+ 5.0	18.7	12.3

(同上) 农场耕地 (单位英亩)				农场 增长 百分比:	耕地 增长 百分比:	比重的增减 耕地	农场数目
1910	1900	增长数	增长百分比				
478 451 750	414 498 487	63 953 263	15.4				
7 991 543	6 440 447	1 551 096	24.1	24.5	24.1−	+	+
36 596 032	33 000 734	3 595 298	10.9	12.5	10.9−	−	+
71 155 246	67 344 759	3 810 487	5.7	5.3	5.7+	−	−
128 853 538	118 390 708	10 462 830	8.8	6.6	8.8+	−	−
161 775 502	135 530 043	26 245 459	19.4	12.7	19.4+	+	+
40 817 118	29 474 642	11 342 476	38.5	22.2	38.5+ +	+	+
31 262 771	24 317 154	6 945 617	28.6	6.3	28.6+ +	+	+

上失去马匹的农场数。这种增长 1900 年为 1 480 652(=25.8%); 1 155 000(=44.1%),1910 年为 1 478 000(=47.7%)。即使在

作者们**没有**提供划分类别的合理根据。只是要注意：

注意

"国有土地大部分是按每份 **160** 英亩或接近此数出售或用其他方式分配的。"（第 257 页）

"如果按照耕地面积（这大概是最好的尺度）来判断，那么较小农场（20 英亩以下的农场除外）现在正变得相对说

| | 北　部　占总数的百分比 | | | | | | | | 南　占总数的 | |
| | 农场数目 | | 农场全部土地 | | 耕　地 | | 农场耕地百分比 | | 农场数目 | |
	1910	1900	1910	1900	1910	1900	1910	1900	1910	1900
总数	100.0	100.0	100.0	100.0	100.0	100.0	70.1	68.3	100.0	100.0
20 英亩以下	9.5	+8.7	0.6	0.6	0.8	0.8	86.1	86.3	16.2	14.7
20 — 49 英亩	13.9	−16.0	3.3	4.2	3.6	4.7	76.2	76.2	30.9	29.2
50 — 99 英亩	24.2	−26.3	12.5	14.6	13.5	16.0	75.3	74.6	22.4	22.3
100 — 174 英亩	29.5	+29.0	28.1	−29.7	29.3	−31.6	73.2	72.6	18.1	−19.8
175 — 499 英亩	20.2	+18.0	38.1	36.0	39.8	37.3	73.1	70.5	10.4	11.6
500 — 999 英亩	2.2	+1.6	10.3	7.9	9.0	6.6	60.8	56.9	1.3	1.6
1 000 英亩以上	0.5	+0.4	6.9	6.9	4.1	3.1	41.1	30.5	0.7	0.9

| （续） | 西部 农场耕地百分比 | | 北部 1900 年至 1910 年的增 | | | | | | 农场数目 绝对数 | |
| | | | 农场数目 | | 农场全部土地 | | 农场耕地 | | | |
	1910	1900	绝对数	百分比	绝对数	百分比	绝对数	百分比	对数	百分比
总数	34.2	29.0	16.5	0.6	30 725	8.0	28 573	10.9	477.2	18.2
20 英亩以下	87.3	85.0	25.1	10.0	116	4.8	95	4.5	115.2	29.9
20 — 49 英亩	73.9	71.4	−57.9	−12.6	−2 295	−14.2	−1 743	−14.2	191.8	25.1
50 — 99 英亩	62.2	57.4	−55.2	− 7.3	−4 072	− 7.3	−2 708	− 6.5	111.7	19.2
100 — 174 英亩	37.1	38.5	18.1	+ 2.2	2 503	2.2	2 435	2.9	42.7	8.2
175 — 499 英亩	43.4	46.7	65.9	12.7	19 720	14.3	17 966	18.5	18.6	6.1
500 — 999 英亩	46.6	44.1	18.5	40.4	12 430	40.9	8 756	50.6	− 0.8	− 2.0
1000 英亩以上	22.9	17.2	2.1	16.4	2 322	8.8	3 773	47.0	− 2.0	− 8.8

显然可以划分为三个基本类别（见**美国**＋和－）：小农场（49（"法定"标准["移民宅地"]＝160 英亩，也按此标准划分。）按这三

来不那么重要，而大农场则变得相对说来更加重要。这是最大的农场多半位于国内农业发展最快的开发较晚的地区的正常结果。”（第 258 页）最后这个解释是错误的。因为在新英格兰、大西洋岸中部各州这样一些**老**的地区，我们看到大农场的**比重**有相对说来**较大的**增加。

注意

部						西　部					
百分比						占总数的百分比					
农　场 全部土地		耕地		农场耕地 百分比		农场数目		农　场 全部土地		农场耕地 百分比	
1910	1900	1910	1900	1910	1900	1910	1900	1910	1900	1910	1900
100.0	100.0	100.0	100.0	42.5	34.8	100.0	100.0	100.0	100.0	100.0	100.0
1.6	1.2	3.5	3.2	93.3	91.9	16.7	15.5	0.5	0.4	1.2	1.0
8.4	6.7	16.4	15.8	83.1	82.0	15.3	14.0	1.6	1.2	3.6	2.9
13.6	11.2	20.0	19.4	62.7	60.2	11.8	11.7	2.9	2.2	5.3	4.4
20.8	+18.9	25.3	+25.2	51.6	46.4	27.5	−28.6	14.0	+11.3	15.2	+15.0
24.0	22.2	24.4	24.9	43.2	39.1	19.5	19.4	20.2	15.6	25.7	25.2
7.6	7.5	5.5	6.1	30.9	28.1	5.3	6.1	12.4	11.0	16.9	16.7
23.9	32.2	4.8	5.4	8.5	5.9	3.9	4.8	48.3	58.4	32.3	34.8

长数：（绝对数＝1000 个农场或 1000 英亩）

南　部				西　部					
农场全部土地		农场耕地		农场数目		农场全部土地		农场耕地	
绝对数	百分比	绝对数	百分比	绝对数	百分比	绝对数	百分比	绝对数	百分比
− 7 583	− 2.1	24 583	19.5	130.4	53.7	17 065	18.2	10 797	39.8
1 301	29.5	1 278	31.5	24.9	66.5	195	58.8	178	63.3
5 406	22.2	4 772	23.9	23.0	67.5	731	66.8	566	72.5
7 497	18.5	5 731	23.5	15.5	54.8	1 104	52.5	787	65.2
5 351	7.8	6 345	20.0	33.2	47.8	4 945	46.8	1 683	41.4
4 796	6.0	5 369	17.1	25.7	54.5	7 818	53.5	2 911	42.6
− 118	− 0.4	712	9.3	5.1	34.5	3 478	33.8	1 874	41.3
−31 817	−27.3	375	5.5	2.9	25.3	−1 207	−2.2	2 797	29.6

英亩以下），中等农场（50—174 英亩）和大农场（175 英亩以上）。个类别，可以得出如下基本的百分比结果：

| | | 占总数的百分比 | | | | 1900—1910年增加(或减少) | |
| | | **1910** | | **1900** | | | |
		农场数目	耕地面积	农场数目	耕地面积	农场百分比	耕地百分比
全美国	小农场	35.4	9.3	33.6	9.6	＋	－
	中等农场（50—174英亩）	46.4	41.8	48.6	44.8	－	－
	大农场	18.2	48.8	17.7	45.7	＋	＋
北部	小农场	23.4	4.4	24.7	5.5	－	－
	中等农场	53.7	42.8	55.3	47.6	－	－
	大农场	22.9	52.9	20.0	47.0	＋	＋
南部	小农场	47.1	19.9	43.9	19.0	＋	＋
	中等农场	40.5	45.3	42.1	44.6	－	＋
	大农场	12.4	34.7	14.1	36.4	－	－
西部	小农场	32.0	4.8	29.5	3.9	＋	＋
	中等农场	39.3	20.5	40.3	19.4	－	＋
	大农场	28.7	74.9	30.3	76.7	－	－

| | | 占总数的百分比 | | | | 1900—1910年增加（＋）或减少（－） | |
| | | 1910 | | 1900 | | | |
		农场数目	耕地	农场数目	耕地	农场百分比	耕地百分比
全美国	小农场	58.0	24.2	57.4	25.8	＋	－
	中等农场（100—174英亩）	23.8	26.9	24.8	28.6	－	－
	大农场	18.2	48.8	17.7	45.7	＋	＋
北部	小农场	47.6	17.9	51.0	21.5	－	－
	中等农场（100—174英亩）	29.5	29.3	29.0	31.6	＋	－
	大农场	22.9	52.9	20.0	47.0	＋	＋
南部	小农场	69.5	39.9	66.2	38.4	＋	＋
	中等农场（100—174英亩）	18.1	25.3	19.8	25.2	－	＋
	大农场	12.4	34.7	14.1	36.4	－	－
西部	小农场	43.8	10.1	41.2	8.3	＋	＋
	中等农场（100—174英亩）	27.5	15.2	28.6	15.0	－	＋
	大农场	28.7	74.9	30.3	76.7	－	－

三个地区的特点清楚地显示如下：

北部：(1)资本主义最发达。(2)农场数目停滞不动。(3)中等农场数目和比重减少。(4)大农场数目和比重增加（最小农场数目和比重也有所增加，但增加幅度较小）。(5)大地产规模小（1 000 英亩以上的：占农场数的 0.5%和土地面积的 6.9%）。

南部：(1)资本主义最不发达。(2)分成制最发达（佃农农场占 49.6%）。(3)大地产规模大（1 000 英亩以上的：占农场数的 0.7%和土地面积的 23.9%；在北部是农场数的 0.5%和土地面积的 6.9%）。(4)这些原奴隶主的大地产的瓦解（1900—1910 年：减少 3 200 万英亩，减少 27.3%）。(5)小农场百分比最高（43%—47%）。结果：从奴隶主大地产转为商业性小农业。

西部：(1)农场数目大增：增加 53.7%！！移民宅地和商业性小农业！！(2)大农场占有土地的百分比很高（76%—75%）。(3)大地产规模很大（1 000 英亩以上：占农场数的 3.9%和土地面积的 48.3%）。(4)佃农的百分比最小并且在**减少**。

注意（关于“土地面积的统计”问题）

20 英亩*)以下的农场的耕地百分比“各区”为 73%—96%，而 1 000 英亩以上的农场各区为 6.2%—43.4%。

这两类农场在耕地百分比方面的差别是自然而然的结果，因为全国各地的小农场通常都从事谷物种植，而大农场虽然在一些地区也主要从事谷物种植，但在另一些地区则几乎专门经营畜牧业（第 264 页）。

*) 1 英亩=4 000 平方米=2/5公顷。

在南部，有一个“大种植园分成主要由佃农经营的小农场的过程”(第 264 页)。

太平洋沿岸地带的小水果农场和其他农场的蓬勃发展，是近年来进行灌溉的结果，至少部分地是由于这个原因。这使得太平洋岸各州不满 50 英亩的小农场有所增加(第 264 页)①。

关于畜牧业的商业性问题，指出出售**牲畜**的农场的百分比以及出售和屠宰的牲畜的百分比是很有意思的

	1909 年农场出售或屠宰的牲畜(两项合计)的价值		所有(出售牲畜的)农场的百分比			出售或屠宰的牲畜数和存栏数之间的比率(百分比)：		
	(单位百万美元)		牛(牛犊除外)	牛犊	猪	牛(牛犊除外)	牛犊	猪
全美国…………………	1833	100.0	32.0%	23.0%	28.9%	40.7%	100.9%	90.9%
北　部…………………	1258	68.6%	42.4%	34.5%	44.9%	42.9%	124.3%	97.5%
南　部…………………	414	22.6%	23.3%	13.3%	15.9%	40.7%	68.2%	77.6%
西　部…………………	161	8.8%	23.9%	13.5%	13.2%	33.4%	61.8%	87.9%
新英格兰………………	30.4	1.7%	34.7%	34.6%	16.4%	43.6	320.8	126.8
大西洋岸中部各州…	89.6	4.9	36.2	48.6	23.0	28.6	241.2	123.5

① 见本版全集第 27 卷第 184 页。——编者注

(第 349 页，表 14)。(经我简化的表)

	有牛农场数		有奶牛农场数		有牛农场百分比		有奶牛农场百分比		平均每个农场有牛		平均每个农场有奶牛		
	1910	1900	1910	1900	1910	1900	1910	1900	1910	1900	1910	1900	
全美国…………	5 284 916	4 730 480	5 140 869	4 513 895	83.1	82.4	80.8	78.7	11.7	14.3	4.0	3.8	+0.2
北　部…………	2 582 462	2 568 255	2 546 115	2 503 655	89.3	89.4	88.1	87.1	12.8	14.4	5.3	4.8	+0.5
南　部…………	2 426 302	1 972 548	2 334 605	1 835 841	78.3	75.3	75.4	70.1	8.0	11.3	2.4	2.3	+0.1
西　部…………	276 152	189 677	260 149	174 399	74.0	78.1	69.7	71.8	33.6	44.6	5.2	5.0	+0.2

(第 367 页，表 26)	有马农场数		有马骡农场数		有马农场百分比		有马骡农场百分比		平均每个农场有马		平均每个农场有马骡	
全美国…………	4 692 814	4 530 628	1 869 005	1 480 652	73.8	79.0	29.4	25.8	4.2	4.0	2.3	2.2
北　部…………	2 600 709	2 620 082	359 024	306 573	90.0	91.2	12.4	10.7	4.9	4.4	2.9	2.6
南　部…………	1 771 659	1 693 878	1 478 382	1 154 810	57.2	64.6	47.7	44.1	2.6	2.7	2.1	2.0
西　部…………	320 446	216 668	31 599	19 269	85.8	89.2	8.5	7.9	7.6	10.5	4.5	6.3

	有猪(全部猪)农场数		有猪(全部猪)农场百分比		平均每个农场有猪(全部猪)	
(第 387 页，表 **36**)	1910	1900				
全美国…………	4 351 751	4 335 363	68.4	75 6	13.4	14.5
北　部…………	1 971 059	2 193 438	68.2	76.3	19.2	19.5
南　部…………	2 230 841	2 023 508	72.0	77.2	8.3	9.2
西　部…………	149 851	118 417	40.1	48.7	12.2	12.3

这些资料表明，与南部和西部相对而言，北部的牲畜所有权在**集中**。每户平均数为：奶牛（北部）——4.8和**5.3**；马——4.4和**4.9**；马骡——2.6和2.9；猪——19.5和19.2（减少的幅度极小）。

各个地区的数字表明，这只完全适合于中部东北各州和中部西北各州。在新英格兰，牛的平均数**减少**；而马的平均数在新英格兰和大西洋岸中部各州都**原封未动**。[①]

	（第309页，表18）有奶牛农场		（同上，单位千）		（我的计算）百分比				见第⑤页[①] 有马农场数	有马农场百分比
	1910	1900	1910	1900	1910	1900				
全美国	5 140 869	4 513 895	5 141 +	4 514	80.8	78.7	+2.1			
20英亩以下	443 331	334 361	444 +	334	52.9	49.5	+3.4	+110 000	+36 000	−3.5
20—49英亩	1 006 877	829 033	1 007 +	829	71.2	65.9	+5.3	+178 000	−22 000	−8.9
50—99英亩	1 260 346	1 150 172	1 260 +	1 150	87.1	84.1	+3.0	+110 000	− 8 000	−4.6
100—174英亩	1 361 251	1 264 680	1 361 +	1 265	89.8	88.9	+0.9	+ 96 000	+42 000	−2.1
175—499英亩	913 991	803 667	914 +	804	93.5	92.6	+0.9	+110 000	+91 000	−1.0
500—999英亩	112 167	92 670	112 +	93	89.6	90.3	−0.7	+ 19 000	+21 000	−0.5
1 000英亩以上	42 906	39 312	43 +	39	86.0	82.9	+3.1	+ 4 000	+ 2 000	−0.1

① 见本卷第594—595页。——编者注

(第 271 页,表 **12**)

农场数目

	北部 1910		北部 1900	南部 1910		南部 1900	西部 1910		西部 1900
总计	2 890 618	+	2 874 073	3 097 547	+	2 620 391	373 337	+	242 908
20 英亩以下	276 042	+	250 904	500 614	+	385 422	62 510	+	37 544
20—49 英亩	401 332	−	459 264	955 907	+	764 114	57 137	+	34 118
50—99 英亩	699 417	−	754 621	694 737	+	583 047	43 915	+	28 370
100—174 英亩	852 051	+	833 963	561 544	+	518 836	102 691	+	69 463
175—499 英亩	582 778	+	516 910	322 612	+	303 986	72 785	+	47 124
500—999 英亩	64 313	+	45 795	41 183	−	42 015	19 799	+	14 716
1 000 英亩以上	14 685	+	12 616	20 950	−	22 971	14 500	+	11 573

(我按区域所作的计算

有家禽农场数目

	北部 1910	北部 1900	南部 1910	南部 1900	西部 1910	西部 1900	
总计	2 769 135	2 766 215	2 923 891	2 503 219	341 757	228 983	6 034 783
20 英亩以下	226 816	216 345	405 764	327 690	52 386	32 200	684 966
20—49 英亩	374 099	431 353	900 990	728 509	53 112	31 941	1 328 201
50—99 英亩	679 498	729 586	681 654	569 986	41 595	27 043	1 402 747
100—174 英亩	833 045	819 122	554 235	511 269	91 144	65 585	1 478 424
175—499 英亩	577 839	511 980	319 794	301 383	69 720	46 273	967 353
500—999 英亩	63 354	45 391	40 775	41 647	19 498	14 556	123 627
1 000 英亩以上	14 484	12 438	20 679	22 735	14 302	11 385	49 465

(我按区域所作的计算)

全部家禽的价值(单位百万美元)

	北部 **1910**	北部 **1900**	南部 **1910**	南部 **1900**	西部 **1910**	西部 **1900**	
总计	2 863.7	1 835.3	1 284.3	782.4	611.9	361.4	总计 4 760(单位百万)
20 英亩以下	49.5+	35.6	58.5+	33.3	41.9+	31.0	
20—49 英亩	138.6+	100.3	194.5+	91.2	27.9+	11.3	
50—99 英亩	441.1+	293.0	239.6+	115.1	33.3+	14.2	
100—174 英亩	881.9+	548.5	293.5+	155.3	94.6+	55.8	
175—499 英亩	1 059.5+	633.0	280.2+	157.3	127.7+	65.2	
500—999 英亩	190.0+	122.1	72.0+	46.8	77.1+	43.2	
1 000 英亩以上	103.2+	102.7	146.0−	183.4	209.2+	140.8	

	有马农场						有马农场百分比		
	北部		南部		西部		北部		
	1910	1900	1910	1900	1910	1900	1910	1900	±
总　数	2 600 709−	2 620 082	1 771 659+	1 693 878	320 446+	216 668	89.9	91.4	−2.5
20 英亩以下	180 119+	176 851	183 375+	168 012	45 107+	28 406	65.2	70.5	−5.3
20—49 英亩	330 346−	387 672	431 805+	416 991	49 387+	29 578	82.3	84.4	−2.1
50—99 英亩	641 509−	696 599	435 226+	401 520	39 680+	25 631	91.7	92.3	−0.6
100—174 英亩	805 125+	797 766	411 207+	399 859	85 754+	62 465	94.5	95.6	−1.1
175—499 英亩	567 012+	504 209	256 142+	249 479	67 297+	45 072	97.3	97.5	−0.2
500—999 英亩	62 329+	44 810	35 055−	36 941	19 172+	14 336	96.9	98.0	−1.1
1 000 英亩以上	14 269+	12 175	18 849−	21 076	14 049+	11 180	97.0	96.5	+0.5

	有奶牛农场								
							北部百分比		
总　数	2 546 115+	2 503 655	2 334 605+	1 835 841	260 149+	174 399	88.8	87.1	+1.7
20 英亩以下	166 143+	151 359	245 526+	164 950	31 662+	18 052	60.2	60.3	−0.1
20—49 英亩	324 302−	361 715	641 207+	443 786	41 368+	23 532	80.8	78.7	+2.1
50—99 英亩	635 791−	672 516	590 109+	455 892	34 446+	21 764	90.9	89.1	+1.8
100—174 英亩	790 434+	774 299	504 825+	440 942	65 992+	49 439	93.5	92.8	+0.7
175—499 英亩	558 017+	490 228	298 761+	274 032	57 213+	39 407	95.7	94.8	+0.9
500—999 英亩	58 100+	42 579	37 048−	37 437	17 019+	12 654	90.3	93.1	−2.8
1 000 英亩以上	13 328+	10 959	17 129−	18 802	12 449+	9 551	90.8	86.9	+3.9

役 马 数 目

	北部 1910	北部 1900	南部 1910	南部 1900	西部 1910	西部 1900
总　　数	11 316 712	9 826 344	4 073 946	3 888 382	2 039 760	1 791 240
20 英亩以下	280 688		242 330		136 011	
20— 49 英亩	719 887		654 711		142 956	
50— 99 英亩	1 944 522		823 210		151 830	
100—174 英亩	3 521 068		1 043 386		427 684	
175—499 英亩	3 871 018		871 197		518 337	
500—999 英亩	689 898		185 274		263 827	
1 000 英亩以上	289 631		253 838		399 115	

1900 年只有**全部**马匹的资料(1910 年**没有**此项资料)。

奶 牛 数 目

	北部 1910	北部 1900	南部 1910	南部 1900	西部 1910	西部 1900
总　　数	13 596 483+	11 986 550	5 688 368+	4 282 555	1 340 581+	866 528
20 英亩以下	278 221−	289 135	376 500+	262 187	71 223+	49 274
20— 49 英亩	824 089−	848 854	1 089 372+	716 853	128 297+	66 612
50— 99 英亩	2 670 595+	2 453 724	1 254 360+	898 269	154 263+	82 035
100—174 英亩	4 756 705+	4 147 973	1 418 157+	1 114 074	300 130+	280 275
175—499 英亩	4 469 057+	3 761 844	1 194 299+	950 115	362 757+	153 261
500—999 英亩	477 560+	383 171	221 737+	193 677	158 655+	111 629
1 000 英亩以上	120 256+	101 849	133 943−	147 380	165 256+	123 442

有 马 骡 农 场

	北部 1910	北部 1900	南部 1910	南部 1900	西部 1910	西部 1900
总　　数	359 024	306 573	1 478 382	1 154 810	31 599	19 269
20 英亩以下	5 693	6 743	102 402	77 900	1 442	1 333
20— 49 英亩	26 405	28 900	435 559	311 829	2 277	1 236
50— 99 英亩	66 539	63 078	370 582	276 723	2 628	1 290
100—174 英亩	119 581	101 259	320 772	263 195	8 019	4 071
175—499 英亩	121 574	92 258	206 335	182 037	9 472	5 084
500—999 英亩	14 906	10 795	28 584	27 739	3 796	2 799
1 000 英亩以上	4 326	3 540	14 148	15 387	3 965	3 456

(第270页,表11) 每个农场的平均价值(单位美元)

		农场的全部财产		土地		建筑物		农具和机器		牲畜	
		1910	1900	1910	1900	1910	1900	1910	1900	1910	1900
北部	总计	9 507	5 030	6 618	3 260	1 564	930	296	180	1 029	660
	20英亩以下	2 849	1 875	1 334	919	1 213	728	98	71	205	157
	20—49英亩	3 464	2 118	1 961	1 212	992	579	138	92	374	235
	50—99英亩	5 772	3 455	3 602	2 128	1 279	773	223	146	667	408
	100—174英亩	9 713	5 416	6 696	3 538	1 622	994	318	203	1 077	682
	175—499英亩	17 928	9 342	13 369	6 451	2 209	1 349	484	290	1 867	1 253
	500—999英亩	27 458	15 196	21 172	10 275	2 558	1 792	733	434	2 996	2 694
	1 000英亩以上	52 969	28 805	40 631	17 481	4 068	2 528	1 198	643	7 072	8 153
南部	总计	2 897	1 629	1 913	978	461	274	95	69	428	309
	20英亩以下	838	483	450	240	237	132	27	20	124	92
	20—49英亩	1 217	673	734	393	230	125	42	29	212	126
	50—99英亩	2 237	1 171	1 390	692	407	218	81	52	359	208
	100—174英亩	3 692	1 818	2 415	1 099	608	328	128	78	541	313
	175—499英亩	6 742	3 414	4 608	2 138	1 023	608	219	132	893	536
	500—999英亩	14 430	6 908	10 423	4 431	1 780	1 056	453	285	1 775	1 136
	1 000英亩以上	47 348	26 807	36 390	15 660	2 897	1 930	1 065	1 211	6 996	8 006
西部	总计	12 155	7 059	9 162	4 639	1 009	690	310	218	1 673	1 512
	20英亩以下	5 025	2 953	3 342	1 523	867	507	108	79	710	844
	20—49英亩	7 359	3 578	5 727	2 544	912	560	202	123	518	351
	50—99英亩	9 404	4 358	7 386	3 101	967	570	263	162	789	524
	100—174英亩	7 205	3 763	5 375	2 343	665	445	221	153	944	823
	175—499英亩	14 111	7 667	10 844	5 184	1 082	790	398	282	1 788	1 412
	500—999英亩	27 662	14 601	21 205	10 006	1 749	1 176	722	456	3 986	2 963
	1 000英亩以上	74 186	44 972	55 110	29 443	3 206	2 402	1 384	915	14 486	12 212
全美国	总计	6 444	3 563	4 476	2 276	994	620	199	131	774	536
	20英亩以下	1 812	1 139	956	564	605	375	56	42	195	158
	20—49英亩	2 103	1 280	1 284	750	474	303	76	55	270	172
	50—99英亩	4 175	2 499	2 649	1 536	848	532	156	106	522	325
	100—174英亩	7 313	4 022	5 021	2 590	1 182	724	241	155	869	554
	175—499英亩	13 955	7 175	10 291	4 872	1 734	1 059	390	234	1 540	1 012
	500—999英亩	23 208	11 714	17 644	7 842	2 174	1 402	639	376	2 751	2 094
	1 000英亩以上	56 757	31 799	43 047	19 530	3 330	2 206	1 196	987	9 185	9 077

每英亩土地上的平均价值(单位美元)

农场的全部财产		土 地		建 筑 物		农具和机 器		牲 畜	
1910	1900	1910	1900	1910	1900	1910	1900	1910	1900
66.46	37.77	46.26	24.48	10.93	6.98	2.07	1.35	7.20	4.96
308.84	193.56	144.55	94.82	131.44	75.19	10.59	7.35	22.26	16.19
100.07	60.41	56.98	34.57	28.83	16.52	4.01	2.62	10.85	6.69
77.96	46.66	48.63	28.74	17.27	10.43	3.01	1.97	9.01	5.51
71.26	39.75	49.13	25.96	11.90	7.29	2.33	1.49	7.90	5.00
66.25	35.00	49.40	24.17	8.16	5.05	1.79	1.08	6.90	4.69
41.24	22.90	31.79	15.48	3.84	2.70	1.10	0.65	4.50	4.06
27.14	13.80	20.82	8.37	2.08	1.21	0.61	0.31	3.62	3.90
25.31	11.79	16.72	7.08	4.03	1.98	0.83	0.50	3.74	2.24
73.36	42.16	39.37	20.91	20.77	11.51	2.35	1.72	10.87	8.02
39.18	21.12	23.58	12.33	7.39	3.91	1.35	0.91	6.81	3.97
32.30	16.80	20.07	9.94	5.88	3.13	1.17	0.74	5.18	2.99
28.08	13.78	18.37	8.32	4.63	2.49	0.97	0.59	4.12	2.37
25.55	12.92	17.46	8.09	3.88	2.30	0.83	0.50	3.38	2.03
21.96	10.68	15.86	6.85	2.71	1.63	0.69	0.44	2.70	1.76
11.69	5.28	8.99	3.08	0.72	0.38	0.26	0.24	1.73	1.58
40.93	18.28	30.86	12.01	3.40	1.79	1.04	0.56	5.63	3.92
595.50	333.61	395.87	172.03	102.66	57.31	12.85	8.89	84.12	95.38
230.42	111.59	179.32	79.35	28.55	17.46	6.33	3.82	16.22	10.96
128.79	58.80	101.15	41.85	13.24	7.69	3.60	2.18	10.81	7.07
47.67	24.71	35.56	15.39	4.40	2.92	1.46	1.00	6.24	5.41
45.77	24.71	35.17	16.71	3.51	2.54	1.29	0.91	5.80	4.55
39.79	20.89	30.50	14.81	2.52	1.68	1.04	0.65	5.73	4.24
20.08	9.50	14.92	6.22	0.87	0.51	0.37	0.19	3.92	2.58
46.64	24.37	32.40	15.57	7.20	4.24	1.44	0.89	5.60	3.67
172.89	106.90	91.22	52.92	57.73	35.19	5.37	3.96	18.57	14.83
65.55	38.74	40.00	22.72	14.77	9.16	2.36	1.65	8.42	5.21
58.22	34.62	36.94	21.28	11.83	7.37	2.17	1.47	7.28	4.51
53.97	29.69	37.05	19.11	8.72	5.35	1.78	1.14	6.42	4.09
51.45	26.74	37.95	18.15	6.39	3.95	1.44	0.87	5.68	3.76
34.76	17.70	26.43	11.85	3.26	2.12	0.96	0.57	4.12	3.16
17.03	7.58	12.92	4.66	1.00	0.53	0.36	0.24	2.76	2.16

"**西部**"的移民宅地	"……在山区各州和太平洋岸各州,100—174英亩的农场,其建筑物平均价值低于50—99英亩的农场。这大概是因为在这些地区,100—174英亩的农场相当大一部分是不久以前由移民定居的移民地,这些移民还没有时间,可能也没有足够的资金来建造昂贵的建筑物。"(第271页)
"**西部**"的小农场……	"……这两个地区(山区各州和太平洋岸各州)的平均值(小农场全部设备的价值)很高,部分是由于存在大量耕作水平高的小水果农场和小蔬菜农场,其中许多农场的土地都能灌溉。"(第272页)

关于**收获量**问题:

平均每英亩收获量(单位蒲式耳)

第486页,表14(第485页)

	玉米[1] (第584页,表15)		小麦[2] (第593页)		燕麦[3] 第603页		平均每头奶牛产奶量(单位加仑)		平均每个农场奶牛头数
	1909	1899	1909	1899	1909	1899	1909	1899	(1909)
全美国…………	25.9	28.1	15.4	12.5	28.6	31.9	362	424	3.8
新英格兰…………	45.2	39.4	23.5	18.0	32.9	35.9	476	548	5.8
大西洋岸中部各州…	32.2	34.0	18.6	14.9	25.5	30.9	490	514	6.1
中部东北各州………	38.6	38.3	17.2	12.9	33.3	37.4	410	487	4.0
中部西北各州………	27.7	31.4	14.8	12.2	27.5	32.0	325	371	4.9
大西洋岸南部各州…	15.8	14.1	11.9	9.5	15.5	11.7	286	356	2.1
中部东南各州………	18.6	18.4	11.7	9.0	13.4	11.1	288	395	1.9
中部西南各州………	15.7	21.9	11.0	11.9	21.4	25.8	232	290	3.1
山区各州…………	15.8	16.5	23.1	19.2	34.9	30.4	339	334	4.7
太平洋岸各州………	24.0	25.2	17.7	15.6	35.3	31.4	475	470	5.1

[1] **玉米**:1909年占全部耕地的**20.6**%。

[2] **小麦**:1909年占全部耕地的**9.3**%。

[3] **燕麦**:1909年占全部耕地的**7.3**%。

在**北部**必须**分出**(α)新英格兰＋大西洋岸中部各州和(β)中部**东**北各州和**西**北各州。

α—31%—41%(总收获量的价值) =干草和青草	(在干草和青草中)**大部分**是播种的	α—大部分收获量较高
β—14%—16%	野草和草地的草等等占了**相当大的部分**	β—大部分收获量较低

α—17%—21%(同上)蔬菜　　α(每英亩)雇佣劳动和肥料的费用高。

β—4%—7%　　β(每英亩)雇佣劳动和肥料的费用低。

α—几乎**没有**移民宅地	居　民　密　度　高	购　买　饲　料
β—**有**移民宅地	居　民　密　度　低	出　售　饲　料

对10年内(1901—1910年)移民宅地分布的**原始**(不是最终!!)数字(《统计汇编》第28页)进行计算,可得:

移民宅地

西　部……………………5 530万英亩　{太平洋岸各州——1 340万英亩；山区各州——4 190万英亩}

北　部……………………5 520万英亩　(其中包括**中部西北各州 5 430 万英亩**)

南　部……………………2 000万英亩　(其中包括**中部西南各州 1 730 万英亩**)

总　　计=13 050万英亩

因此,**西部**是个**十足的**移民宅地区。

在**北部**——有**一个**地区(中部西北各州)是移民宅地区。

在**南部**——也有**一个**地区(中部西南各州)是移民宅地区。

全部农场＝1 182 099…全部土地 89 923 619 英亩
种植园或＝ 437 978…全部土地 28 296 815 英亩
农场

325 个地区

（南部 **11** 个州：亚拉巴马、阿肯色、佛罗里达、佐治亚、路易斯安那、密西西比、**北**卡罗来纳、**南**卡罗来纳、田纳西、得克萨斯和弗吉尼亚）

第 12 章 **南部的种植园：**
种植园的租佃((1910))

种植园的整个租佃情况	所有类别	5—9 个佃农	10—19 个佃农	20—49 个佃农	50 个佃农以上
种植园……………	39 073	26 562	9 160	2 939	412
领主农场……………	39 073	26 562	9 160	2 939	412
佃农农场……………	398 905	168 089	118 862	82 404	29 550
平均面积……………	724.2	495.0	953.2	1 688.0	3 535.3
平均耕地面积………	405.3	273.8	528.2	974.9	2 084.1
平均面积 领主农场 全部土地	330.9	227.3	438.4	785.5	1 374.6
平均面积 领主农场 耕地	86.6	65.2	106.8	187.9	293.1
平均面积 佃农农场 全部土地	38.5	42.3	39.7	32.2	30.1
平均面积 佃农农场 耕地	31.2	33.0	32.5	28.1	25.0
面积					
全部土地………	28 296 815	13 147 956	8 731 179	4 961 152	1 456 528
领主农场………	12 929 417	6 038 777	4 015 807	2 308 518	566 315
佃农农场………	15 367 398	7 109 179	4 715 372	2 652 634	890 213
佃农农场土地的百分比…………	54.3	54.1	54.0	53.5	61.1

普查年份	平均每个农场土地数（单位英亩）南部	平均每个农场土地数（单位英亩）北部	平均每个农场耕地数（单位英亩）南部	平均每个农场耕地数（单位英亩）北部
1910	114.4	143.0	48.6	100.3
1900	138.2	133.2	48.1	90.9
1890	139.7	123.7	58.8	87.8
1880	153.4	114.9	56.2	76.6
1870	214.2	117.0	69.2	69.2
1860	335.4	126.4	101.3	68.3
1850	332.1	127.1	101.1	65.4

　　"实际上……南部大部分佃农的经济地位同美国其他地区的佃农有很大的差别。种植园作为一般目的的管理单位并没有消失。在很多情况下,种植园中的佃农成了土地所有者、主要租地者或管理人员全面监督的对象,就像北部和西部大农场中的雇工一样。"(第 877 页)

第十一章　灌　溉

　　干旱地区:1 440 822 个农场,**1 161** 385 600 英亩,农场土地面积 38 860 万英亩,耕地 17 340 万英亩。灌溉设施费用＝30 790 万美元(每英亩 15.92 美元)。

　　灌溉受益农场数 158 713(灌溉面积 1 370 万英亩)。

每英亩平均收获量(1909)

	灌溉地	非灌溉地	增减百分比
玉　米	23.7(单位蒲式耳)	25.9	－ 8.5
燕　麦	36.8	28.5	＋29.1
小　麦	25.6	15.3	＋67.3%
大　麦	29.1	22.3	＋30.5%
苜　蓿	2.94 吨	2.14	＋37.4%

　　鉴于吉姆美尔先生(1913 年《箴言》杂志[142]第 6 期)在谈到 1910 年的人口普查时编造了一个最无耻的谎言,说什么在美利坚合众国

"没有一个地区的垦殖开发过程已经停止,没有一个地区的大资本主义农业不在解体并被劳动农业所排挤"(第60页)[①],我们就来专门谈谈

两个地区:新英格兰

和大西洋岸中部各州。垦殖开发＝**0**。(没有移民宅地。)

农业的资本主义性质:

		1909	1899	百分比
每英亩(耕地)**的**	新英格兰……………	4.76	2.55	+86%
雇佣劳动费用	大西洋岸中部各州…	2.66	1.64	+62%
	太平洋岸各州………	3.47	1.92	**+**80%
	山区各州…………	2.95	2.42	+22%
	全美国平均………	1.36	0.86	+58%

总之,资本主义性质**最为显著**而且正在得到**最强劲的**发展!!!

使吉姆美尔"不知所措"的是:这些地区的农场不仅土地平均面积普遍减少(全美国146.2—138.1;新英格兰107.1—104.4;大西洋岸中部各州92.4—92.2),而且耕地面积也在减少(全美国＋72.2＋75.2;新英格兰42.4—38.4;大西洋岸中部各州63.4—62.6)!!!

同时,按耕地来衡量,新英格兰的农场是**最小的**!!

这个傻瓜不会把面积小同农业的资本主义性质区别开来。

---

① 见本版全集第27卷第170页。——编者注

		1909	**1899**	
肥料费用	新英格兰··············	1.30	0.53	＋145%
(每英亩耕地)	大西洋岸中部各州···	0.62	0.37	＋ 78%
	· · · · · · · ·	· ·	· ·	· · ·
	大西洋岸南部各州···	1.23	0.49	＋151%
	全美国平均··········	0.24	0.13	＋ 83%

应当指出,**棉田**使用的肥料最多(南部!)(见 1900 年的统计,棉田:18.7%的农场;22.5%的肥料费用)

参看摘录第 1 页(1910 年)(第 560 页)①

	雇工的农场的百分比		
注意	新英格兰	66.0%	注意
	大西洋岸中部各州	65.8%	
	中部东北各州	52.7	
	中部西北各州	51.0	
	山区各州	46.8%	
	太平洋岸各州	58.0%	

---

① 参看本卷第 584 页。——编者注

1900—1910年的增加(或减少)

新英格兰	农场数目	百分比	农场全部土地(单位英亩)面积	百分比	农场耕地(单位英亩)面积	百分比	价值增长百分比(1899—1909)农场的全部财产	价值增长百分比(1899—1909)工具和机器
总数	—3 086	—1.6	—834 068	—4.1	—879 499	—10.8	35.6	39.0
20英亩以下	6 286	22.4	41 273	14.9	30 984	15.5	60.9	48.9
20—49英亩	17	0.1	—33 243	—2.9	—28 500	—4.7	31.4	30.3
50—99英亩	—3 457	—7.0	—250 313	—7.2	—142 270	—9.1	27.5	31.2
100—174英亩	—4 020	—8.4	—466 663	—7.7	—309 499	—12.3	30.3	38.5
175—499英亩	—1 999	—6.7	—459 948	—6.1	—421 081	—15.3	33.0	44.6
500—999英亩	6	0.3	36 311	2.8	—46 022	—12.8	53.7	53.7
1 000英亩以上	81	16.3	298 515	36.2	36 889	26.8	102.7	60.5
大西洋岸中部各州								
总数	—17 239	—3.5	—1 669 034	—3.7	—1 465 317	—4.8	28.1	44.1
20英亩以下	5 754	7.7	29 704	4.1	15 550	2.5	45.8	42.9
20—49英亩	—5 955	—7.1	—225 471	—8.0	—210 859	—9.5	28.3	37.0
50—99英亩	—11 639	—8.2	—772 300	—7.6	—623 012	—8.1	23.8	39.9
100—174英亩	—5 745	—4.4	—746 852	—4.5	—605 047	—5.1	24.9	43.8
175—499英亩	495	1.0	169 095	1.4	—59 567	—0.8	29.4	54.7
500—999英亩	—59	—3.1	—27 161	—2.3	17 990	3.8	31.5	50.8
1 000英亩以上	—90	—16.1	—96 049	—8.0	—372	—0.2	74.4	65.2

这些数字清楚地说明小**农场**受到大农场的排挤。

在这两个地区，**所有**中等农场(20—499英亩)都在**丧失**(百分比)。

增加的是：(1)最小的农场(20英亩以下)

(2)大农场(**500—999**英亩和**1 000**英亩以上)。

不论百分比还是绝对数(**耕**地面积),**大**农场都比小农场增加的多!!

[这里的小农场(20英亩以下)中十足的资本主义农场**比比皆是**]因为这里菜地占的百分比最高。**谷物**地占的百分比最低。

农具和机器(=一种最重要的、直接表明技术进步的不变资本)增长的百分比,在**大**农场中**最高**,在**中等**农场中最低,而且大农场增长的百分比**高于**最小的农场!!!

(第266页,表9)

全部价值的配置百分比

全美国:	农场的全部财产		农具和机器	
	1910	**1900**	**1910**	**1900**
总　计…………	100.0	100.0	100.0	100.0
(α)20英亩以下	3.7—	3.8	3.7—	3.8
(β) 20—49英亩	7.3—	7.9	8.5—	9.1
(γ) 50—99英亩	14.6—	16.7	17.7—	19.3
(δ)100—174英亩	27.1—	28.0	28.9—	29.3
(ε)175—499英亩	33.3+	30.5	30.2+	27.1
(ζ)500—999英亩	7.1+	5.9	6.3+	5.1
(η)1000英亩以上	6.9—	7.3	4.7—	6.2

新英格兰:				
总　计…………	100.0	100.0	100.0	100.0
	12.0+	10.1	7.8+	7.3
	13.3—	13.7	11.5—	12.2
	20.0—	21.2	20.8—	22.0
	24.2—	25.1	27.9—	28.0
	24.4—	24.8	27.3+	26.2
	3.9+	3.4	3.3+	2.9
	2.4+	1.6	1.5+	1.3

大西洋岸中部各州	农场的全部财产		农具和机器	
	1910	**1900**	**1910**	**1900**
总　计………………	100. 0	100. 0	100. 0	100. 0
	8. 9+	7. 8	6. 5=	6. 5
	11. 3=	11. 3	10. 6—	11. 1
	24. 6—	25. 5	27. 2—	28. 0
	31. 9—	32. 7	34. 5=	34. 5
	20. 3+	20. 1	19. 4+	18. 1
	1. 8=	1. 8	1. 3=	1. 3
	1. 2+	0. 8	0. 6+	0. 5
北部：				
总　计………………	100. 0	100. 0	100. 0	100. 0
小农场…………… {	2. 9—	3. 3	3. 1—	3. 5
	5. 1—	6. 7	6. 5—	8. 2
	14. 7—	18. 0	18. 2—	21. 3
中等农场…………	30. 1—	31. 2	31. 7—	32. 7
大农场…………… {	38. 0+	33. 4	32. 9+	29. 0
	6. 4+	4. 8	5. 5+	3. 8
	2. 8+	2. 5	2. 1+	1. 6
南部：				
总　计………………	100. 0	100. 0	100. 0	100. 0
小农场…………… {	4. 7+	4. 4	4. 6+	4. 2
	13. 0+	12. 0	13. 7+	12. 3
	17. 3+	16. 0	19. 2+	16. 7
中等农场…………	23. 1+	22. 1	24. 4+	22. 4
大农场…………… {	24. 2—	24. 3	24. 1+	22. 3
	6. 6—	6. 8	6. 4—	6. 7
	11. 4—	14. 4	7. 6—	15. 5
西部：				
总　计………………	100. 0	100. 0	100. 0	100. 0
小农场…………… {	6. 9+	6. 5	5. 9+	5. 6
	9. 3+	7. 1	10. 0+	7. 9
	9. 1+	7. 2	10. 0+	8. 7
中等农场…………	16. 3+	15. 2	19. 6—	20. 0
大农场…………… {	22. 6+	21. 1	25. 0—	25. 1
	12. 1—	12. 5	12. 3—	12. 7
	23. 7—	30. 4	17. 3—	20. 0

结论：

（1）2个老的地区（新英格兰＋大西洋岸中部各州）。**大农场**价值的百分比增长最多。中等农场受到侵蚀。最小农场的增长较少。

（2）北部（资本主义）。**大农场**价值的百分比由于**小农场**价值百分比减少而增长。

（3）南部（从奴隶制向资本主义过渡）。**小农场**价值的百分比由于**大农场**价值百分比减少而增长（**注意**：最大农场的作用**超过**平均数）。

（4）西部（新的土地。移民宅地最多）。**小农场**价值的百分比由于**大农场**价值百分比减少而增长。（**注意**：最大农场和大农场的作用**超过**平均数。）

（5）总结。（全美国）**总计**：**所有小农场和所有中等农场都受到排挤**。**大地产**（1 000 英亩以上）受到排挤。**资本主义大农场（175—500 英亩；500—1 000 英亩）**得到发展。

美

把农场诸要素配置的百分比材料

农场数目		A))　耕 地 面 积			B))农场全部财产的（价值）		C))土地价值	
			占总面积的百分比					
1910	1900		1910	1900	1910	1900	1910	1900
＋13.2	11.7	＋最小农场(20英亩以下)	1.7	1.6	－　3.7	3.8	－　2.8	2.9
＋22.2	21.9	－	7.6	8.0	－　7.3	7.9	－　6.4	7.2
－22.6	23.8	－小农场和中等农场	14.9	16.2	－14.6	16.7	－13.4	16.1
－23.8	24.8	－	26.9	28.6	－27.1	28.0	－26.7	28.2
＋15.4	15.1	＋大农场和大地产	33.8	32.7	＋33.3	30.5	＋35.4	32.2
＋ 2.0	1.8	＋	8.5	7.1	＋　7.1	5.9	＋　7.8	6.2
＝ 0.8	0.8	＋(大地产)	6.5	5.9	－　6.9	7.3	＋　7.6	7.1
					(－　3.7	3.8		
					(－49.0	52.6		
					(＋40.4	36.4		
					－　6.9	7.3		

妙极了！

土地**价值**增长了！！(大农场和大地产都是如此。)

只有新英格兰和大西洋岸中部各州这两个最老的资本主义地区的**大地产**(1 000英亩以上)**没有**衰落！！ 在这两个地区,大地产**在所有方面**(甚至包括牲畜！！)的作用都**增大了**(大西洋岸中部各州＝牲畜为0.6—0.6,新英格兰＝牲畜为1.5—1.4)。

例外(注意):大地产破坏得最厉害的是**中部西南各州**＝21.3—41.9和**西部**＝33.6—38.5,也就是说,正是大地产**特别大**的地区！！

价值的增长：

农场全部财产的价值的增长总额＝＋20 551(单位**百万美元**)

国:

加以比较是很有意思的。

建筑物价值		农具和机器的价值		牲畜价值		农场全部财产的价值		**全部土地**面积	
1910	**1900**	**1910**	**1900**	**1910**	**1900**	**1910**	**1900**	**1910**	**1900**
+ 8.0	7.1	− 3.7	3.8	− 3.3	3.5	− 3.7	3.8	+ 1.0	0.9
−10.6	10.7	− 8.5	9.1	+ 7.8	7.0	− 7.3	7.9	+ 5.2	5.0
−19.3	20.4	−17.7	19.3	+15.2	14.5	−14.6	16.7	−11.7	11.8
−28.3	29.0	−28.9	29.3	+26.8	25.6	−27.1	28.0	+23.4	23.0
+26.8	25.9	+30.2	27.1	+30.6	28.5	+33.3	30.5	+30.2	27.8
+ 4.3	4.0	+ 6.3	5.1	= 7.0	7.0	+ 7.1	5.9	+ 9.5	8.1
− 2.6	2.9	− 4.7	6.2	− 9.3	13.9	− 6.9	7.3	−19.0	23.6

牲　畜	牲　畜 增减百分比
26.3—25	
+1.3	−0.2
	+0.8
26.8—25.6	+0.7
+1.2	+1.2①
46.9—49.4	=
−2.5	−4.6

	单位**百万**美元		农　场 百分比	农　场 数　目 (单位百万)	1909年的 农场数目 (单位百万)
其中,最小农场	+ 753				
小农场和中等农场	+1 365	4 708	58.0	3.7	(3.3)
	+2 590				
	+5 368	5 368	23.8	1.5	(1.4)
大农场和大地产	+7 422				
	+1 707	10 475	18.2	1.1	(1.0)
	+1 346				
合　计		=20 551	100.0	6.3	(5.7)

在这10年之内,**工业工人**(1900年为470万人,1910年为660万人)(增加40.4%)使自己的工资增加了**141 900**万美元(增加70.6%)。

① 列宁在下面漏掉了175—499英亩这一类别的增加百分比:+2.1。——俄文版编者注

从第十二次(1990年)和第十三次(1910年)

		1900	1910+	增　加 百分比
工业资本家:	企业数目(单位千)	207.5	268.5+	61+29.4%
城市人口 +34.8%	雇佣工人数目(单位千)	4 713	6 615　+	1 902+40.4%
农业:	农场数目(单位千)	5 737	6 361　+	624+10.9%
农村人口 +11.2%	雇佣工人数目	82.3%:70.6%=x:40.4% x=47.1% 见第1页及背面①		
所有谷物的产量(单位百万蒲式耳):		4 439	4 513　+	74+1.7%

产　值

工　业:(企业数目(单位千)及其在总数中占的百分比)

1900年应为1904年

产　量:		1900	1910	+	增加 百分比
(2万美元以下的)	小企业	144 66.6%	180 +67.2%	+36	+25%
(2万—10万美元的)	中等企业	48 22.2%	57 −21.3%	+9	+18.7%
(10万美元以上的)	大企业	24 11.2%	31 +11.5%	+7	+29.1%
	合计………	216 100%	268 100%	+52	+24.2%

农　业:(农场数目(单位千)及其在总数中占的百分比)

		1900	1910	+	增加百分比
(99英亩以下的)	小农场	3 297 57.4%	3 691 +58.0%	+394	+11.9%
(100—174英亩的)	中等农场	1 422 24.8%	1 516 −23.8%	+94	+6.6%
(175英亩以上的)	大农场	1 018 17.7%	1 154 +18.2%	+136	+13.3%
	合计…………	5 737 100%	6 361 100%	+624	+10.9%

① 参看本卷第582—585页和第624—625页。——编者注

人口普查看**美国**某些经济要素(或类别)

	1900	1910+	+	增加百分比
它们的资本(单位百万美元):	8 975	18 428	+ 9 453	+105.3%
它们的工资(单位百万美元):	2 008	3 427	+ 1 419	+ 70.6%
它们的资产的价格(单位百万美元)	20 440	40 991	+20 551	+100.5%
它们的工资(单位百万美元)	357	652	+ 295	+ 82.3%
它们的价格(单位百万美元)	1 483	2 665	+ 1 182	+ 79.8%

	1900	1910		增加百分比
产值(单位百万美元):	11 406	20 672	+9 266	+81% 143

	1900	1910+	+	百分比
产值(单位百万美元)	927	1 127	+200	+21.5%
	6.3%	− 5.5%		
	2 129	2 544	+415	+19.5%
	14.4%	−12.3%		
	11 737	17 000	+5 263	+44.8%
	79.3%	+82.2%		
	14 793	20 671	+5 878	+39.7%
	100%	100%		

它们的资产的价格(单位百万美元)	5 790	10 499	+ 4709	+ 81.3%
	28.4%	−25.6%		
	5 721	11 089	+ 5 368	+ 93.8%
	28.0%	−27.1%		
	8 929	19 403	+10 474	+117.3%
	43.7% 144	+47.3%		
	20 440	40 991	+20 551	+100.5%
	100%	100%		

┌─────────────┐
│ 三种类型： │
│ 1)北部 │
│ 2)南部 │
│ 3)西部 │
└─────────────┘

美　国　国　内　人　口

国内各类居民的

(人口普查,第92页)		总人口	本地白人	在外国出生的白人	黑人
全美国………………	农村人口	53.7	55.8	27.8	72.6
	城市人口	46.3	44.2	72.2	27.4
新英格兰………………	农村人口	16.7	20.4	7.6	8.2
	城市人口	83.3	79.6	92.4	91.8
大西洋岸中部各州………	农村人口	29.0	33.7	16.1	18.8
	城市人口	71.0	66.3	83.9	81.2
中部东北各州……………	农村人口	47.3	51.6	28.6	23.4
	城市人口	52.7	48.4	71.4	76.6
中部西北各州……………	农村人口	66.7	68.4	60.8	32.3
	城市人口	33.3	31.6	39.2	67.7
大西洋岸南部各州 ………	农村人口	74.6	74.4	34.0	77.9
	城市人口	25.4	25.6	66.0	22.1
中部东南各州 ………	农村人口	81.3	82.2	33.3	80.8
	城市人口	18.7	17.8	66.7	19.2
中部西南各州 ………	农村人口	77.7	78.4	60.8	78.0
	城市人口	22.3	21.6	39.2	22.0
山区各州………………	农村人口	64.0	64.0	60.3	28.0
	城市人口	36.0	36.0	39.7	72.0
太平洋岸各州……………	农村人口	43.2	44.2	38.7	16.6
	城市人口	56.8	55.8	61.3	83.4

───────────────

*)　上下两项数字合计＝100。

分 布 概 况(1910年)

> **注意　　　注意**
> 黑人从南部逃出（**大部分逃入城市**）。北部把人口迁入**西部**。外国出生的人不去**南部**。

分布百分比*)：
占总人口的百分比

[同上,第175页]
占人口的百分比(1910)

由国内移居造成的人口的增加或减少(1910年)

在外国出生的人	黑人	在目前居留地出生的人	在外地出生的人	在外国出生的人	白人	黑人
14.5	10.7	72.6	12.3	14.7	—	—
27.7	1.0	66.2	5.5	27.9	− 226 219	+ 20 310
25.0	2.2	69.7	4.9	25.1	−1 120 678	+ 186 384
16.8	1.6	73.4	9.3	16.8	−1 496 074	+ 119 649
13.9	2.1	65.4	20.2	13.9	+ 472 566	+ 40 497
2.4	33.7	92.6	4.7	2.5	− 507 454	− 392 827
1.0	31.5	91.5	7.3	1.0	− 974 165	− 200 876
4.0	22.6	72.3	23.3	4.0	+1 434 780	+ 194 658
16.0	0.8	41.8	40.2	17.2	+ 856 683	+ 13 229
20.5	0.7	35.8	40.3	22.8	+1 560 561	+ 18 976

第 4 卷。职业统计表 15。第 54 页

（10 岁以上的从业人员数）

男女合计

	1910	1900	1890	1880
农业从业人员	**12 567 925**	**10 381 765**	**9 148 448**	**7 713 875**
农业工人	6 088 414	4 410 877	3 586 583	3 323 876
男女牛奶工人	35 014	10 875	17 895	8 948
农场主、种植园主和监工	5 981 522	5 674 875	5 281 557	4 229 051
园丁、花匠、温室栽培人员等等	143 462	61 788	72 601	56 032
装卸工和木排工	127 154	72 020	65 866	30 651
养畜者、牧工和赶牲畜工人	122 189	84 988	70 729	44 075
伐木工	27 567	36 075	33 697	12 731
提取松节油的农场主和工人	28 967	24 735 }	19 520	7 450
其他农业从业人员	13 636	5 532 }		1 061
养蜂人	2 145	1 339	1 773	1 016

妇女数目有夸大（×）

12 567 925
− 468 100
12 099 825 | 10 381 765
116%
+16%

农业工人……	6 088 414	4 410 877	6 088∶4 410＝137%
男子……	4 566 281	3 747 668 ⟶	4 566 281∶3 747 668＝121.8% ＋ **21.8%**
(×)妇女……	1 522 133	663 209	100－21.8＝78.2

(第 27 页)＋(1910－1900)＝129.5%(1900－1890∶＋23.3%,**第 26 页**)。

(α)在农场劳动的妇女，**家庭成员**……	1 176 585 [＋166.8%]	441 055
(β)雇佣农业**女工**……	337 522 [＋ 53.4%]	220 048

在农场中劳动的**男子**(第 91 页)	(α)(家庭成员)	——2 133 949	?
	(β)(工人)	——2 299 444 (合计＝4 433 393)	?

(×)关于在农业中从业的妇女数目问题(1910)，作者(第 27 页)认为她们的数目**被夸大了**，并以**估**算的办法得出结论说，**比较可靠**的数目是：(第 28 页)

在农业中从业的妇女总数为：**1 338 950**，而不是 **1 807 050**(即要减去 468 100)，在**各个**经济部门从业的妇女总数为 **7 607 672**，而不是 **8 075 772**(减去 468 100)

我的补充：如果把这些夸大的数目全部算做在农场劳动的妇女——家庭成员的数目，那就得出：

1 176 585**－**468 100**＝**708 405÷441 055**＝166**%，即增加 66%

农业**雇佣**工人总数：

	1910	1900	
妇女(女工)…………	337 522	220 048	
男子(男工)…………	2 299 444	1 798 165	=**大约**=1910 年数字的 78.2%
总　计=	2 566 966	2 018 213 (见第 **2** 页**背面**)①	

工业统计表明

	雇佣工人(单位百万)	**工资**(单位百万美元)
1899 年…………	4.7	2 008
1909 年…………	6.6	3 427
	+40.4%	+70.6%

因此，**农业**中的**雇佣工人数目**的增长可以**估算**如下：

		农场数目的增长	农村人口的增长
北部………	40%	+ 0.6%	+ 3.9%
南部………	50%	+18.2%	+14.8%
西部………	66%	+53.7%	+49.7%
	48%	+10.9%	+11.2%

这样，根据职业统计资料(见第 **1** 页**背面**)②

	1910	1900	增加百分比		
农业从业人员总数…	12 099 825 *)	10 381 765 见№1(本页下方)	+16%		
农场主………………	5 981 522	5 674 875	+ 5%	5 981 522	5 674 875 / 105.4
雇佣工人 (见第 **1** 页**背面**)	2 566 966 **)	2 018 213 见№2(本页下面)	+27%	2 566 966	2 018 213 / 127

*) 订正数字见第 1 页背面。

**) 概数见第 1 页背面。

① 列宁所指的第 2 页背面，系自第 626 页的“这样，根据职业统计材料……”起，至第 627 页的“我的合计数字是从**统计汇编**第 **235** 页抄下来的”止。——俄文版编者注

② 参看本卷第 624—625 页。——编者注

№1：农业从业人员数增加16%，而**农村人口**=增加11%。为什么？显然是因为**妇女**从业人数增加了。

№2：支出的**工资**总额增加48%。为什么？显然是因为连**贫困的农场主**也受雇了(副业)。

整个来看，必须说美国的职业统计是毫无价值的，因为它根本没有提到一个人“在行业中所处的地位”问题(而且没有提到业主、本户工人和雇佣工人的差别)。

‖　因此，它的科学价值几乎等于**零**。　‖　注意

注意

其次，它根本没有提到副业这个概念。

我的合计数字是从**统计汇编**第**235**页上抄下来的。

职　业　统　计

	从业人员(10岁以上)总数	分布百分比								
	从业人员总数	农业、林业、畜牧业	矿产加工业	制造业和机械工业	运输业	商业	公用事业	专业人员	家庭和个人服务	办事员
全美国………	38 167 336	33.2	2.5	27.9	6.9	9.5	1.2	4.4	9.9	4.6
新英格兰……	2 914 680	10.4	0.3	49.1	6.5	10.6	1.7	4.8	10.7	5.9
大西洋岸中部各州………	8 208 885	10.0	4.2	40.6	8.0	12.0	1.4	4.9	11.8	7.1
中部东北各州	7 257 953	25.6	2.6	33.2	7.6	10.6	1.1	4.8	9.2	5.3
中部西北各州	4 449 043	41.2	1.8	20.0	7.8	10.4	1.1	5.2	8.5	3.9
大西洋岸南部各州………	5 187 729	51.4	1.8	18.6	5.0	6.1	1.0	3.0	10.5	2.6
中部东南各州	3 599 695	63.2	1.9	12.4	4.0	5.3	0.6	2.6	8.4	1.7
中部西南各州	3 507 081	60.1	0.7	12.6	5.2	7.0	0.8	3.3	8.1	2.1
山区各州……	1 107 937	32.4	9.4	19.5	10.3	8.7	1.7	5.2	9.1	3.6
太平洋岸各州	1 934 333	22.6	2.4	27.2	10.3	12.6	2.0	6.0	11.3	5.5

载于1932年《列宁文集》俄文版第19卷

译自1969年《土地问题笔记》俄文版第491—553页

在《美国1910年第十三次人口普查报告。美国农业。农作物(附各州情况)概述》上所作的标记和计算

(1914—1915年)

美国各类作物的面积、产量和价值:

1909年和1899年

第5卷第532页,表1	表1 作物	面积(单位英亩) 1909	1899	增加 数量	%
+ 3.5%	谷物…………………………	191 395 963	184 982 220	6 413 743	3.5
	统计面积(英亩)上的				
+26.6%	其他谷物和种子……	5 157 374	4 075 120	1 082 254	26.6
+17.2%	干草和牧草…………	72 280 776	61 691 069	10 589 707	17.2
+32.0%	棉花……………………	32 043 838	24 275 101	7 768 737	32.0
	统计面积(英亩)上的				
+62.6%	糖料作物……………	1 285 031	790 308	494 723	62.6
+25.5%	蔬菜……………………	7 073 379	5 638 220	1 435 159	25.5

[转下页]

[接上页]

表 1 作物	产量增加 %		价值(美元) 1909			
谷物………………	1.7	谷物…………	2 665.5	3 587	4 577.6	总计=
其他谷物和种子…		其他谷物……	97.5			
豆类作物……	122.2					
花生………………	62.3					
干草和牧草………	23.0	干草和牧草…	824.0			
烟草………………	21.6	烟草…………	104.3			
棉花和棉籽………	……	棉花…………	824.7			
糖料作物	……	糖……………	61.6			
甘蔗…………	48.5					
其他次要作物……	……	其他次要作物	18.1			
蔬菜………………	……	蔬菜…………	418.1			
马铃薯………	42.4					
甘薯和山药…	39.3					
		水果和坚果…	222.0			
		花卉和秧苗…	34.9			
		温室产品……	21.0			
		林产品………	195.3			
				=5 487(单位百万美元)		

第 5 卷第 538 页,表 8　　　　注意

表 4 地区或区域	各类作物总价值 1909	1899	增加 总值	%
全美国……	$ 5 487 161 223	$ 2 998 704 412	$ 2 488 456 811	83.0
新英格兰………	141 113 829	95 220 019	45 893 810	48.2
大西洋岸中部各州…………	416 248 625	304 829 335	111 419 290	36.5
中部东北各州…	1 117 182 160	674 955 402	442 226 758	65.5
中部西北各州…	1 445 909 494	736 910 961	708 998 533	96.2
大西洋岸南部各州…………	742 105 246	348 918 717	393 186 529	112.7
中部东南各州…	551 282 286	307 782 583	243 499 703	79.1
中部西南各州…	628 343 039	332 651 290	295 691 749	88.9
山区各州………	163 897 753	56 731 556	107 166 197	188.9
太平洋岸各州…	281 078 791	140 704 549	140 374 242	99.8
北部……………	3 120 454 108	1 811 915 717	1 308 538 391	72.2
南部……………	1 921 730 571	989 352 590	932 377 981	94.2
西部……………	444 976 544	197 436 105	247 540 439	125.4

第 540 页　　1909 年各自然地区和区域各种作物

表 10

表 6 地区或区域	农作物总价值	统计面积上的作物价值	未统计面积上的作物价值(1)	全部谷物	统计面积上的其他谷物和种子总值(1)	干草和牧草	烟草	棉花（包括棉籽）
全美国……	100.0	92.5	7.5	48.6	1.5	15.0	1.9	15.0
新英格兰……	100.0	81.1	18.9	7.6	0.3	41.9	4.0	…
大西洋岸中部各州……	100.0	86.4	13.6	29.6	0.9	31.4	1.0	…
中部东北各州……	100.0	93.8	6.2	65.4	1.2	16.5	1.4	…
中部西北各州……	100.0	97.1	2.9	75.4	2.0	14.6	(4)	0.3
大西洋岸南部各州……	100.0	90.7	9.3	26.2	2.5	5.1	4.4	40.8
中部东南各州……	100.0	92.4	7.6	31.5	0.7	5.4	8.3	37.1
中部西南各州……	100.0	95.5	4.5	31.0	0.5	4.7	(4)	49.9
山区各州……	100.0	93.0	7.0	34.6	1.0	40.5	(4)	(4)
太平洋岸各州……	100.0	75.9	24.1	32.3	2.4	26.5	(4)	(4)
北部……	100.0	93.7	6.3	62.6	1.5	18.8	0.8	0.1
南部……	100.0	92.8	7.2	29.3	1.3	5.1	4.1	42.7
西部……	100.0	82.2	17.8	33.1	1.9	31.7	(4)	(4)

价值百分比

北部：62.6%谷物＋18.8%　干草和牧草＋ 0.9%烟草

南部：29.3% 〃〃＋ 5.1%　〃〃〃〃〃＋46.8%〃〃

西部：33.1% 〃〃＋31.7%　〃〃〃〃〃＋ 0.0%〃〃

(1)　包括少量次要谷物和种子。

(2)　未统计面积上的作物。

(3)　包括少量次要的作物。

(4)　少于 0.1%。

价值的百分比：

糖料作物				其他次要作物总值(3)	蔬菜总值	花卉和秧苗	温室产品	水果和坚果总值	总计高度资本主义的	(第13页)有雇佣工人的农场的百分比
甘蔗	糖用高粱	甜菜	槭糖和槭糖浆(2)							
0.5	0.2	0.4	0.1	0.3	7.6	0.6	0.4	4.0	14.1	45.9
…	(4)	(4)	1.0	(4)	21.5	3.3	0.7	7.0	33.5	66.0
…	(4)	(4)	0.4	0.6	17.4	2.8	1.0	9.6	31.8	65.8
…	0.1	0.5	0.2	0.2	6.9	0.8	0.3	3.0	11.0	52.7
…	0.1	(4)	(4)	0.1	3.8	0.2	0.3	1.4	5.9	51.0
0.5	0.2	(4)	(4)	(4)	9.8	0.3	0.2	3.8	14.8	42.2
0.6	0.6	(4)	(4)	0.1	7.5	0.2	0.2	2.4	11.5	31.6
3.1	0.3	(4)	(4)	0.4	4.8	0.1	0.3	1.4	10.4	35.6
(4)	0.1	5.8	(4)	0.1	9.3	0.5	0.4	5.4	24.6	46.8
…	(4)	1.6	(4)	1.9	8.1	0.8	1.3	21.4	35.1	58.0
…	0.1	0.2	0.2	0.2	7.5	0.9	0.4	3.3	12.8	55.1
1.4	0.4	(4)	(4)	0.2	7.5	0.2	0.2	2.6	12.5	36.6
(4)	(4)	3.2	(4)	1.2	8.5	0.7	0.9	15.5	30.0	52.5

和棉花＋ 3.3%水果和坚果＝85.6%＋7.5%蔬菜＝93.1

〃〃〃＋ 2.6% 〃〃〃〃〃＝83.8%＋7.5%〃〃＝91.3

〃〃〃＋15.5% 〃〃〃〃〃＝80.3%＋8.5%〃〃＝88.8

1909年各自然地区和区域种植各种作物的农场耕地的百分比

表7 地区或区域	农场耕地	统计面积（英亩）上的收获量	全部谷物	干草和牧草	统计面积上的糖料作物总计	统计面积上的其他次要作物。总计(1)	蔬菜。总计	浆果	总计	
全美国…………	100.0	65.1	40.0	15.1	0.3	0.1	1.5	0.1		
新英格兰…………	100.0	64.2	6.5	52.3	(2)	(2)	4.6	0.2	——4.8	北部
大西洋岸中部各州…	100.0	59.1	25.3	29.1	(2)	(2)	3.8	0.2	——4.0	
中部东北各州………	100.0	67.2	47.6	16.6	0.2	0.1	1.8	0.1	——2.2	
中部西北各州………	100.0	69.8	51.0	16.7	0.1	(2)	0.7	(2)	——0.8	
大西洋岸南部各州…	100.0	62.5	31.5	5.9	0.2	(2)	2.3	0.1	——2.6	南部
中部东南各州………	100.0	58.7	30.9	5.7	0.5	(2)	1.4	(2)	——1.9	
中部西南各州………	100.0	67.4	33.4	5.6	0.8	0.4	0.9	(2)	——2.1	
山区各州…………	100.0	55.7	21.1	31.2	1.1	0.1	1.5	(2)	——2.7	西部
太平洋岸各州………	100.0	48.3	26.3	19.1	0.4	0.2	1.4	0.1	——2.1	
北部…………………	100.0	67.8	46.2	18.8	0.1	(2)	1.5	0.1		
南部…………………	100.0	63.3	32.1	5.7	0.5	0.2	1.5	0.1		
西部…………………	100.0	51.4	24.1	24.2	0.7	0.1	1.4	0.1		

(1) 其中包括少量忽布、大麻和其他未分别注明的次要作物。

(2) 少于0.1%。

饲料作物的出售和购买：1909 年——就某些次要作物而言，其全部或相当大一部分收获通常都被农场留做家庭消费；蔬菜尤其如此。其他一些作物除去必需的种子以外实际上全部都用来出售。这些通常称之为**货币作物**的作物，主要是直接或间接地用于人们的消费。例如棉花、烟草、甘蔗、大麻、忽布和小麦(情况稍有不同)都属于这类作物。除了这两类作物以外，还有主要是用做牲畜饲料的其他一些作物；其中最重要的是玉米、燕麦、大麦、干草和牧草。种植这些作物的大多数农场都将全部或相当大一部分产品留做自家牲畜之用；其余的农场则将剩余产品出售，以供大小城市和农村的牲畜消费之用，或供不种植这类作物或种得很少的农场的牲畜消费之用。

1910 年人口普查中农业调查表所包括的问题，其目的不仅在于查明主要"饲料"作物的产量和价值，而且在于查明这类作物出售的数量和价值，以及农场购买牲畜饲料所花费的金额。图表 12 包含有各个自然区域和地区出售和购买上述作物的资料；而表 15 提供的各州的这一类资料则欠详细。很可能这些资料在某种程度上不如关于这类作物产量的资料准确；很可能总的说来这些资料所提供的饲料出售和购买的数字都偏低。

第5卷
第577页，
表21

百万英亩（耕地）	表12 地区或区域	1909年 饲料支出金额	1909年出售 饲料作物收入	全部牲畜价值（单位百万美元）
	全美国	$ 299 839 857	$ 509 253 522	4 925
北部 7.2	新英格兰	34 613 964	4 346 647	98
北部 29.3	大西洋岸中部各州	54 696 044	21 584 058	349
北部 88.9	中部东北各州	40 611 121	94 663 014	976
北部 164.3	中部西北各州	76 207 557	174 405 989	1 552
南部 48.9	大西洋岸南部各州	19 255 280	114 677 355	367
南部 43.9	中部东南各州	15 607 673	15 684 379	369
南部 58.3	中部西南各州	24 723 146	28 940 377	590
西部 15.9	山区各州	13 204 509	20 830 896	389
西部 22.0	太平洋岸各州	20 920 563	33 120 807	236
290	北部	206 128 686	395 999 708	
150	南部	59 586 099	59 302 111	
38	西部	34 125 072	53 951 703	

新英格兰＋大西洋岸中部各州…　3 650万英亩；牲畜44 700万美元和购买饲料支出8 900万美元　‖　2 600万美元

中部西北各州……………………　16 430万英亩；牲畜155 200万美元和购买饲料支出7 600万美元　‖　17 400万美元

出售饲料

参看第38页
播种的牧草和野生牧草①

① 见本卷第638—639页。——编者注

耕地（单位英亩）1910年：	表15 州名	农场各项支出——雇佣劳动		肥料		饲料	出售饲料作物的收入	农场耕地
		1909	1899	1909	1899	1909	1909	1910
	新英格兰：							
	缅因…………………	$ 5 633 106	$ 2 667 260	$ 4 069 479	$ 819 680	$ 7 267 854	$ 1 567 463	
	新罕布什尔………	3 374 126	2 304 520	512 580	367 980	4 614 938	447 535	
	佛蒙特………………	4 748 003	3 133 140	570 752	447 065	4 758 703	966 276	
1 164 501	马萨诸塞…………	12 101 959	7 487 280	1 965 682	1 320 600	10 878 178	738 987	
	大西洋岸南部各州：							
	西弗吉尼亚………	4 035 764	2 041 560	528 937	405 270	1 938 233	1 212 228	5 521 757
	北卡罗来纳………	9 220 564	5 444 950	12 262 533	4 479 030	3 151 190	2 061 783	8 813 056
	南卡罗来纳………	10 770 758	6 107 100	15 162 017	4 494 410	1 830 815	1 164 874	6 597 599
	佐治亚………………	13 218 113	7 244 520	16 860 149	5 738 520	4 097 043	2 045 033	12 298 017
	佛罗里达…………	5 354 376	1 468 290	3 609 853	753 120	1 820 356	486 329	1 805 408
	中部东南各州：							
	肯塔基………………	12 243 851	6 613 330	1 350 720	908 250	4 014 998	6 282 120	14 354 471
	山区各州：							
	蒙大拿………………	10 930 477	5 077 340	12 323	3 940	1 741 071	3 942 518	
	爱达荷………………	6 701 604	2 250 450	20 737	17 150	2 122 709	5 275 620	
	怀俄明………………	6 174 164	2 615 230	5 302	12 700	1 508 828	1 238 522	
	科罗拉多…………	10 818 465	4 100 905	61 113	23 225	4 592 799	5 010 168	
	新墨西哥…………	3 645 423	1 951 110	25 371	2 880	1 527 037	1 445 063	
	亚利桑那…………	2 504 984	1 152 670	6 080	2 921	541 371	1 445 838	350 173
	犹他…………………	3 169 917	1 837 900	20 037	14 300	727 409	1 336 199	
	内华达…………	2 993 978	1 386 650	8 379	…	443 285	1 136 968	
	太平洋岸各州：							
	华盛顿………………	15 370 931	5 280 190	87 023	29 165	5 045 297	7 277 118	6 373 311
	俄勒冈………………	11 101 864	4 842 834	68 557	27 395	3 198 363	4 514 161	4 274 803
	加利福尼亚………	49 976 199	25 845 120	2 143 993	937 050	12 676 903	21 329 528	11 389 894

1910

	雇佣劳动支出	耕地
西部……………	123 388 006	37 953 010
加利福尼亚……	−49 976 199	−11 389 894
	73 411 807:	26 563 116

除加利福尼亚以外的西部＝2.76

49 976 199	/11 389 894	25 845 120	/11 958 837
45 559 576	**4.38** 单位:美元/英亩	23 917 674	**2.16** 单位:美元/英亩
44 166 230		19 274 460	
34 169 682	1910	11 958 837	1900
99 965 480		7 315 623	

加利福尼亚

雇佣劳动支出

2 143 993	/11 389 894
11 389 894	0.19
10 050 036	1910

加利福尼亚

雇佣劳动支出

937 050	/11 958 837
	0.08
	1900

加利福尼亚

1英亩耕地**肥料**费用

各自然地区雇佣劳动费用的分配同农场全部土地或全部耕地的分配并非十分吻合。其中，新英格兰、大西洋岸中部各州、山区各州和太平洋岸各州全部雇佣劳动费用的比重高于上面列举的数据，相反，在中部东南和西南各州，这个比重则低得多。这些差别也许可以部分地归因于基本工资差额方面的差别，但更主要的则应归因于农场经营方式上的差异。例如，南部因小佃农农场占多数，雇佣劳动就少一些。

注意‖

各自然地区之间在农场利用雇佣劳动的程度方面的这些差别在图表16中反映得更加充分，该表标出每一自然地区(公布有关雇佣劳动材料的地区)花钱雇用劳动力的农场的百分比，以及使用雇佣劳动力的每一农场在这方面的平均费用。为便于对此平均费用加以说明，该表还列有每一自然地区内每一农场的平均面积，却未能标出利用雇佣劳动的农场的平均面积。

第 5 卷第 560 页，
表 24(有改动)

表 16 地区或区域	雇佣劳动费用						肥料费用						农场平均面积（单位英亩）				雇佣劳动费用增长百分比(1 英亩耕地)
	公布雇佣劳动费用的农场百分比	每一（雇工）农场平均雇工费用	平均每英亩(1) 农场全部土地		平均每英亩(1) 农场耕地		公布肥料费用的农场百分比	每一农场的平均肥料费用	平均每英亩(1) 农场全部土地		平均每英亩(1) 农场耕地		农场全部土地		农场耕地		
	1909	1909	1909	1899	1909	1899	1909	1909	1909	1899	1909	1899	1910	1900	1910	1900	
全美国	45.9	$ 223	$ 0.74	$ 0.43	$ 1.36	$ 0.86	28.7	$ 63	$ 0.13	$ 0.06	$ 0.24	$ 0.13	138.1	146.2	75.2	72.2	58
新英格兰………	66.0	277	1.75	1.01	4.76	2.55	60.9	82	0.48	0.21	1.30	0.53	104.4	107.1	38.4	42.4	86
大西洋岸中部各州…………	65.8	253	1.81	1.13	2.66	1.64	57.1	68	0.42	0.25	0.62	0.37	92.2	92.4	62.6	63.4	62
中部东北各州…	52.7	199	1.00	0.58	1.33	0.78	19.6	37	0.07	0.05	0.09	0.07	105.0	102.4	79.2	76.3	71
中部西北各州…	51.0	240	0.58	0.38	0.83	0.56	2.1	41	(2)	0.01	0.01	0.01	209.6	189.5	148.0	127.9	48
大西洋岸南部各州…………	42.2	142	0.64	0.36	1.37	0.80	69.2	77	0.57	0.22	1.23	0.49	93.3	108.4	43.6	47.9	71
中部东南各州…	31.6	107	0.43	0.24	0.80	0.49	33.8	37	0.16	0.07	0.29	0.13	78.2	89.9	42.2	44.5	63
中部西南各州…	35.6	178	0.35	0.17	1.03	0.75	6.4	53	0.02	0.01	0.06	0.03	179.3	233.8	61.8	52.7	37
山区各州………	46.8	547	0.79	0.44	2.95	2.42	1.3	67	(2)	(2)	0.01	0.01	324.5	457.9	86.8	82.9	22
太平洋岸各州…	58.0	694	1.49	0.76	3.47	1.92	6.4	189	0.04	0.02	0.10	0.05	270.3	334.8	116.1	132.5	80
北部……………	55.1	230	0.89	0.56	1.26	0.82	21.7	59	0.09	0.06	0.13	0.09	143.0	133.2	100.3	90.9	53
南部……………	36.6	143	0.46	0.24	1.07	0.69	38.2	64	0.21	0.08	0.50	0.23	114.4	138.2	48.6	48.1	55
西部……………	52.5	630	1.11	0.60	3.25	2.07	3.9	169	0.02	0.01	0.06	0.04	296.9	386.1	101.7	111.8	57

(1) 1910 年是以全部农场的面积，而不仅仅是以利用雇佣劳动的农场的面积为基础的。

(2) 低于 1 美分。

　　总之,在新英格兰和大西洋岸中部各州,**播种的牧草**多于"野生牧草"(总计＝11.2 比 0.8;3.3 比 0.3;7.9 比 0.5),而在中部西北各州则恰好相反(12.8 比 14.5)

表43	总计 1909 年干草和牧草及归入此类(单位英亩)				
地区或区域	全部干草和牧草	只种梯牧草	梯牧草和三叶草混种	只种三叶草	苜蓿
全美国	72 280 776	14 686 393	19 542 382	2 443 263	4 707 146
新英格兰……………	3 797 598	595 037	1 756 188	15 097	1 255
大西洋岸中部各州……	8 532 793	2 306 312	4 818 714	158 532	41 664
中部东北各州…………	14 750 878	6 192 134	5 508 367	1 168 404	90 220
中部西北各州…………	27 398 258	3 942 465	5 571 387	546 537	1 778 369
大西洋岸南部各州……	2 856 398	650 159	917 313	148 312	8 710
中部东南各州…………	2 487 554	473 619	428 163	287 367	41 784
中部西南各州…………	3 276 291	48 779	79 774	28 853	290 157
山区各州………………	4 965 543	335 699	228 273	23 310	1 755 526
太平洋岸各州…………	4 215 463	142 189	234 203	66 851	699 461
北部……………………	54 479 527	13 035 948	17 654 656	1 888 570	1 911 508
南部……………………	8 620 243	1 172 557	1 425 250	464 532	340 651
西部……………………	9 181 006	477 888	462 476	90 161	2 454 987

注意

17.2
4.3
4.0
25.5
+46.6
72.1

作物的种植面积						播种的牧草总计（单位百万英亩）	“野生牧草”及其他
匈牙利牧草	其他栽培牧草	野生牧草	割下作青饲料的谷物	粗饲料	块根饲料作物		
1 117 769	4 218 957	17 186 522	4 324 878	4 034 432	19 034	=46.6	+25.5
32 625	1 100 999	99 968	79 404	116 623	402	− 3.3	0.3
26 285	649 086	108 292	72 228	350 697	983	− 7.9 }37.3	0.5 }16.7
78 322	290 262	588 066	166 318	660 620	2 165	−13.3	1.4
581 212	464 071	12 956 493	242 044	1 314 807	873	−12.8	14.5
30 423	390 176	104 800	506 161	100 141	203		
122 550	574 795	119 025	340 829	99 404	18		
183 046	239 018	1 064 778	305 297	1 036 556	33		
59 595	330 559	1 645 734	275 606	302 926	8 315		
3 711	179 991	499 366	2 336 991	46 658	6 042		
718 441	2 504 418	13 752 819	559 994	2 448 747	4 423	37.7	+16.7
336 019	1 203 989	1 288 603	1 152 287	1 236 101	254	4.9	+ 3.6
63 306	510 550	2 145 100	2 612 597	349 584	14 357	4.0	+ 5.1
						46.6	25.4

译自 1969 年《土地问题笔记》俄文版
第 554—577 页

在《美国1910年第十三次
人口普查报告。美国农业。
各州农场和农场财产概述》上
所作的标记

（1914—1915年）

……战前种植园通常仅由奴隶或雇佣工人耕种，并被看做单独的经济单位；而在战后种植园愈来愈划成小块分给佃农，佃农的地块被人口普查看做独立的农场，尽管其经营活动可能是在种植园主或其代理人最严密的监督下进行的……

注意

在每一农场的平均土地面积方面，南部和西部发生了惊人的变化。主要是由于种植园分割为佃农的地块，南部三个自然地区加在一起的农场平均规模，1880年比1850年缩小了$\frac{1}{2}$以上。由于先前闲置的公有土地变为私有大农牧场，山区各州的农场平均规模从1850年至1900年迅速扩大。另一方面，在太平洋岸各州，而确切些说是在加利福尼亚，到1850年大块土地已经并入私有地产，而这些地产有时也在解体，从而缩小了农场的平均规模。

如图表所示，在农场财产的价值方面，最引人注目的趋势就是1860年至1870年南部各州农场财产的价值由于内战期间的破坏而下降。相反，北部各地区农场财产的价值在10年内战期间照例有了明显的增长。直到1900年，中部东南各州农场财产总价值才再次达到1860年的水平，而大西洋岸南部各州为恢复到原有水平也用了几乎同样长的时间。南部各州农场及其设备的平均价值明显下降，部分是由于按每英亩计算的财产价值因战争而下降，部分是由于种植园的解体。

这里是按农场**全部**土地的每 1 英亩进行计算的!!

表 8.——1850—1910 年各自然地区农场全部财产价值及其变化情况，每一农场平均财产价值和农场总面积的每英亩平均价值。

每个农场的耕地①		自然地区
		全美国
75.2	1910	
		新英格兰
— 38.4	1910	
		大西洋岸中部各州
— 62.6	1910	
		中部东北各州
+ 79.2	1910	
		中部西北各州
+148.0	1910	
		大西洋岸南部各州
— 43.6	1910	
		中部东南各州
— 42.2	1910	
		中部西南各州
— 61.8	1910	
		山区各州
+ 86.8	1910	
		太平洋岸各州
∓116.1	1910	
1910 西部		
37 953 010		

译自 1969 年《土地问题笔记》俄文版
第 578—581 页

① 下列数字系列宁引自《美国 1910 年第十三次人口普查报告。美国农业。各州农场和农场财产概述》中的图表 7《1850—1910 年各自然地区农场数目、农场总面积和人口:变化情况、比重和平均数》。负号和正号表示同 1900 年相比每个农场耕地的减少或增加。——俄文版编者注

在《美国 1910 年第十三次人口普查报告。美国农业。农户和其他地方的牲畜概述》上所写的评语

(1914—1915 年)

农场家畜

在比较 1910 年和 1900 年人口普查列举的各类家畜价值的总计数字时，有一点必须充分考虑到，即 1900 年的总头数系以 6 月 1 日的数字为准，而 1910 年系以 4 月 15 日的数字为准。假如 1910 年的人口普查系以 6 月 1 日的数字为准，那么牲畜特别是牛、猪和绵羊的总头数的数字就会高得多，因为大量的各类家畜是在 4 月 15 日至 6 月 1 日这 6 个星期内产下的。由于这些牲畜每头的价值相对来说很低，因而时间更靠后的总头数数字对这些牲畜价值的增长就不会产生与总头数成正比例的影响；换句话说，每头牲畜的平均价值就会低于以 4 月 15 日的数字为基础计算出来的结果。

注意

同上,第5卷

第331页,表5

	全部家畜	牛	马、马骡、驴和驴骡			猪	绵羊	山羊
			马	马骡	驴和驴骡			
......								
受到调查的农场数目								
1910	6 034 783	5 284 916	4 692 814	1 869 005	43 927	4 351 751	610 894	82 755
1900	5 498 417	4 730 480	4 530 628	1 480 652	33 584	4 335 363	763 518	77 515
占全部农场的百分比①								
1910	94.9	83.1	73.8	29.4	0.7	68.4	9.6	1.3
1900	95.8	82.4	79.0	25.8	0.6	75.6	13.3	1.4
	−0.9%	+0.7%	−5.2%	+3.6%	+0.1%	−7.2%	−3.7%	−0.1%

供对比用的分类					%
对比表中的分类	总头数		名义增长		
	1910	1900	总头数	%	
总计............	**61 803 866**	**67 719 410**	**−5 915 544**	**− 8.7**	− 8.7 ‖
奶牛	20 625 432	17 135 633	3 489 799	20.4	**+20. 4** ‖
其他牝牛	12 023 682	11 559 194	464 488	4.0	
小牝牛	7 295 880	7 174 483	121 397	1.7	
牡牛和小牡牛	13 048 547	16 534 518	−3 485 971	−21.1	
牛犊	7 806 539	15 315 582	−7 509 043	−49.0	

---

① 百分比表示(接受调查的)拥有某种牲畜的农场数目。——俄文版编者注

同上(附有补充※)

第5卷,第343页,表**10**

	全 部 牛 (包括牛犊)	奶 牛	其他牝牛	小牝牛	牡牛和 小牡牛
1910—总头数…………	[1]61 803 866	20 625 432	12 023 682	7 295 880	13 048 547
价值……………………	[1]$ 1 499 523 607	$ 706 236 307	$ 269 160 193	$ 103 194 026	347 901 174
平均价值………………	$ 24. 26	$ 34. 24	$ 22. 39	$ 14. 14	$ 26. 66
被统计农场数目………	5 284 916	5 140 869	1 444 733	2 374 507	………
占全部农场的百分比…	83. 1	80. 8	22. 7	37. 3	………
1900—总头数…………	67 719 410	17 135 633	11 559 194	7 174 483	16 534 518
价值……………………	$ 1 475 204 633	$ 508 616 501	$ 271 302 682	$ 121 528 076	$ 436 467 373
平均价值………………	$ 21. 78	$ 29. 68	$ 23. 47	$ 16. 94	$ 26. 40
※ 1900					
被统计农场…………	4 730 480	4 513 895	979 056	………	………
占全部农场的百分比	82. 4%	78. 7%	17. 1%	………	………

1 包括1 003 786头未予分类的牲畜,价值21 031 774美元。

同上,第5卷第349页,表**15**

附有补充※

地　区	每头牲畜平均价值						
	全部牛	全部牛（不包括牛犊）	奶　牛	其　他 牝　牛	小牝牛	牛　犊	牡　牛 和 小牡牛
全美国							
1910………	$ 24.26	$ 26.81	$ 34.24	$ 22.39	$ 14.14	$ 6.66	$ 26.66
1900………	21.78	25.53	29.68	23.47	16.94	8.90	26.40
※ 北部							
1910…	27.32	30.68	36.93	26.61	15.41	6.77	29.64
1900…	24.48	29.02	31.64	29.31	18.66	9.45	30.17
南部							
1910…	18.88	20.62	26.52	17.21	10.97	6.07	21.68
1900…	17.02	19.72	23.03	18.81	13.06	7.68	20.59
西部							
1910…	24.70	26.38	39.76	24.21	16.12	7.71	27.11
1900…	22.55	25.79	35.43	24.91	18.36	10.22	26.16

24.26 | 21.78

21.78 111.4%　　　+11.4%[145]

2 480

2 178

3 020

2 178

842

⊗第5卷第350页,表**16**

地区	全部牛(牛犊除外)				奶 牛			
	1910	1900	1890	1880	1910	1900	1890	1880
全美国…………	53 997 327	52 403 828	[1]57 648 792	[1]39 675 533	20 625 432	17 135 633	16 511 950	12 443 120
新英格兰…………	1 168 528	1 316 544	1 411 852	1 503 452	− 841 698	893 478	+ 822 001	746 656
大西洋岸中部各州……………	3 530 602	3 765 072	4 049 872	4 293 844	−2 597 652	2 602 788	+2 529 060	2 444 089
中部东北各州……	8 369 644	7 887 474	9 033 132	7 629 040	+4 829 527	3 962 481	+3 752 237	2 990 852
中部西北各州……	15 325 303	15 421 986	[1]15 568 301	[1]8 205 181	+5 327 606	4 527 803	+4 488 762	2 411 229
大西洋岸南部各州……………	4 264 112	3 490 301	3 890 107	3 951 728	+1 810 754	1 383 319	+1 369 466	1 280 761
中部东南各州……	3 460 270	2 730 021	3 822 184	3 095 993	+1 628 061	1 264 282	+1 312 074	1 145 403
中部西南各州……	9 447 815	11 093 363	[1]10 677 962	[1]6 619 740	+2 249 553	1 634 954	+1 517 583	1 002 037
山区各州…………	5 627 878	4 762 100	[1]6 811 182	[1]2 765 312	+ 514 466	329 604	+ 218 689	124 844
太平洋岸各州……	2 803 175	1 936 967	[1]2 384 200	[1]1 611 243	+ 826 115	536 924	+ 502 078	297 249
北部……	28 394 077	28 391 076	30 063 157	21 631 617	13 596 483	11 986 550	11 592 060	8 592 826
⊗ 南部……	17 172 197	17 313 685	18 390 253	13 667 461	5 688 368	4 282 555	4 199 123	3 428 201
西部……	8 431 053	6 699 067	9 195 382	4 376 555	1 340 581	8 666 528	720 767	422 093

1 包括公共农牧场的一定数量的牛。

第5卷第368页,表27

地　　　区	每头牲畜平均价值			
	马			
	全部马	成年马	一岁马	马　驹
全美国:				
1910·········	$ 105.06	$ 112.36	$ 58.82	$ 33.68
1900·········	49.08	53.03	33.40	19.70
新英格兰:				
1910·········	124.19	126.00	69.01	49.35
1900·········	69.59	70.84	55.76	32.42
大西洋岸中部各州:				
1910·········	130.21	133.93	72.69	43.92
1900·········	73.48	76.23	56.38	31.96
中部东北各州:				
1910·········	111.17	117.71	65.68	34.57
1900·········	55.97	59.71	42.66	24.08
中部西北各州:				
1910·········	110.91	119.56	61.13	33.24
1900·········	50.30	54.67	34.54	20.84
大西洋岸南部各州:				
1910·········	109.22	114.89	62.18	34.29
1900·········	55.93	58.83	40.74	23.42
中部东南各州:				
1910·········	103.16	108.57	68.94	48.59
1900·········	53.13	55.32	45.71	30.15
中部西南各州:				
1910·········	77.74	82.96	45.14	31.15
1900·········	30.43	33.07	19.09	12.69
山区各州:				
1910·········	78.91	88.27	40.58	25.07
1900·········	23.43	27.33	14.90	8.31
太平洋岸各州:				
1910·········	99.85	108.73	53.47	31.51
1900·········	36.77	40.49	21.14	13.20

北部　全部马
1910 113.22
1900　55.63

南部
　　91.65
　　42.49

西部
　　87.64
　　29.01**146**

第5卷第369页，

表28

地　　区	马、马骡、驴和驴骡(马驹和骡驹除外)				马
	1910	1900	1890	1880	1910
全美国	23 426 548	20 079 343	[1] 17 581 318	12 170 296	19 220 338
新英格兰…………	355 667	379 708	370 106	325 562	353 804
大西洋岸中部各 　州…………	1 271 362	1 308 857	1 412 441	1 268 138	1 218 425
中部东北各州……	4 541 623	4 038 353	4 108 809	3 278 968	4 287 697
中部西北各州……	7 267 431	5 704 263	[1] 5 122 717	2 727 862	6 566 754
大西洋岸南部各 　州…………	1 832 861	1 562 684	1 298 151	1 148 183	1 082 963
中部东南各州……	2 101 765	1 920 573	1 636 298	1 405 536	1 102 457
中部西南各州……	3 540 460	2 972 960	[1] 1 921 647	1 352 570	2 256 357
山区各州…………	1 447 067	1 219 247	[1] 848 385	224 039	1 374 904
太平洋岸各州……	1 068 312	974 698	[1] 862 764	439 438	976 977
北部…………	13 436 083	11 431 181	11 014 073	7 600 530	12 426 680
南部…………	7 475 086	6 456 217	4 856 096	3 906 289	4 441 777
西部…………	2 515 379	2 191 945	1 711 149	663 477	2 351 881

　1　包括公共农牧场一定数量的马。

（马驹除外）			马骡、驴、驴骡（骡驹除外）			
1900	1890	1880	1910	1900	1890	1880
16 952 191	[1] 15 266 244	10 357 488	4 206 210	3 127 152	2 315 074	1 812 808
378 352	368 849	324 066	1 863	1 356	1 257	1 496
1 263 043	1 370 015	1 230 885	52 937	45 814	42 426	37 253
3 841 830	3 912 858	3 072 210	258 926	196 523	195 951	206 758
5 228 536	[1] 4 661 006	2 394 821	700 677	475 727	461 711	333 041
1 014 543	880 758	801 239	749 898	548 141	417 393	346 944
1 109 886	989 455	865 026	999 308	810 687	646 843	540 510
2 065 983	[1] 1 472 506	1 056 367	1 284 103	906 977	449 141	296 203
1 168 354	[1] 809 671	205 209	72 163	50 893	38 714	18 830
881 664	[1] 801 126	407 665	91 335	91 034	61 638	31 773
10 711 761	10 312 728	7 021 982	1 009 403	719 420	701 345	578 548
4 190 412	3 342 719	2 722 632	3 033 309	2 265 805	1 513 377	1 183 657
2 050 018	1 610 797	612 874	163 498	141 927	100 352	50 603

第388页,表 37

地　　区	每头平均价值			
	所　有　猪		1910 年 1 月 1 日前 产下的猪	1910 年 1 月 1 日后 产下的猪
	1910	1900		
全美国⋯⋯⋯⋯	$ 6.86	$ 3.69	$ 10.02	$ 2.05
新英格兰⋯⋯⋯⋯	10.09	6.79	13.92	4.33
大西洋岸中部各州⋯⋯	8.18	5.38	11.17	3.68
中部东北各州⋯⋯⋯	7.10	3.83	11.64	2.04
中部西北各州⋯⋯⋯	8.62	4.35	13.18	1.95
大西洋岸南部各州 ⋯⋯	3.83	2.29	4.94	1.76
中部东南各州⋯⋯⋯	4.70	2.39	6.08	1.84
中部西南各州⋯⋯⋯	4.65	2.56	5.85	1.98
山区各州⋯⋯⋯⋯	7.98	4.64	10.88	2.89
太平洋岸各州⋯⋯⋯	7.02	4.11	9.53	2.75
北部 ⋯⋯⋯⋯⋯	8.04	4.22		
南部 ⋯⋯⋯⋯⋯	4.40	2.42		
西部 ⋯⋯⋯⋯⋯	7.35	4.26		

地　　区	猪			
	1910	1900	1890	1880
全美国⋯⋯⋯⋯	58 185 676	62 868 041	[1] 57 426 859	[1] 49 772 670
新英格兰⋯⋯⋯⋯	396 642	362 199	407 590	362 133
大西洋岸中部各州⋯	1 790 821	1 960 007	2 345 759	2 158 944
中部东北各州⋯⋯⋯	14 461 059	16 047 251	14 995 448	13 590 908
中部西北各州⋯⋯⋯	21 281 509	24 427 038	22 629 184	[1] 14 527 709
大西洋岸南部各州⋯	5 963 920	5 563 762	5 082 321	[1] 5 720 132
中部东南各州⋯⋯⋯	5 438 606	6 645 348	6 544 683	6 790 000
中部西南各州⋯⋯⋯	7 021 945	6 402 479	[1] 4 353 903	[1] 5 422 141
山区各州⋯⋯⋯⋯	640 911	399 680	[1] 175 429	[1] 105 015
太平洋岸各州⋯⋯⋯	1 190 263	1 061 277	[1] 892 542	[1] 1 095 688
北部 ⋯⋯⋯⋯⋯	37 930 031	42 796 495	40 377 981	30 639 694
南部 ⋯⋯⋯⋯⋯	18 424 471	18 611 589	15 980 907	17 932 273
西部 ⋯⋯⋯⋯⋯	1 831 174	1 460 957	1 067 971	1 200 703

译自 1969 年《土地问题笔记》俄文版
第 582—595 页

1　包括公共农牧场一定数量的猪。

在《美国1910年第十三次人口普查报告。美国加工工业。各州、市和某些部门的加工工业统计概述》上所作的标记和计算

（1914—1915年）

	数　量　或　金　额			增加的百分比	
	1909	1904	1899	1904 —1909	1899 —1904
企业数目…………	268 491	216 180	207 514	24.2	4.2
加工工业从业人员数目……	7 678 578	6 213 612	（1）	23.6	（1）
个人所有者和集团所有者………	273 265	225 673	（1）	21.1	（1）
职员……………	790 267	519 556	364 120	52.1	42.7
雇佣工人(年平均数量)………	6 615 046	5 468 383	4 712 763	21.0	16.0
原动机功率—(单位马力)………	18 680 776	13 487 707	10 097 893	38.5	33.6
资本……………	$ 18 428 270 000	$ 12 675 581 000	$ 8 975 256 000	45.4	41.2
生产费用………	18 453 080 000	13 138 260 000	9 870 425 000	40.5	33.1
薪金和工资…	4 365 613 000	3 184 884 000	2 389 132 000	37.1	33.3
职员薪金……	938 575 000	574 439 000	380 771 000	63.4	50.9
雇佣工人工资…	3 427 038 000	2 610 445 000	2 008 361 000	31.3	30.0
材料价值……	12 141 791 000	8 500 208 000	6 575 851 000	42.8	29.3
其他费用……	1 945 676 000	1 453 168 000	905 442 000	33.9	60.5
产品价值………	20 672 052 000	14 793 903 000	11 406 927 000	39.7	29.7
加工后增加的价值(减去材料价值后的产品价值)…	8 530 261 000	6 293 695 000	4 831 076 000	35.5	30.3

（1）　缺少数据。

资本[147]　　　18 428　　(1909)　　　　20 672　　(产品价值)

　　　　　　　− 8 975　　(1899)　　　−18 453　　(生产费用)

差数　　　　　9 453　　　　　　　　　　2 219　　(单位百万美元)

　　　　　　　　　　　　　　　　　　　　　1909 年

　　　　　　　　11 407　　　　　　　　2 219　　　1 537

　　　　　　− 9 870　　　　　　　　　1 537　　　**144%**

　　　　　　1 537　(单位百万美元)　　6 820

　　　　　　　　　　　　　　　　　　　6 148

　　　　　　　　　　　　　　　　　　　　672

　　……1900 年人口普查时收集的 1899 年的统计数字,虽然起初包括工厂外作坊在内,但为了便于同以后的人口普查比较已作了相应的改动,即只保留了有关工厂企业的数字,而将有关家庭手工业、手工作坊和建筑的数字尽量删去,至于更早时期的人口普查,就不可能作这样的改动了。由于这个原因,1899 年以前的数字同 1904 年和 1909 年的数字并不是完全可比的。尽管如此,为了粗略地表示 1850 年以后每 10 年的趋势,仍然提供了下面的一览表。图表中为 1899 年列出了两组数字:一组是包括家庭手工业、手工作坊和建筑业在内的数字,以便能够同以前的人口普查作比较;另一组是不包括上述行业的数据,以便能够同以后的人口普查作比较。

　　　　　　　　　　　　3 427

　　　　　　　　　　　−2 008

　　　　　　　　　　　+1 419[148]

	加工工业 （**概述**，第 468 页）				**采矿**工业（人口普查**概述**，第 554 页）							
	1909 年按雇佣工人数目分类的企业				1909 年从事开采的企业：				不从事开采的企业①			
	企业数目	雇佣工人平均数	% 企业	% 雇佣工人	企业主	雇佣工人	% 企业主	% 雇佣工人	企业主	雇佣工人	% 企业主	% 雇佣工人
总　　计	268 491	6 615 046	100	100	16 657	1 065 283	100	100	3 395	21 499	100	100
无雇佣工人	27 712	—	10.3	—	2 187	—	13.1	—	196	—	5.8	—
1—　5 名雇佣工人	136 289	311 704	50.8	4.7	6 292	14 788	37.8	1.4	2 253	6 207	66.4	28.9
6—　20 〃 〃 〃 〃 〃	57 198	640 793	21.3	9.7	3 837	43 083	23.0	4.0	779	7 659	23.0	35.6
21—　50 〃 〃 〃 〃 〃	23 544	764 408	8.8	11.6	1 973	64 327	11.8	6.0	127	3 751	3.7	17.5
51—　100 〃 〃 〃 〃 〃	10 964	782 298	4.1	11.8	983	71 045	5.9	6.7	28	1 961	0.8	9.1
101—　250 〃 〃 〃 〃 〃	8 116	1 258 639	3.0	19.0	} 1 105	242 999	6.6	22.8	} 12	1 921	0.3	8.9
251—　500 〃 〃 〃 〃 〃	2 905	1 006 457	1.1	15.2								
501—1000 〃 〃 〃 〃 〃	1 223	837 473	0.5	12.7	155	110 191	0.9	10.3	—	—	—	—
1 000 名以上雇佣工人	540	1 013 274	0.2	15.3	125	518 850	0.8	48.7	—	—	—	—

① 从事普查、勘探、钻探等项工作的企业。——俄文版编者注

(加工工业)(1909)

(**概述**,第 469 页)

		企　业	雇佣工人	在有雇佣工人的企业中雇佣工人的百分比:			
				1—20	21—100	101—500	500以上
全美国		268 491	6 615 046	14.4	23.4	34.2	28.0
自然地区:							
北部	新英格兰………	25 351	1 101 290	8.3	16.6	33.0	42.1
	大西洋岸中部各州…………	81 315	2 207 747	13.2	25.1	33.6	28.0
	中部东北各州…	60 013	1 513 764	12.7	22.5	35.7	29.1
	中部西北各州…	27 171	374 337	20.9	24.1	31.5	23.5
南部	大西洋岸南部各州…………	28 088	663 015	18.0	25.6	34.9	21.5
	中部东南各州…	15 381	261 772	23.9	28.5	34.0	13.5
	中部西南各州…	12 339	204 520	24.1	26.2	36.5	13.3
西部	山区各州………	5 254	75 435	22.3	21.5	34.4	21.8
	太平洋岸各州…	13 579	213 166	24.4	29.5	37.1	8.9

采矿工业中的生产费用[149](概述,第 555 页)	
薪金…………………	=5.1%
工资…………………	=56.3%=586 774 079
材料等………………	=23.8%
矿藏开采租金及地租…	=6.1%=63 973 585
其他…………………	=8.7%

采矿工业		采　矿　工　业				
			企业主		产品价值	
占雇佣工人总数的百分比	雇佣工人数量	矿　业　企　业	数　量	%	单　位百万美元	%
100	1 065 283	合　　计	19 915	100	1 238	100
16.6	18 254	5 000 美元以下	11 384	57.2	19	1.5
33.4	402 937	5 000 —　20 000 美元	4 276	21.5	44	3.6
22.9	213 660	20 000 —　100 000 美元	2 840	14.3	128	10.4
5.7	88 458	100 000 —1 000 000 美元	1 251	6.3	335	27.1
10.0	118 006	1 000 000 美元以上	164	0.8	712	57.5
4.0	70 856					
3.1	28 252					
1.1	93 072					
3.2	31 788					

最低＝2.6%—2.8%

最高＝44.7%—44.8%[150]

概述(1909),第557页

采矿工业

	单位　百万美元					原动机功率（单位马力）	增长的百分比			
	薪金和工资	材料等	矿藏开采租金及地租	建筑工程	产品价值		薪金和工资	矿藏开采租金及地租	产品价值	发动机功率
1909	625.6	208.8	62.4	24.1	1 175.5	4 556 170	+55.9	+81.2	+52.4	+71.0
1902	401.2	114.5	34.5	20.6	771.5	2 663 964				

		工业从业人员数目	原动机功率	产品价值	加工后增加的价值（即减去材料价值后的产品价值）
		雇佣工人（平均数）			
北部151………	1909	5.2	13.7	16.8	6.9
	1899	3.7	7.9		
南部…………	1909	1.1	3.7	2.6	1.1
	1899	0.7	1.7		
西部…………	1909	0.3	1.2	1.2	0.5
	1899	0.2	0.4		
		（单位百万）		（单位百万美元）	（单位百万美元）

译自 1969 年《土地问题笔记》俄文版
第 596—607 页

注　释

1 列宁的《土地问题和“马克思的批评家”》这部著作是在不同时期写成的
（前9章写于1901年6—9月，后3章写于1907年秋），在《列宁全集》
第2版中全部收入了第5卷。本卷收载了这部著作的各项准备材料，
而作为本卷第一篇的则是列宁所拟的这部著作的大纲（共4个方案）。
大纲表明，列宁计划在这部著作里首先批驳“批评家”们的一般理论观
点，说明“土地肥力递减规律”以及与之相联系的地租理论和由这些理
论得出的马尔萨斯主义结论在科学上是站不住脚的。其次，他打算对
有关土地理论和土地关系的重要问题（如农业中的生产积聚，农业中的
机器等等）的资产阶级和修正主义著作，进行批判性的分析，揭露“批评
家”们研究和使用事实材料的方法是不科学和不诚实的。列宁还着意
分析有关法国、德国及其他国家土地关系的大量统计资料和专著中的
记述，以考察农业中所发生的实际过程和现代农业的资本主义制度，并
批判资产阶级和修正主义的作者们。大纲的4个方案反映了列宁拟定
这部著作结构的过程。可以看出，4个方案依次扩大了问题的范围，并
丰富了各个问题的内容，大纲中各点的次序在不同方案中也有所变化。
在这4个方案中，最完善的是第4个方案。但在这个方案里也有修改
的痕迹。例如，11节罗马数字编号是用铅笔写的，对第12点的补充
“《开端》杂志第1期第7页和第13页”以及对第21点的补充“土地面
积统计”也是用铅笔写的，而在第12点中，从“第4期第141页”到本段
结束，和在对这点的补充中右边的“恩格斯论比利时，第10期第234
页”，以及在对第18点的补充中，从“布尔加柯夫，第2卷第289页”到
本段结束，都用铅笔轻轻地勾掉了。这表明，列宁对这个最后的方案也
进行过反复斟酌和推敲。——3。

2 指社会政治协会 1883 年在莱比锡出版的《德国农民状况》一书(共 3 卷)。列宁对该书的摘录和批注,见本版全集第 59 卷。列宁在《土地问题和"马克思的批评家"》这部著作中使用了这些材料(见本版全集第 5 卷第 158—160、213—221 页)。——3。

3 列宁对 1880 年在巴黎出版的昂利·约瑟夫·莱昂·博德里亚尔的《法国农业人口。诺曼底(过去和现在)》一书的摘录和评注,参看《列宁文稿》人民出版社版第 11 卷第 164—175 页。列宁关于 1893 年在巴黎出版的博德里亚尔的《法国农业人口。第 3 辑。南部人口》一书的札记,见本卷第 365—366 页。——3。

4 指《革命俄国报》对恩格斯的著作《法德农民问题》的歪曲引用(见本版全集第 7 卷第 190 页)。

　　《革命俄国报》(《Революционная Россия》)是俄国社会革命党人的秘密报纸,由社会革命党人联合会于 1900 年底在俄国出版,创办人为安·亚·阿尔古诺夫。1902 年 1 月—1905 年 12 月,作为社会革命党的正式机关报在日内瓦出版,编辑为米·拉·郭茨和维·米·切尔诺夫。——4。

5 指胡戈·伯特格尔《农村中的社会民主党》一书 1900 年莱比锡版。列宁对该书的摘录和评注,参看《列宁文稿》人民出版社版第 11 卷第 149—152 页。——4。

6 指 1901 年 4 月《火星报》第 3 号刊载的列宁的《工人政党和农民》一文(见本版全集第 4 卷)。该文是为制定俄国社会民主工党土地纲领而写的。

　　《火星报》(《Искра》)是第一个全俄马克思主义的秘密报纸,由列宁创办。创刊号于 1900 年 12 月在莱比锡出版,以后各号的出版地点是慕尼黑、伦敦和日内瓦。参加《火星报》编辑部的有:列宁、格·瓦·普列汉诺夫、尔·马尔托夫、亚·尼·波特列索夫、帕·波·阿克雪里罗得和维·伊·查苏利奇。

　　《火星报》在建立俄国马克思主义政党方面起了重大作用。在列宁的倡议和亲自参加下,《火星报》编辑部制定了党纲草案,筹备了俄国社会民主工党第二次代表大会。这次代表大会宣布《火星报》为党的中央机关报。

俄国社会民主工党第二次代表大会后,从第52号起,《火星报》变成了孟什维克的机关报,人们称这以后的《火星报》为新《火星报》。——4。

7　指彼·巴·马斯洛夫的《论土地问题》一文(载于1901年《生活》杂志第3期和第4期)。列宁对这篇文章的分析,见本版全集第5卷第106页脚注。——4。

8　指P.马克《缩减生产费用以提高我国农业生产(关于机器和电力对农业的功用的研究)》一书1900年柯尼斯堡版。——5。

9　指卡·考茨基的《农业中的电力》一文。该文载于1900—1901年《新时代》杂志第19年卷第1册第18期第565—572页。

《新时代》杂志(《Die Neue Zeit》)是德国社会民主党的理论刊物,1883—1923年在斯图加特出版。1890年10月前为月刊,后改为周刊。1917年10月以前编辑为卡·考茨基,以后为亨·库诺。第一次世界大战期间,杂志持中派立场,实际上支持社会沙文主义者。——5。

10　1900年《俄国财富》杂志分几期连载了维·米·切尔诺夫的一组总标题为《资本主义和农业的演进类型》的论文。列宁在《土地问题和"马克思的批评家"》这一著作中批判了切尔诺夫文章中的观点。这里和后面类似的地方都是指载有列宁拟摘引的切尔诺夫论点的《俄国财富》杂志的期数和页数。

《俄国财富》杂志(《Русское Богатство》)是俄国科学、文学和政治刊物。1876年创办于莫斯科,同年年中迁至彼得堡。1879年以前为旬刊,以后为月刊。1879年起成为自由主义民粹派的刊物。1914年至1917年3月以《俄国纪事》为刊名出版。1918年被查封。——5。

11　爱尔兰过去被看做是大土地占有制和小额租佃("吃不饱饭的租佃")并

存的典型国家。在那里,一方面是地主聚敛了大量的财富;另一方面是人民群众陷于贫困境地,农民往往挨饿,遭到破产,大批移居国外。谢·尼·布尔加柯夫曾用人口"过剩"和土地"缺乏"这种马尔萨斯主义论据来掩饰爱尔兰农民贫困的真正原因。——5。

12 指马克思和恩格斯在《共产党宣言》1882年俄文版序言中关于美国土地所有制的论述。他们指出:"作为整个政治制度基础的农场主的中小土地所有制,正逐渐被大农场的竞争所征服。"(见《马克思恩格斯文集》第2卷第7—8页)——6。

13 伏罗希洛夫是俄国作家伊·谢·屠格涅夫的长篇小说《烟》中的人物,是自诩渊博的书呆子和空谈家的典型。这里是指维·米·切尔诺夫。列宁在《土地问题和"马克思的批评家"》一文中也用伏罗希洛夫来嘲笑切尔诺夫(见本版全集第5卷第129—138页)。——6。

14 指乔治·布隆代《关于德国农村人口和农业危机的研究》一书1897年巴黎版。列宁对该书的摘录,参看《列宁文稿》人民出版社版第11卷第190—192页。——6。

15 1899年《开端》杂志第1—2期合刊和第3期发表了谢·尼·布尔加柯夫的《论农业资本主义演进的问题》一文。列宁在《农业中的资本主义》和《土地问题和"马克思的批评家"》(见本版全集第4卷和第5卷)两部著作中对布尔加柯夫的这篇文章进行了批判。

　　《开端》杂志(«Начало»)是俄国科学、文学和政治刊物(月刊),合法马克思主义者的机关刊物,1899年1—6月在彼得堡出版,由彼·伯·司徒卢威、米·伊·杜冈-巴拉诺夫斯基任编辑。——10。

16 地租田庄是依据普鲁士邦议会1886年4月26日、1890年6月27日和1891年7月17日通过的法律设立的;起初是由移民委员会将它在西普鲁士(即波兰王室普鲁士)和波兹南购买的大地产划分成中小地块,分给德国移民归其所有,这些移民则有义务交纳固定的年地租;后来私人地主也被授予组建这种地租田庄的权利。地租田庄的所有者在支配土地的自由方面受到一定的限制,如他们无权不经国家同意而把田庄加以分割、部分地转让,等等。——12。

17 这一文献是列宁的《土地问题和"马克思的批评家"》这一著作第二部分各章的纲要。该部分第一次发表于 1906 年 2 月《教育》杂志第 2 期。——17。

18 这两个方框里记的是列宁对阅读这部分手稿所需时间的计算。头一个方框里记的是列宁"很快地默读"第 5 章和第 6 章第一部分花费的时间。第二个方框里记的是列宁根据这一实验的结果得出的结论:读完这部分手稿共需要 2 小时左右。——18。

19 这一组文献是列宁 1903 年 2 月 10—13 日(23—26 日)在巴黎俄国社会科学高等学校所作的题为《对欧洲和俄国的土地问题的马克思主义观点》的讲演的准备材料。

俄国社会科学高等学校是由一批被沙皇政府逐出俄国高等学校的自由派教授于 1901 年创办的,主要组织者是马·马·柯瓦列夫斯基、尤·斯·加姆巴罗夫和叶·瓦·罗别尔季。这是一所合法的学校,学员主要是巴黎俄国侨民区的流亡革命青年和俄国大学生。该校校务委员会在拟定 1902 年讲演人名单时,邀请了社会革命党人维·米·切尔诺夫和卡·罗·卡乔罗夫斯基讲土地问题。巴黎火星派小组获悉这一情况后,决定为马克思主义观点的代表也争取一个在该校讲演的机会。他们要求聘请著名的马克思主义者、《俄国资本主义的发展》和《经济评论集》这两部合法著作的作者弗·伊林来校讲演。校务委员会接受了这一建议并于 1902 年 12 月发出了正式邀请。后来,学校领导弄清了弗·伊林和列宁原来是一个人,曾企图撤销自己的决定,但是未能实现。列宁在该校作了四次讲演,都十分成功。在准备讲演时,列宁研究了大量有关土地问题的著作,摘译了恩格斯的《法德农民问题》,摘录了马克思的《资本论》和马克思发表在《新莱茵报》上的一些有关土地问题的文章,以及彼·巴·马斯洛夫、亚·尼·恩格尔哈特、瓦·巴·沃龙佐夫、埃·施图姆普费、罗·罗基尼、路·格朗多、阿·诺西希、胡·伯特格尔等人的书籍和文章。列宁写了正式的讲演提纲,事先寄往该校。

这个提纲和第一讲的提要,见本版全集第 7 卷第 91—98 页。——19。

20 1901 年 12 月《曙光》杂志第 2—3 期合刊登载了列宁的《土地问题和"马克思的批评家"》一文的前 4 章,题为《土地问题上的"批评家"先生们。第一组论文》。

　　《曙光》杂志(《Заря》)是俄国马克思主义的科学政治刊物,由《火星报》编辑部编辑,1901—1902 年在斯图加特出版,共出了 4 期(第 2、3 期为合刊)。第 5 期已准备印刷,但没有出版。杂志宣传马克思主义,批判民粹主义和合法马克思主义、经济主义、伯恩施坦主义等机会主义思潮。——20。

21 指载于《新莱茵报》的马克思的《废除封建义务的法案》和恩格斯的《法兰克福关于波兰问题的辩论》(参看《马克思恩格斯全集》第 1 版第 5 卷)。列宁所作的这两篇文章的摘录,见本版全集第 59 卷。

　　《新莱茵报》(《Neue Rheinische Zeitung》)是德国和欧洲革命民主派中无产阶级一翼的日报,1848 年 6 月 1 日—1849 年 5 月 19 日在科隆出版。马克思任该报的主编,编辑部成员恩格斯、恩·德朗克、斐·沃尔弗、威·沃尔弗、格·韦尔特、费·弗莱里格拉特等都是共产主义者同盟的盟员。——21。

22 指马克思和恩格斯《反克利盖的通告》的第二部分:《〈人民论坛报〉的政治经济学及其对"青年英国"的态度》(参看《马克思恩格斯全集》第 1 版第 4 卷)。——21。

23 指《第一国际几次代表大会上的土地问题》决议。列宁对该决议所作的摘录,参看《列宁文稿》人民出版社版第 11 卷第 332 页。——21。

24 指恩格斯 1874 年对他 1870 年写的《德国农民战争》一书序言的补充(参看《马克思恩格斯全集》第 1 版第 18 卷)。——21。

25 指 1895 年 10 月德国社会民主党布雷斯劳代表大会关于土地问题的辩论。根据 1894 年法兰克福代表大会决议成立的土地委员会制定了一个土地纲领草案。由于力求在国会选举中得到农民的支持,委员会在草案中提出了一系列在资本主义社会范围内保持和巩固小农所有制的措施，这就使土地纲领草案同爱尔福特纲领相抵触，而表现出把无产阶级政党变为"全民党"的倾向。卡·考茨基、克·蔡特金等严厉地批评了这个土地纲领草案。代表大会以158票对63票否决了这个草案。——21。

26　指恩格斯的《法德农民问题》。这一著作载于1894—1895年《新时代》杂志第13年卷第1册第10期。——21。

27　指彼·巴·马斯洛夫的《俄国农业发展的条件》一书1903年圣彼得堡版。列宁对该书的摘录和评论，参看《列宁文稿》人民出版社版第11卷第333—335页和本版全集第44卷第204号文献。——22。

28　指后来发表在1906年2月《教育》杂志第2期上的《土地问题和"马克思的批评家"》这部著作的第5—9章（见本版全集第5卷）。——22。

29　列宁在这里用算式说明级差地租的产生。算式与前面标题为《**第二组论文（农业统计）**》的文献写在同一页手稿上。——23。

30　看来是指《土地问题和"马克思的批评家"》这一著作当时尚未发表的那一部分手稿的页码。关于2公顷以下农户中牛奶业集中的情况，见本版全集第5卷第190—191页。——24。

31　列宁引证的是卡·考茨基的《土地问题》一书。——25。

32　马克思论理查·琼斯（《马克思恩格斯文集》第7卷第882—883页）的摘录，见《列宁文集》俄文版第19卷第309—310页。列宁在《社会民主党在1905—1907年俄国第一次革命中的土地纲领》这一著作中使用了这个摘录（见本版全集第16卷第269—270页）。——28。

33　这里说的"14个标志"是指对研究农民分化问题有极重要意义的14种资料，"2－"是指两种具有反面意义的资料，"12＋"是指12种具有正面意义的资料（见本版全集第3卷第107页）。——33。

34 指潘·阿·维赫利亚耶夫《俄国农业现状概论》1901年圣彼得堡版。——33。

35 《社会革命党人和社会民主党人的土地纲领》这个专题报告,是列宁在巴黎俄国社会科学高等学校作了土地问题讲演之后,于1903年2月18日(3月3日)在巴黎俄国政治流亡者会议上作的。在报告里,他阐述了在俄国社会科学高等学校作讲演时由于该校的实际条件而不便作出的纲领性的和政治性的结论。对专题报告的讨论持续了4天:2月18—21日(3月3—6日)。发言反对报告的有斗争社的涅夫佐罗夫(尤·米·斯切克洛夫)、《工人事业》杂志的波·尼·克里切夫斯基、民粹派的弗拉基米罗夫(维·米·切尔诺夫)等人。

关于这个专题报告的材料,除本卷收载的文献外,还有列宁作的讨论记录和列宁作报告时使用的资料摘录,均可参看《列宁文稿》人民出版社版第11卷。

从专题报告要点的篇幅和内容来看,它很可能也是一本反对社会革命党人的小册子的大纲。列宁在1903年1月28日给格·瓦·普列汉诺夫的信中曾谈到写这样一本小册子的打算(见本版全集第44卷第192号文献)。——36。

36 社会革命党人是俄国最大的小资产阶级政党社会革命党的成员。该党是1901年底—1902年初由南方社会革命党、社会革命党人联合会、老民意党人小组、社会主义土地同盟等民粹派团体联合而成的。成立时的领导人有马·安·纳坦松、叶·康·布列什柯-布列什柯夫斯卡娅、尼·谢·鲁萨诺夫、维·米·切尔诺夫、米·拉·郭茨、格·安·格尔舒尼等,正式机关报是《革命俄国报》(1901—1904年)和《俄国革命通报》杂志(1901—1905年)。社会革命党人的理论观点是民粹主义和修正主义思想的折中混合物。他们否认无产阶级和农民之间的阶级差别,抹杀农民内部的矛盾,否认无产阶级在资产阶级民主革命中的领导作用。在土地问题上,社会革命党人主张消灭土地私有制,按照平均使用原则将土地交村社支配,发展各种合作社。在策略方面,社会革命党人采用了社会民主党人进行群众性鼓动的方法,但主要斗争方法还是搞个人恐怖。为了进行恐怖活动,该党建立了事实上脱离该党中央的秘密战斗组织。

　　在1905—1907年俄国第一次革命中,社会革命党曾在农村开展焚烧地主庄园、夺取地主财产的所谓"土地恐怖"运动,并同其他政党一起参加武装起义和游击战,但也曾同资产阶级的解放社签订协议。在国家杜马中,该党动摇于社会民主党和立宪民主党之间。该党内部的不统一造成了1906年的分裂,其右翼和极左翼分别组成了人民社会党和最高纲领派社会革命党人联合会。在斯托雷平反动时期,社会革命党经历了思想上、组织上的严重危机。在第一次世界大战期间,社会革命党的大多数领导人采取了社会沙文主义的立场。1917年二月革命后,社会革命党中央实行妥协主义和阶级调和的政策,党的领导人亚·费·克伦斯基、尼·德·阿夫克森齐耶夫、切尔诺夫等参加了资产阶级临时政府。七月事变时期该党公开转向资产阶级方面。社会革命党中央的妥协政策造成党的分裂,左翼于1917年12月组成了一个独立政党——左派社会革命党。十月革命后,社会革命党人(右派和中派)公开进行反苏维埃的活动,在国内战争时期进行反对苏维埃政权的武装斗争,对共产党和苏维埃政权的领导人实行个人恐怖。内战结束后,他们在"没有共产党人参加的苏维埃"的口号下组织了一系列叛乱。1922年,社会革命党彻底瓦解。——36。

37　指亚·鲁金的小册子《关于农民问题》1902年版。列宁在1903年1月28日给格·瓦·普列汉诺夫的信里谈到这本小册子时说:"您见到过鲁金("社会革命党人")的小册子(《关于农民问题》)没有?这批极其厚颜无耻的混蛋!我为了鲁金和为了论社会化的第15号真想同他们**狠狠干一仗!**　……我有这么个想法:写一篇驳斥鲁金的文章,并单独出版一本'批判社会革命党人论文集',其中包括《革命冒险主义》一文。"(见本版全集第44卷第192号文献)——36。

38　引语摘自《革命俄国报》第8号第8版所载的《社会革命党农民联合会告俄国革命社会主义运动全体工作者书》。

　　列宁在《社会革命党人和社会民主党人的土地纲领》这篇专题报告

的提纲中,对这个文件和刊登在同一号《革命俄国报》上的《农民运动》一文以及刊登在该报第11—15号上的以《纲领问题》为总标题的一组文章进行了批判。——36。

39 《俄国革命通报》杂志(《Вестник Русской Революции》)是俄国社会革命党人的秘密刊物,1901—1905年先后在巴黎和日内瓦出版,共出了4期。第1期由老民意党人小组出版,编辑是尼·谢·鲁萨诺夫(塔拉索夫)。从第2期起成为社会革命党的理论性机关刊物。撰稿人有米·拉·郭茨、伊·阿·鲁巴诺维奇、维·米·切尔诺夫(尤·加尔德宁)、叶·康·布列什柯－布列什柯夫斯卡娅等。——37。

40 指1902年出版的小册子《社会革命党农民联合会告全体俄国农民书》。列宁在这本小册子上画的着重线和其他符号,参看《列宁文稿》人民出版社版第11卷第285—286页。——40。

41 指摘录亚·马尔丁诺夫的小册子《工人和革命》中的话。马尔丁诺夫的这本小册子是俄国社会民主党人联合会1902年在日内瓦出版的。——40。

42 指摘录亚·尼·恩格尔哈特《农村来信》一书中的话(参看《列宁文稿》人民出版社版第11卷第355页)。——41。

43 这是各类农户所占比重的数字。这些数字的汇总,参看《列宁文稿》人民出版社版第11卷第382—383页;对这些数字的解释,见《专题报告概要》(本卷第55—56页)。——41。

44 指摘录瓦·沃·(瓦·巴·沃龙佐夫)的《我国农民经济和农业》一文中的话(参看《列宁文稿》人民出版社版第11卷第356—357页)。瓦·沃·的这篇文章载于1882年《祖国纪事》杂志第8期和第9期。列宁在《答对我们纲领草案的批评》一文中部分地引用了这些引文并加以评论(见本版全集第7卷第215页)。——41。

45 罗·罗基尼是法国资产阶级经济学家。参看列宁作的罗基尼《农业辛迪加及其活动》一书提要和摘录(本版全集第59卷)。——42。

46　应为《俄罗斯新闻》,这里是笔误。维·米·切尔诺夫1903年3月4日在讨论列宁的专题报告时引证了1903年2月4日《俄罗斯新闻》第35号的社论。关于这一点,参看《列宁文稿》人民出版社版第11卷第371—372、381页(第12点)。

　　《俄罗斯新闻》(《Русские Ведомости》)是俄国报纸,1863—1918年在莫斯科出版。它反映自由派地主和资产阶级的观点,主张在俄国实行君主立宪,撰稿人是一些自由派教授。从1905年起成为右翼立宪民主党人的机关报。1917年二月革命后支持资产阶级临时政府。十月革命后被查封。——52。

47　《民意报》(《Народная Воля》)是俄国民意党的报纸,1879年10月—1885年12月先后在彼得堡和图拉出版,共出了12号。——52。

48　1903年2月4日《俄罗斯新闻》报道了1902年12月在爱尔兰都柏林召开的大地主和佃农的代表会议。代表会议制定一项报告,提出了它认为可以依靠国库的帮助从大地主手中赎买土地的一般根据。——54。

49　这里说的是按占有马匹数划分的农民阶级类别。全部农户共有1 400万匹马:150万资产阶级农户占有其中的650万匹,200万中等农户占有400万匹,650万半无产者和无产者农户(即农村贫民)只占有350万匹(参看本版全集第7卷第130页和《列宁文集》俄文版第19卷第343页)。——56。

50　这里收载的文献,是一篇文章或一个专题报告的大纲。列宁是否写了这样的文章或作过这样的报告,尚无材料可以说明。

　　本卷以及《列宁文稿》人民出版社版第11卷收载了列宁在研究大纲中提及的作者的著作时留下的各项材料。——57。

51　对谢·尼·布尔加柯夫《资本主义和农业》一书的批注,列宁记在一个题为《土地问题材料。俄国(和外国)的论土地问题的文献》的笔记本内。《土地问题和"马克思的批评家"》这部著作广泛地使用了这些准备材料。——63。

52 这些数字是说：1855 年拥有农业机器者数为 55；1861 年拥有农业机器者数为 236，使用机器者数为 1 205。1871 年这两类合计为 2 160，1881 年这两类合计为 4 222。——67。

53 小农法是英国议会 1892 年通过的一个法案，其目的是使农业人口留在农村和恢复在 18 世纪和 19 世纪初已被消灭的小农，即为资本主义大农场提供廉价劳动力的源泉。这个法案没有广泛实行，因而没有实际意义。——68。

54 英斯特是德国的一种雇农，他们按长期合同受雇，住在自己所有而位于大土地占有者的土地上的住房内，除挣到货币工资外，还可得到一定的地块上的一部分收获（对分制）。——69。

55 côtes foncières 即公社内属于个人财产的地块。——72。

56 中人是富农的变种，爱尔兰大地主和佃户之间的中介人。中人从大地主手里租来大块（20—150 英亩或更多）土地，把它们分成小块（1—5 英亩），以奴役性的条件按年出租给小佃户。——76。

57 P.S. 是《俄国最新的村社法律》一文的作者。该文载于 1894 年在柏林出版的《社会立法和统计学文库》第 7 卷第 626—652 页。——89。

58 弗·赫茨用这个公式表示生产效率的高低程度。公式中 w 是总产品价值，k 是生产费用，t 是生产时间。——94。

59 列宁在《土地问题和"马克思的批评家"》这一著作中使用了这个材料（见本版全集第 5 卷第 118—122 页）。——101。

60 《农业年鉴》（«Landwirtschaftliche Jahrbücher»）是德国的土地和农业经济问题杂志，1872—1944 年在柏林出版。1873—1918 年它的出版者是胡戈·蒂尔。——102。

61　《社会主义月刊》(«Sozialistische Monatshefte»)是德国机会主义者的主要刊物,也是国际修正主义者的刊物之一,1897—1933年在柏林出版。编辑和出版者为右翼社会民主党人约·布洛赫。撰稿人有爱·伯恩施坦、康·施米特、弗·赫茨、爱·大卫、沃·海涅、麦·席佩耳等。第一次世界大战期间,该刊持社会沙文主义立场。——105。

62　列宁在《土地问题和"马克思的批评家"》这部著作的第5章《"先进的现代小农户的繁荣"。巴登的例子》(见本版全集第5卷)中对莫·黑希特《巴登哈尔特山区的三个村庄》(1895年莱比锡版)一书中的资料作了批判性的分析。——112。

63　列宁在这里指出了莫·黑希特书中关于弗里德里希斯塔尔和布兰肯洛赫这两个村庄的播种面积资料前后不一致。——119。

64　第一列数字(被除数)是指弗里德里希斯塔尔、布兰肯洛赫和哈格斯菲尔德三个村庄各自的土地总数(单位公顷),第二列数字(除数)是指各村每户的土地平均数(单位公顷),第三列数字为各村的大致户数。——120。

65　列宁在《土地问题和"马克思的批评家"》这一著作的第6章《小农户和大农户的生产率。东普鲁士的例子》(见本版全集第5卷)中,对胡·奥哈根《农业中的大生产和小生产》一文作了批判性分析。——123。

66　列宁所分析的原书有错误,此处应为1 806.58,而不是806.58。列宁在自己的著作中已改正了这个错误(见本版全集第5卷第147页)。下边的数字1 965.08和两个百分数也要相应地改变。——129。

67　列宁在括号中表示的是:关于把12头仔猪折合成大牲畜,此处的计算和他自己的计算有差别。参看本卷第132页。——135。

68　德国经济学家卡·克拉夫基《论农业小生产的竞争能力》一文中的材料,列宁主要使用于《土地问题和"马克思的批评家"》这一著作的第6章《小农户和大农户的生产率。东普鲁士的例子》(见本版全集第5卷)。

　　克拉夫基的这篇文章描述了处在同等条件下的12个典型的德国农户(大、中、小各4户),是一篇详尽的研究著作,但是缺乏必要的概括,也没有得出正确的结论。列宁仔细地分析了文中的资料并作了批判性的加工。他还揭示了谢·尼·布尔加柯夫利用克拉夫基的文章来为小农户优于大农户的资产阶级理论辩护的做法是毫无根据的。

　　列宁对克拉夫基文章中的资料进行了仔细核对和科学分类,指出这位作者在对大农户和小农户的收入作比较时计算有错误。正如列宁指出的,克拉夫基用以论证小农业优越的方法,大体上也为所有资产阶级和小资产阶级经济学家所采用。因此,以克拉夫基的著作为例来对这种方法进行剖析,也就具有很大的意义。——138。

69　此处原文是德文 Landwirtschaftliche benutzte Fläche。在准备材料中,列宁使用这个术语多数情况下没有译成俄文,是把本来意义上的农业面积(即大田作物占用的土地、草场和较好的牧场)和果园、菜园、葡萄园都包括在内的(见本卷第157—158、219页)。在个别情况下,列宁把这一术语译成"农业用地面积"(见本卷第215页)。列宁在本卷第470页上指出,德文原书曾使用"Überhaupt Landwirtschaftliche Fläche"这一术语代替"Landwirtschaftliche benutzte Fläche",来表示同一资料。

　　列宁在《土地问题和"马克思的批评家"》这部著作中,在引用Landwirtschaftliche benutzte Fläche 的数字时,用的是"全部农业面积"和"农业面积"这两个术语(见本版全集第5卷第176、182页)。列宁在《关于农业中资本主义发展规律的新材料。第一编。美国的资本主义和农业》一书中写道:"美国的统计在按土地多少来进行农场分类时,是按全部土地的面积而不是仅按耕地的面积;这样做当然比较正确,德国的统计就是这样做的。"(见本版全集第27卷第182页)——144。

70　役工是指居住在农业工人家中的有劳动能力的家庭成员或非家庭成员,他们按家长与地主订立的合同有义务为地主干活,但由订立合同的农业工人(家长)付给工资。——148。

71　德普坦特是德国的一种雇农,他们除领取固定的年货币工资外,还得到一定的实物——大庄园(农场)内的一块土地和住房,这种实物构成工资的一部分。——154。

72　"德普坦特"土地即地主按照合同作为工资的实物部分提供给农业工人的土地。——157。

73　《布拉瑟及其他》是列宁的一本笔记,标题是用彩色铅笔写在封面上的。这本笔记里的摘录看来是与卡·克拉夫基文章批注(见本卷第138—158页)同时作的,因为在克拉夫基文章批注的末尾有一句批语:"参看**布拉瑟**的文章,特别是第292页和第297—298页。"(见本卷第158页)——165。

74　奥·苏雄《农民地产》一书中的资料,列宁曾打算在《土地问题和"马克思的批评家"》这一著作、1903年2月10—13日(23—26)日在巴黎作的讲演《对欧洲和俄国的土地问题的马克思主义观点》以及题为《农民与社会民主党》的文章(或专题报告)中使用(见本卷第4、7、12、20、31、58页)。——178。

75　指奥·苏雄援引《法国农业统计。1892年的十年调查的总结》一书第247页和第249页的地方(见苏雄《农民地产》一书第24页正文和脚注1)。——178。

76　小块土地法是英国的一项给工人分配小块土地的法律(1887年9月16日)。奥·苏雄在他的书中谈到这项法律时说:"实施《小块土地法》其实就是向工人提供极小地块,使他们能利用一点微薄的农业资源增加收入,顶多是拥有一头奶牛和几只羊。"(第151页)——180。

77　费·莫里斯《农业和社会问题。法国的农业和土地状况》(1892年巴黎版)一书中的材料,列宁曾打算在《土地问题和"马克思的批评家"》这一著作中使用(见本卷第4、7、12、14页)。——181。

78　列宁是在准备撰写《土地问题和"马克思的批评家"》这一著作时阅读阿·赫拉波沃-赫拉波夫斯基的《19世纪的比利时农业》(1900年斯图加特版)一书的,列宁在这一著作的大纲中提到过赫拉波沃-赫拉波夫斯基的这本书(见本卷第4、7、14页)。列宁还打算把这个材料用于他在巴黎所作的有关土地问题的讲演(见本卷第20、31页)。——187。

79 本卷收载的有关巴登调查的材料是《土地问题和"马克思的批评家"》这一著作第7章《巴登农民经济调查》(见本版全集第5卷)的准备材料。1903年2月10—13日(23—26日)列宁在巴黎俄国社会科学高等学校所作的讲演《对欧洲和俄国的土地问题的马克思主义观点》的第三讲中也使用了这些材料。

正如列宁指出的,巴登调查材料使人们有可能区分和划分出农民的各个类别。然而,《调查结果》的编写者们对农户不作科学的分类;他们不是拿各种类别的农户作比较,而是拿整个村庄作比较。这种使用抹杀农民内部阶级差别的笼统平均数的方法,是"马克思的批评家"们在土地问题上广泛采用的。列宁则使用巴登调查的总结性材料,对德国农村的阶级结构作了科学的描述。他划分出大、中、小农户这三种典型的经济类别,为此对有关31个大农户、21个中等农户和18个小农户的统计资料进行了加工和分析。相应于三种典型的农户类别,列宁算出了地产的平均规模,家庭和使用雇佣劳动的平均规模,现金收入和支出以及其他数字。列宁对这些材料的分析,见本版全集第5卷第160—166页。列宁在深入研究地产和纯利润的规模和数量时,提出了两种计算方法:(1)按所有70个农户计算;(2)减去地产特别大的三个村庄内的10个农户再计算。这种划分出典型现象而同时根据现象总和的资料来检验结论的方法,对于统计学的方法论具有重要的意义。

通过经济分析,列宁揭示了大农户的企业主的即资本主义的性质,这些农户使用雇工和日工的雇佣劳动来经营并获得高额利润,而与此同时,小农户只能勉勉强强做到收支相抵。列宁根据经过科学加工的巴登调查中关于各类农户消费的主要食品数量的材料,证明同中等农民和大农相比,小农在大量地压缩自己的消费。如果小农用钱购买食品的支出与中等农民的支出相同,小农就会有很大的亏空,如果中等农民与大农的支出相同,中等农民也会有亏空。列宁据此得出结论说:"不仅小农甚至连中等农民的所谓'纯利润'也**完全是虚假现象**。"(见本版全集第5卷第163页)

　　　　列宁根据对巴登调查材料的分析指出,德国农民经济的基本特征和俄国是相同的,资本主义发展的过程形成少数依靠雇佣劳动的资本主义农场,而大多数人却日益需要寻找外水,即变成雇佣工人。列宁写道:"农民的分化向我们表明了资本主义在其**产生**和向前发展的过程中的**极其深刻的**矛盾。充分估计这些矛盾,就必然会承认小农的境况是毫无出路的和毫无希望的(置身于无产阶级反对整个资本主义制度的革命斗争之外,就是毫无希望的)。"(见本版全集第 5 卷第 168 页)

　　　　列宁通过对巴登调查材料的加工得到的材料,除去它的重大的政治经济学意义以外,对阐明列宁为进行马克思主义的经济分析的需要而加工和使用统计资料的方法,也有重要的方法论的意义。——189。

80　$\frac{\alpha}{\alpha}$ 是指每 1 公顷土地的平均年利润(马克),$\frac{\beta}{\beta}$ 是指田庄可以承担的捐税及债务在应纳税的田庄资产总值中的百分比。见本卷第 196 页和第 197 页之间的插页。——192。

81　从《土地问题和"马克思的批评家"》这一著作第 7 章和第 9 章在 1906 年《教育》杂志第 2 期上初次刊载的文字可以看出,列宁曾打算在该著作里研究法国农业统计资料并对法国经济学家的著作进行批判性分析。根据列宁在第 9 章加的一条注释判断,他曾专门研究过法国葡萄种植业的状况(见本版全集第 5 卷第 193 页)。——209。

82　E.塞努雷书中的这一栏写道:"牲畜的医疗保险费或其价值的损耗与小农户相比要可观得多。"——210。

83　列宁的《德国农业统计摘录》这本笔记包括对《德意志帝国统计》新编第 112 卷《从 1895 年 6 月 14 日农业生产普查资料看德意志帝国的农业》(1898 年柏林版)的批语和摘录。这本笔记反映了列宁对德国两次农业普查(1882 年和 1895 年)资料的加工过程。列宁在准备撰写《土地问题和"马克思的批评家"》这一著作时利用了这些材料。此外,列宁在讲演《对欧洲和俄国的土地问题的马克思主义观点》的第三讲、《告贫苦农民》这本小册子(见本版全集第 7 卷)和《现代农业的资本主义制度》

一文(见本版全集第 19 卷)中也都利用了《德国农业统计摘录》中的
材料。

　　这本笔记从写作时间上看,属于列宁撰写上述几篇著作的初期。
在许多地方,列宁 1910 年根据《德意志帝国统计》第 212 卷第 1a 分
册——《1907 年 6 月 12 日职业和企业普查。农业生产统计》(1909 年
柏林版)——和第 2a 分册(1910 年版),在笔记本中补充摘录了 1907 年
德国农业普查的资料。这些补充是为了撰写关于德国农业的著作而
作的。

　　列宁使用德国农业统计资料来批驳那些攻击马克思经济学说的
"批评家"。这些"批评家"认为在西方出现了小农户和中等农户排挤大
农户的现象。列宁根据经过加工的德国农业统计资料,揭示了农民无
产阶级化的两个过程:第一个过程是,农民日益被夺去土地,农村居民
日益被剥夺,他们从有地的工人变成了无地的工人;第二个过程是,农
民的"副业收入"的发展,即意味着无产阶级化的第一阶段的那样一种
农业和工业相结合的发展。

　　列宁处理德国农业统计资料的方法,是对统计资料进行科学分析
和加工的典范。列宁不是根据一种标志(如土地面积),而是根据几种
标志(农业机器数量,特种作物种植面积等等)来划分农户类别;他还把
不同的分类法综合(结合)起来,即把每类农户(如按土地面积划分的)
按牲畜头数和其他标志分成一些更小的类别。列宁在研究过程中常常
对他使用的统计资料进行加工,使之更加准确;许多表他都重新编制过
(如说明商业性蔬菜业集中的表等)。——212。

84 这组关于葡萄种植业中土地集中的资料,是列宁根据上表综合出来的。
这些数字表明:有 20 公亩以下葡萄园的农户占农户总数的 49%,它们
的土地占土地总数的 13%;有 20—50 公亩葡萄园的农户占农户总数
的 30%,它们的土地占土地总数的 26%;有 50 公亩以上的葡萄园的农
户占农户总数的 21%,它们的土地占土地总数的 61%。——214。

85 列宁考察了 1895 年各类农户的奶牛数量的资料,以说明牲畜集中到大
农户手中的现象。最下一行的农户总数和所有三类农户的奶牛总头

数,在手稿中是写在本表的上方的(因为下面空处不够)。——235。

86　这篇文献和下一篇文献(《法国农业统计》)援引了许多与法国农业统计有关的材料。这些材料首先出自以下两种汇编:1.《法国农业统计。1892年的十年调查的总结》;2.《法国的总的统计。1896年普查的统计结果》;也出自其他年份的调查(普查)结果(总结)。列宁在利用这些材料时,特别重视对有关居民职业的资料作批判性的考察。他对1876—1891年间的职业统计资料进行了加工,说明了历年普查统计资料的可比程度。他还把各省大中农户的数目同有雇佣工人的农户数目相比较。

　　在列宁作的法国统计材料摘录中,占多数的是综合性的资料,尤其是不同年份内农户按农业面积大小分类的综合性资料。列宁指出法国统计的优点是划分出"积极的"(即自立的)人口,并且摘录了各类"积极的"人口的丰富资料。列宁从费·莫里斯的书中摘录了类似的资料,并与从各种文献资料摘录来的同类统计材料作了比较,说明了这些文献资料的性质并作出了关于每个类别的"积极的"人口每年在数量上和比重上的变化的结论。

　　经过列宁加工和综合的法国农业统计材料,广泛阐明了不同阶级农户类别的各个方面,证实了马克思主义关于大农户的优越地位、其作用的增强以及小农无产阶级化的论点。——240。

87　这是列宁对所有企业总数所作的验算。——253。

88　这是列宁对按工人和职员人数来分类的企业数目的更准确的计算。右边一栏是拥有1—4名工人和职员的一类,左边一栏是拥有5—10名工人和职员的一类。——253。

89　指卡·考茨基的《土地问题》一书1899年斯图加特版。——260。

90　指奥·苏雄的《农民地产》一书1899年巴黎版。列宁对该书的批注,见本卷第178—180页。——261。

91　指H.库德林的《法国的农民问题》一文,载于1900年《俄国财富》杂志第1期。——261。

92　指费·莫里斯的《农业和社会问题。法国的农业和土地状况》一书1892年巴黎版。——263。

93　《政治和文学辩论日报》(《Journal des Débats politiques et littéraires》)是法国一家最老的报纸,1789—1944年在巴黎出版。七月王朝时期为政府的报纸,1848年革命时期,该报反映了反革命资产阶级的观点;1851年政变以后成了温和的奥尔良反对派的机关报;70—80年代该报具有保守主义的倾向。——274。

94　这个综合表是列宁根据几个国家相应年份的统计资料编制而成的。有关德国、英国和美国的资料摘自《德意志帝国统计》第112卷;有关法国的资料一部分也是摘自该书,另一部分摘自《法国农业统计。1892年的十年调查的总结》;有关比利时的资料摘自《比利时统计。农业。1880年的总普查》和《1896年比利时统计年鉴》;有关丹麦的资料摘自古·班格的文章《丹麦农业的发展》(1900—1901年《新时代》杂志第19年卷第2册第623页)。——277。

95　这篇文献是《关于巴伐利亚王国24个村庄经济情况的调查》一书的简单提要,看来是列宁第一次阅读该书时作的。列宁接着又作了巴伐利亚调查的摘录并写了对该书的批语(见本卷第281—298页)。——279。

96　这一个和下一个圆括号内的资料都引自《德意志帝国统计。新编第112卷。从1895年6月14日农业生产普查资料看德意志帝国的农业》。这两个圆括号里的"对比58.23%"和"对比17.97%"以及第三个圆括号里的"平均为29.90%"这三个百分数都是指全德国的情况。——287。

97　这是大农户用于服装和鞋的货币支出。服装272.40,鞋129,合计401.40。——289。

98　页边上的这个小表较详细地表示了大农户（左边一列）和小农户（右边一列）的支出情况。左边的号码（从第2—5号到29号）是大农户货币支出表中某些个人消费物品与项目的编号（《关于巴伐利亚王国24个村庄经济情况的调查》第121—122页）。——289。

99　列宁在这里指出：同一总数在该书第535页上为1 233.6，而在《附录一》（第571页）里为1 232.6。——294。

100　列宁这句评语是针对本表末尾的两个栏目（"平均"、"小农户、中等农户和大农户的划分"）中的数字而言。这里说的谢·尼·布尔加柯夫的书，是指他的《资本主义和农业》一书1900年版第2卷。——298。

101　列宁把1890年在海牙出版的四卷本《荷兰农业状况的调查结果》称做1890年荷兰农业调查。这一调查包括95个村庄，其总结同其他国家类似调查的不同之处，如列宁所指出的，在于资料的不完备和缺少所有村庄的汇总资料。然而列宁仍从这些材料中取得了一些说明荷兰农业的资本主义性质的很有意思的资料。——299。

102　列宁在《对欧洲和俄国土地问题的马克思主义观点》的讲演提纲中使用了埃·施图姆普费著作的摘录（见本卷第21、22、31页）。——304。

103　列宁研究古·费舍的著作《机器在农业中的社会意义》早于研究埃·施图姆普费的《论中小土地占有者与大土地占有者的竞争能力》一文。列宁在施图姆普费文章摘录中作为已研究过的著作提到了费舍的著作（见本卷第312页）。——355。

104　根据列宁在正文末尾写的"难怪该书（在英国博物馆）始终无人问津"一语可以作这样的推测：列宁是在他居住伦敦期间（当时《火星报》迁到那里出版）即不早于1902年4月看到保·蒂罗的这部书的。列宁在伦敦为制定党的土地纲领研究了土地问题；在巴黎作讲演和作专题报告之前（1903年2—3月）曾研究过法国的农业经济。列宁在对爱·勒库特的书的评语中也提到了蒂罗的书（参看《列宁文稿》人民出版社版第11卷第631页）。——364。

105　列宁是在对弗·奥·赫茨《土地问题及其同社会主义的关系》一书的评析(1901 年 6—9 月)中首次提到昂·约·莱·博德里亚尔的;在《土地问题和"马克思的批评家"》这一著作的大纲中,则是通过赫茨和谢·尼·布尔加柯夫的书提到博德里亚尔的;而在《对欧洲和俄国的土地问题的马克思主义观点》的讲演提纲(1903 年 2 月 10 日(23 日)以前)中,列宁已把博德里亚尔的著作作为研究过的著作来提了。列宁有关博德里亚尔著作的札记,除本卷收载的这篇文献外,还有《法国的农业人口。诺曼底(过去和现在)》一书的摘录和评注(参看《列宁文稿》人民出版社版第 11 卷第 164—175 页)。——365。

106　指罗·罗基尼的《农业辛迪加及其活动》一书 1900 年巴黎版。列宁作的该书提要和摘录,见本版全集第 59 卷。——368。

107　指埃利·库莱《法国农业中的辛迪加运动和合作社运动。农业联合会》一书 1898 年蒙彼利埃版。见本卷第 367 页。——368。

108　埃·德沙内尔曾在众议院颂扬农业辛迪加的活动有利于工人。古·鲁瓦奈在援引德沙内尔的发言时评论道:"请看德沙内尔先生是如何在农业辛迪加成员们的掌声中撰写辛迪加的历史的。这些辛迪加的成员忽然得知他们竟成就了如此美好的事业,简直是欣喜若狂了。"——369。

109　列宁在《对欧洲和俄国的土地问题的马克思主义观点》的讲演提要和在巴黎的专题报告中都提到了阿·诺西希,并且曾指出:"很多著作家赞成的不是马克思主义理论,而是对这一理论的'批评',但是他们自己的材料却驳倒了他们。例如诺西希(Nossig)就是如此。"(见本版全集第 7 卷第 98 页)手稿上的标记说明列宁不止一次地看过这份手稿。——370。

110　列宁在爱·大卫的《社会主义和农业》一书出版后不久便读过它。例如,列宁在 1903 年 3 月 15 日给格·瓦·普列汉诺夫的信中写道:"大卫的书我已经订了,现在正在看。空洞透了,既贫乏又庸俗。"(见本版全集第 44 卷第 204 号文献)。列宁在 1903 年 4 月 28 日写的《Les beaux esprits se rencontrent(俄语大意是:智者所见略同)》一文中,就已经对大卫这本书的基本论点进行了批判(见本版全集第 7 卷)。列宁在《土地问题和"马克思的批评家"》这部著作的第 10 章中,对大卫这本书即"论述土地问题的一本主要的修正主义著作"进行了全面的批判(本版全集第 5 卷第 200—211 页)。

列宁重看自己的评语时,把许多地方用红蓝铅笔标出,并用红铅笔把手稿中提到的资料名称统统画上了着重线。——372。

111 指恩格斯的《法德农民问题》(见《马克思恩格斯文集》第 4 卷第 507—531 页)。——373。

112 马尼洛夫精神意为耽于幻想,无所作为。马尼洛夫是俄国作家尼·瓦·果戈理的小说《死魂灵》中的一个地主。他生性怠惰,终日想入非非,崇尚空谈,刻意讲究虚伪客套。——378。

113 指瓦·沃·(瓦·巴·沃龙佐夫)的著作《农民经济中的进步潮流》1892 年圣彼得堡版第 70—84 页。参看本版全集第 3 卷第 241—242 页。——382。

114 列宁在这里指的是古·德雷克斯勒尔作为 1875 年和 1884 年农业重复调查结果发表的资料。德雷克斯勒尔有关这个问题的两部著作是:(1)《汉诺威省某些地区的农民状况》(载于 1883 年《社会政治协会学报》第 24 期);(2)《格丁根县农业协会辖区的土地占有和畜牧业分配情况》(载于胡·蒂尔博士 1886 年在柏林出版的《农业年鉴》第 15 卷)。列宁在《土地问题和"马克思的批评家"》这部著作的第 11 章中,对德雷克斯勒尔这两部著作中的资料作了批评性的分析(见本版全集第 5 卷第 213—222 页)。——388。

115 这里收载的《手工劳动和机器劳动》一书摘录写在一个笔记本里,这个笔记本还记有一些经济学、统计学和哲学书籍的摘录以及 1904 年 10 月 19 日和 21 日的报纸摘录。

在手稿第 2 页上,列宁作了一个注:"见单页上的例子"。这是指列

宁从《手工劳动和机器劳动》一书第 1 卷和第 2 卷中所摘引并写在单独
一张纸上的例子(见本卷第 392—394 页)。——389。

116 科卢麦拉是公元 1 世纪的古罗马作家和农学家,著有《农业论》一书(共
12 卷)。——395。

117 列宁是在《农民与社会民主党》一文(见本卷第 58 页)中第一次提到莱
奥·胡施克的著作《根据中图林根的典型调查作出的关于大中小农户
农业生产纯收入的统计》。这里收载的材料,列宁曾在《土地问题和"马
克思的批评家"》这一著作第 6 章《小农户和大农户的生产率。东普鲁
士的例子》的一条对 1908 年版加的脚注中部分地引用过(见本版全集
第 5 卷第 157 页)。列宁还在那里表示希望"以后再来谈胡施克先生的
这部有趣的著作"。——399。

118 这个文献的手稿是一本笔记,封面上标题为:《德国农业统计(1907
年)》,上端还用红铅笔写着:

"(1)德国农业统计,

(2)俄国农业统计,

(3)俄国**罢工**统计+匈牙利农业统计"。

笔记中的材料主要摘自《德意志帝国统计》第 212 卷(《德意志帝国
统计。1907 年 6 月 12 日职业和企业普查。农业生产统计》)的三个分
册(第 1a 分册、第 1b 分册和第 2a 分册,1909—1910 年柏林版)和第
202 卷(《德意志帝国统计。1907 年 6 月 12 日职业和企业普查。职业
统计》1909 年柏林版)。这些统计材料及其后的所有材料,列宁在写作
《现代农业的资本主义制度》(见本版全集第 19 卷)一文时,曾部分地加
以利用。列宁还曾打算利用德国农业统计资料写第二篇论德国农业的
文章,但未写成。

德国农业统计材料包含大量统计表和个别统计数字的摘录,它们
不仅摘自上述 1907 年普查材料,而且也摘自 1895 年普查材料,摘自
弗·察恩、汉·施梅尔茨勒等人的文章;关于肥料问题的某些资料,是
从法文材料中摘录的。对摘录的统计资料,列宁往往亲自动手整理,进
行比较,写下供作结论用的札记,自己进行补充指数的计算,等等。

经过列宁加工和系统整理的德国农业统计材料,揭示和说明了农业中资本主义发展的各种形式。

列宁根据德国农业统计材料中有关农业人口的大量统计资料,研究了农民无产阶级化的过程:农民日益丧失土地,农村居民被剥夺,变成没有土地的工人,以及农民的"副业收入"的增加,即意味着无产阶级化第一阶段的那样一种农业和工业相结合。关于使用机器、有役畜农户的百分比和役畜的构成、农业加工业和牛奶业的增加等的统计资料,则说明了资本主义大生产的发展。——409。

119　表内列宁用粗线框起来的栏目的资料,是他用来计算雇佣工人的。见本表最后一栏(本卷第 435 页)。——432。

120　列宁引用的是弗·察恩的文章《从 1905 年人口普查和 1907 年职业与企业普查看德国经济的发展》,该文载于 1910 年《德意志帝国年鉴》第 6、7、8 期。——436。

121　指汉·施梅尔茨勒在 1913 年 6 月《德意志帝国年鉴》第 6 期上发表的文章《农业地产的分配及其对农业生产率和农业发展的影响》。——447。

122　下两个表中 1882 年和 1895 年的资料是列宁从他的著作《土地问题和"马克思的批评家"》第 9 章引来的(见本版全集第 5 卷第 195—197 页)。这一著作曾载于《土地问题》文集 1908 年圣彼得堡版第 1 分册。在手稿的头一个表里,列宁改正了文集中的两处印刷错误,即挪动了"c2)"和 c3)"这两个类别符号。——458。

123　列宁这里引用的材料摘自《德意志帝国统计。第 211 卷。1907 年 6 月 12 日职业和企业普查。职业统计》的第 10 篇《德意志人民的职业和社会划分》(1913 年柏林版)。——467。

124　黑皮笔记即《奥地利农业统计》。本表引用的材料,见本卷第 498—505 页。——481。

125　本文献反映出列宁研究1907年德国农业普查资料的三个阶段。第一阶段——拟定按13个题目(0—12)整理这些材料的总计划。第二阶段——拟定第一篇文章《现代农业的资本主义制度》(见本版全集第19卷)的大纲并撰写完成,文中列宁采用了总计划开头的5(0—4)点(或5个题目)。留给第二篇文章的题目,见本卷第486页。第三阶段——第二篇文章的大纲(5点或5个题目)。第二篇文章没有写成。——484。

126　由此往下与总计划各点相对应的左边页边上的标记,表示列宁根据这个大纲写成的《现代农业的资本主义制度》(第一篇文章)一文(见本版全集第19卷)有关各章的编号和篇幅。罗马数字(I—VII)表示这篇文章的各章,方框和圆括号里的阿拉伯数字(1—87)表示阐述总计划的有关各点(题目)的文章手稿的页数。总计划中各点编号数字左边的一列是用蓝铅笔添上的,与文章的章节相符,表明在这篇文章中采用了计划的相应各点。——484。

127　匈牙利农业统计材料载于《列宁文集》俄文版第31卷第274—297页,列宁在《现代农业的资本主义制度》一文中曾部分地加以采用(见本版全集第19卷第333—336页)。——485。

128　指同1895年德国农业普查材料作比较。——486。

129　指古·德雷克斯勒尔的两部著作。见注114。——487。

130　这是列宁在《现代农业的资本主义制度》(第一篇文章)一文中使用的统计表的目录,所附页码是该文手稿的页码(见本版全集第19卷第322—323、327—328、330—331、333—334、335、336页)。由表4到表8这5个统计表所在的那些页的手稿,尚未找到。——487。

131　这里收载的丹麦统计摘录说明了丹麦农业中资本集中和生产集中的过程。列宁把全部农户分为四大类(3.3公顷以下为无产者和半无产者,3.3公顷—9.9公顷为小农,9.9公顷—29.7公顷为大农和农民资产阶级,29.7公顷以上为资本主义农业),指出农户经济类型的差别。较低的两大类占农户总数的63.4%,在1909年只拥有土地的11.7%和牛的17.2%，而较高的两大类占农户总数的36.6%，却集中了土地的88.3%和牛的82.8%。这种情况揭示了典型的农户资本主义分化，企业主农户集中了几乎9/10的土地和超过4/5的牛。列宁特别指出1898—1909年期间大农户数目的增长。在这一时期里农户总数增加了1.7%，而拥有15—49头牛的农户增加了35%，拥有50头牛以上的农户增加了46.3%。列宁还用丹麦、德国和俄国平均每1 000居民、1 000公顷土地牛的头数的对比数字说明丹麦畜牧业的高度发展。——488。

132 奥地利农业统计材料主要包括土地面积、农业和林业兼营户人员构成、使用机器和役畜饲养情况等资料。农业和林业兼营户在耕地面积和农业机器的使用方面的情况是以综合表(见本卷第494—495页)的形式加以说明的。这个表反映了上述两个标志的相互联系。农业和林业兼营户按生产面积和人员情况分类(见本卷第498—505页)表明了它们按照与雇佣劳动的联系程度的人员构成。奥地利统计材料描绘出了农业中资本主义的发展，看来列宁曾打算在以后的土地问题著作中利用这些材料。——493。

133 《符腾堡统计年鉴》和《巴伐利亚王国统计》两书的札记和摘录是用黑墨水写在一个黑色漆布面的笔记本里的。这两部书包括关于地产和林地、各生产部门的对比关系、农产品的产量、价格和工资、运输状况、最重要的农产品向国外市场的输出情况等资料。通过这些资料介绍了德国各个地区的以及整个德意志帝国的农业生产状况。——507。

134 指胡·克万特的著作《固定资本和流动资本》(载于胡·蒂尔博士1905年在柏林出版的《农业年鉴》第34卷第6册第925—972页)。——533。

135 指卡·福格莱的著作《莱茵黑森农业中的生产关系及对酿酒业的专门考察》(载于《德国农业协会丛书》1907年柏林版第133册)。——533。

136 此处根据汉·施梅尔茨勒的文章引用了A.布尔格博士的著作《福格尔斯山的农业生产介绍》，该著作载于《德国农业协会丛书》1906年柏林版第 123 册。——535。

137　列宁摘录恩·劳尔《最近 25 年来瑞士农业发展的统计摘要》一书,以及他整理别的一些材料,看来都是为续写《关于农业中资本主义发展规律的新材料》这一著作作准备的。——537。

138　关于恩·耶尔迪《农业中的电动机》一书的札记写在一个标题为《**恩格斯**·**萨瓦**等,一些其他东西和关于战争的摘录》的笔记本里。札记前后都是 1914 年 9 月份报纸的摘录。——541。

139　下面收载的各篇文献是列宁的著作《关于农业中资本主义发展规律的新材料。第一编。美国的资本主义和农业》(见本版全集第 27 卷)的准备材料。这些材料由两部分组成:第一部分是列宁这一著作的提纲的几种方案;第二部分是 1900 年和 1910 年美国人口普查的统计材料,而《美国农业统计札记》(见本卷第 555—560 页)则是这些统计材料的导言。

　　列宁这一著作的提纲的几种方案是写在单张纸上,纸的背面用德语写有《机会主义与第二国际的破产》一文(见本版全集第 27 卷)。这些单张纸没有编页码,因此,提纲的几种方案是按照它们与提纲最终方案接近的程度为顺序排列,提纲的最终方案见于已出版的该书目录。除了提纲的几个完整的方案外,在这些单张纸上还写有提纲的一些片段。

　　《美国农业统计札记》含有关于研究农场类型的重要的方法论原理,以及对三种农场分类法——按农场土地面积、按主要收入来源和按货币总收入——的内容和意义的比较性评述。在这里列宁着重指出按后两种标志进行农场分类的意义,同时指出了按土地面积进行农场分类的运用范围和缺点,因为仅用这种分类法,会掩饰小生产的被排挤(这种分类法把少量蒸蒸日上的农场和大量落后衰败的农场混在一起)。根据列宁的按收入进行农场分类的方法,土地因素是同其他因素并列从属于资本的。在这种情况下,列宁方法论的特点就在于,把两种标志结合在一个分类法中(以复合表的形式),这样就可以对按土地面积划分的同一类型的农场的统计资料加以比较了。

　　准备材料的第二部分《美国农业统计》,是经过列宁整理的美国 1900 年和 1910 年两次人口普查的统计材料:《人口普查报告。美国

1900年第十二次人口普查。第5卷。农业》1902年华盛顿版和《美国1910年第十三次人口普查。第5卷。农业》1914年华盛顿版。在第十三次人口普查摘录的前3页的背面，是该次人口普查的第4卷（职业统计）的摘录。此外，这些材料中有一些取自《美国统计汇编》1912年华盛顿版。

列宁一开始列出了一份1900年人口普查材料摘录清单。第十二次人口普查（1900年）材料的摘录占了由列宁编了页码的12张纸，而第十三次人口普查（1910年）材料的摘录则占了16张纸。此外，在材料中还有列宁作过各种计算（例如，1900—1910年拥有马匹的农场的百分比）的一些单张纸。列宁的这些计算结果引用于他的著作《关于农业中资本主义发展规律的新材料》（见本版全集第27卷第226页）。

在列宁对一般资本主义发展过程，特别是工农业中大生产排挤小生产的研究和论证中，1900年第十二次人口普查材料具有极高的价值。这些材料采用了三种不同的农场分类法（按农场的主要收入来源、按农场的土地面积，按农场的产值——货币总收入）。但是这里没有一种分类法能够完全表示经济的类型和规模的一切重要特征。列宁填补了这些不足：他编制了把三种分类法加以比较的综合表。列宁在分析中指出应当根据资本主义渗入农业的不同形式而分别采取不同的研究方法和分类方法等。

1910年第十三次人口普查材料的内容较为贫乏，因而无法进行像上面那样的分类，无法对它们进行分析并得出相应的结论。为了进行对比，列宁使用了1910年人口普查的绝对数字和一部分相对数字。在本卷第582—585页上，除了农业资料以外，还引用了美国三个主要地区的人口资料：工业的北部，原先蓄奴的南部和垦殖开发中的西部；并且按照这三个主要地区，列出了列宁所摘录的能说明畜牧业的商业性质，特别是牲畜占有愈益集中于北部的资料。列宁就全美国得出的总的结论是，中小农场受到排挤而资本主义大农场得到发展。其次，在第620—621页上有一些统计材料被列宁用来驳斥资产阶级经济学家的所谓在农业中大生产排挤小生产的规律不起作用的论点。这些材料成了列宁著作《关于农业中资本主义发展规律的新材料》第15节（《工业和农业演进情形的比较》)的主要部分。列宁得出了工业和农业的"演进规律却非常一致"的结论。——543。

140 此处计算有错误,应为45.0。在列宁已发表的著作中,这个数字已经订正(见本版全集第27卷第215页)。——571。

141 这个数字在列宁已发表的著作中已订正为45.0(见本版全集第27卷第215页)。——581。

142 《箴言》杂志(«Заветы»)是倾向俄国社会革命党的合法的文学政治刊物(月刊),1912年4月—1914年7月在彼得堡出版。为杂志撰稿的有 P.B.伊万诺夫-拉祖姆尼克、波·维·萨文柯夫、尼·苏汉诺夫、维·米·切尔诺夫等。——611。

143 这个数字在列宁已发表的著作中已订正为81.2%(见本版全集第27卷第230页)。——621。

144 这个数字在列宁已发表的著作中已订正为43.6%(见本版全集第27卷第234页)。——621。

145 列宁在这个算式里计算的是1910年与1900年相比全美国农场和大农牧场全部牛平均每头的价值的变动情况。计算表明,增加了11.4%。——645。

146 页边上的数字是列宁添上的,表示各大自然地区(北部、南部、西部)每匹马的平均价值。——647。

147 这里的数字是列宁从表里摘出的。第一个算式表示1909年同1899年相比美国加工工业资本的增加。第二个算式表示1909年的利润额。第三个算式表示1899年的利润额。第四个算式表示1909年同1899年相比利润额增长的百分比,即44%。——652。

148 这个算式计算的是1909年同1899年相比美国加工工业工人工资总额的增长情况(单位百万美元)。——652。

149　这里援引的美国采矿工业中各种主要生产费用(职员薪金、工人工资等)的资料是列宁添上的,看来是为了同美国加工工业的有关数字作比较。——654。

150　这些数字反映雇佣工人工资在总生产费用中所占百分比的最低值和最高值。它们是列宁从《美国1910年第十三次人口普查报告。美国加工工业。各州、市和某些部门的加工工业统计概述》第30页的表上摘抄下来的。这四个百分数(列宁在原始资料上都加了着重号)分属于不同的生产部门:2.6％——面粉和磨坊产品;2.8％——糖和糖浆(不包括甜菜糖);44.7％——车厢、铁路公司的制造厂和修理厂;44.8％——大理石制品和石制品。——655。

151　这里援引的美国加工工业资料是列宁根据《1909年、1904年和1899年全美国及各州比较结果》一书表Ⅱ的资料按美国大的自然地区(北部、南部、西部)计算得出的。——656。

人 名 索 引

文 献 索 引

阿弗内尔，乔•《1200—1800 年的财产、工资、商品和价格的经济史》（Avenel，G. Histoire économique de la propriété, des salaires, des denrées et de tous les prix en général depuis l'an 1200 jusque'en l'an 1800. T. I. Paris, Imprimerie nationale, 1894. XXVII, 726 p.）——72。

奥哈根，胡•《农业中的大生产和小生产》（Auhagen，H. Über Groß-und Kleinbetrieb in der Landwirtschaft. —In：«Landwirtschaftliche Jahrbücher»，Berlin，1896，Bd. XXV, S. 1—55）——6、11、17、22、31、57、58、94、98、100、123—137、358、375、376、378、388。

巴克豪斯，A.《东普鲁士和西普鲁士的农业统计的比较研究》（Backhaus，A. Agrarstatistische Untersuchungen über den preußischen Osten im Vergleich zum Westen. Berlin，P. Parey，1898. 303 S.（Berichte des Landwirtschaftlichen Instituts der Universität Königsberg i. Pr. III））——102。

——《农业中的分工》（Die Arbeitsteilung in der Landwirtschaft. —In：«Jahrbücher für Nationalökonomie und Statistik»，Jena，1894，Folge 3，Bd. 8，S. 321—374）——65。

班格，古•《丹麦农业的发展》（Bang，G. Die landwirtschaftliche Entwicklung Dänemarks. —In：«Die Neue Zeit»，Stuttgart，1900—1901，Jg. XIX，Bd. II，N 45，S. 585—590；N 46，S. 622—631）——278、384、386。

贝尔，威•埃•《小地产研究》（Bear，W. E. A Study of Small Holdings. Written for the Cobden club by William E. Bear. London—Paris，Melbourne，Cassel，1893. 98 p.）——176—177。

本辛格，弗•《农业机器对国民经济和私有经济的影响》（Bensing，F. Der Einfluß der Landwirtschaftlichen Maschinen auf Volks-und Privatwirtschaft. Breslau，1897. IX，205 S.）——80—87、102、312、357、377、378。

彼得西利,阿·《普鲁士及其各省农业的分化和结构(据 1882 年、1895 年和 1907 年的企业统计)》(Petersilie, A. Schichtung und Aufbau der Landwirtschaft in Preußen und seinen Provinzen, nach den Betriebszählungen von 1882, 1895 und 1907.—In:«Zeitschrift des Königlich Preußischen Statistischen Landesamts», Berlin, 1913, 53. Jg., S. 67—108)——533。

彼得西利,E.《根据 1907 年 6 月 12 日职业和生产统计材料所作的实验和观察》(Петерсилие, Е. «Опыты и наблюдения по данным статистики профессий и производства от 12. VI. 1907». Журнал прусского королевского статистического бюро. 49 год изд. 1909)——518。

伯恩施坦,爱·《社会主义的前提和社会民主党的任务》(Bernstein, E. Die Voraussetzungen des Sozialismus und die Aufgaben der Sozialdemokratie. Stuttgart. Dietz, 1899. X, 188 S.)——373。

伯特格尔,胡·《农村中的社会民主党》(Böttger, H. Die Sozialdemokratie auf dem Lande. Ein Beitrag zur deutschen Agrarpolitik. Leipzig, E. Diederichs, 1900. 155 S.)——4、7、15、21、33、41、46、52、53。

博德里亚尔,昂·《法国农业人口》(第 2 辑)(Baudrillart, H. Les populations agricoles de la France. (2-ème série). Maine, Anjou, Touraine, Poitou, Flandre, Artois, Picardie, île-de-France. Passé et présent. Paris, Guillaumin et Cie, 1888. XII, 643 p.)——3、4、7、12、20、31、58、90、92、365—366。

——《法国农业人口》(第 3 辑)(Les populations agricoles de la France.—3-e série. Les populations du Midi (Méditerranée, Alpes, Pyrénées, Massif Central), Provence, Comté de Nice, Comtat Venaissin, Roussillon, Comté de Foix Languedoc passé et présent. Paris, Guillaumin et Cie, 1893, VI, 655 p.)——3、4、7、12、20、31、58、90、92、365—366。

——《法国农业人口。诺曼底(过去和现在)》(Les populations agricoles de la France. La Normandie(passé et présent). Enquête faite au nom de l'Académie des sciences morales et politiques. Paris, Hachette et Cie, 1880. XII, 428 p.)——3、4、7、12、20、31、58、90、92、365—366。

布尔加柯夫,谢·尼·《论农业资本主义演进的问题》(Булгаков, С. Н. К вопросу о капиталистической эволюции земледелия.—«Начало», Спб.,

1899,№№1—2,стр.1—21;№3,стр.25—36[в отд.науки и политики])——10、14、15。

——《资本主义和农业》(Капитализм и земледелие. Т. 1 — 2. Спб., В. А. Тиханов,1900.2 т.)——3、4、5、6、7、8、9、10、11、12、13、14、15、17、20、28、29、30、58、63—78、79、80—87、91、92、94、98、155、178、182、219、228、229、230、238、244、258、261、262、263、298、322、379。

布亨贝格尔,阿·《农业与农业政策》(Buchenberger, A. Agrarwesen und Agrarpolitik. Bd. I—II. Leipzig, C. F. Winter, 1892—1893. 2 Bd. (Lehr-und Handbuch der politischen Ökonomie. Hauptabteilung III. Teil II))——57、58。

布拉瑟《地产债务对经营农业的影响研究》(Brase. Untersuchungen über den Einfluß der Verschuldung ländlicher Besitztümer auf deren Bewirtschaftung.—In:«Landwirtschaftliche Jahrbücher», Berlin, 1899, Bd. XXVIII, S.253—310)——158、165—174。

布林克曼,弗·《英国农业的基础及其生产在国际竞争出现后的发展》(Brinkmann, F. Die Grundlagen der englischen Landwirtschaft und die Entwicklung ihrer Produktion seit dem Auftreten der internationalen Konkurrenz. Hannover, M. und H. Schaper, 1900. 128 S.)——533。

布隆代,乔·《关于德国农村人口和农业危机的研究》(Blondel, G. Études sur les populations rurales de l'Allemagne et la crise agraire. Avec neuf cartes et plans. Paris, L. Larose et Forcel, 1897. XII, 522 p.; 9 carte)——6、11。

布伦坦诺,路·《土地政策》(Brentano, L. Agrarpolitik. Ein Lehrbuch. I. Teil: Theoretische Einleitung in die Agrarpolitik. Stuttgart, J. G. Cotta, 1897. 145, VI S.)——8、66。

察恩,弗·《从1905年人口普查和1907年职业与企业普查看德国经济的发展》(Zahn, F. Deutschlands wirtschaftliche Entwicklung unter besonderer Berücksichtigung der Volkszählung 1905 sowie der Berufs-und Betriebszählung 1907.—In:«Annalen des Deutschen Reichs für Gesetzgebung, Verwaltung und Volkswirtschaft», München-Berlin, 1910, Nr. 6, S. 401—441; Nr. 7, S. 481—518; Nr. 8, S. 561—598; 1911, Nr. 3—4, S. 161—248)

——436—437、438—439、452—453、465、466、467。

大卫，爱·《论我国的农业》(David, E. Zur Beweisführung unserer Agrarier.—In：«Die Neue Zeit»，Stuttgart，1894—1895，Jg. XIII，Bd. II，N 36，S. 293—303)——315。

——《农村的野蛮人》(Bäuerliche Barbaren.—In：«Sozialistische Monatshefte»，Berlin，1899，N 2，S. 62—71.)——6、11、93、105—111、372。

——《社会主义和农业》(Sozialismus und Landwirtschaft. Bd. I. Die Betriebsfrage. Berlin，Verl. der Sozialistischen Monatshefte，1903. 703 S.)——20、24、30、32、57、58、214、312、372—388。

[丹尼尔逊，尼·]《俄国农民解放后的国民经济》([Daniel'son, N.]Die Volks-wirtschaft in Rußland nach der Bauern-Emanzipation. Autorisierte Übersetzung aus dem Russischen von G. Polonsky. T. I—II. München，1899. 2 Bd. После загл. авт.：Nicolai—он)——89、98。

——《我国改革后的社会经济论文集》([Даниельсон, Н. Ф.]. Очерки нашего пореформенного общественного хозяйства. Спб.，А. Бенке，1893. XVI，353 стр.；XVI л. табл. Перед загл. авт.：Николай—он)——6、11、22、52。

德埃兰，皮·保·《最重要的栽培作物》(Déherain, P.-P. Les plantes de grande culture. Blé, pommes de terre, betteraves fourragères et betteraves de distillerie, betteraves à sucre. Paris，Carré et Naud，1898. XVIII，236 S.)——371。

德尔布吕克，麦·《世纪之交的德国农业》(Delbrück, M. Die deutsche Land-wirtschaft an der Jahrhundertswende.—In：«Preußische Jahrbücher»，Berlin，1900，Bd. 99，S. 193—205)——104。

德雷克斯勒尔，古·《格丁根县农业协会辖区的土地占有和畜牧业分配情况》(Drechsler, H. Die Verteilung des Grundbesitzes und der Viehhaltung im Bezirke des landwirtschaftlichen Kreisvereins Göttingen.—In：«Land-wirtschaftliche Jahrbücher»，Berlin，1886，Bd. XV，S. 753—811)——388、486。

——《汉诺威省某些地区的农民状况》(Die bäuerlichen Zustände in einigen Teilen der Provinz Hannover.—In：Bäuerliche Zustände in Deutschland.

Berichte, veröffentlicht vom Verein für Sozial politik. Bd. 3. Dunckern. Humblot, 1883，S. 59 — 112，2 Tab.（Schriften des Vereins für Sozialpolitik XXIV))——388、486。

迪里厄,阿·《关于热尔省农民的专著(附有关于继承权的论文)》(Durrieux, A. Monographie du paysan du département du Gers（suivie d'une étude sur le régime des successions). Paris,1865)——395—398。

蒂罗,保·《1866—1870 年农业调查》(Turot,P.L'enquête agricole de 1866—1870. Résumée. Paris, 1877. XV, 504 p.)——364。

杜尔哥,安·罗·雅·《全集》(Turgot, A. R. J. Oeuvres. Nouv. éd. classée par ordre de matières avec les notes de Dupont de Nemours augm. de lettres inéd., des questions sur le commerce, et d'observations et de notes nouv. par E. Daire et H. Dussard et precédée d'une notice sur la vie et les ouvrages de Turgot par E. Daire. T. I. Paris, Guillaumin, 1894. CXVIII, 675 p.)——385。

杜林,欧·《国民经济学和社会经济学教程,兼论财政政策的基本问题》(Dühring, E. Kursus der National-und Sozialökonomie einschlißlich der Hauptpunkte der Finanzpolitik. Berlin, T. Grieben, 1873. XII, 563 S.)——74。

恩格尔哈特,亚·尼·《农村来信》(Энгельгардт, А. Н. Из деревни. 11 писем. 1872—1882.Спб.,М. М.Стасюлевич,1885.563 стр.)——41、49。

恩格斯,弗·《〈德国农民战争〉序言》(Engels, F. Vorbemerkung.（zu: Der Deutsche Bauernkrieg）. 1. Juli 1874.—Im: F. Engels. Der Deutsche Bauernkrieg. Leipzig, 1875, S. 3 — 19)——21、372。

——《法德农民问题》(Die Bauernfrage in Frankreich und Deutschland.—In: «Die Neue Zeit», Stuttgart, 1894 — 1895. Jg. XIII, Bd. I, N 10, S. 292—306)——4、7、14、19、21、25、33、41、46、51、53、58、99、373。

——《论住宅问题》(Zur Wohnungsfrage. S.—Abdr. aus dem «Volksstaat» von 1872. Zweite, durchges. Aufl. Hottingen—Zürich, 1887. 72 S.（Sozialdemokratische Bibliothek. XIII))——10。

法兴鲍威尔,约·《私人农业贷款的专门机构》(Faschingbauer, J. Die besonderen

Einrichtungen für den ländlichen Personalkredit.— In：Der Personalkredit des ländlichen Kleingrundbesitzes in Österreich. Leipzig，Duncker u.Humblot，1898，S.334—381)——163。

费舍，古·《机器在农业中的社会意义》(Fischer，G.Die soziale Bedeutung der Maschinen in der Landwirtschaft.Leipzig，Duncker u.Humblot，1902.I，66 S.(Staats-und sozialwissenschaftliche Forschungen.Bd.XX，Hft.5))——312、355—363、378、386。

弗里奇，J.《肥料》(Fritsch，J.Les engrais.T.I—II.Paris，L.Laveur，S.a.2 vol.(L'agriculture au XXe siècle))——460—461。

弗罗斯特，G.《轻便铁路和林区铁路》(Frost，G.Feld-und Waldbahnen.—In：«Technische Rundschau»，Berlin，1899，N 43)——103。

福格莱-阿尔斯费尔德，卡·《莱茵黑森农业中的生产关系及对酿酒业的专门考察》(Vogeley-Alsfeld，K. Landwirtschaftliche Betriebsverhältnisse Rheinhessens mit besonderer Berücksichtigung des Weinbaues.—In：«Arbeiten der Deutschen Landwirtschafts-Gesellschaft»，Hft. 133. Betriebsverhältnisse der deutschen Landwirtschaft. Stück IV. Verfasser：G.Stenkhoff，R. Franz，K. Vogeley. Berlin，P. Parey，1907，S. 1 — 117)——533。

[盖得和拉法格]《社会民主党人希望什么？》([Гед и Лафарг]. Чего хотят социал-демократы? Пер. с франц. С прим. Г. Плеханова. Женева，тип. группы«Освобождение труда»，1888.39 стр.(Qu'est-ce que la démocratie socialiste? Б-ка современного социализма.Вып.7))——53、54。

哥尔茨，泰·《当前的农业任务》(Goltz，T. Die agrarischen Aufgaben der Gegenwart. 2. unveränderte Aufl. Jena，G. Fischer，1895. VIII，190 S.)——57、58。

—《农村工人阶级和普鲁士国家》(Die ländliche Arbeiterklasse und der preußische Staat.Jena，G.Fischer，1893.VI，300 S.)——359。

—《农业经营学手册》(Handbuch der landwirtschaftlichen Betriebslehre.2. umgearb.Aufl.Berlin，Verl.für Landwirtschaft，Gartenbau und Forstwesen，1896.VIII，638 S.)——57、58。

—《土地和土地政策教程》(Vorlesungen über Agrarwesen und Agrarpolitik. Jena, G. Fischer, 1899. VI, 294 S.)——71。

格拉布迈尔, 卡·《德国蒂罗尔南部的私人农业贷款》(Grabmayr, K. Der ländliche Personalkredit in Deutsch-Südtirol.—In: Der Personalkredit des ländlichen Kleingrundbesitzes in Österreich. Leipzig, Duncker u. Humblot, 1898, S. 115—156)——164。

—《蒂罗尔议会中的土地改革》(Die Agrarreform im Tiroler Landtag. Meran, F. W. Ellmenreich, 1896. 157 S.)——174。

—《债务负担和土地改革》(Schuldnot und Agrarreform. Eine agrarpolitische Skizze mit besonderer Berücksichtigung Tirols. Meran, F. W. Ellmenreich, 1894. XII, 211 S.)——174。

格朗多《东部农艺站年鉴》(Grandeau. Annalles de la Station agronomique de l'Est)——370、371。

格鲁嫩贝格, A.《石勒苏益格-荷尔斯泰因、威悉河以东汉诺威以及吕贝克选帝侯国和吕贝克、汉堡、不来梅三个自由市的农业工人》(Grunenberg, A. Die Landarbeiter in den Provinzen Schleswig-Holstein und Hannover östlich der Weser, sowie in dem Gebiete des Fürstentums Lübeck und der freien Städte Lübeck, Hamburg und Bremen. Tübingen, H. Laupp, 1899. X, 212 S. (Die Landarbeiter in den evangelischen Gebieten Norddeutschlands. In Einzeldarstellungen nach den Erhebungen des Evangelisch-Sozialen Kongresses hrsg. von M. Weber. 2. Hft.))——361。

格罗曼, H.《1890年荷兰的农业》(Grohmann, H. Die Niederländische Landwirtschaft im Jahre 1890.—In:《Landwirtschaftliche Jahrbücher》, Berlin, 1893, Bd. XXII, S. 741—799)——299。

哈格德, 赖·《农业的英国》(Haggard, R. Rural England. Being an account of agricultural and social researches carried out in the year 1901—1902. Vol. I—II. London, N. York and Bombay, Longmans, Green and Co., 1902. 2 vol.)——58。

哈斯巴赫, 威·《近百年来英国的农业工人和篱笆》(Hasbach, W. Die englischen Landarbeiter in den letzten hundert Jahren und die Einhegungen. Leipzig,

Duncker u. Humblot, 1894. XII, 410 S. (Schriften des Vereins für Sozial-politik. LIX))——66、67。

海尼施，米·《德意志—奥地利人的未来》(Hainisch, M. Die Zukunft der Deutsch-Österreicher. Eine statistischvolkswirtschaftliche Studie. Wien, F. Deuticke, 1892. VIII, 165 S.)——174。

赫茨，弗·奥·《土地问题》(Гертц, Ф. О. Аграрные вопросы. С предисл. Э. Бернштейна. Пер. А. Ильинского. Спб., «Знание», 1900. 323 стр.)——88、95。

　—《土地问题及其同社会主义的关系》(Hertz, F. O. Die agrarischen Fragen im Verhältnis zum Sozialismus. Mit einer Vorrede von Ed. Bernstein. Wien, 1899. VII, 141 S.)——3、5、6、7、8、10、12、14、20、30、66、79、88—100、373。

赫克纳，亨·《工人问题》(Herkner, H. Die Arbeiterfrage. 2. völlig umgearb. und stark verm. Aufl. Berlin, 1897. XVI, 608 S.)——358。

赫拉波沃-赫拉波夫斯基，A.《19世纪的比利时农业》(Chlapowo-Chlapowski, A. Die belgische Landwirtschaft im 19. Jahrhundert. Stuttgart, J. G. Cotta, 1900. X, 184 S. (Münchener volkswirtschaftliche Studien. 37. Stück))——4、7、14、20、31、187—188。

黑希特，费·《巴伐利亚王国私人农业贷款的组织》(Hecht, F. Die Organisation des ländlichen Personalkredits im Königreich Bayern.—In: Der Personalkredit des ländlichen Kleingrundbesitzes in Deutschland. Bd. I. Leipzig, Duncker u. Humblot, 1896, S. 1—268)——159、160。

黑希特，莫·《巴登哈尔特山区的三个村庄》(Hecht, M. Drei Dörfer der badischen Hard. Eine wirtschaftliche und soziale Studie. Leipzig, Wilhelm, 1895. 94 S.)——3、4、6、11、16、17、21、22、31、58、93、94、98、100、105、109、111、112—122、382、386。

　—《20世纪初巴登的农业》(Die Badische Landwirtschaft am Anfang des XX. Jahrhunderts. Mit 6 Taf. u. 12 Karten. Karlsruhe, Braun, 1903. X, 262 S. (Volkswirtschaftliche Abhandlungen der Badischen Hochschulen. VII. Bd. I. Ergänzungsband))——533。

胡巴赫,K.《关于下黑森省农村地产债务的统计》(Hubach,C. Ein Beitrag zur Statistik der Verschuldung des ländlichen Grundbesitzes in Nieder-Hessen.—In:«Landwirtschaftliche Jahrbücher», Berlin, 1894, Bd. XXIII, S. 1035—1043)——58。

胡施克,莱·《根据中图林根的典型调查作出的关于大中小农户农业生产纯收入的统计》(Huschke, L. Landwirtschaftliche Reinertrags-Berechnungen bei Klein-, Mittel-und Großbetrieb dargelegt an typischen Beispielen Mittelthüringens. Jena, G. Fischer, 1902. VI, 184 S. (Abhandlungen des staatswissenschaftlichen Seminars zu Jena. Bd. I. Hft. 4.))——58、325、343、399—405。

霍姆斯,乔·C.《论美国农业的进步》(Holmes, G. K. Progress of agriculture in the United States.—In: Yearbook of the United States Department of agriculture. 1899. Washington, 1900, p. 307—334)——362。

吉姆美尔,尼·《北美合众国最近一次人口普查的总结摘录》(Гиммер, Н. Из итогов последнего ценза С.-А. Соединенных Штатов.—«Заветы», Спб., 1913, №6, стр. 39—62)——543、546、611—612。

加罗拉,S.-V.《肥料》(Garola, C.-V. Engrais. Paris, 1903)——460—461。

捷林,麦·《德国东部的开拓》(Sering, M. Die innere Kolonisation im östlichen Deutschland. Leipzig, Duncker u. Humblot, 1893. IX, 330 S. (Schriften des Vereins für Sozialpolitik. Bd. LVI))——313、374、376。

——《地产的分配和小地产的保障》(Die Bodenbesitzverteilung und die Sicherung des Kleingrundbesitzes.—In: Verhandlungen der am 20. und 21. März 1893 in Berlin abgehaltenen Generalversamlung des Vereins für Sozialpolitik über die ländliche Arbeiterfrage und über die Bodenbesitzverteilung und die Sicherung des Kleingrundbesitzes. Leipzig, Duncker u. Humblot, 1893, S. 135—150. (Schriften des Vereins für Sozialpolitik. Bd. LVIII))——532。

——《土地问题和社会主义》(Die Agrarfrage und der Sozialismus. [Рец. на кн.:] Kautsky, K. Die Agrarfrage. Eine Übersicht über die Tendenzen der modernen Landwirtschaft und die Agrarpolitik der Sozialdemokratie.

Stuttgart,1899,Dietz Nachf.,VIII,451 S.—In:«Jahrbuch für Gesetzgebung,Verwaltung und Volkswirtschaft im Deutschen Reich»,Leipzig,1899,23 Jg.,Hft.4,S.283—346)——355。

卡布鲁柯夫,尼·阿·《论俄国农民经济发展的条件》(Каблуков,Н.Об условиях развития крестьянского хозяйства в России(Очерки по экономии сельского хозяйства).М.,«Книжное дело»,1899.VIII,309 стр.)——11、52。

卡雷舍夫,尼·亚·《农民的非份地租地》(Карышев,Н.Крестьянские вненадельные аренды.Дерпт,Г.Лакман,1892.XIX,402 стр.,XVI стр.прилож.,15 карт,5 диагр.)——52。

康拉德,约·《农业税在1903年签订的贸易合同中的地位》(Conrad,J.Die Stellung der landwirtschaftlichen Zölle in den 1903 zu schliessenden Handelsverträgen.Beiträge zur neuesten Handelspolitik Deutschlands,herausgegeben vom Verein für Sozialpolitik.Leipzig,1900.155 S.)——374。

—《农业统计》(Agrarstatistik.—In:Handwörterbuch der Staatswissenschaften.3.gänzlich umgearb.Aufl.Bd.I.Jena,G.Fischer,1909,S.237—255)——474—475。

考茨基,卡·《爱尔福特纲领中的原则部分》(Kautsky,K.Das Erfurter Programm in seinem grundsätzlichen Teil.Stuttgart,Dietz,1892.VIII,262 S.)——53。

—《农业中的电力》(Die Elektrizität in der Landwirtchaft.—In:«Die Neue Zeit»,Stuttgart,1900—1901,Jg.XIX,Bd.I,Nr.18,S.565—572)——5、6、10、361。

—《社会革命》(第1编:社会改良和社会革命)(Die soziale Revolution.I.Sozialreform und soziale Revolution.Berlin,Exp.der Buchh.«Vorwärts»,1902.64 S.)——21、58。

—《社会革命》(第2编:社会革命后的第二天)(Die soziale Revolution.II.Am Tage nach der sozialen Revolution.Berlin,Exp.der Buchh.«Vorwärts»,1902.48 S.)——21、58。

—《社会主义和农业》(Sozialismus und Landwirtschaft.—In：«Die Neue Zeit»，Stuttgart，1902—1903，Jg.XXI，Bd.I，Nr.22，S.677—688；Nr.23，S.731—735；Nr.24，S.745—758；Nr.25，S.781—797；Nr.26，S.804—819) ——51、53。

—《土地问题》(Die Agrarfrage. Eine Übersicht über die Tendenzen der modernen Landwirtschaft und die Agrarpolitik der Sozialdemokratie. Stuttgart，Dietz，1899. VIII，451 S.)——6、11、15、19、24、26、27、29、93、95、107、108、109、110、125、260、261、355、373、383。

—《托尔斯泰和布伦坦诺》(Tolstoi und Brentano.—In：«Die Neue Zeit»，Stuttgart，1900—1901，Jg.XIX，Bd.II，N 27，S.20—28)——8。

—《我的〈土地问题〉的两位批判者》(Zwei Kritiker meiner«Agrarfrage».—In：«Die Neue Zeit»，Stuttgart，1899—1900. Jg. XVIII，Bd. I，Nr. 10，S.292—300；Nr.11，S.338—346；Nr.12，S.363—368；Nr.14，S.428—463；Nr.15，S.470—477)——11。

科伊普，埃·和弥勒，理·《农业大生产和小生产的国民经济意义》(Keup，E. und Mührer，R. Die volkswirtschaftliche Bedeutung von Groß und Kleinbetrieb in der Landwirtschaft. Mit einer Einleitung von Dr. O. Auhagen. Berlin.1913.XXXI，414 S.)——533。

克拉夫基，卡·《论农业小生产的竞争能力》(Klawki，K. Über Konkurrenzfähigkeit des landwirtschaftlichen Kleinbetriebes.—In：« Landwirtschaftliche Jahrbücher»，Berlin，1899，Bd. XXVIII，S.363—484)——3、5、6、11、16、17、21、22、31、57、58、138—158、358。

克拉夫特，G.《农业图解词典》(Krafft，G. Ilustriertes Landwirtschafts—Lexikon.1888)——460—461。

克万特，胡·《固定资本和流动资本》(Quante，H. Grundkapital und Betriebskapital.—In：«Landwirtschaftliche Jahrbücher»，Berlin，1905，Bd.XXXIV，S.925—972)——533。

库茨勒布，V.《农民的经营管理能同大农场的经营管理竞争吗？》(Kutzleb，V. Ist der bäuerliche Wirtschaftsbetrieb mit dem der großen Güter konkurrenzfähig? Beiträge zur Kenntnis des bäuerlichen Wirtschaftsbetriebs.—In：«Landwirtschaftliche Jahrbücher»，Berlin，1885，Bd. 14，S. 401—448)——324。

库德林，H.《法国的农民问题》(Кудрин，Н. Крестьянский вопрос во Франции. (Письмо из Франции).— « Русское Богатство»，Спб.，1900，№1，стр. 147 —181)——258、261、262、263。

库莱，埃•《法国农业中的辛迪加运动和合作社运动》(Coulet，E. Le mouvement syndical et coopératif dans l'agriculture française. La fédération agricole. Montpellier—Paris，Masson et Cie，1898，VI，230 p.)——367、368。

拉斯普，C.《1893 年巴伐利亚王国国家储金局》(Rasp，C. Die öffentlichen Sparkassen im Königreiche Bayern im Jahre 1893.—In：«Zeitschrift des Königlich Bayerischen Statistischen Bureau»，München，1895，27 Jg.，N I，S.1—53)——160。

朗格，弗•阿•《J.St.米尔对社会问题和通过凯里所谓推翻社会科学的见解》(Lange，F. A. J. St. Mill's Ansichten über die soziale Frage und die angebliche Umwälzung der Sozialwissenschaft durch Carey. Duisburg，Falk und Lange，1886. VIII，256 S.)——74。

劳尔，恩•《农业中估价、簿记和核算的原则和方法》(Laur，E. Grundlagen und Methoden der Bewertung，Buchhaltung und Kalkulation in der Land-wirtschaft. Berlin，1911)——533。

——《最近 25 年来瑞士农业发展的统计摘要》(Statistische Notizen über die Entwicklung der schweizerischen Landwirtschaft in den letzten 25 Jahren. Brugg，1907)——537—540。

勒库特，爱•《高效率的农业》(Lecouteux，E. L'agriculture à grands rendements. Paris，1892. 363 p. (Bibliothèque agricole))——58。

——《农业经济教程》(第 1—2 册)(Cours d'économie rurale. T. 1—2. Paris，1872—1879. 2 t.)——58。

李嘉图，大•《政治经济学和赋税原理》(Ricardo，D. On the principles of political economy and taxation. Third edition. London，Murray，1821. XII，538 p.)——20、28。

［列宁，弗•伊•］《俄国资本主义的发展》(［Ленин，В. И.］Развитие капитализма в России. Процесс образования внутреннего рынка для крупной промышленности. Спб., М. И. Водовозова, 1899. IX, IV, 480 стр.; 2 л. диагр.; VIII стр. табл. Перед загл. авт.: Владимир Ильин)——25、27、28、29、32——33、34、39、51、53、58、104。

——《工人政党和农民》(Рабочая партия и крестьянство.—«Искра», (Мюнхен),1901,№3,апрель,стр.1—2)——4、5、8、15。

——《土地问题》(Аграрный вопрос. Ч. I. Спб.,1908,264 стр. Перед загл. авт.: Вл.Ильин)——458。

——《土地问题和"马克思的批评家"》[第 5 — 9 章](Аграрный вопрос и «критики Маркса». [Гл. V—IX.]—«Образование», Спб.,1906,№2,стр. 175—226.Подпись: Н.Ленин)——22、24、25、31。

——《土地问题和"马克思的批评家"》(载于(列宁,弗·伊·)《土地问题》一书)(Аграрный вопрос и «критики Маркса».—В кн.: (Ленин, В. И.) Аграрный вопрос. Ч. I. Спб.,1908, стр. 164 — 263. Перед загл. авт.: Вл. Ильин)——458。

——《土地问题上的"批评家"先生们》(Гг. «критики» в аграрном вопросе.—«Заря», Stuttgart,1901,№№2 — 3,декабрь,стр. 259 — 302. Подпись: Н. Ленин)——20、28、29、30。

列宁,尼·——见列宁,弗·伊·。

鲁金,亚·《关于农民问题》(Рудин, А. К крестьянскому вопросу. Обзор текущей литературы.Отд.оттиск из №3«Вестника Русской Революции». Б. м., тип. партии социалистов-революционеров, 1903. 29 стр. (Партия социалистов-революционеров))——35、36、38、39、40、41、42、45、46、47、49、54。

鲁瓦奈,古·《经济评论(论农业辛迪加的危险和未来)》(Rouanet, G. Revue économique.Du danger et de l'avenir des syndicats agricoles.—In: «La Revue Socialiste»,Paris,1899, T.XXIX,janvier—juin, p.219 — 237)——367、368—369。

吕姆凯尔,K.《本肯多夫和他的田庄》(Rümker, K. Benkendorf und seine Nebengüter. Skizze eines landwirtschaftlichen Musterbetriebes der

Provinz Sachsen.—In:«Landwirtschaftliche Jahrbücher», Berlin, 1887, Bd.XVI,S.481—530)——102。

罗基尼,罗·《农业辛迪加及其活动》(Rocquigny,R.Les syndicats agricoles et leur oeuvre.Paris,A.Colin et Cie,1900.VIII,412 p.;1 carte.(Bibliothèque du Musée Social))——42、49、57、58、368、369。

洛施,H.《符腾堡人口的经济和社会结构的变化(据1907年6月12日职业和企业普查的结果)》(Losch, H. Die Veränderungen im wirtschaftlichen und gesellschaftlichen Aufbau der Bevölkerung Würtembergs nach den Ergebnisse der Berufs-und Betriebszählung vom 12. Juni 1907.—In: «Würtembergische Jahrbücher Statistik und Landeskunde», Stuttgart, 1911,Hft.I,S.94—190)——533。

马蒂尼,本·《"蓟式"挤奶机的鉴定》(Martiny,B.Prüfung der«Thistle»-Melkmaschine.Aus Veranlassung der deutschen Landwirtschafts-Gesellschaft ausgeführt.Berlin,Unger,1899.117,83 S.(Arbeiten der deutschen Landwirtschafts-Gesellschaft.Hft.37))——103。

马尔丁诺夫,亚·萨·《工人和革命》(Мартынов,А.С.Рабочие и революция. Изд.Союза русских социал-демократов.Женева,тип.Союза,1902.47 стр. (РСДРП))——40、48。

马尔萨斯,托·罗·《人口原理,或关于其过去及现在对人类幸福影响的见解》(Malthus,T.R.An Essay on the Principle of Population or a View of its Past and Present Effects on Human Happiness.London,Ward,Lock and Co.,[1890].XLII,614 p.)——73。

马克,P.《缩减生产费用以提高我国农业生产(关于机器和电力对农业的功用的研究)》(Mack, P. Der Aufschwung unseres Landwirtschaftsbetriebes durch Verbilligung der Produktionskosten.Eine Untersuchung über den Dienst,den Maschinentechnik und Elektrizität der Landwirtschaft bieten. Königsberg,1900.56 S.)——5、6、10、103。

马克思,卡·《资本论》(德文版第1卷)(1867年汉堡版)(Marx, K. Das Kapital.Kritik der politischen Ökonomie.Bd.I.Buch I:Der Produktionsprozeß des Kapitals.Hamburg,O.Meissner,1867.XII,784 S.)——373、

375、377。

——《资本论》(德文版第 1 卷)(1883 年汉堡版)(Das Kapital. Kritik der politischen Ökonomie. Bd. I. Buch I: Der Produktionsprozeß des Kapitals. 3. verm. Aufl. Hamburg, O. Meissner, 1883. XXIII, 808 S.)——102。

——《资本论》(德文版第 3 卷第 2 册)(1894 年汉堡版)(Das Kapital. Kritik der politischen Ökonomie. Bd. III, T. 2. Buch III: Der Gesammtprozeß der kapitalistischen Produktion. Kap. XXIX bis LII. Hrsg. von F. Engels. Hamburg, Meissner, 1894. IV, 422 S.)——4、11、20、25、26、27、28、58、63、382、385。

——《资本论》(俄文版第 3 卷第 1—2 册)(Маркс, К. Капитал. Критика политической экономии, т. III, ч. 1—2. 1894 г.)——19、320、548。

马克思, 卡 · 和恩格斯, 弗 ·《反克利盖的通告》(Маркс, К. и Энгельс, Ф. Циркуляр против Криге. 11 мая 1846 г.)——21。

——《共产党宣言》(Манифест Коммунистической партии. Декабрь 1847 г.—январь 1848 г.)——21、372。

——《共产党宣言》(译自 1872 年德文版)(Манифест Коммунистической партии. Пер. с нем. изд. 1872 г. С предисл. авторов. Женева, Вольная Русская тип., 1882. X, 50 стр. (Русская социально-революционная б-ка. Кн. третья))——6、11、97、99。

——《作者为俄文版[《共产党宣言》]写的序言(1882 年 1 月 21 日)》(Предисловие авторов к русскому изданию [Манифеста Коммунистической партии] 21 января 1882 г.—В кн.: Маркс, К. и Энгельс, Ф. Манифест Коммунистической партии. Пер. с нем. пзд. 1872 г. Женева, Вольная Русская тип., 1882, стр. VI—VIII. (Русская социальнореволюционная б-ка. Кн. третья))——6、11、97、99。

马斯洛夫, 彼 ·《俄国农业发展的条件》(Маслов, П. Условия развития сельского хозяйства в России. Опыт анализа сельскохозяйственных отношений. Ч. 1—2. Спб., М. И. Водовозова, 1903. VIII, 493 стр.)——20、22、28、29、33、40、49。

——《论土地问题》(К аграрному вопросу. (Критика критиков). —«Жизнь»,

Спб.，1901，№3，стр.162—186；№4，стр.63—100)——4、5、8。

曼努伊洛夫，亚·《爱尔兰的土地租佃》(Мануилов，А. Аренда земли в Ирландии. М.，Л.Ф.Пантелеев，1895.[I]，319 стр.)——76。

莫里斯，费·《农业和社会问题。法国的农业和土地状况》(Maurice，F. L'agriculture et la question sociale. La France agricole et agraire. Paris，Savine，1892.380 p.)——4、7、12、14、92、181—186、252、263、266、269。

穆勒，约·斯图·《政治经济学原理及其在社会哲学中的应用》(Mill，J. St. Principles of political economy with some of their applications to social philosophy. 4 Ed. Vol. I. London，J. W. Parker and son，1857. XVI，606 p.)——385。

尼古拉·—逊——见丹尼尔逊，尼·。

诺西希，阿·《对社会主义的修正》(Nossig，A. Revision des Sozialismus. Bd. 2. Das System des Sozialismus. (Die moderne Agrarfrage.) Berlin—Bern，1902. VII，587 S.)——20、29、370—371。

帕尔乌斯《世界市场和农业危机》(Парвус. Мировой рынок и сельскохозяйственный кризис (Der Weltmarkt und die Agrarkrisis). Экономические очерки. Пер. с нем. Л. Я. Спб.，О. Н. Попова，1898. 143 стр. (Образовательная б-ка. Серия 2-ая (1898). №2))——20、24、27、29。

普列汉诺夫，格·瓦·《俄国社会党人同饥荒作斗争的任务》(Плеханов，Г. В. О задачах социалистов в борьбе с голодом в России (Письма к молодым товарищам). Женева，тип. «Социал-Демократа»，1892 г. 89 стр. (Б-ка современного социализма. Вып. 10))——52、54、55。

——《全俄经济破产》(Всероссийское разорение.—«Социал-Демократ»，Женева，1892，кн. 4，стр. 65—101，в отд. : Современное обозрение)——52、54、55。

普林斯海姆，奥·《农业工场手工业和电气化农业》(Pringsheim，O. Landwirtschaftliche Manufaktur und elektrische Landwirtschaft.—In：«Archiv für soziale Gesetzgebung und Statistik»，Berlin，1900，Bd. XV，S. 406—418)——5、6、10、101—104、361。

切尔诺夫，维·米·《经济制度范畴的农民和工人》(Чернов，В. Крестьянин и рабочий，как категории хозяйственного строя.—В кн. : На славном посту

（1860 — 1900）. Литературный сборник, посвященный Н. К. Михай-
ловскому. Ч. II. [Спб.], Н. Н. Клобуков, [1900], стр. 157 — 197）—— 10、
15、88。

—《论资本主义和农业的演进问题》（К вопросу о капиталистической и
аграрной эволюции. —«Русское Богатство», Спб., 1900, №11, стр. 232 —
248）—— 10。

—《资本主义和农业的演进类型》（Типы капиталистической и аграрной
эволюции. —«Русское Богатство», Спб., 1900, №4, стр. 127 — 157; №5,
стр. 29 — 48; №6, стр. 203 — 232; №7, стр. 153 — 169; №8, стр. 201 — 239;
№10, стр. 212 — 258）—— 5、6、7、8、10、12、14、29、91、98。

塞努雷，М. Е.《社会经济和农业经济论文集》（Seignouret, M. E. Essais
d'économie sociale et agricole. Beaugency, J. Laffray, 1897. VII, 300 p.）
—— 209—211。

桑巴特《大、中、小地产的经营效率比较》（Sombart. Vergleichung des Groß-,
Mittel-und Kleingrundbesitzes mit Bezug auf ihre wirtschaftliche Leis-
tungsfähigkeit. Separatabdruck aus «Zeitschrift der Landwirtschafts-
kammer für die Provinz Schlesien». [1882]）—— 324。

施梅尔茨勒，汉•《农业地产的分配及其对农业生产率和农业发展的影响》
（Schmelzle, H. Die ländliche Grundbesitzverteilung, ihr Einfluß auf die
Leistungsfähigkeit der Landwirtschaft und ihre Entwicklung. —In: «An-
nalen des Deutschen Reichs für Gesetzgebung, Verwaltung und Volk-
swirtschaft», München—Berlin, 1913, Nr. 6, S. 401 — 434）—— 447、
532—536。

—《肉价上涨的原则》（Grundsätzliches zur Fleischteuerung. —In: «Wochen-
blatt des landwirtschaftlichen Vereins in Bayern», München, 1912, Nr. 47
[und folgende]）—— 536。

施特凯尔《东普鲁士省小农地产中的私人贷款》（Stöckel. Der Personalkredit
des ländlichen Kleingrundbesitzes in der Provinz Ostpreußen. —In: Der
Personalkredit des ländlichen Kleingrundbesitzes in Deutschland. Bd. 2.
Leipzig, Duncker u. Humblot, 1896, S. 431—456）—— 162、163。

施图姆普费,埃·《论中小土地占有者与大土地占有者的竞争能力》(Stumpfe, E. Über die Konkurrenzfähigkeit des kleinen und mittleren Grundbesitzes gegenüber dem Großgrundbesitze.—In: « Landwirtschaftliche Jahrbücher», Berlin, 1896, Bd. XXV, S. 57—113)——21、22、31、58、304—314、358、376、382、532。

—《农业中的大、中、小生产》(Der landwirtschaftliche Groß-Mittel-und Kleinbetrieb. Eine Darstellung seiner privat-und volkswirtschaftlichen Vor-und Nachteile auf Grund des von den preußischen Landwirtschaftskammern gesammelten Materiales. Berlin, P. Parey, 1902. 287 S.(Landwirtschaftliche Jahrbücher. Bd. XXXI Ergänzungsband I))——21、22、31、58、324—354。

—《小地产和粮食价格》(Der kleine Grundbesitz und die Getreidepreise. Leipzig, Duncker u. Humblot, 1897. 130 S. (Staats-und sozialwissenschaftliche Beiträge. Bd. III. Hft. 2))——21、22、31、58、315—323、342。

司徒卢威,彼·《俄国经济发展问题的评述》(Струве, П. Б. Критические заметки к вопросу об экономическом развитии России. Вып. I. Спб., И. Н. Скороходов, 1894. X, 292 стр.)——74。

斯克沃尔佐夫,亚·《蒸汽机运输对农业的影响》(Скворцов, А. Влияние парового транспорта на сельское хозяйство. Исследование в области экономики земледелия. Варшава, М., Земкевич, 1890. VIII, VI, 703 стр.)——64。

—《政治经济学原理》(Основания политической экономии. Спб., О. Н. Попова, 1898. IX, 432 стр.)——64。

苏雄,奥·《农民地产(农业经济研究)》(Souchon, A. La propriété paysanne. Étude d'économie rurale. Paris, Larose et Forcel, 1899. VIII, 257 p.)——4、7、12、20、31、58、72、92、178—180、243、261、262。

图尔多纳《法国对分制概论》(Tourdonnet, de. Étude sur le métayage en France.[S. 1, s, a.])——365。

瓦格纳,阿·《政治经济学原理》(Wagner, A. Grundlegung der politischen Ökonomie. 3. Aufl. Teil I. Grundlagen der Volkswirtschaft. Halbband 1—

2. Leipzig, C. F. Winter, 1892 — 1893. 2 Büch. (Lehr-und Handbuch der politischen Ökonomie))——94。

王德威尔得,埃·《集体主义和工业的演进》(Vandervelde, É. Le collectivisme et l'évolution industrielle. Paris, Société nouvelle de liberairie et d'édition, 1900. 285 p. (Bibliothèque socialiste. N 2 — 4))——4、7、14。

威纳尔和阿尔伯特《19世纪末的德国农业生产》(Werner und Albert. Der Betrieb der deutschen Landwirtschaft am Schluß des XIX. Jahrhunderts. Berlin, 1900. 96 S. (Arbeiten der Deutschen Landwirtschafts-Gesellschaft. Hft. 51))——532。

威斯特,爱·《1815年土地投资的应用》(West, E. The application of capital to land 1815. London, Underwood, 1815. 54 p. (A Reprint of economic tracts))——28。

维贝尔,麦·——见格鲁嫩贝格,A.。

维赫利亚耶夫,潘·阿·《俄国农业现状概论》(Вихляев, П. А. Очерки из русской сельскохозяйственной действительности. Спб., «Хозяин», 1901. IV, 173 стр. («Книжки Хозяина», №21))——33。

——《农民经济》——见《特维尔省统计资料汇编》。

沃尔弗《肥料》(Wolff. Les Engrais. Paris, 1887)——460 — 461。

[沃龙佐夫,瓦·沃·]《农民经济中的进步潮流》([Воронцов, В. В.]. Прогрессивные течения в крестьянском хозяйстве. Спб., И. Н. Скороходов, 1892. VI, 261 стр. После загл. авт.: В. В.)——382。

——《我国农民经济和农业》(Наше крестьянское хозяйство и агрономия.—«Отечественные Записки», Спб., 1882, №8, стр. 143 — 169; №9, стр. 1 — 35, в отд.: Современное обозрение. Подпись: В. В.)——22、41、48、54。

西内尔《关于目前农业中使用电力的规模》(Sinell. Über den augenblicklichen Umfang der Verwendung von Elektrizität in der Landwirtschaft.—In: «Jahrbuch der deutschen Landwirtschafts-Gesellschaft», Berlin, 1899, Bd. 14, S. 141 — 145, в отд.: Die Winterversammlung 1899 zu Berlin)——103。

西斯蒙第,西·《政治经济学研究》(Sismondi, S. Études sur l'économie politique. T. I. Paris, C. Treuttel et Würtz, 1837. XI, 470 p.)——372。

[希什科,列·埃·]《关于土地的谈话》([Шишко,Л.Э.]Беседы о земле.Изд. 2-е, пересмотренное, партии социалистов-революционеров и Аграрно-социалистической лиги.Б.м.,1902.16 стр.(Народно-революционная б-ка. №4))——49。

耶尔迪,恩·《农业中的电动机》(Jordi,E.Der Elektromotor in der Landwirtschaft.Bern,1910)——541—542。

伊林,弗拉·、伊林、弗拉基米尔——见列宁,弗·伊·。

左拉,丹·《农业经济学论文集》(Zolla,D.Etudes d'économie rurale.Par m.D. Zolla.Paris,G.Masson,1896.X,436 p.)——274、275、276。

—《土地问题的昨天和今天》(Questions agricoles d'hier et d'aujourd'hui. Chronique agricole du«Journal des débats», Par m. Daniel Zolla. 1 — 2 série.Paris,F.Alcan,1894—1895.2 t.)——274、275。

佐伊费尔黑德,阿·《电力在农业企业中的应用(谈谈个人在这方面的经验)》(Seufferheld,A.Die Anwendung der Elektrizität im landwirtschaftlichen Betriebe,aus eigener Erfahrung mitgeteilt.Stuttgart,Ulmer,1899,42 S.)——103。

———

P.S.《俄国最新的村社法律》(P.S.Die neuere russische Gesetzgebung über den Gemeindebesitz.—In:«Archiv für soziale Gesetzgebung und Statistik», Berlin,1894,Bd.VII,S.626—652)——89。

*　　*　　*

《奥地利统计》(王国中央统计委员会出版)(Österreichische Statistik hrsg. von der K.K.Statistischen Zentralkommission.Bd.LXXXIII.Hft.I.Ergebnisse der landwirtschaftlichen Betriebszählung vom 3.Juni 1902 in den im Reichsrate vertretenen Königreichen und Ländern. I. Hft. Analitische Bearbeitung.Summarische Daten für das Reich, die Verwaltungsgebiete und Ländern, nebst Anhang, enthaltend Übersichten nach natürlichen Gebieten. Bearb. von dem Bureau der K. K. Statistischen Zentralkommission.Wien, 1909.[4], XLV, 65 S.)——481、493、494—495、

503—505。

《奥地利统计手册(关于在帝国议会中有代表的各王国和各州的统计)》(1908
年第 27 年卷)(Österreichisches statistisches Handbuch für die im
Reichsrate vertretenen Königreiche und Länder.27.Jg.1908.Hrsg.von der
K.K.Statistischen Zentralkommission.Wien,1909.IV,506 S.)——493、
496—497。

《奥地利统计手册(关于在帝国议会中有代表的各王国和各州的统计)》(1909
年第 28 年卷)(Österreichisches statistisches Handbuch für die im
Reichsrate vertretenen Königreiche und Ländern. 28. Jg. 1909. Hrsg. von
der K. K. Statistischen Zentralkommission. Wien,1910. IV,510 S.)——
493、496、498—502、506。

《奥地利统计手册(关于在帝国议会中有代表的各王国和各州的统计)》(1910
年第 29 年卷)(Österreichisches statistisches Handbuch für die im
Reichsrate vertretenen Königreiche und Länder.29.Jg.1910.Hrsg.von der
K.K.Statistischen Zentralkommission.Wien,1911.IV,484 S.;3 Diagr.)
——493。

《奥地利小农地产中的私人贷款》(Der Personalkredit des ländlichen
Kleingrundbesitzes in Österreich. Berichte und Gutachten veröffentlicht
vom Verein für Socialpolitik.Leipzig,Duncker u.Humblot,1898.XIII,394
S.(Schriften des Vereins für Socialpolitik. Bd. LXXV))—— 159、160、
162、163、164。

《巴登调查》——见《1883 年巴登大公国内务部对大公国农业状况的调查》。

《巴伐利亚的农业》(Die Landwirtschaft in Bayern. Nach der Betriebszählung
vom 12. Juni 1907. Hft. 81 der Beiträge zur Statistik des Königreichs
Bayern.Hrsg.vom K.Statistischen Landesamt. München,Linbauer,1910.
(3),215,225 S.;3 Kart.)——535。

《巴伐利亚调查》——见《关于巴伐利亚王国 24 个村庄经济情况的调查》。

《巴伐利亚农业协会周刊》(慕尼黑)(«Wochenblatt des Landwirtschaftlichen
Vereins in Bayern»,München,1912,Nr.47[und folgende])——536。

《巴伐利亚王国统计局杂志》(慕尼黑)(Zeitschrift des Königlich Bayrischen

Statistischen Bureau.München,1895,27 Jg.,Nr.1,S.1—53)——160。

《比利时统计年鉴》(Annuaire statistique de la Belgique. Vingtseptième
année.—1896.T.27.Bruxelles,J.-B.Stevens,1897.X,383,XII p.;4 carte.
(Ministère de l'Intérieur et de l'Instruction Publique))——277。

《比利时统计。农业。1880 年的总普查》(Statistique de la Belgique.Agricul-
ture.Recensement général de 1880)——277。

《编辑部的话》(От редакции.—«Народная Воля»,Спб.,1879,№1,1 октября,
стр.1)——52。

《[丹麦统计]统计表》(最早的一辑,第 5 分册)([Danmarks Statistik].
Statistisk Tabelværk, Aeldste Række, 5 Hæfte... 1838. Udgivet af det
Statistiske Bureau.København,[1840])——488。

　—《统计表》(第 3 辑第 3 卷(包括 1861 年 7 月 15 日丹麦王国和石勒苏益
格公国及 1862 年 2 月 15 日荷尔斯泰因公国和劳恩堡公国的牲畜统计
表))(Statistisk Tabelværk,3-de Række,3-e Bind,indeholdende Tabeller
over Kreaturholdet i Kongeriget Danmark og Hertugdömmet Slesvig den
15de Juli 1861 og i Hertugdömmet Holsteen og Hertugdömmet Lauenborg
den 15de Februar 1862. Udgivet af det Statistiske Bureau. København,
Bogtrykkeri,1864.XXXII,100 S.)——488。

　—《统计表》(第 3 辑第 10 卷(包括 1866 年 6 月 16 日丹麦王国的牲畜统计
表))(Statistisk Tabelværk,3-de Række.10 Bind,indeholdende Tabeller
over Kreaturholdet i Kongeriget Danmark den 16de Juli 1866.Udgivet af
det Statistiske Bureau. København, Bogtrykkeri, 1868. XI, 135 S.)
——488。

　—《统计表》(第 3 辑第 24 卷(包括对 1871 年 7 月 15 日丹麦王国的牲畜的
述评))(Statistisk Tabelværk,3-de Række,24 Bind,indeholdende Over-
sigter over Kreaturholdet i Kongeriget Danmark den 15de Juli 1871.
Udgivet af det Statistiske Bureau.København,Bogtrykkeri,1873.XI,133
S.)——488。

　—《统计表》(第 4 辑第 5 卷第 4 分册)(Statistiske Meddelelser,4-de Række,
5-e Bind,4-de Hæfte. Kreaturtællingen i Danmark den 15de Juli 1898.

Udgevet af Statens Statistiske Bureau. København, Bogtrykkeri, 1899. 15
S.）——485、486、488、489、490。

——《统计表》（第 4 辑第 16 卷第 6 分册）（Statistiske Meddelelser, 4-de
Række. 16-de Bind, 6-e Hæfte. Kreaturheldet i Danmark den 15de Juli
1903. Udgivet af Statens Statistiske Bureau. København, Bogtrykkeri,
1904. 3. 60 S.）——485、486、488、489、490。

——《统计表》（第 4 辑 C 类第 1 号）（Statistisk Tabelværk, 4-de Række. Litra
C, N 1. Kreaturholdet den 17de Juli 1876. Udgivet af det Statistiske
Bureau. København, Bogtrykkeri, 1878. XXI, 136 S.）——488。

——《统计表》（第 4 辑 C 类第 3 号）（Statistisk Tabelværk, 4-de Række. Litra
C, N 3. Kreaturholdet den 15de Juli 1881. Udgivet af det Statistiske
Bureau. København, Bogtrykkeri, 1882. XXVIII, 135 S.）——488。

——《统计表》（第 4 辑 C 类第 6 号）（Statistisk Tabelværk, 4-de Række, Litra
C, N 6. Kreaturholdet den 16de Juli 1888. Udgivet af det Statistiske
Bureau. København, Bogtrykkeri, 1889. LXIV, 151 S.）—— 485、486、488、
489、490、491、492。

——《统计表》（第 4 辑 C 类第 8 号）（Statistisk Tabelværk, 4-de Række, Litra
C, N 8. Kreaturholdet den 15de Juli 1893. Udgivet af det Statistiske
Bureau. København, Bogtrykkeri, 1894. LXIII, 163 S.）—— 485、486、488、
489、490。

——《统计表》（第 5 辑 C 类第 2 号）（Statistisk Tabelværk, 5-e Række, Litra
C, N 2. Kreaturholdet den 15de Juli 1898. Udgivet af Statens Statistiske
Bureau. København, Bogtrykkeri, 1901. 52, 144 S.）—— 485、486、488、
489、490。

——《统计表》（第 5 辑 C 类第 5 号）（Statistisk Tabelværk, 5-e Række, Litra
C, N 5. Kreaturholdet i Danmark den 15de Juli 1909. Udgivet af Statens
Statistiske Bureau. København, Bogtrykkeri, 1911. 51, 174 S.）—— 485、
486、488、489、490—492。

《德国农民状况》（第 1—3 卷）（Bäuerliche Zustände in Deutschland. Berichte,
veröffentlicht vom Verein für Sozialpolitik. Bd. 1—3. Leipzig, Duncker u.

Humblot，1883. 3. Bd.（Schriften des Vereins für Sozialpolitik. XXII—XXIV））——3、4、21、22、31、94、322。

——第1卷（Bd.1.X.320 S.）——6、11、17、75、109、110。

——第2卷（Bd.2.VIII.344 S.）——6、11、17、75。

——第3卷（Bd.3.VI.381 S.；2 Tab.）——388、486。

《德国农业协会丛书》（第118册）（Arbeiten der Deutschen Landwirtschafts- Gesellschaft.Hft.118.Betriebsverhältnisse der deutschen Landwirtschaft. Stück I. Verfasser：P. Teicke，W. Ebersbach，E. Langenbeck. Berlin，1906. XXVI，225 S.；22 Tab.）——533。

《德国农业协会丛书》（第123册）（Arbeiten der Deutschen Landwirtschafts- Gesellschaft.Hft.123.Betriebsverhältnisse der deutschen Landwirtschaft. Stück II. Verfasser：H. Aussel，A. Burg. Berlin，1906.（I），171 S.；6 Tab.） ——533。

《德国农业协会丛书》（第130册）（Arbeiten der Deutschen Landwirtschafts- Gesellschaft.Hft.130.Betriebsverhältnisse der deutschen Landwirtschaft. Stück III.Verfasser：P.Gutknecht.Berlin，1907.215 S.；5 Tab.）——533。

《德国农业协会丛书》（第133册）（Arbeiten der Deutschen Landwirtschafts- Gesellschaft.Hft.133.Betriebsverhältnisse der deutschen Landwirtschaft. Stück IV. Verfasser：G. Stenkhoff，R. Franz，K. Vogeley. Berlin，P. Parey， 1907.139，117 S.；15 Tab.）——533。

《德国农业协会丛书》（第218册）（Arbeiten der Deutschen Landwirtschafts- Gesellschaft.Hft.218.Betriebsverhältnisse der deutschen Landwirtschaft. Stück XXI. Verfasser：O. Sprenger. Berlin，1912. 80 S.；2 Tab.）—— 533、535。

《德国农业协会年鉴》（柏林）（«Jahrbuch der deutschen Landwirtschafts- Gesellschaft»，Berlin，1899，Bd.14，S.141—145）——102。

《德国农业协会通报》（柏林）（«Mitteilungen der deutschen Landwirtschafts- Gesellschaft»，Berlin，1899，Jg.14，Stück 17，25.September，S.201—274） ——102。

《德国社会民主党布雷斯劳代表大会会议记录》（1895年10月6—12日）（Protokoll über die Verhandlungen des Parteitages der Sozialdemokratischen Partei Deutschlands. Abgehalten zu Breslau vom 6. bis 12. Oktober 1895. Berlin, Exp. der Buchh. «Vorwärts», 1895. 223 S.)——21、58。

《德国社会民主党汉诺威代表大会会议记录》(1899 年 10 月 9—14 日)(Protokoll über die Verhandlungen des Parteitages der Sozialdemokratischen Partei Deutschlands. Abgehalten zu Hannover vom 9. bis 14. Oktober 1899. Berlin, Exp. der Buchh. «Vorwärts», 1899. 304 S.)——53。

《德国小农地产中的私人贷款》(Der Personalkredit des ländlichen Kleingrundbesitzes in Deutschland. Berichte und Gutachten veröffentlicht vom Verein für Socialpolitik. Bd. 1 — 2. Leipzig, Duncker u. Humblot, 1896. (Schriften des Vereins für Socialpolitik. Bd. LXXIII—LXXIV))—— 159、160、161、162、163、164。

《德意志帝国立法、行政和国民经济年鉴》杂志(莱比锡)(«Jahrbuch für Gesetzgebung, Verwaltung und Volkswirtschaft im Deutschen Reich», Leipzig, 1899, 23. Jg., Hft. 4, S. 283 — 346)——355。

《德意志帝国立法、行政和国民经济年鉴》杂志(慕尼黑—柏林)(«Annalen des Deutschen Reichs für Gesetzgebung, Verwaltung und Volkswirtschaft», München—Berlin, 1910, N 6, S. 401—441; N 7, S. 481—518; N 8, S. 561—598; 1911, N 3—4, S. 161—248)——436—437、438—439、452—453、465、466、467。

——1913, N 6, S. 401—434.——447、532—536。

《德意志帝国统计》(第 202 卷)(Statistik des Deutschen Reichs. Bd. 202. Berufs-und Betriebszählung vom 12. Juni 1907. Berufsstatistik. Hrsg. vom Kaiserlichen Statistischen Amte. Abteilung I. Einführung. Die Reichsbevölkerung nach Haupt-und Nebenberuf. Berlin, Puttkammer u. Mühlbrecht, 1909. [5], 240, 134 S.)——411、454—457、482—483。

《德意志帝国统计》(第 211 卷)(Statistik des Deutschen Reichs. Bd. 211. Berufs-und Betriebszählung vom 12. Juni 1907. Berufsstatistik. Abteilung X. Die berufliche und soziale Gliederung des deutschen Volkes. Bearbeitet im Kaiserlichen Statistischen Amte. Berlin, Puttkammer u. Mühlbrecht,

1913.[6],325,270 S.)——411、467。

《德意志帝国统计》(第 212 卷)(Statistik des Deutschen Reichs. Bd. 212. Berufs-und Betriebszählung vom 12. Juni 1907. Landwirtschaftliche Betriebsstatistik. Hrsg. vom Kaiserlichen Statistischen Amte. Teil 1a, 1b, 2a. Berlin, [1909—1910]. 3 Bd.)——409—487。

—第 1 册(上)(Teil 1a.[1],14,366 S.)——213、409、410、412—413、479。

—第 1 册(下)(Teil 1b, S. 367—681)——409、410、414—421、436—441、459、468、478。

—第 2 册(上)(Teil 2a,[6],380 S.)——212、216、218、219、220、221—222、225、226、228、234、409、410、411、422—435、446、447、448、449、450、479、480。

《德意志帝国统计》(新编第 112 卷)(Statistik des Deutschen Reichs. Neue Folge, Bd. 112. Die Landwirtschaft im Deutschen Reich. Nach der landwirtschaftlichen Betriebszählung vom 14. Juni 1895. Bearbeitet im Kaiserlichen Statistischen Amt. Berlin, Puttkammer u. Mühlbrecht. 1898. VIII, 70,500 S.)——4、5、7、13、16、17、20、22、42、58、212—239、277、278、287、373、374、411、430—431、444—453、466、470、471、472—473、474—475、486。

《德意志帝国统计年鉴》(柏林)(Statistisches Jahrbuch für das Deutsche Reich. Hrsg, vom Kaiserlichen Statistischen Amte. 31. Jg. 1910. Berlin, Puttkammer u. Mühlbrecht, 1910. XXXII, 410, 67 S., 2 Diagr.)——410。

《蒂尔农业年鉴》——见《农业年鉴》。

《对石勒苏益格-荷尔斯泰因州各区内典型农户的描述》(Beschreibung typischer Wirtschaften aus verschiedenen Kreisen der Provinz Schleswig-Holstein. Separat Abdruck aus dem «Jahresbericht der Landwirtschaftskammer für die Provinz Schleswig-Holstein pro 1898». Kiel, 1899)——325。

《俄国财富》杂志(圣彼得堡)(«Русское Богатство», Спб., 1900, №1, стр. 147—181)——258、261、262、263。

—1900, №4, стр. 127—157; №5, стр. 29—48; №6, стр. 203—232; №7, стр.

153—169；№8，стр.201—239；№10，стр.212—258.——5、6、7、8、10、12、14、29、91、98。

——1900，№11，стр.232—248.——10。

《俄国革命通报》杂志(日内瓦)(«Вестник русской революции», Женева, 1901, №1, июль, стр.1—15)——37、45。

——1902，№2，стр.39—87.——41、46。

《俄国社会民主党人纲领草案》(Проект программы русских социал-демократов.—В кн.: [Гед и Лафарг]. Чего хотят социал-демократы? Пер. с франц. С прим.Г.Плеханова.Женева, тип. группы «Освобождение труда», 1888, стр. 34 — 39. (Qu'est-ceque la démocratie socialiste? Б-ка современного социализма. Вып.7))——53、54。

《俄罗斯新闻》(莫斯科)(«Русские Ведомости», М., 1903, №35, 4 февраля, стр.1)——52、54。

《法国的总的统计》(1881 年普查的统计结果)(Statistique générale de la France.Résultats statistiques du dénombrement de 1881.Paris)——248、250、251、266、267。

《法国的总的统计》(1886 年普查的统计结果)(Statistique générale de la France.Résultats statistiques du dénombrement de 1886.1re partie.France. Paris—Nancy, Berger-Levrault et Cie, 1888. III, 331 p. (République française. Ministère du commerce et de l'industrie. Division de la comptablité et de la statistique))——248、249、250、251、266。

《法国的总的统计》(1891 年普查的统计结果)(Statistique générale de la France. Résultats statistiques du dénombrement de 1891. Ouvrage illustré de 21 diagrammes et de 35 cartogrammes insérés dans le texte. Paris, Imp.nationale, 1894. X, 814 P. (République française. Ministère du commerce de l'industrie, des postes et de télégraphes))—— 247、248、250、251、268、269、270、271。

《法国的总的统计》(1896 年普查的统计结果)(Statistique générale de la France. Résultats statistiques du dénombrement de 1896. Paris, Imp. nationale, 1899. VIII, 482 P. (République française, Ministère du commerce,de l'industrie,des postes et des télégraphes))——247、248。

《法国农业统计。1892 年的十年调查的总结》(Statistique agricole de la
France.Résultats généraux de l'enquête décennale de 1892. Paris, 1897.
451,365 S.)—— 4、5、7、13、178、240 — 246、254、258、259、261、262、
263、277。

《法国统计》(Statistique de la France.Résultats généraux du dénombrement de
1876.France—Algérie—Colonies. Paris, Imp. nationale, 1878. LXVII, 287
p.)——248、249、250、251、271、272 — 273。

《符腾堡调查》——见《1884 — 1885 年度符腾堡王国韦恩斯贝格县维尔斯巴
赫乡、黑伦贝格县厄谢尔布龙乡、卡尔夫县上科尔万根乡、盖拉布龙县魏
森巴赫乡、比伯拉赫县英格尔京根乡和万根县克里斯塔茨霍芬乡农业状
况的调查结果》。

《符腾堡统计和地方志年鉴》(«Würtembergische Jahrbücher für Statistik und
Landeskunde», Stuttgart, 1911, Hft.1, S.94 — 190)——533。

《纲领问题》(Программные вопросы. —«Революционная Россия». [Женева],
1902, No11, сентябрь, стр. 6 — 9; No12, октябрь, стр. 5 — 7; No13, ноябрь,
стр.4 — 6; No14, декабрь, стр.5 — 8; 1903, No15, январь, стр.5 — 8)——36、
37 — 38、39、41、43、45、46 — 47、49。

《告读者》(К читателям. —«Заря», Stuttgart, 1901, No1, апрель, стр. V)
——37。

《革命俄国报》[日内瓦](«Революционная Россия», [Женева],1902, No8, 25
июня, стр.1 — 14)——36、38、39、40、41、42、43、45、46、48 — 49。

——1902, No11, сентябрь, стр. 6 — 9; No12, октябрь, стр. 5 — 7; No13, ноябрь,
стр.4 — 6; No14, декабрь, стр.5 — 8; 1903, No15, январь, стр.5 — 8.——36、
38、39、40、41、42、43、45、46、47、49、50。

《工业和职业调查的统计结果[1896 年 3 月 29 日人口普查]》(Résultats statis-
tiques du recensement des industries et professions [dénombrement
général de la population du 29 mars 1896].T.4.Résultats généraux.Paris,
Imp. nationale, [18...]CXXVIII, 440 p. (République française.Ministère du
commerce, de l'industrie, des postes et des télégraphes. Direction du

travail. Service du recensement professionnel))——253 — 259、264、268。

《关于巴伐利亚王国 24 个村庄经济情况的调查》(Untersuchung der wirts-chaftlichen Verhältnisse in 24 Gemeinden des Königreichs Bayern. München, R. Oldenbourg, 1895. XXXII, 575 S.)—— 21、22、31、58、80、159、160、279 — 298。

《关于普鲁士农业一般情况的调查》(Ermittelungen über die allgemeine Lage der Landwirtschaft in Preußen. Aufgenommen im Jahre 1888 — 89. Bd. I—II. —In: «Landwirtschaftliche Jahrbücher», Berlin, 1890 — 1891, Bd. XVIII, Ergänzungsband 3; Bd. XIX, Ergänzungsband 4)——58。

《关于土地的谈话》——见［希什科，列·埃·］《关于土地的谈话》。

《国际代表大会上的土地问题》(Die Landfrage auf den Kongressen der Inter-nationale. Eine Reminiszenz. —In: «Die Neue Zeit», Stuttgart, 1894 — 1895, Jg. XIII, Bd. I, N 12, S. 357 — 364)——21。

《国民经济和统计年鉴》杂志(耶拿)(«Jahrbücher für Nationalökonomie und Statistik», Jena, 1894, Folge 3, Bd. 8, S. 321 — 374)——65。

《荷兰农业状况的调查结果(根据国王 1886 年 9 月 18 日命令任命的土地委员会进行的调查)》［4 卷本］(Uitkomsten van her Onderzoek naar den Toestand van den Landbouw in Nederland, ingesteld door de Landbouw-commissie, benoemd bij Koninklik besluit vom 18. Sept. 1886. ［4 banden］. Gravenhage, 1890)——299 — 303、485。

《黑森大公国农业调查》(Die landwirtschaftliche Enquéte im Großherzogtum Hessen. Veranstaltet vom Großherzogtums Ministerium des Innern und der Justiz in den Jahren 1884, 1885 und 1886. Bd. I—II)——58。

《黑森调查》——见《黑森大公国农业调查》。

《火星报》［慕尼黑］(«Искра», ［Мюнхен］, 1901, №3, апрель, стр. 1 — 2)——4、5、8、15。

《技术评论》(柏林)(«Technische Rundschau», Berlin, 1899, N 43)——103。

《教育》杂志(圣彼得堡)(«Образование», Спб., 1906, №2, стр. 175 — 226)——22、24、25、31。

《卡·马克思、弗·恩格斯和斐·拉萨尔的遗著》(第 3 卷)(Aus dem

literarischen Nachlaß von K. Marx, F. Engels und F. Lassalle. Hrsg. von F. Mehring. Bd. III. Stuttgart, Dietz, 1902. VI, 491 S.) —— 21、32、36、39、46。

《开端》杂志(圣彼得堡)(《Начало», Спб., 1899, №1—2, стр. 1—21; №3, стр. 25—36)——10、11、14。

《劳动局公报》(巴黎)(Bulletin de l'office du travail. 1901, N 6) —— 248、253、254。

《美国农业部年鉴》(华盛顿)(Yearbook of the United States. Department of agriculture. 1899. Washington, 1900, p. 307—334)——362。

《美国1910年第十三次人口普查》(第4—5卷)(Thirteenth census of the United States, taken in the year 1910. Vol. IV—V. Washington, Government printing office, 1913—1914. 2 V. (Department of commerce. Bureau of the census))。

——第4卷(人口)(Vol. IV. Population. 1910. Occupation Statistics. 1914. 615 p.)——624—627。

——第5卷(农业)(Vol. V. Agriculture. 1909—1910. General report and analysis. 1913. 927 p.)——582—623、628、629、630、631、632、633、634、637、642、643—644、645、646、647、648、649、650。

——第5卷(人口普查概述)(Vol. V. Abstract of the census. 1914. 569 p.)——590—591、592—593、609、622—623、627、653、654—655。

《美国1910年第十三次人口普查》(美国加工工业。各州、市和某些部门的加工工业统计概述)(Thirteenth census of the United States. 1910. Bulletin. Manufactures: United States. Abstract of statistics of manufactures for states, cities and industries. Washington. 89 p.)——651—656。

《美国1910年第十三次人口普查》(美国农业。各州农场和农场财产概述)(Thirteenth census of the United States. 1910. Bulletin, Agriculture: United States. Abstract. Farms and farm property by states. Washington. 20 p.)——634、640—641。

《美国1910年第十三次人口普查》(美国农业。农户和其他地方的牲畜概述)(Thirteenth census of the United States. 1910. Bulletin. Agriculture:

United States. Abstract. Live stock on farms and elsewhere. Washington. 22 p.）——642—650。

《美国1910年第十三次人口普查》（美国农业。农作物（附各州情况）概述）（Thirteenth census of the United States. 1910. Bulletin. Agriculture: United States. Abstract. Farm crops by States. Washington. 59 p.）——628—639。

《民意报》（圣彼得堡）（«Народная Воля»，Спб.，1879，№1，1 октября，стр.1）——52。

莫斯科，2 月 4 日。［社论］（Москва，4 февраля．［Передовая］.—«Русские Ведомости»，М.，1903，№35，4 февраля，стр.1）——52、54。

《农民运动》（Крестьянское движение.—«Революционная Россия».（Женева），1902，№8，25 июня，стр.1—5）——38、39、41、43、46。

《农业年鉴》（柏林）（«Landwirtschaftliche Jahrbücher»，Berlin，1885，Bd. XIV，S. 401—448）——324。

—1886，Bd. XV，S. 753—811.——388、486。

—1887，Bd. XVI，S. 481—530.——102。

—1890，Bd. XVIII，Ergänzungsband 3. XIX，648 S.——58。

—1891，Bd. XIX，Ergänzungsband 4. 579 S.——58。

—1893，Bd. XXII，S. 741—799.——299、325。

—1894，Bd. XXIII，S. 1035—1043.——58。

—1896，Bd. XXV，S. 1—113.——6、11、16、17、21、22、31、57、58、94、98、99、123—137、304—314、358、375、376、378、382、388、532。

—1899，Bd. XXVIII，S. 253—310，363—484.——3、5、6、11、16、17、21、22、31、57、58、138—158、165—174、358。

—1902，Bd. XXXI，Ergänzungsband 1.——16、17、31、58、324—354。

—1905，Bd. XXXIV，S. 925—972.——533。

《农业生产方面的最新经验》（Neuere Erfahrungen auf dem Gebiete des landwirtschaftlichen Betriebswesens. Neunzehn Vorträge gehalten auf dem von der Deutschen Landwirtschafts-Gesellschaft veranstalteten VII. Lehrgänge für Wanderlehrer zu Eisenach vom 31. März bis 6. April 1910.

Berlin, 1910. XI, 460 S. (Arbeiten der Deutschen Landwirschafts-Gesell-schaft. Heft 167))——533。

《普鲁士调查》——见《关于普鲁士农业一般情况的调查》。

《普鲁士年鉴》(柏林)(《Preußische Jahrbücher», Berlin, 1900, Bd. 99, S. 193—205)——104。

《普鲁士王国统计局杂志》(柏林)(Zeitschrift des Königlich Preußischen Statistischen Landesamts, Berlin, 1913, 53. Jg., S. 67—108)——533。

《人口普查报告》(Census reports. Vol. 5. Twelfth Census of the United States, taken in the year 1900. Agriculture. P. I. Washington, United States Census office, 1902. CCXXXVI, 767 P.; 18 plates)——486、543、544、545、561—581、613、620—621。

《瑞士农业赢利调查(1909—1910 收获年度)》(Untersuchungen betreffend die Rentabilität der schweizerischen Landwirtschaft im Erntejahr 1909/10. Bericht des schweizerischen Bauernsekretariats an das schwei-zerische Landwirtschafts-Departement. Bern, 1911)——485、486、533、536。

《社会革命党农民协会告俄国革命社会主义运动全体工作者书》(От Крестьянского союза партии социалистов-революционеров ко всем работникам революционного социализма в России.—« Революционная Россия», [Женева], 1902, №8, 25 июня, стр. 5—14)——36、38、40、41、42、43、45、48、49、50。

《社会革命党农民协会告全体俄国农民书》(Ко всему русскому крестьянству от Крестьянского союза партии социалистов-революционеров. Б. м., тип. партии социалистов-революционеров, 1902. 32 стр.)——40、43、49。

《社会立法和统计学文库》(柏林)(«Archiv für soziale Gesetzgebung und Statistik», Berlin, 1894, Bd. VII, S. 626—652)——89。
——1900, Bd. XV, S. 406—418.——5、6、10、101—104、361。

《社会民主党人》(日内瓦)(«Социал-Демократ», Женева, 1892, кн. 4, стр. 65—101)——52、54、55。

《社会评论》(维也纳)(«Sociale Rundschau», Wien)——175。

《社会主义评论》杂志（巴黎）（«La Revue Socialiste»，Paris，1899，T. XXIX，janvier—juin，p.219—237）——367、368—369。

《社会主义月刊》（柏林）（«Sozialistische Monatshefte»，Berlin，1889. N 2，S. 62—71）——6、11、93、105—111、372。

《社会主义在全世界的发展和危机》（Мировой рост и кризис социализма.—«Вестник Русской Революции»，Женева，1902，№2，стр.39—87，в отд. I）——41、46。

《生活》杂志（圣彼得堡）（«Жизнь»，Спб.，1901，№3，стр.162—186；№4，стр. 63—100）——4、5、8。

《19世纪末的德国国民经济》（Die Deutsche Volkswirtschaft am Schlusse des 19. Jahrhunderts. Auf Grund der Ergebnisse der Berufsund Gewerbezählung von 1895 und nach anderen Quellen bearbeitet im Kaiserlichen Statistischen Amt. Berlin，Puttkammer u. Mühlbrecht，1900. VII，209 S.）——218、235。

《手工劳动和机器劳动》（第1—2卷）（Hand and Machine Labor. Vol. I—II. Washington，Government printing office，1899. 1604 p. 2 vol.（Thirteenth annual report of the commissioner of labor 1898））——378、389—394。

《曙光》杂志（斯图加特）（«Заря»，Stuttgart，1901，№1，апрель，стр. V）——37。—1901，№ № 2—3，1 декабря，стр.259—302.——20、28、29。

《特维尔省统计资料汇编》（第13卷）（Сборник статистических сведений по Тверской губернии. Т. XIII. Вып. 2. Крестьянское хозяйство. Сост. П. А. Вихляев. Изд. Тверского губ. земства. Тверь，тип. Тверского губ. земства，1897. X，313 стр.）——52。

《统计月刊》（维也纳）（«Statistische Monatsschrift»，Wien，1901，Jg. 27，Nr. 1）——174。

《我们的纲领》（Наша программа.—«Вестник Русской Революции»，Женева，1901，№1，июль，стр.1—15）——37、45。

《西里西亚省农业协会杂志》（Zeitschrift der Landwirtschaftskammer für die Provinz Schlesien. 1898）——324。

《新时代》杂志（斯图加特）（第13年卷（1894—1895）第1册第10期）（«Die

Neue Zeit»,Stuttgart,1894 — 1895,Jg. XIII. Bd. I, Nr. 10, S. 292 — 306)
——4、7、14、19、21、25、33、41、46、51、53、58、99、373。

——第 13 年卷(1894—1895)第 1 册第 12 期(1894—1895,Jg.XIII,Bd.I,Nr.
12,S.357—364)——21。

——第 13 年卷(1894—1895)第 2 册第 36 期(1894—1895,Jg.XIII,Bd.II,Nr.
36,S.293—303)——315。

——第 18 年卷(1899—1900)第 1 册第 10、11、12、14、15 期(1899—1900,Jg.
XVIII,Bd.I,Nr.10,S.292—300;Nr.11,S.338—346;Nr.12,S.363—368;
Nr.14,S.428—463;Nr.15,S.470—477)——10。

——第 19 年卷(1900—1901)第 1 册第 18 期(1900—1901,Jg.XIX,Bd.I,Nr.
18,S.565—572)——5、6、10、361。

——第 19 年卷(1900—1901)第 2 册第 27 期(1900—1901,Jg.XIX,Bd.II,Nr.
27,S.20—28)——8。

——第 19 年卷(1900—1901)第 2 册第 45、46 期(1900—1901,Jg.XIX,Bd.II,
Nr.45,S.585—590;Nr.46,S.622—631)——278、384、386。

——第 21 年卷(1902—1903)第 1 册第 22、23、24、25、26 期(1902—1903,Jg.
XXI,Bd.I,Nr.22,S.677—688;Nr.23,S.731—735;Nr.24,S.745—758;
Nr.25,S.781—797;Nr.26,S.804—819)——51、53。

《匈牙利王国的农业统计》(Landwirtschaftliche Statistik der Länder der
ungarischen Krone.Bd.IV—V.Budapest,1900.2 Bd.)——485、486。

《1882 年 10 月 9—10 日在美因河畔法兰克福召开的社会政治协会全体会
议关于地产分配和继承法改革、国际工厂立法、强制保险、救济贫民协
会的辩论》(Verhandlungen der am 9. und 10. October 1882 in Frankfurt
a. M. abgehaltenen Generalversammlung des Vereins für Socialpolitik
über Grundeigenthumsvertheilung und Erbrechtsreform, Internationale
Fabrikgesetzgebung, Versicherungszwang und Armenverbände. Auf
Grund der stenographischen Niederschrift hrsgb. vom Ständigen Ausschuß.
Leipzig, Duncker u. Humblot, 1882. 190 S. (Schriften des Vereins für
Sozialpolitik.XXI))——324。

《1883 年巴登大公国内务部对大公国农业状况的调查》(Erhebungen über die

Lage der Landwirtschaft im Großherzogtum Baden 1883, veranstaltet durch das Großherzogliche Ministerium des Innern. Bd. 1 — 3. Karlsruhe, Braun, 1883. 3 Bd.) —— 3、4、5、12、13、16、17、21、22、31、58、189 — 191、302。

《1883 年巴登大公国农业状况的调查结果》(Ergebnisse der Erhebungen über die Lage der Landwirtschaft im Großherzogtum Baden 1883. (Karlsruhe, Braun, 1883). 185 S.; 8 Taf. (В изд.: Erhebungen über die Lage der Landwirtschaft im Großherzogtum Baden 1883, veranstaltet durch das Großherzogliche Ministerium des Innern. Bd. 4)) —— 3、4、5、12、13、16、17、21、22、58、189、190 — 194、195 — 208。

《1884 — 1885 年度符腾堡王国韦恩斯巴格县维尔斯巴赫乡、黑伦贝格县厄谢尔布龙乡、卡尔夫县上科尔万根乡、盖拉布龙县魏森巴赫乡、比伯拉赫县英格尔京根乡和万根县克里斯塔茨霍芬乡农业状况的调查结果》(Ergebnisse der Erhebungen über die Lage der bäuerlichen Landwirtschaft in den Gemeinden Willsbach OA Weinsberg, Öschelbronn OA Herrenberg, Oberkollwangen OA Calw, Wiesenbach OA Gerabronn, Ingerkingen OA Biberach und Christazhofen OA Wangen des Königreichs Würtemberg 1884 — 1885. Stuttgart, W. Kohlhammer, 1886, 392 S.) —— 21、22、31。

《1890 年荷兰农业调查》——见《荷兰农业状况的调查结果》。

《1893 年 3 月 20 日和 21 日在柏林召开的社会政治协会全体大会关于农村工人问题、关于地产的分配和小地产保障的辩论》(Verhandlungen der am 20. und 21. März 1893 in Berlin abgehaltenen Generalversammlung des Vereins für Sozialpolitik über die ländliche Arbeiterfrage und über die Bodenbesitzverteilung und die Sicherung des Kleingrundbesitzes. Leipzig, Duncker u. Humblot, 1893, S. 135 — 150. (Schriften des Vereins für Sozialpolitik. Bd. LVIII)) ——533。

《1897 年 9 月 23 日、24 日和 25 日在莱茵河畔科隆召开的社会政治协会全体大会关于德意志帝国手工业者、私人农业贷款和工人结社法的辩论》(Verhandlungen der am 23., 24. und 25. September 1897 in Köln a. Rh.

abgehaltenen Generalversammlung des Vereins für Sozialpolitik über die Handwerkerfrage‚den ländlichen Personalkredit und die Handlungen des Vereins-und Koalitionsrechts der Arbeiter im Deutschen Reiche. Auf Grund der stenographischen Niederschrift hrsg. vom Ständigen Ausschuß. Leipzig‚Duncker u. Humblot‚1898. 456 S. (Schriften des Vereins für Sozialpolitik. LXXVI. Verhandlungen von 1897))——159。

《在光荣的岗位上（1860 — 1900）》(На славном посту (1860 — 1900). Литературный сборник‚посвященный Н. К. Михайловскому. Ч. II.［Спб.］‚Н. Н. Клобуков‚［1900］‚стр. 157—197)——11、15、88。

《箴言》杂志（圣彼得堡）(«Заветы»‚Спб.‚1903‚№6‚стр. 39 — 62)——543、546、611—613。

《政治科学简明词典》(Handwörterbuch der Staatswissenschaften. 3. gänzlich umgearb. Aufl. Bd. I. Jena‚G. Fischer‚1909‚S. 237—255)——474—475。

《祖国纪事》杂志（圣彼得堡）(«Отечественные Записки»‚Спб.‚1882‚№8‚стр. 143—169；№9‚стр. 1—35)——22、41、48、54。

《列宁全集》第二版第 56 卷编译人员

译文校订：张祖武　赵国顺　罗　焚　彭卓吾　郑厚安　关裕伦
资料编写：李洙泗　张瑞亭
编　　辑：江显藩　许易森　刘燕明　韦清豪　薛春华　钱文干
　　　　　韩　英
译文审订：岑鼎山

《列宁全集》第二版增订版编辑人员

李京洲　高晓惠　翟民刚　张海滨　赵国顺　任建华　刘燕明
孙凌齐　门三姗　韩　英　侯静娜　彭晓宇　李宏梅　付　哲
戢炳惠　李晓萌

审　　定：韦建桦　顾锦屏　柴方国

本卷增订工作负责人：刘燕明　翟民刚

责任编辑：毕于慧

装帧设计：石笑梦

版式设计：周方亚

责任校对：吕　飞

图书在版编目（CIP）数据

列宁全集.第56卷/(苏)列宁著；中共中央马克思恩格斯列宁斯大林著作编译局编译.
　—2版(增订版)-北京：人民出版社，2017.3(2024.7重印)
ISBN 978-7-01-017140-1
Ⅰ.①列…　Ⅱ.①列…②中…　Ⅲ.①列宁著作-全集　Ⅳ.①A2
中国版本图书馆 CIP 数据核字(2016)第 316471 号

书　　　名　**列宁全集**
　　　　　　LIENING QUANJI
　　　　　　第五十六卷
编　译　者　中共中央马克思恩格斯列宁斯大林著作编译局
出 版 发 行　**人 民 出 版 社**
　　　　　　(北京市东城区隆福寺街 99 号　邮编　100706)
邮购电话　(010)65250042　65289539
经　　　销　新华书店
印　　　刷　北京新华印刷有限公司
版　　　次　2017 年 3 月第 2 版增订版　2024 年 7 月北京第 2 次印刷
开　　　本　880 毫米×1230 毫米 1/32
印　　　张　23.75
插　　　页　5
字　　　数　592 千字
印　　　数　3,001—6,000 册
书　　　号　ISBN 978-7-01-017140-1
定　　　价　58.00 元

ISBN 978-7-01-017140-1

9 787010 171401 >